Jean Ufniarz

- Outdoor -
- Abenteuer -
- SURVIVAL -

Vom Verlassen der Home Zone
bis zum Wiederkehren!

Bibliografische Information der Deutschen Nationalbibliothek:
Die Deutsche Nationalbibliothek verzeichnet diese Publikation
in der Deutschen Nationalbibliografie, detaillierte bibliografische
Daten sind im Internet über dnb.dnb.de abrufbar.

© 2018 Jean Ufniarz
Herstellung und Verlag: BoD – Books on Demand, Norderstedt
ISBN: 9-783752-895766

Bist du in der Lage dir und anderen zu helfen?
Kannst du eine Karte Lesen, den Kompass nutzen oder dich nach
den Sternen orientieren? Feuer ohne Hilfsmittel starten?
Kennst du essbare Pflanzen? Wie kommst du an tierische Nahrung
oder überstehst die Nacht?
Wie stark bist du im Improvisieren?

Und?

Was sagst du, wie oft musstest du gerade überlegen?

Es ist Zeit! Sichere dich ab! Erweitere deine Skills! Trainiere für
dich und für andere!

INHALT

Epilog

Quellenangaben

**Es wurde wegen der Tiefe der Thematik darauf verzichtet
in diesem Werk einen Bezug auf die Notfallmedizin zu setzen.
Dies wird umfänglich in der nächsten Veröffentlichung geschehen!**

VORWORT

Auf eine Reise wird sich jeder vorbereiten und wie bekannt, ist die Vorsorge besser als die Nachsorge. Denn wer will freiwillig in eine bedrohliche Situation geraten oder sich im Urlaub mit größeren Problemen herumschlagen. Wer plant freiwillig seine Tour mit zu wenig Nahrung oder so, dass er mit falscher Ausrüstung aufbricht? Wer will schon freiwillig seine Kapazitäten auf das Äußerste minimieren? Sehr oft sind es jedoch meist kleine Planungs- Verhaltensfehler welche in der Summe eine prekäre Situation ergeben. Dann wartet die Natur meist im Rohzustand und Murphy steht vermeintlich hinter jeder noch so kleinen Ecke. Jetzt heisst es improvisieren, denn eventuell kämpfst du um deine körperliche Unversehrtheit oder vielleicht sogar um dein Überleben.

Eigentlich ist dafür nur das Vorbereiten und Erlernen von Techniken, Selbstdisziplin, eine gesunde Ausgangskondition, ein sparsamer Verbrauch von Zeit - Energie und ein rationales Denken vonnöten. Du begibst dich zurück zu den Wurzeln der Menschheit.

Get YOUR "Bush Eyes"!

Es muss nicht immer ein Flugzeugabsturz in den Anden sein, auch ein Verlaufen beim Wandern im vermeintlich bekannten Wald, ein Unwetter, ein Beinbruch beim Biken, Schlechtwetter im Gebirge, oder ein Megastau im Winter. Vielleicht aber auch fehlende Lebensmittel- Stromversorgung, ein Chemieunfall, Pandemien oder andere plötzlich auftretende Gefahrenlagen.

Beispiele aus der Realität gibt es genug, nicht nur im Ausland. Elbhochwasser oder einstürzende Turnhallen, Erdrutsche, Zugunglücke sowie Flugzeugabstürze, Amokläufe, Stürme und Tsunamis, ... Diese Liste ließe sich unendlich fortsetzen, und jeder wird sich in den einen oder anderen Punkt hineinversetzen können. Vielleicht entdeckst du auch Parallelen zu einer erlebten Situation. In einer Situation in der vielleicht die Gefahr durch unsachgemässes Handeln sogar forciert wurde.

Wird einem vermeintlich wichtiges auf einen längeren Zeitraum vorenthalten, entstehen meist chaotische Zustände!

Die meisten Menschen leben in ihrer vermeintlichen Sicherheit. Was ihnen noch nicht passiert ist, kann es nicht geben. Radio und Fernsehmeldungen werden mit Interesse verfolgt aber die meisten ziehen ihre Lehre nicht daraus. Erst wenn man selbst betroffen ist realisiert man, was im Vorfeld hätte alles gestaltet werden können und was eine derartige Situation wirklich bedeutet. Man Flucht auf die Hilfskräfte die nicht schnell genug kommen können und zeigt sie hinterher sogar in seiner eigenen Unfähigkeit an.

In der Geschicklichkeit, der Selbständigkeit und der Verantwortung eines jeden liegt der Weg mit Notsituationen umzugehen!

Für Notfälle sind wir aufgrund der uns dauernd umgebenden Sicherheit kaum oder gar nicht mehr vorbereitet. Weder gedanklich noch materiell. Denn in einem Notfall sind ja immer spezielle Kräfte in Bereitschaft um einem Hilfe zukommen zu lassen. Hierbei sei gesagt: Dank euch allen, die ihr überall auf der Welt euren Dienst ausübt! Dank euch ist immer so schnell als möglich jemand vor Ort!

**In einem Notfall erwartet man immer das Beste,
bereite dich aber auf das Schlechteste vor!**

Tagtäglich trainieren Tausende um sich und anderen in Notfällen beistehen zu können. Militärische Einheiten, Rettungsdienste und Feuerwehren, die Bergwacht, Seenotretter aber auch das Technisches Hilfswerk, die Polizei und deren Sondereinsatzkommandos. Entwicklungshelfer, der Katastrophenschutz und viele Freiwillige. Doch wie lange dauert es bis dir jemand helfen kann? Kann dir überhaupt jemand zu Hilfe eilen? Ist es nicht unsinnig, leichtfertig mit seinem Leben umzugehen und damit meist auch leichtfertig mit dem Leben der Helfer, welche aufgrund ihrer Überzeugung ihren Einsatz bringen?

Hier setzen wir eine Gedenkminute an alle, welche durch leichtfertiges Verhalten anderer ihr Leben verloren haben!!!

Wieso sollte sich nicht jeder auf seinen eigenen Notfall vorbereiten? Ist es nicht die urmenschliche Pflicht eines jeden, sich selbst und anderen helfen zu können? Welche Ausreden hast du schon gehört?

Was heisst es Mensch zu sein?

Bis Hilfe eintrifft vergeht Zeit, wertvolle Zeit. Aber DU bist da! Und je länger dieser Zeitraum dauert, je nachdem wie viel Personen betroffen sind, desto länger bist DU vorerst auf DICH allein gestellt. Und hoffentlich bist DU auch, im Rahmen deiner Möglichkeiten, für andere da!

- Wird nicht jeder um sein Leben kämpfen wollen?
  Besser DU kannst Prioritäten setzen. Kannst Du es?

- Wird nicht jeder Hilfe erhalten wollen?
  Besser DU kannst auch Hilfe leisten. Kannst Du es?

Steht man schon in der Situation ist es für Vorsorgemassnahmen zu spät!

Jede Notsituation unterscheidet sich. Sei es durch die Umgebung, die eigene körperliche Verfassung, die vielleicht vorhersehbare Dauer, Material und unter anderem auch die Personenzahl sowie das Alter. Somit verschieben sich auch oft die Prioritäten! Es gibt keine allumfassenden Regeln, es kann nur die Richtung der Handlungsweise aufgezeigt werden. Flexibilität und Anpassung sind im Weiteren notwendig um als Basis deines Überlebens die grundlegenden Fähigkeiten richtig einsetzen zu können. Um dies jedoch zu bewerkstelligen, muss der Kopf frei sein.

Überleben beginnt im Kopf!

Dieses Buch hat keinen Anspruch auf Vollständigkeit. Es soll nur einige besondere Fähigkeiten sowie Kenntnisse im Umgang mit der Natur und dem Leben aufzeigen, Anregungen geben und Interesse wecken. Du wirst auch nach dem Studium des Buches nicht der Urheld sein, denn diesen gibt es nicht, auch wenn viele dies glauben! Aber deine Angst wird sich reduziert haben und dein Selbstvertrauen ist gestiegen. Zumal es auch nicht Sinn dieses Schriftstückes ist Helden mit dem Messer zwischen den Zähnen zu produzieren!

Auch wenn du dich hier "durchgequält" hast, wirst du nicht alles umsetzen können. Die Theorie ist gut, die Praxis ist aber der beste Lehrmeister! Das unvoreingenommene Ausprobieren gilt als Grundvorraussetzung für DEIN weiterkommen, denn die Garantie in einem Notfall bist DU selbst und DU entscheidest wie DU vorgehst! Und meist sind von DIR auch andere abhängig.

Wer kann schon ein Feuer ohne Feuerzeug entfachen, einen haltbaren - witterungsbeständigen Notunterschlupf bauen, Notsignale sichtbar anlegen, Notfallpläne erarbeiten, Menschen führen, sich ohne Kompass orientieren, für Nahrung sorgen, Verantwortung für andere übernehmen, ...

Warte niemals solange bis sich aus

einem kleinen Problem

eine kritische Situation

entwickelt!

01. ALLGEMEINES ZUR VORBEREITUNG

Wer träumt nicht davon einmal alles hinter sich zu lassen, sein Säckchen zu packen und die Heimat auf Dauer oder für einen längeren Zeitraum aufzugeben. Leider lassen sich die meisten schon im Vorfeld davon abbringen. Überwiegend nicht einmal wegen des Geldes oder der meist fehlenden Sicherheit. Die bedrückenden Faktoren sind vielmehr viele kleine einspielende Gegebenheiten die einem im Vorfeld schon den Geist rauben und im gesamten das Gefühl verleiten sich nicht für seine Idee wappnen zu können. Kurz Vorweg: Manchmal ist die Planung interessanter als die Tour, und von den Knüppeln die sich einem in den Weg legen, manchmal auch gelegt werden, sollte man sich nicht abhalten lassen. Es gibt kein Problem welches sich nicht lösen lässt. Jeder lebt nur einmal, und die Zeit sollte man nicht damit verbringen zu ackern und zu ackern, zumal es auch noch die Möglichkeit gibt, auch wenn dies immer schwerer wird, sich einen Sponsor zu suchen oder einen Abnehmer für gemachte Bilder und Reiseberichte. Lebe DEIN Leben, DU hast nur eines!
In deine Planung werden viele kleine Dinge mit einfließen, welche durch nachfolgende Informationen und Gedankengänge nicht behindert, sondern unterstützt werden sollen!

Der Reiseort
Natürlich ist dieser abhängig von den jeweiligen Interessen. Wer jedoch gefährliche Situationen vermeiden will, sollte gewalttätige oder instabile Reiseziele auch nicht in Erwägung ziehen. Ansonsten, beschwert euch nicht wenn ihr für eure Fahrlässigkeit mit dem Leben bezahlt oder euch niemand zu retten versucht. Macht dafür niemand anderen verantwortlich!

Die Reisezeit
Die überwiegende Zahl aller Reiselustigen ist in der Hauptreisezeit unterwegs. Doch was ist mit der Zeit kurz davor oder danach und welcher Zeitraum bringt die meisten Vorteile? Mal davon abgesehen, dass in der Hauptreisezeit das bessere Klima herrscht, wirst du in und um die Hauptreisezeit herum viel mehr auf Touristen treffen. Die Preise werden insgesamt höher liegen und mehr öffentliche Reisemittel werden zur Verfügung stehen. Wer jedoch den Bezug zur Bevölkerung sucht, sollte sich eine andere Reisezeit heraussuchen. Es werden weniger Standard - Touristen unterwegs sein, freie Zimmer (wenn man sie nutzt), Vorbestellungen sind meist nicht nötig und auch persönliche Kontakte gestalten sich einfacher.

Das Reisemittel
Ob mit dem Fahrrad, dem Auto oder Motorrad, einem Flugzeug, dem Zug, einem Schiff oder Boot, per Anhalter, zu Fuß oder was auch immer. Es gibt vielfältige Möglichkeiten sich von einem Ort zum anderen zu bewegen. Mit dem Wagen könnte man weiter weg, in entlegenere Gebiete, aber wie ist der Kontakt zum Land, sieht man noch viel davon

wenn man überwiegend im Wagen sitzt, und was ist mit dem Kontakt zur Bevölkerung? Ist man nicht gerade wegen dem Neuen, dem Unerklärlichen, den neuen Ansichten aufgebrochen? Widerspricht es sich nicht, jetzt abgeschottet in einem Auto zu sitzen um das Land zu durchqueren? Sind das nicht nur viele oberflächliche Eindrücke in meist kurzer Zeit? Und wie ist das mit der Umwelt, soll ich das eigene Fahrzeug mitnehmen oder ist der Kauf am Reiseziel günstiger, ... ?

<u>Fliegen</u>
Sondertarife, Tickets und Gepäckbestimmungen können einem den Nerv rauben. Doch kurzfristige und günstige Tickets locken, für flexibel Reisende, auch direkt am Flughafen. Große Zeitunterschiede, speziell in kurzer Zeit, drehen jedoch an unserer inneren Uhr. Unterstützt durch Umgebungsparameter wie Lage, Klima, Luftdruck und auch dem Sauerstoffgehalt, kann es einige Tage dauern sich an die neue Situation im Reiseland zu gewöhnen. Dieser sogenannte „Jet Lag" ist bedingt durch das Ausschütten des körpereigenen Hormons Melatonin. Dies ist zuständig für die Müdigkeit und wird leider durch die Zeitverschiebungen zur falschen Zeit ausgeschüttet.
Was bringen dir 11 Stunden Zeitunterschied. Tags drauf in den Tour Bus, jeden Tag 200 - 300 KM fahren, soviel als möglich zu sehen und nach 14 Tagen wieder zurück zu hetzen. Urlaub? Land und Leute? Ständig müde und aggressiv? Wer so ein Angebot bucht sollte seine angestauten Aggressionen nicht bei der Reiseleitung auslassen! Berücksichtige deine Anpassungszeit bei deiner Reiseplanung, lasse es im Reiseland langsam angehen bis du vollständig Akklimatisiert bist und du hast mehr davon.

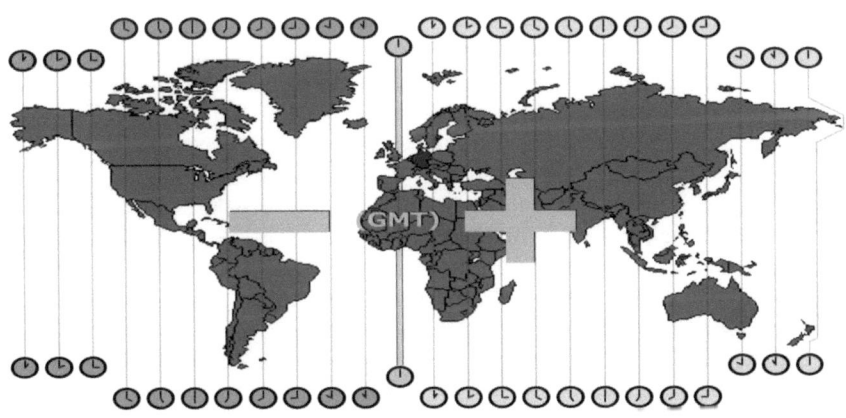

Zeitzonen (Greenwich Mean Time = 12.00 Uhr)

Je größer der Zeitunterschied, desto mehr Probleme kommen auf einen zu!

Hierbei kann es sich um Schlafstörungen, Magenprobleme, psychische Reaktionen oder ähnliches handeln. Um diese Anpassungszeit zu reduzieren - umgehen, sollte der Tagesablauf schon im Heimatland an die Zeit im Reiseland angepasst werden.

Schwimmende Gefährte

Ein kostengünstiges Mitsegeln wäre ideal, doch dies ist sehr handverlesen. Zumal Vorkenntnisse im Segeln meist erforderlich sind. Doch wieso ein großer Rahmen? Ein Kanu oder auch ein Kajak geben die Freiheit her, zu halten wo du willst! Wieso dein Abenteuer nicht im Heimatland beginnen und an dein gewünschtes Ziel reisen, andersherum geht es übrigens auch!

Öffentliche Verkehrsmittel (Bus / Bahn)

Dies ist überhaupt der beste Ort zum Kennenlernen von Land und Leuten, man kommt doch einigermaßen schnell vom Fleck und kann viel an Wissen in sich aufnehmen. Jedoch sollte man sich im Klaren sein, dass auch solch ein Reisemittel mitunter sehr beengend und stressig sein kann. Und gerade dann sollte man auf sich und sein Gepäck ein schützendes Auge haben. Eine Vielzahl von Sondertarifen machen diese Transportart jedoch zu einem günstigen und meist romantischen, oft aber auch abenteuerlichen Reisemittel, gerade im Ausland.

Auto

Fahrgemeinschaften über eine Mitfahrzentrale, im Rahmen einer Kfz - Überführung oder der Mietwagen versprechen dir auch meist einen kostengünstigen Beginn der Odyssee. Der Kofferraum bietet viel Platz für die Ausrüstung, gleichzeitig kommt man schneller vorwärts und in entlegenere Gebiete. Jedoch, sind eventuelle Ersatz - Verschleißteile auch im Reiseland erhältlich und wie hoch ist der Benzinpreis? Können kleinere Reparaturen und Wartungen selbst durchgeführt werden, ... ?
Bevor das eigene KFZ umständlich verschifft wird sollte man bedenken, ob ein vor Ort gebraucht gekaufter oder gemieteter Wagen nicht billiger ist. Den gekauften könnte man am Ende seiner Reise ohne Probleme wieder verkaufen, der eigene von daheim könnte beim Verkauf einige zollrechtliche Bestimmungen mit sich bringen. Bestenfalls handelt man mit dem Verkäufer einen Rückkaufvertrag aus. Jedoch sollte man sich vorher informieren wie das mit den Versicherungen, Zulassung, Führerschein und etwaigem Papierkram abläuft. Unterstützung bekommst du bei den verschiedenen Automobilclubs. Doch was für eine KFZ wählst du? Welchen Ausbau, welche Ausrüstung, ... Was ist mit dem Betriebsstoff, kälteanfälliger Diesel, Benzin, Gas oder Hybrid, dem Stauraum, der Zuladung, der Federung, dem Achsstand, der Bereifung, ... ?
Als Tramper unterwegs zu sein hat den großen Vorteil, das es meist nichts kostet, ausser vielleicht einer Beteiligung an den Benzinkosten. Diese Art zu Reisen ist jedoch meist auch sehr zeitaufwendig und nicht ungefährlich. Um nicht irgendwo am Strassenrand herumzuoxidieren sollte man sich auch vorher unter anderem über

Standortwahl, Zeit, Kleidung, Ausrüstungsmenge und vor allem sein Verhalten im Klaren sein.

Motorrad / Trike / Quad

Je nach Untergrundverhältnissen gehen Reisen mit dem Motorrad mit erhöhtem Sturzrisiko einher und sind auch mit mehr körperlichen Strapazen verbunden. Mit diesem Transportmittel ist jedoch, wie bei einigen anderen Outdoor Sportarten, ein Erleben hautnah mit dem ganzen Körper möglich und ein vorwärtskommen doch gesichert. Jedoch ist man hier auch ständig den Witterungseinflüssen ausgesetzt. Zusätzlich muss bei dieser Reiseart mit einem erhöhtem Verschleiß des Materials und der Kondition gerechnet werden. Bei zweirädrigen Gefährten sollte die Wahl auf eine Enduro oder Strassenenduro fallen, denn mit ihr kann Gelände sowie Straße gefahren werden. Zudem sollte auch die Gewichtsverteilung, die Wahl der Verpackungsmittel, Bereifung, Wartung und auch die Bekleidung bedacht werden. Ein Trike oder ein Quad wären sicherer sind aber im Gelände nicht ganz so flexibel. Dafür kann jedoch dein Packvolumen grösser ausfallen.

Fahrrad

Das Fahrrad dürfte die umweltverträglichste Reisemöglichkeit sein, welche wohl nur durch das Wandern noch zu schlagen ist. Ein intensives Erleben der Natur ist hier schon vorprogrammiert. Zu Beachten sind in ungefähr die gleichen Dinge wie beim Motorrad. Allerdings sollte hier eine Grundkondition vorhanden sein, damit der Trip nicht zur Strapaze wird und der „Wolf" nicht den Hintern zerfleischt.

Wofür du dich auch entscheidest, dein Gefährt sollte den Anforderungen deiner Reise entsprechen. Es muss auf den Trip vorbereitet werden. Hier werden Lieferzeiten von Ersatzteilen, Stehhöhe im Wagen, Art des Treibstoffes, Motorleistung, Reifendicke und Art, Watthöhe, Federung, Allrad Antrieb, Luftfilter, Spezialzubehör, Sicherheitschecks im Vorfeld und Reparaturmöglichkeiten zu Gedankenfängern. Wie wäre es aber mit dem Schneemobil, einem Traktor, dem Hunde- Rentiergespann, dem Kamel, einem Pferd oder Esel, einem Heißluftballon oder dem Baumstamm. Nicht zu vergessen dem Kajak, einem Skateboard oder einem Tretroller.
Speziell bei einem motorisierten Gefährt, sollten etwaige Verbrauchsmaterialien sowie Verschleißteile für das Transportmittel nicht vergessen werden. Gerade wenn sie im Reiseland schlecht oder gar nicht erhältlich sind. Zusätzlich ist es von Vorteil sich, ähnlich einem Improvisations- Survivalpack (siehe hierzu im Anhang), auch noch eine Notausrüstung zusammenstellen, die im, beziehungsweise am Gefährt verbleibt. Diese ergibt mit dem Erste Hilfe Material ein gutes Emergency Kit. Da man an das Gewicht fast nicht denken muss, hast du ganz andere Möglichkeiten. Notrationen können umfangreicher ausfallen, Kochgeschirr, eine Wolldecke, Handschuhe, ein Taschenofen, Kombiwerkzeug, eine Plane und andere Dinge. Verpackt in einem Rucksack oder einer Tasche bist du, sollte das Fahrzeug verlassen werden müssen, für die erste Zeit versorgt.

Bedenkt aber auch, alles was teuer und neu aussieht lockt Besitzneider an und sichert eventuelle leicht zu entfernende Teile an eurem Gefährt.

Die Verwaltungstechnische Vorbereitung
Die allgemeine Planung gestaltet sich meist schwieriger als die Verwaltungstechnische Seite. Jedoch hängt meist von dieser die Reise an und für sich ab.

Der Personalausweis / Reisepass
Diese Dokumente sollten zumindest 6 Monate mehr Gültigkeit aufweisen als die Reise dauert und auch noch gut lesbar sein. Werden mehrere Länder bereist ist es manchmal sogar von Vorteil einen zweiten Reisepass mitzuführen um unliebsame Überraschungen auszuschliessen (konkurrierende Länder nutzen Einreisestempel anderer manchmal als Grund für ein Einreiseverbot).

Der Internationale Impfausweis
Der Internationale Impfausweis, erhältlich beim Hausarzt, Tropeninstitut aber auch dem Gesundheitsamt, sollte immer, speziell wenn die Reise in Dritte Welt Länder geht, mitgeführt werden. Überflüssige, fragwürdige Impfungen - Impfmaterial oder vielleicht sogar Zwangsimpfungen können somit meist umgangen werden.

Das Visum
Das Visum, wenn notwendig, kann bei der jeweiligen Botschaft oder dem Konsulat beschafft werden. Hier gibt es auch die aktuellsten Einreisebestimmungen, welche von Land zu Land variieren. Teilweise werden bei einer Einreise sogar Nachweise von Unterkunft, Weiterreise, oder eine Hinterlegung von Geldmitteln gefordert.

Der Führerschein / Kfz Schein
Noch lesbar und international anerkannt, auch wenn dies oft nicht zählt.

Medikamenten Unbedenklichkeitsbescheinigung
Für alle benötigten Medikamente sollte bei Reisen in andere Länder eine vom Arzt in englischer Sprache ausgestellte Unbedenklichkeitserklärung mitgeführt werden (Siehe hierzu im Anhang).

Die Auslandsreise- Kranken- Unfallversicherung
Auch bei längerer, eventuell ungeplanter Erweiterung deiner Unternehmung, sollten diese Versicherungen die Gültigkeit nicht verlieren. Die ärztliche Versorgung und die Krankenhausbehandlung, der Aufenthalt, die Transportkosten einschliesslich Rücktransport und Rettungsflüge sollten durch diese Versicherung abgedeckt sein. Trotzdem sollte man selbst, im Falle eines Falles, im ersten Moment über genug Geldmittel verfügen um im Schadensfall flexibel reagieren zu können. Manchmal gibt es sogar Vergünstigungen für Studenten, Arbeitslose und Freiberufler.

16

Die Reisegepäckversicherung

Nichts ist schlimmer als ohne aufgegebenes Gepäck am Urlaubsort angekommen zu sein. Gerade noch Kleidung, Geld und Dokument, welche man am Körper hat, sind vorhanden. Ohne entsprechende Versicherung ist entweder die Tour zu Ende oder die geplanten Reisekosten werden gesprengt. Eine gute Reisegepäckversicherung deckt Schäden weltweit, vom Verlassen der Wohnung bis zur Rückkehr ab, egal ob Verlust, Beschädigung, Zerstörung oder Einwirkung dritter vorliegt.

Die Reiserücktritt- Haftpflichtversicherung

Beide wären von Vorteil um eventuelle Reiseuntauglichkeit oder Schäden auf der Reise abzudecken.

Mobilitätsgarantie

Eine Mitgliedschaft in einem Automobilclub birgt Vorteile bei einer Panne und einem Unfall. Die Leistungsübernahme sollte jedoch für das jeweilige Reiseland geklärt werden. Im Leistungsspektrum befinden sich meist: Krankenrücktransport, Arzneimittelversand, Reiserückruf, Rücktransport von Haustieren, Hilfe im Not-Todesfall, Darlehen bei Notlagen, Dokumentendepot, ...

Eine Masse an Versicherungen, sicher. Jedoch wenn sie gebraucht werden, sollten sie vorhanden sein. Fragt einfach bei den Anbietern nach einem speziellen Angebot. Oft lassen sich dadurch einige andere Versicherungen einsparen.

Eine gute Versicherung hat noch nie jemandem geschadet!

Von allen wichtigen Dokumenten, seien es Flugtickets, Reisepapiere, Pässe jeglicher Art und auch die Nummern von Schecks, sollten Photokopien angefertigt und getrennt vom Original, sicher mitgeführt werden. In dieses Notdokumentenset gehört ebenso ein Zettel mit persönlichen Daten und nächsten Angehörigen im Heimatland. Zu diesen Notinformationen zählen auch die Anschrift sowie die Erreichbarkeit deiner Botschaft, eventuell der nächsten Rettungsflugstaffel in dem besuchten Land und des nächsten deutsch, beziehungsweise verständlich sprechenden Arztes.

Im Weiteren wäre auch ein Testament und eine Anweisung für den Fall des Ablebens denkbar. Passieren kann immer was. Was muss gekündigt, abbestellt und bewerkstelligt werden, sowie die Information, wo entsprechende Unterlagen zu finden sind. Diese sollten einem Freund, Bekannten, Angehörigen oder vielleicht sogar bei einem Anwalt im Heimatland hinterlegt werden. Zusätzlich sollte man in dringenden Fällen auch mal erreichbar sein und ein Ansprechpartner daheim, welcher Unterlagen und Reisedaten vorliegen hat, ist immer gut als Back Up!

Die Informative Vorbereitung

Gerade in unserer hoch technischen Zeit ist es durch den schnellen Wandel notwendig sich umfassend über sein Reiseziel zu informieren um keine unschönen Überraschungen zu erleben. In relativ kurzer Zeit können heute Strecken überwunden werden, die einen in andere Länder, mit ganz anderen Ansichten, Lebensgewohnheiten und einer ganz anderen Kultur bringen. Mit einem Schlag stehst du im Unbekannten. Beuge vor und informiere dich umfassend über das was dich erwartet. Wetterverhältnisse, Klimazone, typische Naturgeschehen, Religion, Sitten und Gebräuche, Feiertage, Landessprache, Vegetation und Tierwelt, Erreichbarkeit medizinischer Versorgung, durchschnittliche Gebirgshöhe, Währung, Deklination, Fluss - Haupt - Fließrichtung, ... oder was auch immer für dich von Interesse ist. Besorge dir soviel Vorabinformation wie möglich, denn gerade alleine oder ohne Reiseführer wirst du mit Sitten und Brauchtümern direkt konfrontiert. Basisinformationen vermitteln dir die Touristenbüros, Kulturabteilungen, Botschaften, Fluggesellschaften und die Unmenge an Reiseführern die sich auf dem Markt befinden. Die beste Information ist aber immer noch die aktuelle von anderen Reisenden. Die wichtigsten Wörter solltet ihr zudem in der Landessprache beherrschen und ein grober Abriss der Landkarte beziehungsweise der näheren Umgebung sollte sich im Kopf befinden. Bei all deiner Planungstechnischen Vorbereitung sollte aber nie vergessen werden, dass die Vorbereitung physisch und psychisch ebenso dazugehört!

Physische / Psychische Vorbereitung
Unser Körper kann nur Leistung erbringen wenn er dazu auch in der Lage ist. Wie diese Leistung durchzuführen ist, wird unser Kopf entscheiden müssen. Trainiere somit in Bezug auf Ausdauer und Kraft. Trainiere allerdings mit Verstand und bleibe in deinem optimalen Trainingsbereich (zwischen unterer - oberer Zielbereichsgrenze), um gerade im Ausdauertraining einen Erfolg zu erzielen. Hierzu folgende Berechnung:

$220 - Alter = X$ deine persönliche maximale Herzfrequenz

$X : 100 \cdot 60$ = untere Zielbereichsgrenze (Herzfrequenz)
$X : 100 \cdot 75$ = obere Zielbereichsgrenze (Herzfrequenz)

Trainiere auch direkt auf deine Tour hin. Es nutzt nichts viel zu laufen wenn die Reise mit dem Kajak durchgeführt wird. Der spezifische Bewegungsablauf muss eintrainiert und die Muskulatur im Hinblick auf das Zusammenspiel direkt in der speziellen Bewegung gefordert werden. Ebenso muss sich dein Körper auf die zu erwartenden Einflüsse vorbereiten können. Nur ein Training im Fitnessstudio verbietet sich somit. Hitze, Kälte, Regen, Dreck, ... Setze dich schon im Vorfeld den Einflüssen aus, welche dich in dem besuchten Land in deiner Reisezeit erwarten. Lerne deine Belastungsgrenze und deinen Körper kennen. Denke auch an eventuell erforderliche Impfungen sowie Fachärztliche Untersuchungen für dein Reiseland - Länder und berücksichtige diese in der Planung und Durchführung deines Vorbereitungstrainings.

Wer auf außergewöhnliches vorbereitet ist, nimmt dies leichter hin!

Passe deine Tour deiner persönlichen Leistungsfähigkeit an. Sie sollte nie geplant so ablaufen, dass du auf 100% deiner körperlichen - geistigen Leistungsfähigkeit arbeitest. In einem Notfall musst du schnell nachsetzen können! Erst recht, wenn Verantwortung für Mitreisende oder vielleicht sogar Kinder übernommen wurde! Sonnen- Kälte- und Wechselbäder sind ebenso wie Saunagänge und auch Massagen eine Möglichkeit der Intensivierung der körperlichen Vorbereitung. Sie sind nicht nur im Hinblick auf die Psyche, den zwischenmenschlichen Kontakt, sondern auch für die Krankheitsvorsorge interessant. Massagen werden hierbei immer zum Herzen hin durchgeführt und wirken regenerierend für den Körper. Ausstreichungen verbessern den lymphatischen - venösen Rückstrom und tiefgreifende Lockerungs- Schwingungsgriffe wirken sich zudem auf Verspannungen der Muskulatur und das Bindegewebe aus.

MASSAGEGRIFFE		SCHLAFBEDARF	
Oberflächliche Griffe	Klatschungen, Streichungen	**Säugling**	12 – 15 h / Tag
	Hautverschiebungen, Reibungen	**Kleinkind**	10 – 15 h / Tag
	Hautzupfungen	**Schulkind**	8 – 10 h / Tag
Tiefwirkende Griffe		**Erwachsener**	
Knetgriffe	Drücken, Kneten, Reiben	körperl. arbeitend	8 h / Tag
Lockernde Griffe	Schüttelungen, Vibrationen	geistig arbeitend	6 – 8 h / Tag
Erschütterungen	Hackungen (Handkante, Finger)	**Ältere Personen**	
Klopfungen	lockere Faust	nicht arbeitend	6 h / Tag

h = Stunde

Das Wichtigste ist jedoch immer noch der Schlaf. Hierbei erschlaffen die Muskeln, die Körpertemperatur und der Blutdruck sinken sowie die Hirnwellen flachen ab. Die Zellen erholen sich. Schlafentzug hingegen führt zu verminderter Leistungsfähigkeit. Zur Unterstützung des erholenden Schlafes bietet sich eine Umgebungstemperatur von cirka 13° Celsius und eine Seitenlage rechts an. Diese bringt eine geringere Belastung des Herzens mit sich. Ein flaches Kopfkissen mit leicht erhöhten Beinen verbessert den Blut - Lymphrückstrom und das Abstellen sämtlicher störender Faktoren wie Licht, Geräusch und ähnlichem runden das Bild ab.
Autogenes Training ist auch ein Weg zur Wiedererlangung innerer Stärke und Ruhe. Diese wird in sechs Teilen gegliedert und basiert auf bewusster An- Entspannung verschiedener Muskelgruppen, wobei die Reihenfolge festliegt. Auch hierbei sollten alle äußeren Einwirkungen während der Durchführung ausgeschlossen werden.
Eine bequeme Haltung, im Sitzen oder Liegen, mit locker geschlossenen Augen und ohne Pressatmung ist anzustreben. Im Folgenden suggeriert man sich Schwere, Wärme und Kälte in den Regionen Hände und Arme, Gesichtsbereich mit Hals- Schultern sowie oberer Rückenpartie, Brust- Bauch- Rücken, Sitzmuskel- Beine- Füße- und Zehen. Die Vitalfunktionen Atmung und Kreislauf werden sich anpassen und der Körper kann so die gewünschte Entspannung und Regeneration erlangen.

19

Die geistige Vorbereitung ist wohl eine der wichtigsten, denn sie leitet und führt den Körper. Setze dich im Vorfeld mit möglichen Gefahrensituationen auseinander, übe Verhaltensweisen und trainiere deinen "Überlebens"- willen, denn in der Psyche liegt die Kraft. Fachkurse und Lehrgänge helfen dir deinen Wissensstand zu erweitern und stärken das Selbstvertrauen. Sprachkurse, Notreparaturen am Gefährt, Notfallseminare, Selbstverteidigungskurse, ...

Die geistige / körperliche Vorbereitung sollte wie ein Trainingsplan gestaffelt auf den Beginn der Tour hin durchgeführt werden. Beginne langsam, steigere dich zum Maximum, gib deinem Körper aber auch eine Erholungsphase bevor du startest.

Wenn man gut durchtrainiert und gut vorbereitet ist, hat man eine Chance zu überleben, wenn nicht, verlangt die Natur ihr Pfand zurück.

David Roberts
- Patey Agonistes -
Moments of Doubt

Der Reisepartner

Alleine, mit einem Partner oder in einer Gruppe. Mit dem Lebenspartner, einem guten Freund (in), einem (er) Bekannten, im Verein, einer Interessengruppe, dem Haustier, ... Alles hat Vor- aber auch Nachteile. Eines ist aber sicher, man muss sich auf den Partner, soweit man überhaupt zu zweit unterwegs sein will, zu 100% verlassen können. Eine kurzzeitige Suche über die Zeitung oder per Internet kann böse Überraschungen mit sich bringen. Aber die Tour alleine zu machen birgt wiederum ein gesteigertes Risiko. Wer hilft einem bei Verletzung oder einem psychischen Einbruch? Ist eine einzelne Person, zudem noch als Tourist erkannt, für Straftäter nicht reizvoller?
Abenteurer die eine Tour alleine Unternehmen gibt es viele, trifft man unterwegs einen könnte man sich ja zusammentun, aber was weiß man von seinem neugewonnenen Reisepartner dann? Der Vorteil ist, man kann sich auch kurzfristig wieder trennen, da jeder seine Tour unter der Vorgabe begonnen hat diese alleine durchzuführen. Somit besteht auch keine Verpflichtung diese gemeinsam zu bewältigen. Wer allerdings die Geselligkeit mag oder sogar braucht, wird eine Reisegemeinschaft bevorzugen.

Die Auswahl des oder der Reisepartner sollte mit Sorgfalt geschehen, denn sie kann von fundamentaler Bedeutung für die Tour sein!

Bekannte, wie Freund, Freundin oder der Lebenspartner haben den Vorteil dass man sie kennt und mit Ihnen unter normalen Umständen gut auskommt. Ist man aber in einer Gemeinschaft, kann nicht jeder machen was er oder sie will. Einzelbedürfnisse müssen hinter denen der Gemeinschaft zurückstehen (siehe hierzu unter psychische Aspekte) und Kontakte zu den Einheimischen werden sich meist reduzieren. Unterschiedliche Interessen, Gemüter und Leistungsstände provozieren früher oder später Reibereien und Streit. Diese Problemsituationen werden einen den Reisepartner mit anderen Augen sehen lassen, und es wäre nicht das erste mal, dass eine Freundschaft oder Beziehung durch eine Reise beendet wird. Eine Informationseinholung über den "unbekannten" Reisepartner ist unabdingbar. Verlasst euch nicht auf Unterlagen oder Berichte. Die

Erfahrung und der Charakter sollten maßgebend für eure Ansprüche sein, wobei der Charakter und die zwischenmenschliche Beziehung den Ausschlag geben sollten.

Fähigkeit, Erfahrung, Fitness und Ausdauer sollten passen!

Sind auch nur geringste Zweifel vorhanden, sei es am Einsatz der Reisepartner im Hinblick auf das gemeinsame Ziel, der Leistung oder was auch immer. Seit fair, sprecht es aus, - beide Parteien profitieren davon! Doch, wer setzt das Alter für Erfahrung fest? Wer hat nicht in jungen Jahren davon geträumt eine Blockhütte zu bauen, mit dem Hundeschlitten zu fahren, ein Floß zu bauen und Abenteuer zu erleben? Gibt es eine Altersgrenze für Abenteuer nach oben oder nach unten?

Nicolas Vanier, der französische Abenteurer, ist über ein Jahr am Stück mit seiner Frau Diane und seiner Tochter Montaine mit ihren 1,5 Jahren auf Reisen gewesen. Begleitet von ihrem vierpfötigen Bodyguard Otchum sind sie mit einem Pferdetreck und dem Hundeschlitten durch Kanada gezogen und haben in einer eigens gebauten Blockhütte am Thukadasee in Alaska überwintert.

„Montaine folgt den spannenden Lektionen dieses Waldes, der für sie der größte Pausenhof der Welt ist. Ihre Kinderstimme ruft zur Ruhe, jeden Hund nennt sie beim Namen: Oukiok, Voulk, Kourvik, Baikal, .. Das ist ihre Art, bis zehn zu zählen: Und die plötzlich zahmen Raubtiere spitzen nacheinander die Ohren und fallen in Trab, weil ihre kleine Herrin es so will. So ist Weihnachten für Montaine, das Kind des Schnees, das,wovon alle Kinder der Welt träumen: „Verzauberung."

*Jean-Francois Chaigneau
für Tèlè – t Jours*

Außerordentliche Erfahrungen verändern das Leben!

Sind Kinder, behinderte oder ältere mit in der Gruppe muss speziell Wert darauf gelegt werden, dass auch jeder von der Reise profitiert, und die Gefahren, die aus dieser entstehen können, jedem bekannt sind, soweit dies möglich ist! Übernimmt man die Verantwortung für Kinder ist die eigene Einschätzung gefragt. Nur das Alter sollte keine Indikation sein eine Person vom „Trek" auszuschliessen. Abhängig von eurer Wahl werden mit Sicherheit auch weitere Punkte wie Vorerkrankungen, Anfälligkeiten des Reisepartners, Regelblutung, Schwangerschaft sowie die hygienischen Verhältnisse Beachtung finden. Doch, kann ein Reisepartner nicht auch ein Tier sein? Wie ist es zu transportieren und zu versorgen, welche Einwirkungen hat das Reiseland auf das Tier, Impfschutz nach WHO (World Health Organisation) Norm, Quarantäne, ... ?

Die Backup Vorbereitung

Reiseroute und Ankunftszeit, Empfangszeiten am Handy oder Satellitentelefon sollte an Bekannte und Verwandte weitergegeben werden. Intervall Meldungen sollten zudem regelmäßig erfolgen, damit im Falle einer Überfälligkeit eine „Search and Rescue" (Such und Rettung) Aktion erfolgen kann (siehe hierzu auch im Anhang).

Jede Tour, sei es eine größere Expedition, eine mehrtägige Rucksacktour, oder nur eine mehrstündige Wanderung in mehr oder weniger einsames Gebiet, muss bei vernünftiger Planung und Organisation ein kalkulierbares Risiko ergeben! So, bereite dich vor!

Andererseits bringt ein vernünftiges Maß an Unsicherheit auch einen noch sportlicheren Charakter!

Eine Reise soll jedoch entspannen. Wer sich in Stress und Zeitdruck bringen lässt wird viel weniger Spaß an der Sache entwickeln, als derjenige, welcher aufgeschlossen und entspannt der Sache gegenübersteht. In den meisten Ländern ist die Mentalität sowieso entspannend und die Arbeitsauffassung so locker, dass man sich erstmal an diese eigenwillige Arbeitsauffassung gewöhnen muss. Nach einigen Tagen wird das jedoch kein großes Problem mehr sein. Stress und Panikmache bringt dich sowieso nicht weiter. Dein Herz wird es dir danken. Versuche die Sache zu meistern wie sie kommt.

Deine Flexibilität ist das A und O auf deiner Reise und sie beginnt schon mit dem Verlassen deiner Home Zone!

02. BEKLEIDUNG UND AUSRÜSTUNG

Der unvorhergesehen in Not geratene wird improvisieren müssen. Dem gegenüber wird sich der Globetrotter, welcher seine Tour vorbereitet, vorher mit allen Dingen eindecken von denen er glaubt man könne sie gebrauchen oder sie wären von Vorteil. Jedoch nicht alles was teuer ist, ist seinen Preis auch wert! Grundsätzlich sollte, auch wenn man nicht auf das Gewicht angewiesen ist weil die Reise mit einem räumigen Transportmittel wie dem Auto, dem Kanu oder dem Pferd bewältigt wird, unnötiges vermieden werden. Wer will im Notfall schon Ausrüstung zurücklassen?
Gleichzeitig muss das Equipment auch auf die spezifische Aktion abgestimmt sein. Die Machete vom Dschungeltrip auf einer Wanderaktion in den Alpen? Aber eigentlich ist es auch egal was du einpackst, in einer Notsituation wird dir immer etwas fehlen. Meist genau das, was man benötigt um die Situation zu überstehen. Jedenfalls denkt man dies.

Die Kunst des Überlebens ist, unter anderem,
das Improvisieren von benötigtem oder der Verzicht darauf!

Trotzdem werden wir in diesem Kapitel die gebräuchlichsten Gegenstände ansprechen. Am Ende muss allerdings jeder für sich selbst entscheiden was er benötigt. Hier spielen das Wissen, der persönliche Anspruch und die Abhärtung eine Rolle. Achtet auf jeden Fall auf Handlichkeit, Größe, Gewicht und Zweckmäßigkeit. Eine Möglichkeit wäre auch, sich die Ausrüstung erst im Gastland zu besorgen. Es sollte jedoch eine vorab Info erfolgen, ob und zu welchem Preis diese dort erhältlich ist. Allerdings würde hierdurch der Transport und das Herumschleppen auf der Anreise entfallen. Geht man jedoch soweit, ist zu bedenken: Startet eine Tour niemals mit Ausrüstung mit der ihr nicht umgehen könnt! Bei einer Jacke mag dies meist keine grossen Folgen nach sich ziehen, aber wie sieht es mit einem GPS aus?

Ihr müsst mit eurer Ausrüstung zufrieden sein.
Niemand sonst! Also entscheidet selbst!

Die Bekleidung

Als Warmblüter, mit einer Körperkerntemperatur von 36-37° Celsius, sind wir gefordert diesen Temperaturbereich zu halten um den Stoffwechsel zu sichern. Leider wird dieser ständig durch Übertragung, Verdunstung und Ableitung bedroht. Schon Schwankungen von +/- 3° Celsius im Körperkern können bedrohliche Zustände auslösen. Somit ist es eigentlich ein muss sich im Vorfeld Gedanken über die Bekleidung zu machen.
Sie schützt vor Kälte, Hitze, Wind und Nässe, ebenso wie vor mechanischer Verletzung sowie Strahlung, bei Mischgeweben auch vor Überhitzung und lässt uns meistens auch gut aussehen. Grundsätzlich sollte sie auch in feuchtem Zustand leicht, strapazierfähig und flammhemmend sein. Im Weiteren atmungsaktiv, dreifach vernäht mit abgedeckten

Reisverschlüssen. Logischerweise groß genug, nicht einschnürend aber auch nicht wie ein Kartoffelsack tragbar, damit Bewegungen sowie Wärmepolster garantiert werden können. Beachtet bei der Kleidungswahl aber auch die im Reiseland herrschende Moral und vielleicht könnte man mit der Farbe ebenso eine Wirkung erzielen. Eine helle Farbe reflektiert und verfügt somit über eine gute Sichtwirkung. Dagegen sind dunkle Farben eher als Wärmespeicher zu sehen und verbergen uns. Auf der anderen Seite gliedern sie sich fließend und störungsfrei in die Natur ein.

Im Idealfall kleidet man sich nach dem Zwiebelprinzip. Hierbei werden mehrere Lagen dünner Kleidung übereinander getragen, wobei die zwischen den Lagen und in den Fasern eingeschlossene Luft isolierend wirkt und somit wärmt. Dies darf aber auch nicht zum Schwitzen führen, was unter Umständen eine erhöhte Auskühlung jedoch definitiv einen erhöhten Flüssigkeitsverlust bedeutet. Die Bekleidung sollte also an die Aktivität angepasst sein und bei mehreren dünnen Lagen kann man flexibler auf die Situation eingehen. Schauen wir uns deshalb dieses Schichtsystem einmal näher an und unterteilen vorerst in 3 Lagen:

1. Lage / Kunstfaser - Mischgewebe / Funktionsschicht
Sie wird direkt auf dem Körper getragen und gilt als hygienische Möglichkeit zum Abtransport der Körperfeuchtigkeit ohne dabei nass zu werden.

2. Lage / Kunstfaser - Mischgewebe / Wärmeschicht
Als mittlere Schicht transportiert sie die Feuchtigkeit weiter und sorgt ständig für ein Luftpolster.

3. Lage / Kunstfaser - Mischgewebe / Schutzschicht
Sie schützt als äußere Schicht die inneren Lagen, muss aber atmungsaktiv und wasserundurchlässig sein. Etwa wie GoreTex oder ein Mischgewebe. Sie gilt somit als Wind - und Wetterschutz.

Zwischen diesen Bekleidungsschichten können immer noch mehrere andere Schichten getragen werden. Die Beduinen tragen beispielsweise mehrere dünne Schichten leichter, weiter und heller Kleidung. Dem Schweiß wird durch das Luftpolster die Möglichkeit der langsamen Verdunstung gegeben. Somit kühlt er den Körper länger, als wenn man nur wenige oder keine Bekleidungsschichten nutzt. Dieses Schichtsystem ist auf jede Bekleidungsart übertragbar. Wobei bei nass / kaltem Wetter der Kunstfaser und bei heiß / schwülem Wetter der Baumwolle, oder der Seide der Vorzug gegeben werden sollte.

Die Spezialbekleidung
Um das Ganze zu kürzen wird nur auf den Regenschutz eingegangen. Auch hier sollte atmungsaktives Material wie Gore Tex bevorzugt werden. Ein weiter Schnitt, so dass auch ein Schichtsystem darunter getragen werden kann und die Nieren geschützt sind, wäre von Vorteil. Zudem sind zwei, über die ganze Länge der Hose

verlaufende, abgedeckte Reisverschlüsse und Taschen in unterschiedlicher Größe, wovon sich eine innen befinden sollte, erstrebenswert. Eine komplett schließbare Kapuze, ein Kordelzug an der Taille, ... Als Alternative kommt oft ein Poncho zum Einsatz. Dieser ist der Regenjacke natürlich nicht gleichgestellt, kann dafür allerdings auch ohne größere Probleme als Schwimmhilfe, Behelfsboot, Zeltplane oder auch Kochmulde Verwendung finden.

Die Fußbekleidung

Die Wahl der Schuhe ist nicht leicht. Von Sandalen über Turnschuhe bis zu hohen Wanderstiefeln. Prinzipiell gilt für jede Fußbekleidung eine gute Passform. Nehmt lieber eine halbe Nummer größer als kleiner. Ihr seid nicht beim Klettern, oder? Schuhe sollten aus atmungsaktivem Material bestehen, gut vernäht - verklebt sein und über ein dementsprechendes Profil verfügen. Im Weiteren sind natürlich noch das Gewicht und, je nach Einsatz, der Halt für den Knöchel sowie die Flexibilität der Sohle ausschlaggebend. Damit sie sich an den Fuß anpassen können müssen sie aber auch eingetragen werden! Sandalen tragen sich zwar luftig, leicht und bequem, allerdings für Wüsten, Dschungel, längere Wandertouren oder ähnliches sind sie unbrauchbar. Die Gefahr unerwünschter Begegnungen mit Kleinstlebewesen sowie einer Verletzung ist zu groß. Zumal die Laufeigenschaften bei größeren Distanzen sogar mit einem Hüftschaden drohen.

TIPPS
- Nasse Socken sollten immer, sobald als möglich gewechselt werden, denn Nässe in Verbindung mit Reibung erzeugt Blasen und kann, auf längeren Zeitraum gesehen, zum sogenannten Immersionsfuß führen!
- Wachs und Silikon vermeidet das Gefrieren der Schnürsenkel im Winter.
- Es bietet sich manchmal an, gerade bei längeren Touren, zwei Paar Schuhe (ein paar für die Bewegung und ein paar für die Rast), unter Umständen unterschiedliche Arten in der Anwendung, mit sich zu führen. Hierdurch kann gewährleistet werden, dass immer trockenes Schuhwerk vorhanden ist und die Füße in ihrer Beanspruchung unterschiedlich belastet werden.

Die Ausrüstung

Natürlich variieren die Ansprüche an die Ausrüstung auch. Sie steht ebenso im direkten Zusammenhang zur Reiseart, dem zu erwartenden Wetter, der Umgebung und der Tour selbst. Um jedoch nicht das ganze Konto zu plündern muss ein Mittelweg gefunden werden. Der maßgebenden Faktoren sollte nicht die Optik, abgesehen von der Farbe als Sicht- Signalwirkung, sondern der einfache Aufbau, die Verarbeitung, das Gewicht, das Packmaß, die Erlangung von Ersatzteilen und die Flexibilität im Einsatz sein.

Das Tragemittel

Für jedwede Art von Aktivität, sei es Klettern, Biken, Motorradfahren, Canyoning und Trekking gibt es unterschiedliche Rucksäcke in unterschiedlichen Größen. Zu unterscheiden sind vorerst Rucksäcke ohne Gestell, Rucksacktragegestelle aus Alu oder Stahl und körpergerecht geformte Rucksäcke in denen flexible Verstrebungen eingelegt sind. Diese erlauben es dem Träger, den Rucksack ohne große Probleme auf sein Rückenprofil einzustellen.

- Gestellose Rucksäcke
Diese Behältnisse sind meist klein und bis maximal 25 Liter erhältlich. Für den Einsatz bei einer Tagestour sind diese Rucksackarten geeignet. Für längere Reisen, wegen des schlechten Trageverhaltens, jedoch nicht brauchbar.

- Rucksack Tragegestell (Packrahmen / Packboards / Kraxe)
Hierbei handelt es sich um einen Tragerahmen mit aufgespanntem Packsack. Er verspricht ein recht umständliches Handling wegen der Rahmengröße. Für das Tragen schwerer, sperriger Gegenstände ist er jedoch von Vorteil. Schwachpunkt sind die Verstrebungen sowie die Aufhängung des Packsackes.

- Körpergerecht geformte Rucksäcke
Das Ultimo für eine Trekkingtour. Ein großes Spektrum an Packvolumen bei relativ kleinen Abmessungen. Diese Rucksackart kann auch durch Alu Innenschienen an die jeweilige Körperform angepasst werden.

- Kofferrucksack
Wie der Name schon sagt, ein Zwischenprodukt aus Koffer und Rucksack mit dem Hauptvorteil, dass man nicht gleich als Backpacker zu erkennen ist, was Vorteile bei der Einreise bringen kann. Ist man jedoch überwiegend zu Fuß unterwegs, sollte man von diesem Transportbehältnis absehen. Der Tragekomfort ist nicht mit dem des Innengestellrucksackes vergleichbar.

Bezüglich des Materiales sollte nur reißfestes und wasserdichtes in Frage kommen. Alle Nähte sollten zwei- besser dreifach gelegt und randverstärkt sein. Verstellbare Schultertragegurte und ein gepolsterter Hüftgurt entlasten die Schultern sowie den Rücken und die Bandscheiben. Ein Rückenpolster für die Luftzirkulation und ein Brustgurt sind neben robusten Verschlüssen und einem Schnellöffner für Notfälle weitere Entscheidungskriterien. Zusätzlich sind Kompressionsriemen, ein doppelter Boden, ein Wetterverschluss, eine Frontöffnung, ein Zwischenboden sowie weitere Befestigungsmöglichkeiten, eine Deckeltasche und Außentaschen von Vorteil. Ein integriertes Trinksystem rundet das Ganze ab.

TIPPS
- Ein Viertel des eigenen Körpergewichts gilt als Höchsttraglast pro Person. Wobei 20 Kilogramm auf längere Distanz schon sportlich sind. Dies hängt

natürlich auch vom Trainingszustand sowie dem Rucksacktyp ab.

- Innenliegendes Material sollte, in Einsatzbereiche gegliedert, wasserdicht verpackt werden. Ständig benötigtes Material gehört in die Außentaschen beziehungsweise aussen angebunden.
- Packe so, dass du auch an einzelne Gegenstände herankommst ohne den ganzen Rucksack zu zerpflücken, und deine Sachen auch bei Nacht ohne Licht auffindbar bleiben.
- Der Schwerpunkt des Rucksackes sollte über dem des Körpers direkt am Rücken anliegen. Die Blutzirkulation der Arme jedoch nicht beeinträchtigt werden. Andererseits würde ein niedriger Schwerpunkt die Wirbelsäule entlasten und die Gefahr zu stürzen reduziert sich. Somit kann eine falsche Packtechnik beim Wandern ebenso gefährlich sein, wie beim Klettern.
- Für Frauen gibt es Rucksäcke die sich mit verjüngenden Schulterriemen, kürzerem - schmälerem Rückenteil, sowie stark verstellbarem Hüftgurt am Körperbau orientieren.

Zum Aufnehmen eines schwereren Rucksackes wird er mit gebeugten Beinen an beiden Tragegurten hochgehoben und auf einen Oberschenkel abgesetzt. Ein Gurt wird über die Schulter gelegt und der Rucksack mit Schwung auf den Rücken geschleudert, um dann in den anderen Tragegurt einzuschlupfen.
Zum optimalen Einstellen des Rucksackes auf den Träger sollte der Hüftgurt als Basis mit nach vorne gebeugtem Oberkörper angelegt werden. Dieser muss eng sitzen und auf dem Hüftknochen aufliegen. Nach dem Aufrichten wird dann die Höhe der Trageriemen eingestellt. Bei der Verwendung eines Innengestellrucksacks sollten die im Rückenteil befindlichen Aluminiumschienen vor dem Anlegen durch biegen dem eigenen Körperprofil angepasst werden.

<u>Das Zelt</u>
Die, in früheren Zeiten, oft genutzten First- Pyramidenzelte sind von stabileren und nicht so windanfälligen Kuppel- und Tunnelzelten verdrängt worden.

1. First- Pyramidenzelt / 2. Kuppelzelt / 3. Tunnelzelt

- First- und Pyramidenzelte
Diese wohl älteste Zeltform besitzt im allgemeinen kein Vorzelt und ist zusätzlich im Verhältnis Raum- Bodenfläche als klein anzusehen. Dazu kommt eine extreme Windempfindlichkeit, was uns eine gute Abspannung auferlegt. Durch die fehlende

27

Spannung auf dem Gestänge kann dies bei einem Bruch allerdings leichter repariert werden.

- Kuppelzelte (Geodät)
Diese Zeltart ist schwerer, steht jedoch durch Überkreuzung zweier Gestängebögen bei guter Platzierung um einiges stabiler und meist auch frei. Als Geodät ausgelegt gibt es drei oder mehr dieser Überkreuzungen was die Sache noch stabiler macht.

- Tunnelzelte
Ein leicht aufzubauendes Zelt mit der besten Raumausnutzung. Die Seitenbereiche besitzen eine gute Windstabilität, der Eingangs- und der rückwärtige Bereich sind jedoch durch die fehlende Abspannung windanfällig. Sie sind nicht freistehend, aber für normale, mitteleuropäische Verhältnisse völlig ausreichend.

Achten sollte man auf das verwendete Material, Verarbeitung, Weiterreißfestigkeit und die Wasserdichtigkeit. Diese sollte mindestens 2,5 cm Wassersäule aufweisen und über einem wannenförmig hochgezogenen Zeltboden verfügen. Interessant sind auch die Abmessungen, die Gewichtsklasse, die Sitzhöhe im Zelt, das Packmaß, die verstärkten Belastungsstellen und das Einsatzspektrum. Ein zweiter Eingang und Snowflaps für den winterlichen Einsatz sind ebenso von Nutzen. Zur Reduzierung des Kondenswassers und der besseren Isolation sollte eine Kombination aus Innen-Aussenzelt gewählt werden. Hierbei sollte das Außenzelt von der Farbe her gut zur Umgebung passen, um die Natur nicht allzu sehr zu stören. Innen jedoch sollte es eine angenehme aufheiternde Farbe besitzen, um nicht allzu sehr aufs Gemüt zu schlagen wenn man mal mehr als nur ein paar Stunden darin verweilen muss. In einer Notsituation kann es dann zur Signalgebung einfach gewendet werden, ohne dass es seine eigentliche Verwendungsweise verliert. Ist es Aluminiumbeschichtet wirkt dies, je nach Verwendung, kühlend oder wärmend auf das Innenzelt. Im übrigen sind Ventilationsöffnungen, ein Moskitoschutz, ein Vorzelt, auch Apsis genannt, und ein robustes Gestänge eigentlich ein muss.

TIPPS
• Ein Gestänge aus Fieberglas wird bei starken Temperaturschwankungen spröde und bricht leicht. Aluminiumausführungen sind meist leichter und stabiler, besser zu reparieren, aber auch teurer.
• Je mehr Abspannleinen und Heringe genutzt werden, desto sicherer steht das Zelt. Im Winter oder auf sandigem Untergrund können die Heringe auch der Länge nach einfach eingegraben werden, was einer stabileren Verankerung gleichkommt. Unterstützend wirkt eine Beschwerung der Abspannleinen, ein Windschutz oder ein leichtes Eingraben des Zeltes.
• Das Zelt sollte immer gut gelüftet und trocken gelagert werden. Ebenso sollte auf das Kochen im Zelt verzichtet werden, denn das verdampfende

Wasser würde sich bei schlechter Belüftung am Innenzelt niederschlagen. Gleichzeitig besteht die Gefahr einer Vergiftung durch sich entwickelnde Gase des Brennstoffes und, bist du dir sicher dass dein Zelt nicht brennt?

Isoliermatte
Von Gras- über Bast zum Fell und dem Schaumstoff bis zu den selbstaufblasenden Schlafgelegenheiten kann jedem müden Rücken geholfen werden. Sie schützen mit ihren verschiedenen Ausführungen vor der Bodenkälte und dem harten Untergrund. Hierzu sollte sie kälteunempfindlich, rutschfest, robust, passend auf die eigene Statur, zumindest dem Körperstamm, und funkenresistent sein. Teilweise sind sie mit einer Aluminiumbeschichtung erhältlich, welche auftreffende Körperwärme zusätzlich reflektiert.

- Schaumstoffmatten
Diese sollten aus gedichtetem Material sein, damit keine Feuchtigkeit eindringen kann. Für den Wintereinsatz gilt jedoch eine Stärke 12 mm als das Minimum.

- Selbstaufblasbare Isomatten
Sie saugen sich, nach Öffnung des Ventils, wie ein Schwamm mit Luft voll. Wobei die Härte durch nachblasen von Luft variiert werden kann. Bei kleinem Packmaß bieten sie eine hohe Bequemlichkeit, sind jedoch anfälliger gegen scharfkantigen Untergrund und zu hoher Hitze am Feuer. Flickzeug sollte deshalb immer dabei sein. Ebenso kann im Winter, wenn die Matte mit dem Mund aufgeblasen wurde, die eingetretene Feuchtigkeit in der Matte gefrieren.

Schlafsack
Im groben Unterscheiden wir zwei Arten von Schlafkokons, den Decken- und den Mumienschlafsack.

- Deckenschlafsäcke
Sie sind preiswert und bieten ein hohes Maß an Bewegungsfreiheit. Aufgrund der einfachen Konstruktion sind sie für Übernachtungen unter freiem Himmel jedoch nicht geeignet.

- Mumienschlafsäcke
In verschiedenen Ausführungen, meistens jedoch körpergerecht geformt, ist dieser Schlafsack auch mit einer Kapuze, einem Wärmekragen und für unterschiedliche Temperaturbereiche erhältlich.

Einige Schlafsäcke können mittels des Reisverschlusses miteinander verbunden werden, so entsteht ein Doppelschlafsack für gemeinsames. Daneben gibt es auch noch den Jugendherbergsschlafsack, auch Tropenschlafsack genannt. Eigentlich handelt es sich hierbei nur um einen einfachen „Deckenbezug" aus Baumwolle oder Seide. Er ist für Übernachtungen in festen Gebäuden und fremden Betten gedacht, kann aber auch als Inlett für den normalen Schlafsack Verwendung finden. Ebenso gibt es sogenannte Survival- Not- Schlafsäcke, welche eine Alternative zum herkömmlichen Schlafsack in Notsituationen darstellen. Sie bestehen meist aus dünnem, robustem Außengewebe, welches auf der Innenseite beschichtet und mit einem Netzgewebe versehen ist. Somit wird die Körperwärme reflektiert sowie Wind, Regen und Kälte abgehalten. Der Nachteil ist die geringe - teilweise nicht vorhandene Atmungsaktivität, wodurch sich über Nacht die Körperfeuchtigkeit als Kondenswasser an der Innenseite absetzt. Optional sind jedoch auch Wärmeinlays erhältlich.

Die Füllung eines Schlafsackes besteht aus Daunen oder Synthetik und verfügt somit über unterschiedliche Trocknungs- Kompressierungs- und Gewichtsklassen. Was aber allen gleich ist, sie darf nicht rutschen und auch nicht unterschiedlich dick sein. Das Volumen des Schlafsackes muss somit auch stimmen. Ist er zu klein wird an einem Ende die Füllung gedrückt und verliert dort die Isolierfähigkeit. Ist er zu groß kann das Volumen nicht effektiv mit dem Körper erwärmt werden. Zur Not kann der Hohlraum auch mit Kleidung aufgefüllt werden.

- Daunenfüllung
Sie besitzen eine bessere Isolation / Lofteigenschaft als Synthetikfüllungen, können jedoch bei starker Feuchtigkeit viel Wasser aufnehmen und klumpen. Dies wirkt sich negativ auf das Gewicht und die Wärmeeigenschaft aus. Sie schimmeln somit sehr leicht und brauchen zum Trocknen ziemlich lange. Sie sind im Vergleich zu Kunstfasern auch teurer, besitzen aber ein kleineres Packmaß.

- Synthetikfüllung
Dieses Füllmaterial wärmt auch nass, trocknet schneller, ist unempfindlicher und auch günstiger. Die Wärmeeigenschaft ist allerdings Leistungsschwächer als eine Daunenfüllung.

Egal was du für einen Schlafsack wählst, egal mit was er gefüllt ist, achte auf einen atmungsaktiven Bezugsstoff. Der Reißverschluss benötigt zum Kälteschutz einen Überwurf, die Nähte sollten im Schichtprinzip verarbeitet sein, der Innenbezug muss Feuchtigkeit aufnehmen sowie abtransportieren können und eine Kapuze hält auch die Birne warm.

TIPPS
• Wärme und Kälte sind subjektiv. Den Herstellerangaben ist deshalb in Bezug auf die Wärmefähigkeit mit Vorsicht zu folgen. Auch hier kann das Zwiebelprinzip Abhilfe schaffen. Umgesetzt auf mehrere Lagen Kleidung beim Schlafen, einem Schlafsacküberzug, dem Biwaksack oder dem Inlett.

- Jeder Schlafsack kann durch einen Kompressionssack, einem Nylonsack mit Zurrriemen, auf ein erträgliches Volumen reduziert werden. Für eine längere Lagerung sollte der Schlafsack, um die Loftwirkung zu erhalten, jedoch hängend verstaut werden.

Biwaksack

Dieser wasserdichte Schlafsacküberzug sollte auch aus atmungsaktivem Gewebe bestehen, um Körperfeuchtigkeit vom Schlafsack nach außen abzuleiten und Wind sowie Wetter und Schmutz abhalten zu können. Selbst wenn es sich nur um einen wasserdichten Überzug handelt, wird die Wärmeleistung des Schlafsackes erhöht. Gleichzeitig kann er, wenn er groß genug ist, zum Notzelt umfunktioniert werden. Einige Hersteller bieten auch Allrounder an. Hier kann der Biwaksack auch als Regenponcho und Anorak genutzt werden.

Kocher

In Gegenden wo wenig Brennstoff vorhanden oder offenes Feuer nicht erlaubt ist, bietet ein Kocher viele Vorteile. Dies bedeutet zwar zuerst einmal mehr Gewicht, aber er kann schneller eingesetzt werden und erfordert weniger Vorbereitung als ein Feuer. Bei Einsätzen in grossen Höhen muss er jedoch wegen des reduzierten Sauerstoffangebotes besonders Leistungsfähig sein.

Doch für welchen soll man sich entscheiden? Gas, Benzin, Paraffin? Natürlich ist dies abhängig von der Situation. Ein leichtgewichtiger, kompakter Kocher der alles verbrennen kann, ein sogenannter Mehrstoffkocher, ist jedoch am flexibelsten! Er sollte zusätzlich auch über eine stabile Topfstütze, eine weite Brennstoffleitung, einen Hitzereflektor, einen Windschutz und eine selbstreinigende Düse verfügen. Eine separate Brennstofflasche sollte der Sicherheit wegen angestrebt werden, und eine einfache Wartung lässt dich nicht verzweifeln.

- Benzinkocher

Eine ziemlich empfindliche und auch schwere Kocherart, dafür aber einfach in der Wartung und der Handhabung. Leider kommt es zu einer starken Geruchsbildung und läuft der Treibstoff aus, verunreinigt er die Ausrüstung.

- Paraffinkocher

Ihre Leistung wird durch niedrige Aussentemperaturen nur leicht beeinträchtigt, jedoch benötigen sie eine Pumpe zum Druckaufbau.

- Gaskocher

Sie sind einfach in der Handhabung, eine kalte Witterung reduziert aber, wie beim Spirituskocher, die Wirkung. Ihre Flammregelung ist jedoch besser als bei Benzin- oder Paraffinkochern. Es gibt sie mit Einmalkartuschen, aber auch mit füllbaren Gasbehältern.

- Spirituskocher
Der wohl unproblematischste, zuverlässigste und auch billigste Kocher überhaupt. Er verfügt über eine schlechte Flammregulation, eine geringere Heizleistung und einen höheren Brennstoffbedarf als Benzinkocher. Zusätzlich neigt der Treibstoff bei sehr niedrigen Temperaturen zum gefrieren.

- Mehrstoffkocher
Dieser Allesfresser besticht durch seine Zuverlässigkeit, den niedrigen Verbrauch, seine Effizienz, ist feinregulierbar und funktioniert auch in großen Höhen. Dagegen steht das höhere Gewicht, die Russneigung, eine aufwendigere Technik und die etwas längere Vorlaufzeit.

TIPPS
- Eine ständige Lüftung des genutzten Bereiches schützt vor Vergiftung.
- In großen Höhen sollte mit einem schwachen Flaschendruck und offenem Windschutz gearbeitet werden um Brennstoff einzusparen.
- Flüssige Brennstoffe nur in erkaltetem Zustand nachfüllen.

Kochgeschirr
Aluminium, Stahl oder Edelstahl wie Titan beherrschen den Markt und stehen mit ihren Vor- Nachteilen zur Wahl.

- Aluminium
Ein zwar leichtes, aber lange nicht so robustes Material wie Edelstahl. Es besitzt eine schlechte Kocheigenschaft und kann durch den Aluminiumabrieb bei ständiger Nutzung eine Gesundheitsschädigung hervorrufen.

- Stahl
Ein stabiles und hygienisches Material, aber weitaus schwerer als Aluminium.

- Edelstahl / Titan
Dieses stabile, leichtgewichtige Material (33% leichter als Stahl), besitzt eine hohe Wärmeleitfähigkeit, ist zudem stark Korrosionsbeständig und widerstandsfähiger als Aluminium.

TIPPS
- Essgeschirr gibt es auch in bruchsicherer Plastikausführung.

Wasserflasche / Behälter
Es gibt sie aus Kunststoff, flexibel als Kamelpacks oder fest als Flaschenbehälter unter anderem auch aus Aluminium und Edelstahl. Ihre Form sollte jedoch immer ein einfache Reinigung unterstützen.

- Kunststoff

Fester Kunststoff ist sperrig aber einigermassen robust. Flexibler als sogenannte Kamelpacks sind sie jedoch praktischer. Wie ein Wasserbeutel sind sie auch schon als Isolationsausführung zu bekommen und mit einem Schlauch verbunden besitzt man ein fertiges Trinksystem. Sie sollten aber, wenn das Wasser gefrieren kann, auch robust sein, um das Platzen zu vermeiden und ebenso von den Anschlüssen nach Möglichkeit zum verwendeten Wasserfilter passen.

- Aluminium / Edelstahl

Ein ebenso sperriges Material wie Kunststoff, bricht jedoch nicht so leicht, denn Aluminium neigt zur Verformung. Metallflaschen können aufgrund des Materials auch sehr gut als Wärmflasche, Isolation nicht vergessen, eingesetzt werden. Wobei sie auch als Isolationsausführung und mit Schlauchsystemen erhältlich sind.

TIPPS
- Alle mit Nahrungsmitteln in Verbindung stehenden Materialien sollten in regelmässigen Abständen gereinigt werden. Bei Wasserbehältern bieten sich Corega Tabs (Gebissreiniger) an.
- Wasser sollte nie längere Zeit in einem Behälter stehen. Ein Auswechseln oder Entkeimen ist angesagt.

Wasserfilter

Zahlreiche Ausführungen wie Keramik, Kohle, Structured Matrix und kombinierte Filter sind neben speziellen Produkten zur Entsalzung erhältlich. Sie werden von namhaften Herstellern wie Katadyn®, Sigg® und Relags® nach Auflagen der amerikanischen Umweltschutzbehörde hergestellt und Vertrieben. Diese prüft mit einem Mikroorganismus der Größe 0,7 Micron. Leider besitzt die kleinste im Wasser lebende Bakterie 0,3 Micron. Um wirklich sicher zu sein, müsste das Wasser trotzdem noch abgekocht werden.

- Keramikfilter

Im Vergleich zu den Kohlefiltern erscheinen die Keramikfilter im ersten Moment teurer, aber wenn man die Durchlaufleistung und die dauernden Kosten für neue Kohleelemente bedenkt, kommen die Keramikfilter immer noch billiger. Sie filtern Schwebstoffe sowie Bakterien aus dem Wasser und wirken zusätzlich mit einer Silbereinlagerung im Filter selbstdesinfizierend. An der Keramikkerze sammelt sich jedoch der ganze ausgefilterte Dreck an und muss von Zeit zu Zeit abgebürstet werden, wodurch sie sich abnutzt. Dieser Filter ist stoß - und kälteempfindlich.

- Kohlefilter (Carbon Filter)

Preislich sind diese Filter eine Verlockung, zumal sie auch eine geschmackliche Verbesserung des Wassers hervorrufen. Jedoch hat dies auch einige Tücken. Da

Wasser die Grundlage aller Keime ist, fühlen diese sich natürlich in einem feuchten Filterelement richtig wohl. Wer einmal seinen Kohlefilter genutzt hat, sollte die Kohleelemente nach der vom Hersteller angegebenen Zeit ersetzen. Gegenüber Keramikfiltern haben sie jedoch den Vorteil, dass neben Schwebstoffen teilweise auch Chemische Stoffe und Chlor jedoch keine Bakterien ausgefiltert werden.

- Kombifilter
Diese Filter vereinigen Keramik und Kohleelemente. Es gibt auch einige Arten bei denen zur Wahl Keramik oder Kohleelemente eingesetzt werden können.

- Structured Matrix
Wie der Name besagt, werden hier unterschiedlich durchlässige Filterlagen genutzt. Sie lassen durch ihre Verarbeitung nur Stoffe von bestimmter Größe passieren.

Unterschiedliche Keime - unterschiedliche Filter. Auch der Wasserfilter muss auf die Tour zugeschnitten sein. Er muss mit der Wasserverschmutzung des Reisezieles und der zu versorgenden Anzahl an Reiseteilnehmer klarkommen. Eine robuste Verarbeitung, schlagzähes - kälteunempfindliches Material und eine entsprechende Lebensdauer, wären die Entscheidungskriterien.

TIPPS
- Eine mitgeführte Ersatzkerze ist immer von Vorteil.
- Wasser, welches nicht dem deutschen Stand entspricht, sollte auch nach dem Filtern mindestens 5-10 Minuten abgekocht werden

Waffe
Im Folgenden bezeichnen Waffen Gegenstände welche in der Lage sind Lebewesen oder andere Gegenstände zu beschädigen oder zu zerstören. Auf einer Reise ein derartiges Hilfsmittel mitzunehmen kann unter Umständen mit Schwierigkeiten behaftet sein, da jedes Land die gesetzlichen Vorschriften selbst regelt. Dies sollte in der Planung berücksichtigt und im Vorfeld abgeklärt werden, speziell, wenn mehrere Länder bereist werden. Nur in unumgänglichen Situationen wie einem Jagdausflug, Überwinterung im Outback zum Selbstschutz sollte man sich dazu hinreißen lassen eine Schusswaffe einzuplanen.

- Schusswaffen
Gewehr sowie Handfeuerwaffen unterliegen den gesetzlichen Bestimmungen. Darf der Reisende überhaupt eine Feuerwaffe ohne Auflagen führen? Darf sie geladen sein oder muss Munition getrennt transportiert werden? Kann sie im Reiseland erworben werden? Wie lange dauert die Genehmigung, wie hoch sind die Kosten oder muss sie eingeführt werden? Niemand sollte sich ohne spezielle Kenntnisse dazu hinreißen lassen, sich auf seiner Tour eine Feuerwaffe zuzulegen. Nicht nur

theoretisches Wissen, sondern auch praktische Fähigkeiten und Hintergrundwissen sind hier gefragt. Es fängt schon beim Kaliber an, welche Munition, welche Art Waffe, ... ? Mit einer Flinte verfügt man über ein breites Angebot an Munition und kann jeder Jagdsituation gerecht werden. Zur Selbstverteidigung ist sie jedoch eher unbrauchbar. Aufgrund ihrer Größe verfügt sie über einiges an Gewicht. Wer sich nicht gerade auf einem Jagdurlaub befindet, für den ist somit das Kleinkaliber die bessere Wahl. Hiermit lässt sich einiges an Gewicht sparen und mehr Munition einpacken. Leider kommt zur Selbstverteidigung aufgrund der Funktionalität nur ein Revolver mit mindestens 9 mm Kaliber, besser eine 45 er in Frage. Dies bringt auch eine entsprechende Wirkung gegen Prädatoren.

TIPPS
- Eine Waffe kann einem helfen oder schaden. In manchen Gebieten gilt man sogar als Freiwild wenn man ohne Waffe unterwegs ist. Sie gilt in einigen Länder als Kultobjekt und gehört einfach zu einem „richtigen Mann". Sie kann einen durch Abschreckung schützen. Letztendlich aber auch nur durch das Vorhandensein einen Konflikt auslösen. Trage deshalb deine Schusswaffe so, dass sie verdeckt ist und dennoch schnell gezogen werden kann. Verschenke deinen Vorteil nicht! Nutze ein Schulter- Inline Holster und übe dich auch im Gebrauch deiner Waffe.

- Bogen (Armbrust)
Zweifellos ist dies eine elegante Methode des Jagens. Sei es der altbekannte Bogen oder dessen High Tec Variante die Recurve oder der Compound Bogen. Speziell die Compound Bögen können preislich sogar mit Kleinkalibergewehren mithalten. Der Vorteil bei dieser Waffe liegt in der Zugkraft von bis zu 120 Pfund. Diese wird, ab einer gewissen Spannung, durch die Bauart bis zu 40% reduziert und muss somit nicht über die ganze Zeit des Zielens gehalten werden.
Eine Vielzahl an Zubehör wie Sehnenrollen zur Fischjagd, Ausgleichsgewichte, Spitzen, Köcher, ... , erweitern den Einsatzbereich. Die Zugkraft und die Größe des Bogens müssen auf einen speziell abgestimmt sein. Hiervon hängt wiederum die Pfeillänge ab. Hier gilt jedoch noch mehr die Übung. Ein sehr großer Vorteil sind hierbei die wiederverwendbaren Pfeile, wenn man sie findet und der Einschlag sie nicht vollkommen deformiert hat. Eine Alternative ist die Armbrust, welche durch ihren gewehrhaften Anschlag für ein gutes Handling und ein gutes Treffergebnis sogar bis auf 80 Meter sorgt.

TIPPS
- Denkt daran. Je größer eine Waffe ausfällt, desto unhandlicher ist sie auch. Und je technischer sie ist, desto anfälliger und problematischer ist sie in der Reparatur. Somit sind die besten Waffen die eigenen Hände und der härteste Gegner der eigene Kopf!

- Messer

Die Hilfsmittel der Superlative, weniger als Waffe, sondern als Werkzeug. Für den Backpacker ist ein kleines Taschenmesser mit feststellender oder feststehender 12 Zentimeter langen Klinge völlig ausreichend. Eine Daumenauflage, entsprechende Klingenstärke und Stahl mit rutschsicherem Griff genügen meist. Survivalmesser mit Equipment im Griff sind mit Vorsicht zu genießen. Meist sind sie überteuert und bestehen aus minderwertigem Material. Somit sind sie für unsere Zwecke nicht geeignet. Feststehende Klingen über 12 Zentimeter sind nicht für kleine Arbeiten, sondern eher für Schlag, Hebel und Brechtechniken gedacht. Sie werden eher als Waffe angesehen als kleine Klappmesser!

Die Steigerung wäre eine Machete, bei welcher das Gewicht am Ende der Klinge liegt und folgend ein Handbeil, welches unter Umständen eine gute Hilfe beim Bau von kleinen Flößen, Unterkünften, Aufhacken von Eis und Zerlegen von Wild ist. Das Blatt sollte scharf sein, nicht mehr als 600 Gramm wiegen, mit einem Stiel von 30 Zentimeter Länge versehen sein und über eine Hammerfläche verfügen. Wer jedoch über längere Zeit seinen Aufenthaltsort in die Wildnis verlegt sollte mit einer richtigen Axt losziehen. Hier liegt das Gewicht zwar höher, allerdings auch die Durchschlagskraft beim Nutzen.

TIPPS
*   Ein feiner Abziehstein und etwas Öl sind immer praktisch.

Kombinations - Werkzeug

Eine Vielzahl von Tool Kits beherrschen den Markt. In der Ausführung sind sie mit kleinen Abweichungen jedoch alle gleich, nur das Material und der Preis nicht. Sie enthalten große und kleine Messerklingen, Dosenöffner, Zange, Schraubenzieher, Ahle und einiges mehr. Hier sollte vor allem das Material und die Handhabung Beachtung finden. Ein rostfreier und guter Stahl ist unabdingbar. Beim Greifen und Gebrauchen sollten die Kanten nicht in die Hand „schneiden" und das Kit auch rutschsicher in der Hand liegen. Gleichzeitig sollten die Werkzeuge welche mit Kraft genutzt werden feststellend sein.

Fernglas

Unter Umständen ist es eine praktische Bereicherung, sei es zum Beobachten, aber auch zum Planen einer Marschroute. Es wird unterschieden in Mono- (einäugigen) oder Binokularen (zweiäugigen) Gläsern. Wenn nicht gerade ein Sterngucker oder Scharfschütze auf Tour geht, sind die Binokularen zu bevorzugen, da die optische Leistungen in diesem Bereich überwiegt. Es gibt schon leistungsstarke Gläser in ziemlich kleinen Ausführungen und geringem Gewicht. Achten sollte man auf eine Entspiegelung und eine Gummierung, die vor Staub, Nässe, Schmutz oder Stoß schützt. Manche Geräte werden auch in Kombination mit Restlichtverstärkern oder Infrarotlicht als Nachtsichtgerät angeboten.

Taschenlampe

Klein, leistungsstark, geringer Verbrauch, leicht, unempfindlich gegen Einflüsse wie Staub, Schmutz sowie wasserdicht. Vielleicht auch noch ausgestattet mit einer leistungsstärkeren sowie langlebigen LED. Von Dynamotaschenlampen sollte man, wenn nicht die Unterarmmuskulatur trainiert werden soll, Abstand halten. Wobei diese aber auch keine Batterien verbrauchen würden.

Uhr

Es gibt sie in unterschiedlichen Ausführungen, Formen, Farben und vor allem in unterschiedlichen Preisen und mit viel Schnick Schnack. Radio, GPS, Kompass, Taschenrechner, Wörterbuch, Barometer, MP3 Player, Höhenmesser, Funkgerät, Herzfrequenzmesser, Internetzugang, Schrittzähler, ... Eine wasserdichte, robuste Automatikuhr, Zeiger und Tag sowie Datumsanzeige reicht völlig aus!

Kompass

Grundsätzlich unterscheiden wir einen Karten- von einem Marschkompass, wobei mit gewissen Abstrichen auch beide für jeden Gebrauch herhalten können.

- Kartenkompanden

Hierbei handelt es sich um flache Kompanden mit durchsichtiger Basis, auf welcher verschiedene Winkel und Strecken zur besseren Arbeit mit der Karte markiert sind.

- Marschkompanden

Sie sind robuster verarbeitet und direkt für den Einsatz im Gelände hergestellt.

Im Allgemeinen sollte bei beiden die Gradeinteilung in deutschen sowie auch in amerikanischen Messzahlen angegeben sein. Eine Öldämpfung der reflektierenden Nadel empfiehlt sich, da der Kompass dann weniger störanfällig ist, Leuchtmarken, ein Spiegel, ein Vergrößerungsglas, eine Visierlinie und eine gerade Anlegekante gelten als Grundausstattung. Eine Deklinations- Inklinationskompensation rundet unseren optimalen Kompass ab.

Trekkingstock

Wer bisher alles eingepackt hat, sollte vielleicht auch, speziell wenn Probleme mit den Gelenken und der Wirbelsäule vorliegen, Trekkingstöcke einplanen. Diese bruchstabilen Aluminiumstöcke sollten dreigeteilt und mit einer Handgriffneigung versehen sein. Diese minimiert, ebenso wie ein Federsystem mit Gummipuffer, an der Stockspitze die auftretenden Stöße am Hand- Ellbogen- und Schultergelenk. Schraubbare Stockteller für verschiedene Untergründe runden diese doch meist wertvolle Unterstützung ab. Sie sorgen für mehr Trittsicherheit auch in unebenem Gelände und eine aufrechtere Haltung. Diese führt wiederum zu einer leichteren Atemphase.

TIPPS
- In der Ebene: Ober- und Unterarm bilden einen 90° Winkel.
- Bergauf: Damit die Stabilisierungshilfen gut vor dem Körper aufgesetzt werden können empfiehlt sich eine kürzere Einstellung,
- Bergab: Eine längere Einstellung sorgt für eine bessere Gelenkentlastung und eine aufrechte Körperhaltung.
- Beim Queren: Talseitigen Stock verlängern, Bergseitigen verkürzen. Oder, wenn die Griffigkeit am Rohr gegeben ist, einfach tiefer greifen.

Es gibt zwar noch reichlich mehr Ausrüstung als im Vorfeld angesprochen, aber dabei soll es erstmal bleiben. Ein bisschen was müsst ihr schon selber tun. Mache dich vor dem Start mit allen Ausrüstungsgegenständen vertraut und lasse dich vor allem von redseligen Personen nicht zu irgendwas überreden was du nicht benötigst.

TIPPS
- Elektrische Geräte sollten mit Akkus, das Vorhandensein von Solarzellen zum Laden vorausgesetzt, oder Lithiumbatterien, welche die Kälte besser vertragen und eine höhere Lebensspanne besitzen, betrieben werden.
- Bei Kälte sollten elektrische Geräte am Körper getragen werden. Niedrige Temperaturen wirken sich Leistungsminimierend auf die Lebensdauer von Batterien aus.

Im Groben wird die Ausrüstung in zwei Bereiche unterteilt, dem First Line und dem Second Line. Das First Line enthält alle wichtigen Hilfsmittel, welche einem das Überleben sichern können. Sie werden in einem Gürtel oder einer Weste immer direkt am Körper getragen und sollten nicht abgelegt werden.

Beispiel: Improvisations - Survivalset (Siehe - Anhang)
             Medical Kit (Siehe - Anhang)
             Gebrauchsmesser
             1l Wasser

Das Second Line enthält den Rest deiner Ausrüstung, welche nicht direkt als Hilfsmittel zum reinen Überleben nötig ist.

Ist erstmal alles anhand einer Checkliste gepackt, vielleicht sogar wasserdicht, wird wohl zuerst einiges an Gewicht dabei herauskommen. Lasse einige Tage verstreichen, und mache jetzt einfach Abstriche, beziehungsweise ersetze schwere Gegenstände durch leichte. Am Ende sollte ein Maximalgewicht von 15-20 Kilogramm herauskommen, jedenfalls wenn du das „Zeug" auf dem Buckel herumschleppst. Gleichzeitig kann man gerade in einer Gruppe das Equipment auch teilen um das Gesamtgewicht zu reduzieren und eine Gruppe zur intensiveren Zusammenarbeit zu motivieren.

Je länger deine Tour dauert, desto robuster und komfortabler muss dein Equipment abgestimmt sein!

Denke bei der Frage der Ausrüstung aber nicht nur an deinen Körper, sondern auch an deinen Geist! Es wird immer etwas geben, was man eigentlich überhaupt nicht benötigt, aber unbedingt mitführen will. Glücksbringer oder „Gedankenaufheller" haben auch ihren Platz. Ob es sich um ein Bild, ein Tage - Skizzenbuch, Mauli oder Möhrchen oder ähnliches handelt ist egal. Wenn du glaubst du brauchst es, pack es ein. Während der Reise werden sich deine Ansichten sowieso wieder ändern und denke daran, der beste Test für Kleidung und Ausrüstung ist der schonungslose Gebrauch!

TIPPS
- Für Außenstehende bedeutet neue Ausrüstung immer: Der hat auch Geld! Wenn schon Neues, „trimm" es auf alt. Es ist deine Sicherheit.
- Die Ausrüstungspflege ist die Stufe vor dem Neukauf und spart Geld.

Planungslisten zum Equipment, der Nahrung, den Dokumenten, dem Reisepartner und der Reisevorbereitung befinden sich im Anhang!

Entsprechende Ausrüstung macht deine Tour einfacher und sicherer!

TREKKING – WORST CASE – SURVIVAL

Jetzt kann es losgehen. Alle Haushaltsgeräte abstellen, elektrische Verbraucher vom Netz trennen, Gas, Wasser und Heizung abschalten beziehungsweise herunterdrehen, Fenster und Türen verriegeln Postfach oder Nachsendung einrichten, Schlüssel zum Blumen- und tierversorgenden Nachbarn oder dem Zwischenmieter, Kreditkartenlimit hochsetzen, ...

Irgendwas hat man aber immer vergessen, aber, was soll`s!

Nachdem die Planung und die Vorbereitung abgeschlossen ist, geht es mehr in den praktischeren Teil. Wir wollen uns den Grundbausteinen des Outdoor / Survival und einigen anderen einfließenden Faktoren widmen. Techniken und Möglichkeiten auch für extremere Gegenden sind im Kapitel Spezielles aufgeführt.

Wenn du denkst es könnte nicht schlimmer kommen!

03. PSYCHISCHE ASPEKTE

In jeder „Notsituation" müssen Prioritäten gesetzt und auch eingehalten werden um die körperliche Unversehrtheit oder vielleicht sogar das Leben zu erhalten. Dies bedeutet meist aber auch Abstriche und Unannehmlichkeiten in Kauf zu nehmen. Eine sich entwickelnde Notsituation baldmöglichst zu erkennen sowie realitätsnahe Maßnahmen auszuwählen und sie auch umzusetzen ist jedoch nicht so einfach.

Eine Notsituation (Stress) kann von unterschiedlichen Menschen unterschiedlich empfunden werden und ist somit subjektiver Natur!

Der menschliche Körper schüttet in empfundenen Notsituationen den Neurotransmitter Adrenalin aus, welches die physiologischen Werte der Atmung und des Herzschlages sowie des Reaktionsvermögens steigert. Je nach Personentyp folgt eine Angriffshaltung, eine Bearbeitung der Situation oder einer Abwehrhaltung, die bekannte Flucht. Beides kann lebensrettend sein und ist von den jeweiligen Umständen abhängig. Zuallererst geht diese Angriffs- Abwehrreaktion jedoch meist über in eine Schocksituation, dem Psychic Freeze, einem Zurückziehen, einem Suchen nach dem Warum, Weshalb ich? Wobei dieser handlungsunfähige Zustand, gerade bei aktionsorientierten Personen, auch erst nach der Situationsbereinigung eintreten kann. Leider wird diese Stress - Hürde bei den meisten Menschen immer größer, denn einen plötzlichen Verlust der Sicherheit, der gewohnten Umgebung und des selbstverständlichen Komforts sind wir nicht mehr gewohnt.

Die Situation ist eingetreten,
daran kannst du nichts mehr ändern.
Du arbeitest im Jetzt!

Eine objektive Lagebeurteilung, positive aber auch negative Aspekte müssen erkannt und verarbeitet werden. Was liegt vor, was brauche ich oder andere zum Überleben? Wie komme ich hier raus? Was benötige ich dazu? Habe ich das Equipment oder kann ich es selbst herstellen?
Verfügbare Informationen, wie eigener Zustand, der anderer Personen, des Materials, der Nahrungsmittel, Wetter, Umgebung, ... müssen auf die jeweilig vorliegende Situation bezogen werden. Ist anderen deine Lage bekannt, kannst du vor Ort auf Hilfe warten? Kann man dich dort finden oder musst du selber schauen wie du hier herauskommst? Kannst du

Stresserzeuger (Stressoren)

Umgebung
Hunger / Durst
Ärger im Team
Tod / Verletzung
Krankheit / Eintönigkeit
Orientierungslosigkeit
Neid / Schuldgefühle
Zu hohe Ansprüche / Erwartungen
Überlastung / Übermüdung
Eile / Hetze
Einsamkeit / Isolation
...

verbrauchte Energie und Flüssigkeit kompensieren oder wieder auffüllen? Bist du überhaupt fähig dazu? Wie sieht es mit den anderen aus? Können alle das gemeinsames Ziel erreichen? Wie sieht das zu erwartende Gelände aus?

In allen Notsituationen sollten sämtliche Aktivitäten durch ruhige, besonnene sowie zielgerichtete Handlungen bestimmt sein!

Eine Überlegung bedingt jedoch die andere, es läuft immer auf eine Abwägung hinaus, einer Vernetzung grundlegender Dinge des Überlebens. Daraus resultiert ein wirklich ständiges Hinterfragen des Kosten - Nutzen Verhältnisses und vor allem die Flexibilität. Es darf hierbei allerdings nicht beschönigt werden! Erst nach Feststellung aller Daten - Fakten kann ein Überlebens - Rettungsplan mit den erforderlichen Maßnahmen erstellt werden.

Unterkunft
Wasser
Nahrung
Feuer
Notsignale
Erste Hilfe

Survival Basics

Leider ist es nicht einfach eine allgemein gültige Reihenfolge der Basics des Survival zu erstellen, denn sie sind von den vorliegenden Gegebenheiten abhängig! Fehlen sie komplett oder in großen Teilen, sind je nach Situation unterschiedliche Gefahren und somit auch unterschiedliche Überlebenszeiten - Chancen zu erwarten.

Ohne Wasser kann der menschliche Körper in unseren Breitengraden, ohne körperliche Anstrengung, ungefähr drei Tage überleben. Ohne Nahrung schon mehrere Wochen wenn genug Wasser vorhanden ist. Aber ohne Wärme? Dieser Faktor hängt schon intensiver mit dem Körper und der Umgebung zusammen. Notsignale sind wichtig um aus der Situation herauszukommen. Shelter, ein Dach über dem Kopf, schützt uns vor der Witterung und gibt einem das Gefühl der Geborgenheit. Ein Feuer ist die beste psychische Regeneration und auch nützlich zur Wasserauf- Nahrungsvorbereitung, zur Bearbeitung von Gegenständen, für Notsignale und zum Schutz vor Unterkühlung. Dein Wissen um die Notfallmedizin sichert deine momentane Leistungsfähigkeit und die Regeneration.

Das Wiederherstellen der geistigen und körperlichen Handlungsfähigkeit ist immer das oberstes Ziel!

Atme tief durch und verarbeite die Situation. Diese bewusste, tiefe, längere Ein- und Ausatmung kann helfen den Stress abzubauen und den Kopf schnellstmöglich wieder freizumachen. Die Angst, egal durch was sie ausgelöst wird, stellt sich immer ein. Angst ist ganz normal, sie ist eine natürliche Reaktion auf akute Veränderungen. Das Unbekannte ist jedoch kein Gegner, sondern eine Herausforderung. Nutze diese Energie zu deinem Vorteil!

Nicht die Situation ist der Stressauslöser, sondern deren Bewertung!
- Nur die innere Einstellung ist wichtig! -

Dein Überlebensplan beinhaltet natürlich immer im Vordergrund die Bekämpfung der lebensbedrohlichen Situation. Setze deine Erkenntnisse aus der Lagebeurteilung um. Überlege dir in Ruhe was du hast, was du damit anstellen kannst, setze dies in ein Kosten - Nutzen Verhältnis und Haushalte immer mit deinem Material, um Reserven für eventuelle unvorhergesehene Verschlechterungen zu besitzen. Folge einfachen Regeln und entscheide fliessend immer wieder neu. Als "Chamäleon" besitzt du die Fähigkeit, dich an die sich ständig verändernden Situationen anzupassen und das Beste daraus zu machen.

S ituation	verarbeiten
O ption	mögliche Handlungsweisen
R isiko	abwägen
E ntscheidung	trotzdem flexibel bleiben

Verschiebe nie die Lösung eines Problems, von allein löst es sich nicht, und verheddere dich nicht in ein hektisches Hin und Her. Zwinge dich zu einer Entscheidung auch wenn du nicht voll dahinterstehst. Entscheidend ist das Nutzen vorhandener Gegebenheiten für die eigenen Zwecke und jede Entscheidung ist besser als gar keine!
Schließt du dich einer Expedition an, oder bist einen längeren Zeitraum unterwegs, sollte durch ein Problemepigramm im Vorfeld mögliche Unannehmlichkeiten zu Papier gebracht werden. Deren Zusammenhänge und die getroffenen Rückschlüsse wirken sich auf die Vorbereitung mit aus, sei es auf die Ausrüstung oder die Planung. Sie erlauben dir einige Probleme im Vorfeld zu erkennen und zu minimieren, vielleicht kannst du sie sogar komplett vermeiden. Im Folgenden einige Beispiele in verschiedenen Situationen zum Nachdenken.

BERICHT I

Skitourengeher benötigen ebenso wie Höhenbergsteiger gewisse Kletterausrüstung. Passiert bei einer Begehung des Glacier du Petit Mt. Collon mit Ausrüstung (Sicherungsgurte und Seile im Gepäck.). Der Erkunder ging voraus um abzuschätzen, wann ein Anseilen erforderlich würde, dabei stürzte er 40 Meter tief durch eine Schneebrücke. Leider hatte er das einzige Seil im Gepäck und konnte so erst nach viereinhalb Stunden durch die gerufene Bergwacht zwar mit starker Unterkühlung, Quetsch- und Risswunden, aber lebend geborgen werden.

Leider - ein unbekannter Text.

BERICHT II

Beim Bergsteigen muß man sich auf seinen Partner verlassen können. Wohl und Wehe eines ganzen Teams hängen oft von dem Verhalten eines einzelnen Kletterers ab. Die Konsequenz eines schlecht gezurrten Knotens, eines Stolperns, eines ausgelösten Steinschlages oder irgendeiner anderen Nachlässigkeit hat die gesamte Seilschaft zu tragen, nicht nur derjenige, der sie begeht. Es ist also nicht weiter verwunderlich, wenn Bergsteiger sich nur ungern mit Leuten zusammentun, über deren Verlässlichkeit sie sich nicht im klaren sind. Aber Vertrauen in die eigenen Gefährten ist ein Luxus, der denjenigen verwehrt bleibt, die sich als zahlende Kunden bei einer geführten Bergtour anmelden. Man muss sein Vertrauen statt dessen dem Bergführer schenken.

Als der Hubschrauber Richtung Ukla dröhnte, wurde ich den Verdacht nicht los, dass all meine Kameraden genau wie ich inständig hofften, dass Hall Leute mit zweifelhaftem Können schon von vornherein ausgesiebt hatte und dass er gut genug war, jeden von uns vor den Schwächen des anderen zu schützen.

Gedanken von John Krakauer beim Start der
Everest Expedition 1996 bei welcher leider
über 12 Personen den Tod fanden.
Aus: In eisigen Höhen.

BERICHT III

Kraftlos und unterkühlt spülte es uns nach einem harten Tag in den Kajaks ans Ufer. Das Wetter hatte heute wiedereinmal gar keinen Gefallen an uns. Mit steifgefrorenen Händen schnell ein Feuer gestartet und warme Nahrung fließt in den Körper, welche eine bleierne Schwere in den Gliedmaßen bewirkt. Die Augen sinken langsam nach innen, der Atem wird ruhig und die Wärme bringt den erholenden Schlaf für den ausgemergelten Körper. Die Augen geschlossen, der Körper entspannt, und unter der Plane spielt der Wind mit dem Feuer auf welchem noch der Topf steht. Der Topf mit den Bohnen, der Topf, welcher wahrscheinlich im Umkreis von mehreren Kilometern einen süßlichen Duft verbreitet. Wodurch auch immer, sei es das schlechte Gewissen bezüglich der Tagesetappe, die Kälte, der Regen oder ein aufkommender Hintergedanke. Ich öffne die Augen, und wir sind nicht mehr allein. Ein Schwarzbär macht sich daran ein kleines Rinnsal keine fünf Meter entfernt zu überwinden. Die Bohnen haben ihn fest im Griff.

Jean Ufniarz
Aus: Yukon River – 1500 Kilometer
auf Alaskas wohl legendärstem Strom.

44

BERICHT IV

Ms. Mc Arhtur, während Ihrer Rekordjagd um den Globus sind Sie oft bis an die Grenzen Ihrer Kräfte gegangen. Auf dem Rückweg über den Atlantik sind Sie bei Sturm und sechs Meter hohen Wellen unter Lebensgefahr den Mast emporgeklettert, um einen Schaden zu beheben. War das der härteste Moment in den zweieinhalb Monaten allein auf dem Ozean?

Mc Arthur: Oh nein, am schlimmsten war es etwa zwölf Stunden zuvor, als mir klar wurde, dass ich mich für die Reparatur dort hinaufwagen müsste. Nicht die körperliche Belastung war so brutal, sondern die psychische. Zu bemerken: Der Mast war 30 Meter hoch, bei einem Wellengang von 6 Metern!

> *Aus einem Spiegel Bericht über Ellen Mc Arthur,*
> *Extremseglerin. Umrundete in 71 Tagen die Welt*
> *in einem Katamaran.*

BERICHT V

Die Langsamkeit mit der wir vorankamen machte mich rasend. Mein Fehler hatte uns zwei Stunden gekostet und das machte in dieser Rinne den entscheidenden Unterschied zwischen Tag und Nacht aus, zwischen warmem Sonnenschein und kaltem Fels, zwischen nassen und vereisten Seillängen, zwischen Schnee, den man zusammentreten konnte, und Schnee, der hart war wie Eis. Mein Fehler konnte für den einen oder anderen den Unterschied zwischen Leben und Tod ausmachen. Sobald du dich zum Retter aufwirfst und die Verantwortung übernimmst, geht alles, was passiert, auf deine Kappe.

> *Von Pete Sinclair, mit einem der ersten,*
> *welcher den Westgrat des Denali 1959 bezwungen hat.*
> *Aus: Wir strebten nach Höherem.*

Wieso kommt es zu derartigen Situationen? Die Erfahrung zeigt, dass es nicht immer selbst verschuldete Gefahrensituationen sind aus denen sich urplötzlich Notsituationen entwickeln. Niemand ist vor derartigen Ereignissen gefeit! Es kann jeden zu jeder Zeit treffen. Schon aus purer Gedankenlosigkeit kann sich einiges entwickeln, denn auch aus unbedeutenden Ereignissen können sich lebensbedrohende Situationen ergeben. Viele Gefahrenmomente werden aber auch geradewegs erzwungen. Einige könnten durch Objektivität und Selbstkritik umgangen werden. Leider fließen hier auch noch mehr Faktoren mit ein, so sind zum Beispiel natürliche Gegebenheiten zu nennen, wie ein plötzlicher Wetterumschwung, Naturkatastrophen oder ähnliches. Es ist unmöglich sich mit jeder Gefahrensituation vertraut zu machen, da sich diese meist aus mehreren kleineren Entscheidungen zusammensetzt. Aber vorbeugen ist immer besser als sich hinterher mit dem Problem herumschlagen zu müssen.

Zuerst wird der Kopf und dann das Leben verloren!

Gefahrenauslösende Faktoren	
Körperlich	Mangelnde Leistungsfähigkeit, unzureichende Verfassung und Fähigkeit, ...
Geistig	Selbstüberschätzung, Unterschätzung der Aktion, Gruppenzwang, unzureichende psychische Belastbarkeit, emotionale Spannungen, Rücksichtslosigkeit, unzureichende Kenntnis und Fähigkeit, Leistungsdenken, ...
Materiell	Ausrüstungsmängel, unzureichende Kenntnis und Fähigkeit, ...

Eine Automatisation, das Wissen um Techniken und ein vorgeschaltetes Notfalltraining, wäre sehr hilfreich. Dies ist jedoch verschwendete Zeit, wenn keine positive Einstellung und der Wille zum Überleben vorhanden ist. Es ist deshalb von höchster Priorität, bei sich selbst und bei anderen in der Gruppe, negative Stimmungen zu bekämpfen. Verliert nur ein einziger die Kontrolle über sich, kann dies das Überleben eines jeden einzelnen Gefährden. Diesen Überlebenswillen zu bekommen, beziehungsweise zu behalten, ist der wichtigste Punkt in einer Notlage. Ihn an andere weiterzugeben muss der Führer einer Gruppe und idealerweise jeder in der Gefahrengemeinschaft vermitteln können.

Ob dieser Glaube - Leistungswille an eine Bezugsperson gebunden ist oder sachlicher vielleicht sogar abenteuerlicher Art, wie, jetzt erst recht oder auf alles, das ist vorerst einmal nebensächlich. In jedem Fall hilft der positiv gebundene Gedanke negative Einflüsse zu reduzieren und den Überlebenswillen zu stärken. Dieser Gedanke wird getragen von Leistungsfähigkeit, Selbstvertrauen und Selbstdisziplin.

In Gefahrenlagen fallen einem oft schon die kleinsten Veränderungen auf. Leider sind es überwiegend die negativen zuerst. Verändere dies sofort in eine positive Einstellung!

Es wird noch kälter. - Gut, dann trägt das Eis jetzt!
Es regnet, alles ist gegen uns. - Jetzt brauchen wir schon kein Wasser filtern!

Passe dich den Gegebenheiten an und sei ein Stimmungsmacher!
Beschwere dich nicht, tue etwas!

Bedrohliche Umstände wie Kälte, Schmerz, Durst, Müdigkeit, Hunger, Enttäuschung und die Gleichgültigkeit werden nicht lange auf sich warten lassen. Sie entstehen oft zu Anfang, verstärken die Einsamkeit und gelten als überlebensfeindlich. Sie wirken sich unmittelbar auf den Verstand und somit auch auf den Körper aus.

Improvisationstalent, Konzentrationsfähigkeit, Anpassungsgeschick aber auch innere Stärke und Ruhe sind Eigenschaften, die dir diese Situation erleichtern. Wir benötigen jedoch auch, und dass darf nie vergessen werden, Phasen der Erholung, physisch wie psychisch, sowie Brennstoff, Nahrung und Wasser. Dein Überleben hängt von deinem Kopf und deinem Körper ab. Unterschätze die Wichtigkeit der Ruhephasen nicht! Ein Motor läuft auch nicht ohne seine Betriebsstoffe. Und er funktioniert auch nur, wenn die

Hardware in Ordnung ist. Wenn eine Krankheit euch befällt, und sei es auch nur ein Durchfall, wird sich dies auf die körperliche Leistungsfähigkeit auswirken und, unter Umständen, lebensbedrohende Ausmaße annehmen. Kannst du dir das erlauben?

Dein Geist ist die schärfste Waffe die es gibt,
dein Körper das ausführende Organ!
Behandle, nach Dringlichkeit, ein Problem nach dem anderen!

Leistungslimitierende Faktoren wie: schlechte Konstitution - Gesundheitszustand oder Kondition, mangelnde motorisch - taktische - psychische Fähig- und Fertigkeiten, aber auch äußere Bedingungen wie extremes Gelände und Witterung, werden weniger als Belastung empfunden, wenn dein Körper darauf vorbereitet ist.

Kümmert euch um euren Körper und dieser kümmert sich,
getragen von eurem Willen, um euch!

Zur Vertiefung wollen wir einen kleinen Exkurs in die Psychologie, der Wissenschaft vom Erleben und Verhalten wagen. Hierzu bedienen wir uns einem vereinfachten Modell von Aristoteles (384-322 v. Chr.).

Bei diesem wird der Mensch in drei Schichten unterteilt. Der Verstand denkt, plant, prüft und sucht für alles Beweise. Das Gefühl bewertet nach Zu-Abneigung (Liebe, Freude, Hass, Ekel, Wut, Angst, Trauer, Verzweiflung, ...) und der Trieb ist gekennzeichnet durch Selbst- (Hunger, Durst) und die Arterhaltung (Sexualtrieb). Das Verhalten kann somit durch drei verschiedene Schichten beeinflusst werden, welche sich auch wiederum aufeinander auswirken.

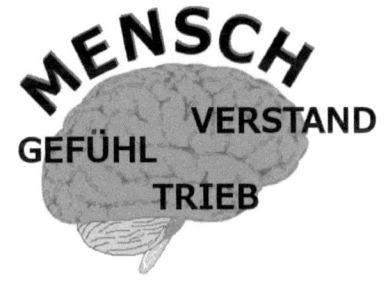

Dies bedeutet: Der Verstand kann nur objektiv arbeiten, wenn die Gefühls- und die Triebschicht befriedigt ist. In Extremsituationen resultiert das Verhalten jedoch aus einer Schicht, denn ist der Hunger (Trieb) zu groß, ist der Verstand und das Gefühl ausgeschaltet. So wird das primäre Verhalten, obwohl es auf das Überleben ausgerichtet ist, bei einigen Personen nicht mehr von der Vernunft gesteuert. Dies bedeutet unter anderem für den Führer einer Gruppe, dass er jeden einzelnen in seinen Bedürfnissen und Ängsten kennen muss, um Querdenkern und auch Miesmachern vorzubeugen. Denn wenn jeder Einzelne mit seinen Bedürfnissen im Einklang lebt wird die Arbeit in Gruppe viel leichter ablaufen und das Überleben sicherer. Wobei natürlich außer Frage steht, dass die Bedürfnisse des Einzelnen auch mit den Gruppenbedürfnissen im Einklang stehen sollten, denn Einzelvergünstigungen können auf Dauer genauso schädlich sein, wie unbefriedigte Bedürfnisse. Halte deshalb jeden auf dem Laufenden und sorge dafür dass sich nicht ein Einziger abkapselt, setze Zwischenziele und belohne. Kameradschaft ist groß zu schreiben!

Vor allem in Belastungssituationen braucht der Mensch - Mitmenschen, denn: Gute Teams sind unschlagbar, Streitereien jedoch stark leistungshemmend!

Die ersten Reaktionen in Notsituationen sind sehr vielfältig. Sie reichen über Angst, Stress, Schreck und Wut. Diese sind jedoch leicht zu bekämpfen und oft bald wieder verschwunden. Wobei die Angst alleine für sich schon mehrere Funktionen erfüllt. Sie macht hellhörig für Gefahren, warnt vor übermäßigen Risiken, darf aber auch nicht Überhand gewinnen, den sonst lähmt sie und führt zu Energieverlust.

Angst ist eine natürliche Reaktion und kann sehr hilfreich sein, solange du sie kontrollieren kannst!

Kommt es im weiteren Verlauf zu einer Intensivierung, stellt deren Bekämpfung jedoch ein größeres Problem dar. Depressionen, Selbstaufgabe, Hyperaktivität gepaart mit dem Überschätzen der eigenen Fähigkeiten, Panik, Halluzinationen, Apathie und auch ein gestörtes Sozialverhalten kommt zum Vorschein. Auch das Sprechen zu Pflanzen, Tieren oder sich selbst kann als Auswirkung beobachtet werden. Mit der Voraussetzung eines gemeinsamen Wunschdenkens können Depressionen sogar ansteckend wirken.

Akute Stressreaktionen	
Körperlich	Schwitzen, Zittern, Übelkeit, Durchfall, Erschöpfungszustände, Herzrasen, ...
Geistig	Flash Back Effekt, Konzentrations- Erinnerungsschwäche, Schuldzuweisungen, Alpträume, ...
Emotional	Depressivität, Schuldgefühle, Erwartungsangst sowie Furcht, ...
Verhalten	wachsendes Misstrauen, veränderte Trink- und Essgewohnheiten, reduziertes - übertriebenes Sozialverhalten, extreme Schweigsamkeit, schnelles Aufbrausen, ...

Reibereien werden auftreten, darum braucht man sich nicht zu kümmern!

Physische und psychische Belastungen wie die Witterung, Anstrengung, Mangel an Zivilisationsgütern, Charakterunterschiede, Einsamkeit, Futterneid und Krankheit lassen ebenso wie Angst, Schmerz, dauerndes aufeinander hocken oder Disorganisation den Stresspegel rasch ansteigen. Die Moral sinkt, Panik kommt auf, der Verstand wird getrübt, die Schwelle des Ertragens wird derart weit heruntergefahren, dass selbst die kleinsten Anlässe, zu Streitereien und Eifersucht führt.
Eine Belastungsprobe der Gruppe, welche mit dem Wort Gruppenkoller wohl eine gute Beschreibung findet und den Willen zum Überleben drastisch beeinflussen kann. In diesem Zustand treten oft Fehleinschätzungen mit fatalen Folgen auf. Das sogenannte

48

Psychic Out: Der Ich - Mensch. Dies ist wohl der härteste Test für einen Teamleiter, welcher versuchen muss alle Personen, und dazu auch noch sich selbst, so gut wie möglich durch die „Zeit der Entbehrungen" zu bringen. Gegenseitige Unterstützung, der Einsatz nach Stärken und Schwächen, klare Strukturen und Offenheit trägt zu dem Gelingen einer Tour oder dem Bewältigen einer Notsituation maßgeblich bei.

Erkenne die Stärken und Schwächen eines jeden in der Gruppe und vermeide das Grübeln!

Beobachte dich, sowie andere Personen gut. Zeigt sich auch nur ein winziges Anzeichen einer Überlastung musst du reagieren. Versuche zu verstehen warum der Andere so reagiert und hilf.

Überlastungssymptome behandeln	
Bei sich selbst.	Positive Selbstsuggestion, sich beschäftigen, Gegenmaßnahmen überlegen, Entspannungsübungen, ...
Bei anderen.	Interesse zeigen und Interesse für andere wecken, Vertrauen - Sicherheit - Geborgenheit geben, Ermutigen, Angstentlastung, Beschäftigung, ...

Hass und Liebe kann hier eine sehr große Energiequelle sein, versuche sie zu nutzen um Kameraden durchzubringen. Im Notfall musst du sie vielleicht auch mit Gewalt von selbst zerstörerischer Absicht abhalten, denn Panik steckt an. Bekämpfe diese mit einer starken geistigen Haltung und achte darauf, dass dieses "Kollegial - Verhältnis" nicht bis zur Selbstaufopferung führt. Lasse niemals Triebe, Wünsche, Instinkte die Oberhand gewinnen, nur die Vernunft und der klare Verstand können dir in deiner Lage helfen.

Eine Flucht vor der Realität ist indiskutabel!

Es wird immer einige Querdenker geben die sich nicht eingliedern oder der Mehrheit unterordnen. Hier kann auch eine straffe didaktische Führung das Überleben sichern. Sei trotzdem für die Gruppe da, gib jedem Teammitglied ein gutes Beispiel. Deine Entschlossenheit, dein beispielhaftes Verhalten und gutes Urteilsvermögen zeichnen dich als Leader aus. Du musst zielstrebig und optimistisch an die Sache herangehen, erkennen, beurteilen und fachgerecht handeln um eine Gruppenteilung zu verhindern. Positiv dynamisch, verdrängt negativ passiv!

Sei stark für Deine Gruppe!

Einfühlsam, verständnisvoll, freundlich und bereit eigene Fehler zuzugeben. Der Leader darf vor unangenehmen Aufgaben nicht zurückschrecken, den Gesamtüberblick nicht verlieren und muss zu jeder Zeit einen klaren Kopf behalten. Er muss die Eigenschaften all seiner „Schützlinge" zu dem Besten der Gruppe nutzen und auf die Bedürfnisse der

Gruppe an sich, aber auch auf die Bedürfnisse des Einzelnen eingehen. Nur so kann er versuchen ein harmonisches Miteinander zu gestalten.
Der Führungsstil sollte sich deshalb nach Möglichkeit an demokratisch- kooperativen Grundsätzen orientieren. Alle Teammitglieder sind somit als gleichwertig anzusehen und sollten, ihren Fähigkeiten entsprechend, Arbeiten verrichten und in allen Fragen mitentscheiden. Eine Möglichkeit hierzu wäre ein Rotationsverfahren für den Tagesplan (wechselnd Feuer machen, Holz holen, fürs Essen sorgen, ...). Diese Gruppenarbeit stärkt das Team, denn eine Gruppe ist nur so stark wie ihr schwächstes Glied.

Ein Team bedeutet, jeder für den anderen, ein diskussionsloser Einsatz und Information in und über jede Situation, auch schon in der Planungsphase!

Speziell im Bereich der Kommunikation sollten Entscheidungen - Anweisungen sicher übermittelt werden um Missverständnisse auszuschliessen. Denke daran:

• Gemeint ist nicht gesagt!	-	Sage deutlich was du meinst!
• Gesagt ist nicht gehört!	-	Lasse rück - bestätigen!
• Gehört ist nicht verstanden!	-	Lasse wiederholen!
• Verstanden ist nicht gemacht!	-	Lasse die Durchführung melden!

Vermeide schwere Fehler durch Kommunikationsprobleme!

Versuche Gefahrensituationen im Vorfeld zu erkennen und zu vermeiden!

Das überalterte Seil muss nicht mehr zum Sichern verwendet werden, bei 35° C im Schatten muss genug Flüssigkeit aufgenommen werden, die geringe Belastbarkeit und lange Erholungszeit deines Partners in 3500 m Höhe muss auch einen Grund haben, ...

Für ein leichtsinniges Verhalten ist speziell in unwirtlichen Gebieten kein Platz!

Dieses Kapitel ist in freundlicher Zusammenarbeit mit
Karl Heinz Röder (Psychologie des Überlebens / Pietsch Verlag) entstanden!

04. WASSER UND NAHRUNG

Wasser

Der menschliche Organismus besteht zu 65%-70% aus Flüssigkeit. Diese verteilt sich in- sowie außerhalb der Zellen. Es besitzt mit den Elektrolyten eine lebenswichtige Funktion als Lösungs- sowie Transportmittel für die Stoffwechselvorgänge des Körpers und wirkt auch mit bei der Regulierung unserer Körpertemperatur. Leider verlieren wir ständig über die Haut, die Atmung, den Stuhl und den Urin Flüssigkeit. Somit muss der Flüssigkeitsverlust immer wieder ausgeglichen werden um leistungsfähig zu bleiben.

Täglicher Flüssigkeitsumsatz eines Erwachsenen (Gemäßigtes Klima ohne körperliche Anstrengung.)			
Aufnahme		**Abgabe**	
Flüssig	ca. 1,2 l	Urin	ca. 1,5 l
Fest (über die Nahrung)	ca. 1,0 l	Schweiß	ca. 0,6 l
Stoffwechselvorgänge	ca. 0,3 l	Atem	ca. 0,3 l
		Stuhl	ca. 0,1 l
GESAMT	**ca. 2,5 l**	**GESAMT**	**ca. 2,5 l**

l = Liter

Die Mindestzufuhr an Flüssigkeit pro Tag beträgt bei einer gesunden Person, mittleren Alters ohne körperliche Anstrengung, 2-2,5 Liter am Tag. Dieser Endwert kann sich jedoch ohne Probleme bei Anstrengung oder je nach Umgebung, beispielsweise in der Wüste, bis auf 20 Liter täglich hochschrauben. Der Wasserverbrauch ist somit abhängig von der Person, der körperlichen Aktivität, dem Klima aber auch der Höhe.

Der menschliche Körper kann ohne große Belastung drei Wochen und länger ohne Nahrung überstehen, aber nur drei Tage ohne Wasser!

Schon ein Verlust von 8 bis 10% der Körperflüssigkeit führt zu allgemeiner Schwäche, Einschränkung des rationalen Verhaltens und einer Erhöhung der Herzfrequenz. Im Weiteren vermindert sich die Fließgeschwindigkeit des Blutes, die körperliche Leistung nimmt ab, die Gefahr von Kälte- und auch Hitzeschäden steigt, Schleimhäute trocknen aus, die Nieren versagen, der Kreislauf kollabiert, Bewegungsunfähigkeit tritt ein und der Kreislaufstillstand ist da.

Ab einem Verlust von einem Fünftel des Flüssigkeitshaushaltes besteht Lebensgefahr!

Gilt Trinkwasser als Mangelware ist das Verhalten der Situation und der vorhandenen Gegebenheit anzupassen. Dies beinhaltet das Angleichen des Tages- Nachtplanes an das Klima und die vorhandene Flüssigkeitsmenge. Kurz gesagt, Flüssigkeitseinsparung wo

51

es nur geht, auch beim Sprechen. Reduziere deinen Kommunikationsdrang und atme durch die Nase, denn hier ist der Flüssigkeitsverlust geringer. Ansonsten: trinke häufig, jedoch nur schluckweise.

Laut WHO können allerdings 80% aller Reiseerkrankungen auf verunreinigtes Wasser (natürliche - menschliche Belastungen) zurückgeführt werden. Somit sollte fragwürdige Flüssigkeit vor der Verwendung immer aufbereitet werden, um sich vor Infektionen zu schützen. Vergiss aber nicht deine Mineralien, denn destilliertes Wasser führt auf Dauer zu Funktionsstörungen im Körper. Füge deinem abgekochten Wasser einfach etwas Salz (pro Tag max. 5g. / lt. WHO) hinzu. Zur Verfügung stehen dir hierzu das Ausweichen und Einrühren sowie Filtern von beispielsweise Sand, Grashalmen und auch Sägemehl.

Ein weiterer wichtiger Punkt ist der Zusammenhang des Wassers mit der Nahrung, denn zum Verdauen wird Flüssigkeit benötigt. Ist Trinkwasser Mangelware, sollte somit auch mit der Nahrung etwas kürzer getreten werden.

Ist kein Wasser vorhanden, sollte auch nichts gegessen werden, es sei denn in der Nahrung befindet sich ein hoher Flüssigkeitsanteil!

Ältere Mitmenschen, Kinder, Kranke und Verletzte benötigen bedingt durch ihren Zustand mehr Flüssigkeit. Diese sollte jedoch warm zugeführt werden, denn sie wird vom Körper besser aufgenommen. Kaffee, Tee und auch Alkohol sind zu meiden, da sie als harntreibend anzusehen sind.

Doch wie und wo finde ich ausreichend trinkbares Wasser, kann ich es wie aufgefunden verwerten, beziehungsweise, wie bereite ich es auf?

Im Folgenden unterscheiden wir zwischen dem Grund- sowie Oberflächenwasser und einigen anderen Möglichkeiten mit deren Aufbereitung.

Dehydrierungssignale

Schwitzen
Müdigkeit
Übelkeit
Schwindel
Kopfschmerzen
Krämpfe
Intensiv riechender Urin
Irrationales Handeln
Bewusstlosigkeit

Grundwasser

Hierunter verstehen wir versickertes Wasser, welches sich durch Gesteins- Erdschichten in der Tiefe angesammelt hat. Unter Umständen ist an der Oberfläche kein Anzeichen ersichtlich und nur in wenigen Fällen gibt es irgendwo eine Quelle. Somit muss in den meisten Fällen danach gegraben werden. Erfolgversprechende Stellen befinden sich an auffallend grüner Vegetation am Fuß von Gefällen, an feuchten Niederungen, tiefen Taleinschnitten und an lehmigen Hängen. Auch Kalkstein- Lavaböden und tiefe Stellen von trockenen Wasserläufen sowie Felsspalten oder feuchtigkeitsliebende Tiere weisen dir den Weg.

Die Bodenfeuchtigkeit kann aber auch durch eine Sonnendestillationsanlage genutzt werden. Die Erfinder dieser Maßnahme waren zwei amerikanische Wissenschaftler. Jackson und van Bavel. Unterstützt durch den japanischen Ingenieur Kobayashi haben sie diese einfache Methode der Gewinnung der Bodenfeuchtigkeit entwickelt. Hierzu wird an einer ganztägig sonnigen Stelle ein Loch mit einem Meter Durchmesser und ungefähr 50 Zentimeter Tiefe gegraben. Daraufhin stellt man ein Gefäß in die Mitte des Loches, legt eine Plane über das Loch und beschwert sie an den Seiten und in der Mitte, so dass die Spitze einige Zentimeter über dem Behälter hängt. Die Bodenfeuchtigkeit wird sich an der Unterseite der Folie niederschlagen und in den Behälter tropfen. Die Ausbeute hängt natürlich vom Feuchtigkeitsgehalt des Bodens und der Temperatur ab. Sie kann jedoch erhöht werden, indem ungenießbare Flüssigkeit wie Urin oder Blut neben die Plane gekippt oder in die Grube gestellt oder gekippt wird.

Oberflächenwasser

Flüssigkeit, die sich an der Erdoberfläche befindet, wird als Oberflächenwasser geführt. Bei dieser ist zu beachten, dass sie auch intensiver den Umwelteinflüssen ausgesetzt ist. Das bedeutet jedoch nicht, dass Grundwasser immer problemlos getrunken werden kann. Allgemeinen gilt: Je schneller ein Gewässer fließt, desto unbedenklicher ist es. In der heutigen Zeit sollte Oberflächenwasser jedoch entsprechend aufbereitet werden. Pflanzen, Insektenschwärme, Wildpfade, Tiere, Höhlen, Überhänge und Gesteinsspalten können dich zu deiner Wasserquelle führen. Gerade kleine Vögel fliegen in Bodennähe am Abend oder früh am Morgen zu Wasserstellen. Ebenso sind Bienen oder Ameisen ein Zeichen für eine nahe Wasserstelle.

Meerwasser besticht natürlich durch seinen Salzgehalt von bis zu 4% und ist schwerer als Süsswasser. Es kann jedoch durch Destillation verwertbar gemacht werden. Reines Meerwasser zu trinken verbietet sich von selbst, denn 1 Liter unbehandeltes Salzwasser getrunken benötigt 2 Liter Flüssigkeit um es auszuschwemmen und wer will schon ein Nierenversagen in Kauf nehmen. Es ist jedoch möglich bei sieben Teilen Trinkwasser ein Teil Salzwasser zuzugeben, um dieses zu Strecken, und dem Körper Mineralien zuzuführen. Als gefährliche Dosis Salz gilt 1g/ kg Körpergewicht! Ist es unumgänglich auf Salzwasser zuzugreifen, sollte es nur in der ersten Phase genutzt werden, solange noch keine Dehydration vorliegt, damit die Salzkonzentration durch im Körper vorhanden Flüssigkeit noch einigermassen verdünnt werden kann. Bei Versuchen der französischen Armee mit Salzwasser sollen die Probanden 6 Tage ohne Probleme durchgehalten haben.

Neben der schon angesprochenen Sonnendestillationsanlage zur Kondensation könnte auch in Ufernähe ein Loch bis zum Grundwasserspiegel gegraben werden. Dies wird sich langsam mit Meerwasser füllen, wobei die oberste Wasserschicht, gefiltert durch den Boden, nur noch gering salzhaltig ist.

Regenwasser hingegen braucht nur aufgefangen zu werden. Eine aufgespannte Plane, aufgestellte Schuhe, ausgelegte Kleidung oder ein um einen Baum gewickeltes Tuch mit dem Ende schwebend über einem Gefäß sind nur einige wenige Möglichkeiten, Leider ist es nur begrenzte Zeit haltbar und geht leicht in Fäulnis über, kann im Allgemeinen aber frisch ohne Reinigung getrunken werden. Schnee und Eis kann leicht geschmolzen werden, wobei dem Eis der Vorzug gegeben werden sollte. Bei gleichem Volumen und geringerem Brennstoffverbrauch gewinnt man mehr Flüssigkeit. Auf der anderen Seite können in Eis Bakterien eingeschlossen sein, während der Schnee in der Regel ohne weitere Behandlung genutzt werden kann. Wegen des Wärmeverlustes sollte es aber nicht gelutscht werden. Um Brennstoff und Zeit einzusparen, erhitzt man zuerst etwas Wasser und gibt dann den Schnee oder das Eis hinein. Am Sprit sparendsten ist aber immer noch das Abkochen von Wasser.

Alternativ könnte man sich ein Gerüst bauen, in welchem Eis und Schnee auf einem Tuch gelagert werden. Neben eine Wärmequelle gestellt schmilzt das gefrorene Wasser und tropft durch den Stoff in einen untergestellten Behälter. Das Eis in der Antarktis und der Arktis besteht aus Gletscher- und auch Meereis. Somit gibt es an beiden Polen Salzwasser (Meereis - gefrorenes Salzwasser) und Süsswasser (Gletschereis - gefrorener Schnee).

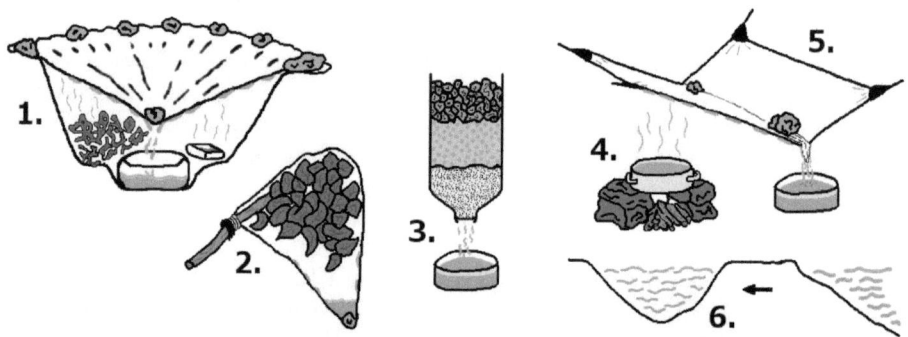

1. Sonnen Destillieranlage / 2. Verdunstungsbeutel / 3. improvisierter Wasserfilter / 4. Kondensat Auffangplane / 5. Regen Auffangplane / 6. Meerwasserfilterung

Tau gilt als in der Atmosphäre gebundene Feuchtigkeit welche sich durch Kondensation bei extremem Temperaturwechsel absetzt. Um es zu gewinnen kann aufgehängter Stoff ausgewrungen, glatte Flächen einfach abgewischt oder schräggestellt werden damit die Flüssigkeit sich in einem Behälter sammelt. Andererseits kann man ihn auch gleich von den ungiftigen Pflanzen trinken oder Steinen ablecken.

Sonstige Möglichkeiten
Pflanzen geben in der Sonne über ihre Blätter Flüssigkeit ab. Dieses kann wie bei einer Kondensationsanlage gesammelt werden. Eine über die Pflanzen gestülpte Tüte wird verschlossen und an der Tütenspitze beschwert, damit sich die Feuchtigkeit sammeln kann. Mit einem eingelegten Saugrohr kann diese auch abgesaugt werden, ohne die Tüte öffnen zu müssen.

Andererseits kann auch der Saft von Bäumen, speziell der Birken- oder Ahornsaft zum Einsatz kommen. Durchschnittlich gibt eine Birke innerhalb von 24 Stunden anderthalb Liter Flüssigkeit ab. Hier erzielt man im Frühling bei jungen Bäumen geschmacklich die besten Ergebnisse, da diese dann im Saft steigen. Es wird eine V-förmige Kerbe in die Rinde geschnitten und ein Ablauf (ein eingeritzter Ast, ...) eingesteckt, worunter ein Gefäß befestigt wird. Als Regel gilt: Je wärmer die Temperaturen und je dicker der Durchmesser des Baumes, desto höher ist die Ausbeute! Wird jedoch die Rinde eines Baumes verletzt ist er den Keimen der Außenwelt ausgeliefert und sollte nach dem Abzapfen mit einer feuchten Erdschicht an dieser Stelle geschützt werden. Vielleicht presst du aber auch bei dickfleischigen Pflanzen die ausgegrabenen kleingeschnittenen Wurzeln aus. Gewonnene Flüssigkeit aus Pflanzen vergärt allerdings innerhalb von 24 Stunden! Im Folgenden einige der bekanntesten wasserspeichernden Pflanzen.

Aasblume
Sie speichert Wasser in ihrem dickfleischigem Körper.

Akazie
Sie speichert in ihren dicht unter der Erdoberfläche laufenden Wurzeln viel Wasser. Wobei die Wurzel im Allgemeinen den Wasserspeicher aller Pflanzen darstellt.

Bananenbaum
Der Baum wird über dem Boden gekappt und der Stunpf ausgehöhlt. In diesen wird das milchige Wasser aus den Wurzeln einsickern. Die ersten Füllungen sind etwas bitter, aber danach wird es besser.

Bambus
Er enthält in seinen Wachstumssegmenten oft viel Wasser. Grüner Bambus wird einfach zum Boden gespannt und dann sprichwörtlich geköpft. Ein untergestellter Behälter sammelt die Flüssigkeit.

Baobabbaum
Sein kannenförmiger Körper gilt als Wasserspeicher.

Kannenpflanze
Als Fleischfressende Pflanze lockt sie ihre Opfer, Kleinstlebewesen, durch eine wässrige Flüssigkeit an.

Kakteen
Stachellose Kakteenarten, und solche mit milchigen Säften, sollten im allgemeinen gemieden werden. Sie sind in der Regel giftig. Aber auch hier gibt es Ausnahmen, wie beispielsweise der Kugelkaktus. Dieser wird wie ein Ei geköpft woraufhin das Fruchtfleisch gestampft, ausgelutscht oder ausgepresst werden kann.

Kokosnüsse
Sie enthalten Milch, die leider bei einer reifen Kokosnuss mit einem Öl durchsetzt ist, welches in größeren Mengen abführend wirkt. Grüne Kokosnüsse sind deshalb

den reifen vorzuziehen. Diese beinhalten mehr Milch und weniger Öl.

Lianen
Sie werden ziemlich weit oben eingekerbt und am unteren Ende gekappt. Versiegt die Flüssigkeit wird unterhalb der alten Kerbe eine neue gesetzt. Einige Lianen verfügen jedoch über hautreizende Eigenschaften.

Palmen
Speziell die Nippa und die Buri Palme enthalten einen trinkbaren, süßlichen Saft. Stich sie an und fange den Saft auf.

Aber nicht nur Pflanzen, auch Steine speichern Wasser, gerade wenn sie rissig und porös sind.

Beobachte und beachte die Umgebung, sie wird dir schon sagen wo du Wasser finden kannst!

Reduziere die Gefahr durch kontaminiertes Wasser in Bedrängnis zu kommen. Als erste Wahl deiner Wasserquelle gelten schnell fliessende, hoch gelegene Gewässer die nicht im Nahbereich einer Ortschaft liegen. Dies ist natürlich immer noch keine Sicherheit, aber schränkt schon vieles ein.

Wasseraufbereitung

Das uns draußen zur Verfügung stehende "Frisch" - Wasser unterliegt natürlich den in der Umgebung vorhandenen Einflüssen. Hier kümmert sich jeder um seinen eigenen Sicherheitsstandard. Es ist jedoch nicht nur das Trinken, sondern jegliches Eindringen des Wassers in unseren Körper, welches die Gefahr beinhaltet Krankheiten auszulösen. Selbst das Zähne putzen, infektiöses Gemüse, Obst oder das Schwimmen in Gewässern gelten als Gefahrenpotentiale. Gerade in heissen Gebieten sollte man deshalb vorsichtig mit der Nutzung von Wasser oder aus Wasser hergestellten, respektive mit Wasser behandelten Nahrungsmitteln an den Tag legen.

Bereitet zweifelhaftes Wasser vor Gebrauch immer auf, egal aus welcher Quelle es stammt!

Infektiöse Erkrankungen
Allgemeininfektionen, Amöbiasis, Balantidiose, Enteritis, Cholera, Poliomyelitis, Giardiasis, Hepatitis A, Paratyphus, Typhus, ...

Auch wenn Chemikalien, Bakterien, Viren und Protozoen dein Wasser kontaminieren, kann es nach entsprechender Behandlung genutzt werden. Im Speziellen sind stehende Gewässer die besten Keimstellen. Ein übler Geruch, Schaum- Blasenbildung, ein starker

56

Algenbewuchs, salzhaltiges aber auch verfärbtes Wasser sowie krankhaft aussehende oder abgestorbene Pflanzen im Umfeld gelten als Merkmale an denen ungenießbares Wasser zu erkennen ist. Die Farbe und auch der Geruch gelten jedoch nicht als sichere Indikatoren. Diese können unauffällig sein, obwohl das Wasser gefährlich kontaminiert ist.

Steckbrief Bakterien (z.B. Cholera)

Größe:	Zwischen 1 und 5 Tausendstel Millimeter.
Verdopplung:	Alle 20 bis 60 Minuten.
Ablauf:	Aktivieren die Flüssigkeitsabgabe im Darm.
Inkubationszeit:	Zwei bis fünf Tage.
Bekämpfung:	Micropur, Romin, Drinkwell, Keramik Filter, Certisil Combina®, Abkochen

Steckbrief Viren

Allgemein:	Sie besitzen keinen eigenen Stoffwechsel.
Größe:	Zwischen 0,02 und 0,2 Tausendstel Millimeter.
Ablauf:	Unterschiedliche Krankheitsschemen je nach Virus.
Verdopplung:	Unterschiedlich, festgelegt durch Wirtszellen.
Achtung:	Viren sind unempfindlich gegen Antibiotika.
Bekämpfung:	Chlor, Aktivkohle, Abkochen

Steckbrief Protozoen

Allgemein:	Tierische Einzeller.
Größe:	Etwas Größer als Bakterien.
Ablauf:	Aktivieren die Flüssigkeitsabgabe im Darm, führen zu Leber- sowie Milzschäden.
Achtung:	Sie besitzen eine herausragende Anpassungsfähigkeit.
Bekämpfung:	Keramik Filter, Abkochen

Ein reines Filtern beseitigt Schwebstoffe und je nach Filterart mehr oder weniger viele Bakterien. Zur Intensivierung kann zusätzlich gechlort oder abgekocht werden. Wird jedoch Chlor oder Silber zur Aufbereitung genutzt, muss das Wasser vorher gefiltert werden, denn die Schwebstoffe binden Chlor sowie Silber, so dass die Bakterien nicht abgetötet werden können. Viren sind leider mittels Filtern nicht komplett zu entfernen. Sie sind einfach zu klein. Hier bietet nur Chlor in Verbindung mit Aktivkohle sowie das Abkochen eine Verbesserung. Zusätzlich sind Chemische Verunreinigungen fast überall auf der Welt im Vormarsch. In diesen Fällen bringt Aktivkohle in den meisten Fällen ein entsprechendes Ergebnis.

Filtere zuerst und entkeime dann, denn Krankheitserreger müssen unbedingt entfernt werden!

Um Wasser zu filtern, also Schwebstoffe und teilweise Bakterien zu entfernen, kann einer der vielfältigen Trekking Filter (siehe im Kapitel Bekleidung und Ausrüstung) genutzt, oder ein Filter improvisiert werden. Unser Eigenbau besteht aus einem Behälter (Dose, Socke, zugebundenes Hosenbein / Jackenärmel). In diesen werden verschiedene Filterschichten aus Sand, Kies, Holzkohle, welche geruchsneutralisierend und abtötend in Bezug auf Bakterien wirkt, sowie Zellulose eingebracht. Das so gefilterte Wasser ist etwas schwebstofffreier, es kann aber auch mehrere Male gefiltert werden. Selbst das alleinige Stehenlassen der Flüssigkeit wird dafür sorgen, dass sich Schwebstoffe am Boden deines Gefässes absetzen. Egal um was es sich für eine Filtermethode handelt, als Ergebnis erhält man bei allen Filtermaßnahmen optisch von Schwebstoffen und Bakterien gut gereinigtes Wasser. Dieses muss jedoch noch weiter aufbereitet werden. Hierzu kann es abgekocht oder durch chemische Hilfsmittel genussfertig gemacht werden. Im Vorfeld hätte man natürlich auch gleich ein Destillationsverfahren nutzen können. Beim Abkochen sollte die Flüssigkeit einige Minuten richtig sprudeln. Hierbei wird aber auch viel Brennstoff benötigt, speziell wenn man sich in höheren Gefilden befindet. Hier gilt die Regel: Auf Meereshöhe eine Minute richtig kochen lassen, für jeweils 300 Höhenmeter mehr sollte eine weitere Minute addiert werden! Nebenher ist allerdings der Verlust durch Wasserdampf, wenn man ihn nicht auffängt, auch nicht gerade unerheblich wenn mit jedem Tropfen gerechnet werden muss. Des weiteren verkeimt abgekochtes Wasser innerhalb von Stunden wieder. In einer Survival Situation ist es aber immer noch die beste Lösung wenn nichts anderes zur Verfügung steht. Vorausgesetzt, man hat die Möglichkeit Feuer zu machen.

Alkohol verdampft bei ca. 80° C und das Wasser bleibt übrig!

Eine edlere Methode ist das Herstellen eines Destilliertopfes. Ein rundum geschlossenes Metallgefäß wird mit einem kleinen Loch und einem Schlauch versehen. Im Gefäß befindet sich unser kontaminiertes Wasser, welches erhitzt wird. Der Dampf steigt im Schlauch auf, kühlt ab (kondensiert) und läuft in einen Auffangbehälter. Der Dampf könnte aber auch mit einer über den Topf schräg gespannten Plane abgefangen werden. Hierdurch kondensiert er an der Plane und läuft zum tiefsten Punkt wo das Wasser in einem Gefäß aufgefangen wird. Unsere Sonnendestillationsanlage ist jedoch eine auf längere Sicht energiesparendere Methode. Dazu benötigen wir jedoch die Sonne.
Chemische Hilfsmittel, wie Micropur, Jod, Kaliumpermanganat sowie Chlor, welches weltweit als sicherstes Desinfektionsmittel für Trinkwasser bekannt ist, können weitere Hilfestellung geben. Einige davon, wie auch das Kaliumpermanganat, töten schädliche Keime, leider auch die nützliche Bakterienflora ab und auf Dauer brechen diese Mittel die Widerstandskräfte. Sie sollten deshalb nur im Notfall und für kurze Zeit verwendet werden.

| Certisil Argento® | Silberionen bewirken eine Langzeitkonservierung auf sechs Monate. Die Einwirkzeit beträgt ungefähr zwei Stunden. |

Certisil Combina®	Ein kombiniertes Chlor und Silberionen Präparat, welches desinfiziert aber auch konserviert. Die Einwirkzeit beträgt ungefähr 30 Minuten.
Drinkwell Chlor	Als sicherstes Aufbereitungsmittel bekämpft es Bakterien, Viren sowie Protozoen. Die Einwirkzeit beträgt ungefähr 60 Minuten. Fehlt nach der Desinfektion der Chlorgeruch, war die Aufbereitung jedoch nicht erfolgreich.
Drinkwell Antichlor	Neutralisiert Chlor und stellt den uns bekannten natürlichen Wassergeschmack her.
Drinkwell Silber	Konserviert Trinkwasser.
Jod	Fünf Tropfen Jod kommen auf einen Liter Wasser. Achtung, schmeckt extrem und stresst den Magen. Sollte somit nicht als Mittel der ersten Wahl gelten. Die Einwirkzeit beträgt ungefähr 30 Minuten.
Micropur	Wirkt wie Certisil Combina®. Die Einwirkzeit liegt jedoch bei anderthalb bis zwei Stunden.
Romin	Es verätzt durch Oxidation und gilt auch als ein wirksames Mittel zur Langzeitkonservierung. Die Einwirkzeit beträgt ungefähr 30 Minuten.

Alle angesprochenen Wirkstoffe gibt es in Pulver, flüssig aber auch in Tablettenform gepresst. Somit kann man sich auf verschiedene Ansprüche und Witterungsverhältnisse im Reiseland entsprechend vorbereiten.

Bei all diesen Möglichkeiten der Entkeimung erhält man aber ein recht fades Wasser, welches sich jedoch durch mehrmaliges umschütten von Gefäß zu Gefäß wieder mit etwas Sauerstoff anreichern lässt. Denke jedoch, wie schon angesprochen, auch an die Mineralien. Eingestreute Holzasche bietet eine Geruchsneutralisierung, und, neben Salz, auch den Ausgleich von fehlenden, lebenswichtigen Elektrolyten (Natrium, Kalium, Calcium, Magnesium). Diese bestimmen mit ihren positiv / negativ geladenen Teilchen die Flüssigkeitsverteilung im menschlichen Körper. Somit regeln sie das Aktions- und Ruhemembranpotential der Zelle, die zelluläre Erregbarkeit und sind unter anderem auch am Knochenbau beteiligt.

Wasserlagerung

Die Trinkwasserlagerung ist genauso zu beachten wie die Entkeimung, denn was bringt es wenn du 20 Liter Wasser trinkfertig behandelst, es aber zu lange lagert und es wieder verkeimt. Grundsätzlich gilt, je wärmer das Klima, desto schneller entstehen Keime in unserem Trinkwasser. Dies kann schon ab einem Tag vonstattengehen. Hier muss entsprechend wieder aufbereitet oder auf die Wassereinlagerung hingearbeitet werden. Idealerweise sollte diese dunkel, kühl in einem, nach Möglichkeit, luftleeren Behälter durchgeführt werden. Zusätzlich kann durch eine Zugabe von Silberionen, welche in geringer Menge die Vermehrung von Bakterien verhindern, und in höherer Dosierung sogar bakterientötend wirken, das Trinkwasser über längere Zeit lagern ohne wieder zu verkeimen.

**Haushalte mit deinem Wasser, halte immer einen Vorrat,
sorge für einen Durchlauf
und fülle diesen bei jeder Gelegenheit frisch auf!**

Übungsfragen

- Wozu benötigt der Körper des Menschen Flüssigkeit?

- Wie hoch liegt der durchschnittliche Wasserumsatz eines Menschen?

- Wie lange überlebt ein Mensch im Schnitt ohne Flüssigkeit?

- Wie kann der Flüssigkeitsverlust reduziert werden?

- Nenne vier Möglichkeiten zur Aufbereitung von Wasser!

- Warum sollte Trinkwasser elektrolytreich sein?

- Wie sollte Trinkwasser gelagert werden?

- Berechne deinen eigenen Körperflüssigkeitsanteil!

- Wie viel Flüssigkeit darfst du verlieren bevor Lebensgefahr besteht?

Nahrung

Leben bedeutet Energie. Energie, die ständig verbraucht wird. Dies erfordert natürlich ein regelmäßiges Zuführen von Nahrung, welche dem Körper die Stoffe zur Verfügung stellt, mit deren Hilfe er sich selbst erhält, wächst, die Körpertemperatur stabilisiert und chemisch - mechanische Arbeit verrichten kann.

In Notsituationen sollte somit die Aktivität nach Möglichkeit an das Nahrungsangebot angepasst werden. Was bringt es dir wenn du deine Energiereserven für den Ausbau deiner Notunterkunft vergeudest, kilometerweit Holz oder Wasser heranschleppst, die dafür benötigte Energiereserven aber nicht wieder auffüllen kannst. Kräftesparend und wirtschaftlich zu arbeiten ist auch hier angesagt.

Verhalte und kleide dich entsprechend um Energie einzusparen, denn verbrauchte Energie muss ersetzt werden!

Der Nahrungsbedarf steht jedoch nicht nur in Abhängigkeit zur Aktivität, sondern auch zum Alter, dem Geschlecht, dem körperlichen Zustand (Gesundheitszustand, Gewicht, Körpergröße, Muskelmasse) und der Umgebung (Temperatur). Kann der Energiebedarf nicht abgedeckt werden, sinkt entsprechend die Leistungsfähigkeit und die Anfälligkeit für Krankheiten steigt. Die Ausgangsbasis ist hierbei der Ruheumsatz (Energieumsatz pro Stunde bei völliger Ruhe, zur Aufrechterhaltung der Organfunktion). Dieser kann wie folgt berechnet werden.

Ruheumsatz = 1 Kilokalorie pro Stunde, pro Kilogramm Körpergewicht

Energieverlust pro kg / Körpergewicht / h			
Aktivität		Aktivität	
Sitzen	10% RU	Gehen (6 Km/h)	3 facher RU
Stehen	20-30% RU	Laufen (8,5 Km/h)	5 facher RU
Gehen (4 Km/h)	2 facher RU	Bergsteigen	600-900% RU

Km/h = Kilometer die Stunde / h = Stunde / kg = Kilogramm / RU = Ruheumsatz

Der durchschnittliche Energiebedarf, der Ruheumsatz, eines Mannes beträgt ungefähr 3000 kcal (Messeinheit der Energie), der einer Frau dagegen nur 2000 kcal am Tag, da sie in der Regel durch Unterhautfettgewebe besser gegen Wärmeverlust isoliert ist. Zudem besitzen sie einen effizienteren Verbrennungsmotor und weniger Muskulatur. In einer Notsituation die dem Körper von vornherein schon einiges mehr abverlangt steigt dieser Wert jedoch an. So verbraucht ein Mann beispielsweise um die 2000 - 3000 Kalorien mehr. Unter diesen Umständen kann es sogar zu einem Umsatz von 6000 - 7000 kcal kommen. Wobei dies normalerweise die Obergrenze der Verdauungskapazität sowie der zu leistenden Arbeit ist.

In den seltensten Fällen wird ein ideales Verpflegungsprogramm zur Verfügung stehen. Die Idealsituation (ausgewogen, leicht verdaulich, viele Vital- Mineral- Ballaststoffe) ist aber immer erstrebenswert, speziell wenn die Situation länger andauert. Versucht

62

euch grundsätzlich immer so schnell als möglich an die einheimischen Nahrungsmittel zu gewöhnen und wenn möglich dort zu essen wo sich besonders viele verpflegen. Hier sind die wenigsten Unregelmäßigkeiten zu erwarten.

Ein schärfen der Nahrung unterstützt die Produktion der Magensäure, welche wiederum schädliche Bakterien abtötet. Außerdem lassen uns einige Verhaltensregeln schon im Vorfeld gefährliche Infektionen ausschließen. Hierzu gehören das Vermeiden von allen Arten rohen Fisches - Fleisch, Meeresfrüchte, Schalen - Krustentiere, Mayonnaise, Eiscreme - Eiswürfel sowie roher Salat oder Gemüse. Ebenso ungeschältes Obst sowie verdorbene Nahrungsmittel. Eine Liste die durch entsprechende Nahrungszubereitung reduziert werden kann. Gemüse kann durch Säubern sowie Kochen sicher verwendet werden, und wird Fleisch gut durchgebraten widersteht kein Keim.

Die Nahrungsauswahl sollte an die Tätigkeit, die äußere Einwirkung sowie den physischen und psychischen Zustand angepasst sein!

Leider ist die Sauerstoffversorgung unserer arbeitenden Zellen begrenzt, so bekommt die Art des Brennstoffes eine besondere Bedeutung. Für eine hohe Leistung benötigen wir logischerweise auch einen hohen Kohlenhydratanteil als Energiequelle. Je länger jedoch die Leistungsdauer, desto niedriger ist die durchschnittliche Leistungsintensität. Hierbei bleibt der Körper unter seinem maximalen Sauerstoffaufnahmevermögen, und es werden mehr Fettanteile als Energiequelle genutzt um die Kohlenhydratvorräte zu strecken. Es stellt sich immer die Frage nach der richtigen Menge sowie der richtigen Zusammensetzung!

Bei einem kompletten Nahrungsentzug wird der Organismus in den ersten Tagen die normalen Hungergefühle aufweisen, danach aber an den Abbau der Fettreserven gehen. In diesem Stadium verschwinden die Hungergefühle, hier muss jedoch mindestens ein Liter Flüssigkeit am Tag zugeführt werden. Nach maximal einem Monat beginnt der Körper Energie aus körpereigenen Eiweißen aufzubauen. Hier beginnt der Raubbau am Körper und das eigentliche Verhungern. Jedoch können bis zur Hälfte des Proteins und fast alle Fettzellen und Glykogene abgebaut werden, bis sich die Körperfunktionen merklich einschränken. Deshalb sollte, wenn nicht genug Nahrung vorhanden ist, diese aufbewahrt werden, bis zum Punkt des Wiedereinsetzens des Hungergefühles. Dies ist besser, als das Stadium des Fettabbaus immer wieder durch eine kurzzeitige Zufuhr von Nahrung zu unterbrechen und den Ablauf damit wieder von vorne zu beginnen.

Bei einer geplanten Tour sollte zumindest für die ersten Tage, einmal davon abgesehen, dass man nach Ausrechnung des Nahrungspakets normalerweise 1/3 der Menge mehr einrechnet, Nahrung mitgeführt werden. Zusätzlich sind die Ernährungsmöglichkeiten der Natur immer zuerst zu nutzen, bevor die verbliebenen Nahrungsmittel angegangen werden. Diese sollten zuerst immer gesichert, oder zumindest rationiert werden.

Derartige Notrationen für drei bis vier Tage zusammenzustellen, stellt absolut kein Problem dar. Jeder wird vermutlich das einpacken was ihm am besten schmeckt, aber die Ernährungsfrage von Wochen, oder sogar Monaten muss mit den Nähr- Vital- und

Mineralstoffen in Einklang stehen! Leichtrationen sollten bei geringem Gewicht viele Kalorien, somit einen hohen Nährwert, viel Zucker, Fett, Eiweiß, Vitamine und auch Spurenelemente bieten. Gleichzeitig sollten sie leicht zuzubereiten, abwechslungsreich und auch kalt verwertbar sein.

Die Vorteile dehydrierter (flüssigkeitsentzogener) Nahrungsmittel, liegen im Gewicht. Allerdings wird unterwegs ständig Wasser und eventuell auch noch Brennstoff benötigt, um sich nutzbare Flüssigkeit zu verschaffen. Flüssigkeitsbeinhaltende Nahrungsmittel sind zwar schwerer, jedoch besitzen sie Wasser. Wenn also nicht auf das Gewicht geachtet oder mit nur wenig Flüssigkeit vor Ort gerechnet werden kann, sind diese wohl von Vorteil. Aber nicht nur das Gewicht, die Flüssigkeit, die leichte sowie schnelle Zubereitung, der Nährwert und der Brennstoffverbrauch ist zu beachten. Je nachdem in welches Gebiet man reist sind die Umwelteinflüsse auf die Nahrungsmittel auch anders. Die Nahrung gefriert, schmilzt, verdirbt, die Verpackung platzt auf, ...

In extrem kaltem Klima wird ein hoher Fettgehalt benötigt, in heißem Klima sollte leichte, faserige Nahrung mit viel Flüssigkeit genutzt werden, um den Körper nicht unnötig zu belasten!

Da der Preis der verschiedenen Leichtgewicht - Nahrungsanbietern wie Travellunch®, Cathay®, ... meist den Rahmen sprengt, gibt es auch noch die Möglichkeit sich den Nahrungspaketen der verschiedenen Militäreinheiten der Welt anzunehmen.

Diese sogenannten C - Rationen (Combat Ration, MRE's - meal ready to eat, ...) sind in der Regel so konstruiert, dass die Nahrungszubereitung ohne grossen Aufwand getätigt werden kann. Einige werden neben Wärmequelle gestellt oder in die Hosentasche gesteckt, woraufhin sie die Wärme speichern und die Nahrung aufheizen. In diesen Packs ist die Nahrung in einem Brei vorbereitet. Sie besitzt einen geringen Anteil an Feuchtigkeit, durch den man sie einfach nach dem Erwärmen, aber auch kalt, zu sich nehmen kann. Andere Versionen sind dehydriert und man benötigt Wasser um sie zuzubereiten. Ihre Verpackung kann meist auch als Brennstoff genutzt werden und das Gewicht variiert zwischen 500 - 1000 Gramm mit einer Haltbarkeit über 3 Jahre.

Neben verschiedenen Hauptgerichten in unterschiedlicher Konsistenz sind in all diesen Nahrungspaketen meist auch Wasserentkeimungstabletten, Zucker, Salz, Kaffeeweißer, Kaffee sowie Tee, Süßigkeiten, Getränkepulver, Kekse, Wurst und Käse enthalten. Im Weiteren kommen Abfallbeutel, Streichhölzer, Trockenfrüchte sowie Margarine hinzu. Diese Verpflegungspakete sind ein verhältnismässig guter, billiger und vor allem lang haltender Ausweg aus der Kostenfalle einer Tour. Sie bieten geschmacklich allerdings keinerlei Vergleich zu den gefriergetrockneten Mahlzeiten der entsprechenden Anbieter.

Als Alternative gelten Instantnahrungsmittel wie Suppen, Milch- Soßenpulver, Kaffee, Kakao, Tee, Kartoffelpüree, Brühwürfel sowie Dauerwurst, Marmelade, getrocknete Früchte, Müsli, Nüsse, Mehl, Backpulver und Gewürze wie Salz und Zucker. Gut verpackt und getrocknet sind auch Hülsenfrüchte wie Bohnen, Erbsen aber auch Linsen, Mais, Reis und Nudeln ein unbegrenzt haltbares Grundnahrungsmittel in Notzeiten. Bei eurer Nahrungsmittelwahl sollte jedoch auch die Garzeit, die Wasserdichtigkeit und die geruchsneutrale Verpackung der Nahrungsmittel, (damit diese nicht verderben und kein ungebetener Besuch eintrifft) beachtet werden. Bei den Expeditionsnahrungspaketen ist dies schon seit Jahren üblich. Und die Verpackung kann meist als Pfanne, Topf oder Reflektor genutzt werden.

TIPPS
- Alle mitgeführten Nahrungsmittel sollten geruchsneutral verpackt werden. Hierzu eignen sich Plastik- Weithalsflaschen mit Drehverschluss oder Zip Loc's (Plastiktüten mit einem speziellen Klickverschluss).
- Gibt man dem Salz- Pfefferbehälter einige Körner Reis bei, ziehen diese ständig Feuchtigkeit an und halten den Inhalt trocken.
- Rohe Eier können, um sie vor dem Zerbrechen zu schützen, auch in Mehl, Zucker, Grieß oder Haferflocken transportiert werden, und wird Käse in ein mit Essig befeuchtetes Tuch eingewickelt schimmelt er nicht.
- Asche enthält eine Fülle von Mineralien.

Um die Energiespeicher wieder aufzufüllen sollten zwei Mahlzeiten pro Tag angestrebt werden. Mindestens eine, nach Möglichkeit abends, sollte warm sein. Dies wertet die Moral auf und entlastet den Körper bei der Wärmeproduktion. Mehrere kleine, und auch abwechslungsreiche Speisen sind jedoch immer noch das Ultimo. Sie machen dich belastungsfähiger, wobei die Verpflegung, wenn sie geplant werden kann, im Vorfeld einer Reise mit dem ganzen Team abgesprochen werden sollte. Hierdurch können Eigenheiten berücksichtigt sowie Streitpunkte, betreffend der Verpflegung, minimiert werden. Denn, ein gutes Essen kann sehr viel bewirken!

Mineralienbedarf eines Erwachsenen		Vitaminbedarf eines Erwachsenen	
Stoff	g / tg	Stoff	mg / tg
Calcium	-	C	75
Eisen	0,002	B1	1,5
Fluor	0,25	B2	1,5
Jod	0,1	Riboflavin	1,9
Kalium	0,7	Niacin	12
Magnesium	0,2	Folsäure	0,5
Natrium	0,4	Pantothensäure	8
Phosphor	0,8	B6	1,7
		B12	0,002
		A	0,9
g = Gramm / tg = Tag / mg = Milligramm		D	0,02
		E	12
		K	0,001

Nahrung ist jedoch nicht gleich Nahrung. Sie kann nach ihrer Wirkung in zwei Gruppen unterteilt werden. Einmal die Wirkstoffe wie Vitamine, Mineralien und Spurenelemente oder Nährstoffe wie Eiweiß, Fett und Kohlenhydrate, unsere Energieträger. Die Wirkstoffe werden nur in wenigen Milli- Mikrogramm benötigt, sind dafür aber an fast allen Vorgängen des Stoffwechsels im menschlichen Körper maßgeblich beteiligt und können in der Regel vom Körper nicht selbst gebildet werden. Achte deshalb bei längerem „Aufenthalt" auf ausreichende Versorgung mit Wirkstoffen. Hierzu kann auch in der Lebensmittelverarbeitung eine schonende Verarbeitung eingesetzt werden. Das Kochwasser könnte weiterverwendet werden, Obst und Gemüse sollte nicht überlagert sein und eigentlich nicht eingekocht werden da viel Vitamin C zerstört wird.

Die Anzeichen eines Vitaminmangels sind vielfältiger Natur. Vom Leistungsabfall über Unwohlsein, Müdigkeit, Kopfschmerzen, Reizbarkeit, erhöhte Anfälligkeit gegenüber Infektionen, Schlafstörungen bis hin zu einem gestörten Wärmehaushalt. Bei fehlender Versorgung führt es sogar zu schweren Erkrankungen, wie Augendarre mit der Gefahr der Erblindung bei Vitamin A Mangel, Beri - Beri bei Vitamin B Mangel, Skorbut bei Vitamin C Mangel, Rachitis / Knochenerweichung bei Vitamin D Mangel sowie Herz und Gefäßschäden bei einem Mangel an Vitamin E.

Die Vitamine werden, aufgrund ihrer Löslichkeit, in fettlöslich (tierisches Fettgewebe wie Eigelb, Butter, Milch) und wasserlöslich (pflanzliche Lebensmittel) unterschieden. Bei den Nährstoffen handelt es sich um pure Energieträger wobei diese in Eiweiß, Fettsäuren, Kohlenhydrate und auch Ballaststoffen unterschieden werden. Die Eiweiße (Proteine) sind die Baustoffe unseres Körpers. Sie sind zur Zellerneuerung und zur Erhaltung unserer Kräfte / Körperfunktionen notwendig. Die Bausteine hierfür sind die Aminosäuren, welche vom Körper zum Teil selbst gebildet werden können. Einige wenige müssen aber mit der Nahrung zugeführt werden und können in pflanzliches und tierisches Eiweiß unterschieden werden. Eine detaillierte Wirkstoffliste befindet sich im Anhang.

Als bekanntester Vertreter der Kohlenhydrate ist der Zucker zu nennen. Überwiegend ist er in Form von Stärke in unserer Nahrung vertreten. Sie hält unseren körpereigenen Ofen am Laufen, denn mit ihnen wird unter Zuhilfenahme von Sauerstoff die Energie erzeugt und Proteine verarbeitet. Eine Übermenge an Kohlehydraten bewirkt jedoch Ablagerungen, Körperfülle und erhöhte Anfälligkeit für Krankheiten. Werden allerdings zu wenig Kohlenhydrate zugeführt baut der Körper das eigene Protein ab und wandelt es in Energie um. Fette hingegen sind bei den Menschen kein beliebtes Nahrungsmittel. Als konzentrierte Energiereserve sind sie für uns jedoch unentbehrlich. Im Weiteren sind noch die Ballaststoffe zu erwähnen, welche den Darm reinigen. Hierzu zählen Gemüse und Obst, aber auch Vollkornprodukte. Unser Körper ist somit auf das tierische Eiweiß ebenso angewiesen, wie auf die Kohlenhydrate, aus denen er die für uns lebenswichtige Energie bezieht. Deshalb setzt sich deine Nahrung idealerweise aus 3/4 Kohlenhydrate, 1/4 Eiweiß und wenig Fett zusammen.

**Schlage dir nicht den Bauch voll,
meide üppige, schwere und blähende Mahlzeiten!**

Nährstoffbedarf eines Erwachsenen in g / t (ohne größere Anstrengung)	
Protein	0,9 g je kg Körpergewicht (15%)
Essentielle Fettsäuren	10 g je kg Körpergewicht (25%)
Kohlenhydrate	250 g je kg Körpergewicht (60%)

g = Gramm / t = Tag / kg = Kilogramm

Nährwerttabelle / Grundnahrungsmittel (100 g)				
Nahrungsmittel	kcal	Protein	Fett	KH	BA
Weißbrot	238	1,2 g	1,9 g	53,1 g	1,8 g
Vollkornbrot	188	6,9 g	1 g	37,2 g	9 g
Kartoffeln	65	1,9 g	0,1 g	13,8 g	2,1 g
Nudel	343	15 g	3 g	64 g	8 g
Reis	342	7,3 g	0,6 g	75,4 g	1,3 g
Fleisch (Rind)	269	19,6 g	20,3 g	0 g	0 g
Fisch	79	17,2 g	0,9 g	0 g	0 g
Gemüse	16	0,9 g	0,2 g	2,6 g	1 g
Obst	53	0,4 g	0,4 g	11,9 g	2 g

kcal = Kilokalorien / Protein = Eiweiß / KH = Kohlenhydrate / BA = Ballaststoffe

Unter den Bedingungen unter denen du dich bewegen wirst, wird vielleicht nicht immer das Beste als Nahrung zur Verfügung stehen, triff aber die beste Auswahl!

Man erlangt durch pflanzliche / tierische Produkte jedoch nicht nur Nahrung, sondern auch Köder und meist Grundmaterialien, aus welchen nützliche Gegenstände hergestellt werden können. Siehe hierzu auch im Kapitel Provisorien.

Nahrungsbeschaffung
Durch unsere Zivilisationsnahrung ist der Mensch dazu erzogen worden sich alles im Geschäft zu kaufen und es in vor- teilweise sogar zubereiteter Form zu erhalten. Unter widrigen Situationen muss jedoch meist selbst gejagt, geschlachtet, gesammelt und zubereitet werden. Man wird vielleicht gezwungen sein Dinge zu Essen, welche unter normalen Umständen nicht in Frage kommen würden. Welche vielleicht nicht einmal bekannt sind und deren Anblick ein Würgen hervorruft. Wer jedoch in dieser Situation Ekel zeigt, schränkt seine Überlebenschancen stark ein. Übrigens, was ekelig aussieht muss nicht ekelig schmecken! Mit der Zeit wird jeder seine Vorurteile ablegen. Es ist viel mehr essbar als wir als "Zivilisationsmenschen" nutzen. Ratten, Hunde, Schlangen, Würmer, Käfer, Maden, "Unkraut", Wurzeln, Rinde, ...Abneigung und Ekel sind anerzogen. Diese Worte und Einstellungen dürfen in einer Notsituation nicht existent sein. Überwinde dich!
Im Folgenden werden wir vorerst zwischen pflanzlichen und tierischen Nahrungsmitteln unterscheiden. In beiden Fällen sind die Chancen an Frischwasserstellen am besten, denn jedes Lebewesen und auch jede Pflanze benötigt mehr oder weniger Flüssigkeit. Ebenso besteht bei beiden allerdings auch die Möglichkeit einen Schaden zu erleiden sei

es durch Gift oder Angriff des Tieres.

Tierische Nahrungsmittel können gejagt, gesammelt oder mit Fallen zu Luft, Land und Wasser erlangt werden. Bei den pflanzlichen wiederum kann zu Land und Wasser nur gesammelt werden. Da sich jedoch pflanzliche Nahrung in der Regel nicht wehrt und ohne größere Probleme eingesammelt werden kann, dürfte dies der leichtere Weg sein. Leider ist der Nährwert von Pflanzen geringer als der von Fleisch und die Gefahr um einiges Höher eine giftige Art zu erwischen. Zudem erwarten dich natürlich, bedingt durch Blütezeiten und Witterungsunterschiede, auch je nach Umgebung, verschiedene Nahrungsmittelgrößen. Was in unseren Bereichen nur einige Zentimeter Größe erreicht, kann woanders unter besseren Bedingungen vielleicht bis zu einem Meter in die Höhe schießen oder kaum sichtbar sein. Dies betrifft die Pflanzen sowie auch die Tierwelt.

Versteift euch jedoch niemals auf den Erfolg einer Methode. Das Jagen, Fallenstellen und Sammeln sollte idealerweise kombiniert werden um die Nahrungsmittelchancen zu erhöhen. Somit bietet es sich an, neben dem Jagen, auch in beiden Bereichen, pflanzlich sowie tierisch, zu sammeln, was man sowieso bei jeder Gelegenheit einfließen lassen kann. Sei es beim Erkunden des Geländes, beim Holz sammeln, Wasser holen, oder was auch immer.

Warte nicht mit deiner Nahrungssuche bis alle Vorräte aufgebraucht sind!

Im Sommer wird das pflanzliche Nahrungsangebot um ein vielfaches höher ausfallen als im Winter. Dies bedeutet jedoch nicht, dass im Winter überhaupt nichts Grünes zu finden ist. Je nach Dicke der Schneeschicht und in Abhängigkeit von der Umgebung können Flechten, Wurzeln, Knollen, Brunnenkresse, Bachbunge aber auch Barbarakraut und Gänseblümchen vorhanden sein.

Pflanzliche Nahrungsmittel

Grob geschätzt gibt es auf der Erde mehrere Millionen verschiedene Pflanzenarten. Von diesen sind nicht einmal annähernd die Hälfte aller Pflanzen erforscht. Somit steht unser Survivor vor dem Problem erst einmal zu erkennen, welches Grünzeugs als giftig und welches als verwertbar anzusehen ist. Die Gefahr kann durch den Speiseweg (Oleander, Water Hemlock, ...), als Kontaktgift (Poison Ivy, ...) oder durch den Atemweg per Inhalation (reizende Pflanzen die ein Kontaktgift innehaben - Poison Oak, Cowhage, ...) drohen. Die Wirkung der Gifte besitzt ein breites Spektrum und variiert von Erbrechen, Durchfall über Magenkrämpfe, Kopfweh, Auswirkung auf Herzschlag und Atmung, Halluzinationen, über die Bewusstlosigkeit in den Tod.

Auch scheinbar ungiftige Pflanzen können, in größeren Mengen verzehrt, unerwünschte Nebenwirkungen hervorrufen!
„Nur die Dosis macht das Gift"!

Sei deshalb um Abwechslung im Nahrungsangebot bemüht! Was regional vielleicht als ungiftig eingestuft wird, kann in anderen Gegenden extrem hohe Werte an Giftstoffen aufweisen. Ebenso können giftig eingestufte Pflanzen in anderen Regionen verwertbar sein oder jahreszeitlich Unterschiede in der Giftmenge besitzen. Selbst die Inhaltsstoffe verschiedener Abarten einer Pflanzen können sich stark unterscheiden. Deshalb sollte bei der Bestimmung von Pflanzen immer mehrere Urteile eingeholt werden. Selbst bei essbaren Pflanzen können einige Teile giftig, andere essbar sein! Giftige Arten können allerdings durch entsprechende Behandlung wie wässern oder auskochen manchmal entgiftet werden.

Pflanzliche Nahrungsmittel können zudem in unterschiedliche Bestandteile eingeteilt werden, denn eine Pflanze fängt nicht erst über der Erde an. Die Knolle und die Wurzel, welche sogar das ganze Jahr über gesammelt werden können, enthalten viel Stärke und sind gerade im Winter recht nährstoffreich. Im Weiteren der Stiel, die Zwiebel, die Sprösslinge und die Blätter. Doch wer kennt die verwertbaren Pflanzen? Im Zweifel sollte vor der Verwertung immer ein Verträglichkeitstest erfolgen!

Jedes Teil einer unbekannten Pflanze gehört eigenständig mit dem Verträglichkeitstest geprüft!

Bei komplett unbekannten Pflanzen liegt das Risiko der Schädigung sicherlich höher, als bei Abarten einer erkannten essbaren Pflanze, aber hat jemand eine andere Idee? Dieser Test sollte deshalb das letzte Mittel sein um eine Pflanze, keine Pilze, auf ihre Verwertbarkeit hin einzustufen.

Verträglichkeitstest
Vor dem Test sollte, um den Magen zu leeren und ein „sicheres" Ergebnis zu bekommen, acht Stunden lange nichts gegessen werden. Während dieser Zeit, kann jedoch schon der Geruch und die Hautverträglichkeit geprüft werden.
Zur Geruchsprüfung zerreibt man ein Stück des zu prüfenden Materials zwischen den Fingern. Entsteht ein übler oder unangenehmer Geruch ist dieser Pflanzenteil vorsichtshalber nicht zu verwerten! Die Hautverträglichkeit ist der zweite Test. Hierbei wird ein Stück der Pflanze zerrieben und in die Ellenbeuge geklemmt. Zeigt sich eine Hautreaktion ist das Material ebenfalls nicht verwertbar!
Sind die ersten Tests erfolgreich verlaufen wird ein kleiner Teil des Materials an die Lippen gehalten, brennt oder juckt es? Erfolgt hier auch nach drei Minuten keine Reaktion, wird das Gut auf oder unter die Zunge gelegt. Ist hier nach 15 Minuten keine Reaktion erfolgt, wird das Testmaterial durchgekaut und für weitere 15 Minuten im Mund behalten. Bei fehlender Reaktion kann die Probe geschluckt werden. Danach sollte man zur Sicherheit acht Stunden verstreichen lassen. Sollten in dieser Zeit unerwünschte Reaktionen auftreten, ist, wenn die Möglichkeit besteht, ein Erbrechen herbeizuführen. Ist die Nahrung noch nicht komplett im Magen verarbeitet kann vielleicht etwas von der Substanz reduziert werden.

Die Durchschnittliche Verdauungszeit für Kohlenhydrate liegt bei 2-3 Stunden, fettes Fleisch hingegen bei bis zu 8 Stunden. Ist diese Zeit überschritten, kann die Körperreaktion nur durchgestanden werden, denn das Erbrechen beinhaltet jetzt auch nicht mehr den geringsten Erfolg!

Passiert jedoch nichts, kann eine größere Portion gegessen werden, auf welche man zur Vorsicht weitere acht Stunden verstreichen lässt, bevor der Pflanzenteil als verträglich anzusehen ist.

Dem Ein oder Anderen mag die ständige Wartezeit lange vorkommen, da die durchschnittliche Verdauungszeit ja drei bis vier Stunden beträgt, aber wir wollen auf der sicheren Seite bleiben. Gleichzeitig sollten immer geringe Mengen des Testgutes genutzt und beim Eintreten von negativen Auswirkungen der Test abgebrochen werden. Zudem sollte dieser Test nie bei Pilzen oder Tieren angewendet und immer die Reihenfolge beachtet werden.

Nach jeder einzelnen Prüfung darf nur fortgefahren werden, wenn keine negativen Auswirkungen zu bemerken sind. Lasse dir Zeit, taste dich langsam vorwärts und versuche wirklich nur kleine Mengen!

Willst du auf der sicheren Seite sein - Iss nur das, was du kennst und verwende keine unbekannten Pflanzen, auch nicht für Gebrauchsgegenstände!

Bei der Suche nach essbaren Pflanzen sollte aber nicht nur die Pflanze alleine sondern auch die Umgebung beachtet werden. Pflanzen sind abhängig von Boden, Wasser und Luft. Verschmutzungen durch Abgase, Öl und Pestizide beeinträchtigen unter anderem somit auch die Pflanze. Durch den Kot wilder Tiere können zusätzlich noch Würmer, Bakterien und Viren in das Umfeld und somit auch in, beziehungsweise auf die Pflanze gelangen. Dies lässt uns jetzt einige Grundregeln aufstellen. Sie gelten jedoch nur als Grobregeln, denn Ausnahmen bestätigen immer die Regel!

- Bekannte essbare Pflanzen sind die bevorzugte Nahrung!
- Meide Pflanzen mit milchigem Saft oder Nesselhärchen, es sei denn, sie sind eindeutig als essbar bekannt!
- Meide Pflanzen mit bitterem Geschmack!
- Unbekanntes, wenn nötig, nur nach bestandenem Verträglichkeitstest nutzen!
- Was Rotwild oder Affen fressen kann der Mensch auch verwerten!

Natürlich kann nicht alles was Tiere verwerten auch vom menschlichen Organismus vertragen werden. Das Atropin der Tollkirsche ist beispielsweise schon in einer Menge von zwei Milligramm für den Menschen tödlich. Ratten, Kaninchen und auch Tauben vertragen es jedoch ohne weiteres. Ebenso sind die Schierlingsarten für den Menschen tödlich. Schafe, Mäuse, Pferde und Ziegen ernähren sich jedoch davon.

Mischt eure pflanzliche Nahrung, dies beugt einer Vergiftung und einseitiger Ernährung vor!

Im Frühling und Sommer wird das Angebot an verwertbaren Pflanzen am größten und meistens am schmackhaftesten sein, da wichtige Nährstoffe vorhanden sind, welche im weiteren Wachstum der Pflanze verloren gehen. Ebenso gibt es Pflanzenbestandteile welche in der Entwicklungsstufe die höchste Anzahl an Nähr- Wirkstoffen besitzen. So sollten die Blüten zur Blütezeit, die Blätter davor und während, Wurzeln im Frühjahr sowie Herbst und Früchte zur Reife gesammelt werden.

Im Allgemeinen werden die meisten Pflanzenteile überbrüht als Getränk, wobei ein bis zwei Esslöffel getrocknete, zerriebene Pflanze mit der entsprechenden Menge heißem Wasser übergossen wird, oder als Salat beziehungsweise Spinat genutzt. Ältere Pflanzen sollten vor der Verwertung allerdings mehrmals ausgekocht werden um die Gerbstoffe zu entfernen. Sämtliche Körner wie Sonnenblume, Hafer, Gerste, Weizen, Roggen, Mais und Samen von Wildgräsern enthalten viel pflanzliches Protein und wertvolle Spurenelemente. Zerrieben lässt sich Mehl, und eingekocht ein Haferschleim herstellen. Wird Gerste geröstet, zerkleinert und noch mit Wasser überbrüht erhält man sogar einen Kaffeeersatz. Zu beachten ist das Mutterkorn! Hierbei handelt es sich um, durch einen Pilz, schwarz verfärbte Körner. Dieser Pilz wirkt sich durch seine Alkaloide Struktur auf Atmung und Kreislauf aus und ist somit als giftig anzusehen. Die Sprösslinge von Zuckerrohr, Farnkraut, Lieschgras, wilder Rhabarber, Papaya, Bambus und Portulak sowie junge Spitzen von Kiefer und Tanne wären eine bessere Wahl. Früchte, egal welcher Art, bieten ergänzend viele Möglichkeiten. Sei es als Saft, Marmelade, Sirup, zur geschmacklichen Verbesserung von Speisen, oder was auch immer. Sogar unreifes Obst kann durch Rösten, Backen oder Kochen verwertbar gemacht werden.

Zerstörende Eingriffe in die Natur werden jedoch, speziell in Deutschland, nach dem Naturschutzgesetz bestraft und sind nur unter wenigen, bestimmten Voraussetzungen erlaubt. Übungsaktionen verbieten sich somit von selbst. Entnehmt in einem Notfall nur das was benötigt wird. Die Natur, eure Kinder und derjenige nach euch werden es euch danken.

Im Anhang befindet sich eine kleine Auswahl an Zirkumpolaren Pflanzen mit speziellen Maßnahmen zur Vorbereitung, welche, wie die meisten Wasserpflanzen, über einen großen Teil der Erde verbreitet sind.

Tierische Nahrungsmittel

Diese Nahrungsquelle liefert uns vor allem Fette und Proteine. In Kombination mit der pflanzlichen Nahrung welche uns Vitamine, Minerale und Kohlenhydrate liefert sind sie die Grundlage zur Erhaltung der Leistungsfähigkeit. Um sie zu ergattern können Fallen gestellt, gejagt, gesammelt, Verkehrsopfer von der Straße gekratzt oder im Schlamm befindliches zusammengerollt und getrocknet werden. Vor allem bei den ersten beiden Möglichkeiten sollte darauf geachtet werden, nicht mehr Energie zu verschwenden als durch die Nahrung erlangt werden kann.

Was man nicht kennt isst man nicht!

Tierische Nahrungsmittel müssen zum Abtöten der Keime gekocht werden. Halte dich strikt an die Regel - ausnehmen und kochen. Meide grell gefärbte und nach Möglichkeit aasfressende, kränkliche - übelriechende - verschleimte Tiere, stechende oder beissende Insekten und sammle Kleintiere zur baldmöglichsten Verwertung lebend.
Die Ekelbarriere bei einigen Nahrungsmitteln lässt sich senken, wenn das gesammelte zubereitet, zu Pulver zerstampft oder als Fladen gebacken, anderen Speisen beigegeben wird.

Was Fell und Federn hat, kann gegessen werden!

In Wärme gedeihen Keime jedoch besonders schnell, erst recht wenn Feuchtigkeit dies unterstützt. Lege deshalb Wert auf die Lagerung deines Fleischvorrates, bedenke auch, nicht alles muss zur Lagerung schon tot sein. Fische können beispielsweise in einem abgesperrten Bassin und kleineres Wild kann in einem Pferch gehalten werden. Wirf nichts weg, nutze was du hast. Verwestes oder nicht verwertbares Fleisch kann immer noch als Köder oder Brutstätte für Maden Verwendung finden. Beachte auch, dass du nicht der einzige Jäger bist. Schlangen, Skorpione, Spinnen, oder größeres, je nachdem wo du dich befindest, sind immer in deiner Nähe. Vergiss somit auch beim Jagen nicht den Eigenschutz, denn wo sich Tiere aufhalten gibt es natürlich auch immer jemanden der Hunger hat.
Wie auch immer sich deine Nahrung zusammensetzt, beachte, dass sich bei einer länger verminderten Nahrungszufuhr der Körper auf diese Notzeit einstellt. Der Magen wird sich verengen. Wird in diesem Zustand schwer verdauliche Nahrung zugeführt macht sich dies durch Trägheit, Magendruck und eventuell Erbrechen bemerkbar.

Jagen / Fallenstellen
Unabhängig ob es sich um das passive Jagen, das Ansitzen, das Anlocken, die aktive Pirsch, das Fallenstellen oder vielleicht die Kombination von beiden handelt, es ist mehr oder weniger Zeit- und Energieaufwendig.
Idealerweise sollte sich die Jagd und das Fallenstellen ergänzen. Die Möglichkeit des Erfolges erhöht sich dadurch wesentlich. Des Weiteren besitzen Tiere unterschiedlich stark ausgeprägte Sinnesorgane, Fähigkeiten und Gewohnheiten. Sind diese bekannt, können diese Schwächen - Verhaltensweisen zum eigenen Vorteil genutzt werden.
Beispielsweise gehen Hasen meist erst in der Dämmerung auf die Weide und kommen nach dem Aufscheuchen immer an denselben Platz zurück. Wildschweine sind nachts aktiv und Hechte starten meist nur einen Angriff bevor sie wieder fix stehen. Wölfe jagen in der Gruppe und ihre Beute wird eingekreist bevor sie angreifen. Caribous sind sehr neugierig und können durch eine Vierfüßler Position angelockt werden. Hirsche besitzen ein kleines Revier, nutzen meist die gleiche Schlafstätte und die gleiche Futter- sowie Wasserstelle.

Grasfresser trinken mindestens zweimal am Tag und arktische Vögel sind zwei bis drei Wochen im Jahr flugunfähig wenn sie neue Federn entwickeln. Somit können sie ganz einfach „niedergerannt" werden. Auch im Hochgebirge können kleine Vögel welche eine bodenständige Lebensweise führen einfach eingesammelt werden. Schafe halten sich im Winter zwecks wärmeren Temperaturen in tiefer gelegenen Gebieten auf während Enten und Gänse von unten keinen Angriff erwarten.

Vor- Nachteile verschiedener Tierarten.							
Tierart	Sehen	Hören	Riechen	Tierart	Sehen	Hören	Riechen
Wildschwein	3	2	1	Vögel	1	3	-
Rotwild	1	1	1	Bären	3	2	2
1 = sehr gut	2 = gut	3 = befriedigend		Fische	2	1	3

Information ist Motivation, sie birgt den Erfolg!

Werde dir zuerst bewusst was an potentiellen „Opfern" in der Umgebung vorhanden ist. Ein Aufklärungsgang in Bezug auf Spuren, Stell- Schlafplätze, Weidegründe, Wasser-Futterstellen, Schlupflöcher sowie Futterverstecke liefert dir Informationen.

Verschaffe dir einen Überblick über Tiere in deinem Bereich und wähle die Gegend mit der grössten Anzahl!

Tiere benötigen ebenso wie du Wasser, Nahrung und Schutz. Lasse diese Informationen in deine Suche mit einfliessen.
Allerdings wird jedes Tier, wenn man es in die Enge treibt, seine Brut bedroht, ein frischer Kill darniederliegt oder es verletzt ist, angreifen oder sich in entsprechender Form verteidigen. Handle niemals überstürzt, gehe immer vorsichtig vor und weiche unter Umständen aus. Setze dich nie mit einem überlegenen Gegner auseinander und verzichte lieber auf deine Beute, wenn dir ein Schaden droht.

„Man braucht nicht nur eine lange Zeit der Beobachtung, bevor man sagen kann, was ein Tier tut; man braucht eine lange Zeit, um zu lernen, wie man beobachten muss. "

Auszug aus Barry Lopez
Arktische Träume
Fischer Verlag
ISBN : 978-3-596-17702-8

Jagen

Das Jagen stellt an den Jäger meist eine hohe Anforderung an Ausdauer, Belastung, Wissen, Umsicht und professionellem Verhalten um erfolgreich zu sein. Er muss sich auf die erforderliche Beanspruchung vorbereiten und unter Umständen Zelten einer wohl ungewohnten Beanspruchung und auch Entbehrung einplanen, denn die meisten Tiere sind von Natur aus scheu und nur schwer zu fangen.
Entsprechende geräuscharme, wind- und wetterfeste Kleidung, ein Hut und gutes

Schuhwerk sind schon einmal ein Anfang und als Vorteil zu sehen. Bei allen Jagdtrips sollte der Jäger auch nur früh und abends essen, um sich belastungsfähig zu halten und den Magen nicht zu überfordern. Die Nahrungsaufnahme geschieht natürlich nicht im Jagdgebiet sondern in einer neutralen nicht bejagten Umgebung um vorhandenes Wild nicht durch fremde Gerüche und Geräusche aufzuschrecken. Zu diesen Gerüchen zählt auch der Schweiß, also ist langsame Aktivität angesagt. Die besten Jagdzeiten sind zudem die ersten zwei bis drei Stunden bei Tagesanbruch und die letzten zwei bis drei Stunden vor Dunkelheit. Zu diesen Zeiträumen ist das Wild oft an Wasserstellen und Lichtungen zu finden. Suche die Umgebung nach einem guten Platz ab, warte an Wechseln, folge einer frischen Fährte, geh direkt an den Bau, Räuchere ihn eventuell aus. Geh an Futter- Schlafplätze sowie Tränken und locke die Tiere mithilfe eines Köders oder wenn du darin geübt bis mit Lockrufen an. Hierdurch steigert sich dein Jagderfolg und verringert sich deine eingesetzte Energie.

Tiere besitzen in der Regel entweder sehr gute Augen, eine sehr gute Nase oder sehr gute Ohren. Einen kleinen Ausschnitt davon gab es ja schon. Diese Vorteile zwingen uns logischerweise zur Sicht- Geruchstarnung und zu entsprechendem Verhalten auf der Jagd. Passe dich der Tierwelt an und verhalte dich wie eines.

Verhalte dich wie ein Tier, denke wie ein Tier und handle auch wie eines!

Du bist der Räuber, die Katze auf der Jagd, bewege dich geschmeidig, vorausschauend, leise und lege Beobachtungshalte ein. Sollte dich ein Tier in der Bewegung erwischen, friere ein und bewege dich erst wieder wenn es sich von dir abwendet.

Zusätzlich können zum verwischen der Körperkonturen und der Bewegung natürliche Gegebenheiten wie das Wetter, Tageszeit, Schatten und Bodenform ausgenutzt werden. Unterstützend gibt es künstliche Tarnmittel wie Netze, Einfärbungen des Körpers oder Behelfstarnmittel. Siehe hierzu in der Abhandlung Tarnbehelfe. Vermeide Geräusche, jeder Schritt muss vor Belastung auf Trittsicherheit geprüft werden. Dies kann soweit führen, dass man sich auf allen vieren auf dem Boden vorwärts tastet, um sich an sein Essen heranzupirschen. Sämtliche zur Jagd notwendige Ausrüstung muss so verpackt sein, dass durch sie kein Geräusch oder Lichtreflektion verursacht wird. Kannst du dich aber nicht verstecken, täusche das Tier und verhalte dich wie ein Artgenosse um dich anzunähern. Dieses Beschleichen des Wildbrettes geschieht immer gegen den Wind, was auch unsere Geruchs- Geräuschtarnung unterstützt. Die Windrichtung sollte jedoch öfters überprüft werden um, wenn nötig, sofort mit einer Richtungsänderung reagieren zu können. Tierblut - Urin, Exkremente und Räuchern überdecken den Eigengeruch eine gewisse Zeit, wobei die beste „Ware" hierzu immer noch der Kot & Urin des gejagten Tieres ist. Bewege dich langsam und ruhig, dies kommt der Schweissbildung und somit der eigenen Geruchsbildung zugute. Schliesslich will man sich auch nicht alle Stunde neu mit der „Hautcreme" einreiben?

Was für uns gut riecht, riecht für Tiere noch lange nicht so und umgekehrt!

Besondere Vorsicht ist jedoch geboten, wenn deine Jagd größere - gefährlichere Tiere zum Ziel hat. Das Verhalten des Tieres muss ständig hinterfragt werden. Nur hierdurch kannst du eine eventuelle Übersprungshandlung rechtzeitig erkennen und dich darauf vorbereiten. Bei Wild ist dies das sogenannte Scheinäsen, bei welchem das Tier den Jäger schon erkannt hat, ihn aber bis zum entsprechenden Moment in Sicherheit wiegt. Eine Jagd muss aber nicht immer mit einer Feuerwaffe geschehen. Als erstes fällt einem wahrscheinlich der Bogen ein. Aber ein Bogen erfordert viel Übung und vor allem Zeit in der Herstellung. Ein Speer, eine Keule oder einfach ein Stein sind die für uns besten Möglichkeiten ohne große Übung und Zeitverlust auf die Jagd zu gehen. Siehe hierzu auch im Kapitel Provisorien. Je nach Tierart reicht jedoch auch ein feuchter Topf. Doch hierzu später mehr. Woran erkenne ich aber die Anwesenheit von Tieren, oder deren Bewegungsrichtung? Schlage hierzu unter der Abhandlung Spuren nach.

Verliere bei deiner Jagd nicht das Gesamtbild deiner Umgebung aus dem Auge, der sture Blick birgt Gefahren und Tücken!

Vorsicht ist auch bei eigentlich vermeintlich erlegtem Wild anzuraten, selbst wenn es von Natur aus keine Aggressivität besitzt. Speziell jedoch, wen es als Prädator gilt.

Die Geschichte handelt von einem erfahrenen Alaskanischen Jäger auf Bärenpirsch. Mit einem gezielten Herzschuss brachte er mit seinem großkalibrigen Gewehr und der entsprechenden Munition einen Bären zur Strecke. Er näherte sich vorsichtig dem darniederliegenden Tier und beobachtete es eine Minute auf Lebenszeichen. Als er keine Regung registrierte lehnte er seine Waffe an einen Baum und trat vor um seine Beute zu beanspruchen. In diesem Moment sprang der Bär auf und riss ihm mit beiden Tatzen das Gesicht ab. Der Jäger überlebte, verlor aber Lippen, Zähne, Nase und Zunge.
Sein Kommentar zu seinem Verhalten - Ich weiß auch nicht wieso ich das Scheiss Gewehr an den Baum gestellt habe (ist nicht mehr verständlich, da er sämtliche Stimmorgane bei diesem Vorfall verloren hat).

Auszug aus Bill Bryson
Picknick mit Bären
Goldmann Verlag
ISBN: 978-3-442-44395-6

Es gibt immer zwei Möglichkeiten bei einer Konfrontation, Flucht oder Angriff. Wobei auch eine Flucht für dich wie ein Angriff aussehen kann. Unter keinen Umständen darf ein Tier direkt verfolgt werden, dadurch wird es nur noch weiter weggetrieben! Lasse ihm Zeit und folge nach ein paar Minuten in Ruhe und mit bedacht seiner Fährte.
Das Töten von kleineren Tieren verlangt genauso wenig Überwindung wie das Töten

auf Entfernung. Jedoch, je größer die Tiere werden, je näher man an ihnen dran ist und je „niedlicher" sie aussehen, desto schwieriger wird es, sich zu überwinden, um sich diese, sich wahrscheinlich wiedersetzende Nahrung, anzueignen. Versuche schnell und effektiv lebenswichtige Organe des Tieres zu verletzen oder aber die Fluchtfähigkeit zu verhindern, beziehungsweise zu vermindern.

Tiere und Jagdmöglichkeiten

Amphibien
Wasserliebend verstecken sie sich meist hinter Steinen aber auch im Matsch. In der Dunkelheit können sie am einfachsten mit Licht angelockt werden.

Fische
Normalerweise sind Fische direkt vor und nach Sonnenauf-untergang am Fressen. Tagsüber, speziell an heissen Tagen, verstecken sie sich in kühlen Wasserschichten. Sie stehen somit überwiegend tief oder im Schatten. Erschütterungswellen können sie sehr gut wahrnehmen. Somit sollten alle deine Bewegungen langsam und auch vorsichtig ausgeführt, unter Umständen auch das Sprechen eingestellt werden. Zudem überschneiden sich ihre Sehfelder weit über dem Rücken. Nähere dich einem Gewässer immer so flach als möglich und gehe Fische von hinten an. Je mehr deine Silhouette mit der Umgebung verschmilzt, desto mehr verschwimmt auch das schon verzerrte Sichtfeld der Fische. Sie werden ebenso wie Frösche, Krebse, Insekten und Schildkröten von blinkendem Material angelockt. Nachts genügt meist schon eine Lichtquelle oder in hellen Nächten reflektierendes Material am Gewässergrund.

Je trüber das Wasser, desto silbriger der Köder!

Fische stehen aber an unterschiedlichen Orten, zu unterschiedlichen Zeiten auch in unterschiedlichen Tiefen. Überprüfe deshalb Überhänge, Höhlen, den Bewuchs im Uferbereich, tiefe Pools, langsam fließende Gewässerabschnitte, hebe Steine an, ... Fische können mit Schlingen, Angeln, Speeren, Bögen oder Netzen, dem Käscher oder, für denjenigen mit Gefühl in den Pfoten, der Hand gefangen werden. Hierzu begibt man sich am besten selbst in das Wasser oder legt sich bäuchlings, sofern nichts dagegenspricht, am Ufer ab um mit den Händen den Bereich unterhalb der Böschung abzusuchen. Es wird hierbei immer mit beiden Händen gearbeitet, und der Fisch von schräg hinten, unten nach oben angegangen. Fühle ihn, zucke nicht. Greife mit einer Hand kurz nach der Schwanzflosse und mit der anderen direkt hinter den Kiemen. Hebe ihn aus dem Wasser und töte ihn mit einem Schlag auf den Kopf. Denke aber auch daran, du bist nicht der einzige Jäger. So belegt zum Beispiel die Würfelnatter (ungiftig) Höhlen und ernährt sich von Süßwasserfischen. Um eine Angel zu nutzen sollte man Wissen, wovon sich die vorhandenen Fische selbst ernähren um effektiv arbeiten zu können. Fleischfetzen, Raupen, Würmer, Insekten, Käse, Mais, Nudeln, farbiger Stoff und Federn kann, nebst anderem Material, einen sehr effektiven Köder darstellen. Nutze immer mehrere Haken an einer Schnur, unter Umständen mit einer stabilen Vorschnur (Vorfächer) damit die Leine nicht einfach durchgebissen wird. Wähle den Haken zudem lieber zu klein als zu groß aus. Zum Bergen größerer Fische sollte ein Fischhaken (Gaff), ein Käscher oder Ähnliches genutzt werden, damit der Fisch nicht in letzter Sekunde entwischt, die Sehne reißt oder der Knoten sich öffnet wenn dein "Hai" mit dem ganzen Gewicht daran herumzappelt. Es ist immer besser den Fisch zu ermüden, und ihn dann auf das Ufer oder in das seichte Wasser zu ziehen als im Übermut an der Leine zu reißen. Mit dieser Ermüdungs-Taktik können auch schwerere Fische mit einer dünnen Leine gelandet werden.

Im Groben unterscheiden wir zwischen dem Grund- Floß- und dem Fliegenfischen. Beim Grund- Floßfischen wird mittels Schwimmer und Gewichten der beschwerte Haken mit dem Ködern unter der Wasseroberfläche gehalten beziehungsweise auf Grund gelegt und von Zeit zu Zeit bewegt. Das Fliegenfischen wiederum bietet sich an, wenn Fische an der Wasseroberfläche jagen. Dazu wird der Köder flussaufwärts eingesetzt und treibt an der Wasseroberfläche abwärts. Dies verspricht aber meist nur an wärmeren Tagen Erfolg. Stellnetze und Reusen sind jedoch, wenn genug Zeit vorhanden ist, dem Angeln vorzuziehen. Sie versprechen einen höheren Ertrag. Zu ihrer Herstellung siehe im Kapitel Improvisation.

Das Speeren oder Nutzen von einem Bogen ist eine weitere Möglichkeit, aber bei weitem nicht so einfach wie es sich anhört. Durch den Lichtbruch erscheinen alle Gegenstände unter Wasser näher und größer als sie in Wirklichkeit sind, was einen zielgenauen Speerstoss erschwert. Dieser Effekt kann jedoch umgangen werden, indem die Speerspitze schon vor dem Stich in das Wasser getaucht und so vertikal als möglich zugestochen wird. Hierbei wird der Speer mit einer Hand so nah als möglich über den Fisch gebracht, während die andere Hand soweit als möglich den hinteren Bereich des Speeres greift. Diese Hand gilt als Stosshand. Logischerweise bietet es sich hierbei an sich selbst im Wasser zu befinden und somit ist auch klar, dass die Fischjagd mit einem Speer oder Bogen nur in flachem Wasser erfolgreich ist. Nutzt du einen Bogen, müssen die Pfeile doppelt so lang, und ähnlich deiner Speerspitze beschaffen sein. Siehe hierzu auch unter Provisorien.

Fischgifte sind, mit den Explosivstoffen, auch wenn diese nicht als waidmännisch zu betrachten sind, weitere Möglichkeiten des Fischens. Speziell die Derris Pflanze mit ihren Wurzeln (Asien) oder der Barrington Baum mit seinen Samen (Malaysia) können viel Zeit und Arbeit ersparen. Die giftigen Pflanzenteile werden zermahlen und in den Gewässeroberlauf eingebracht. Doch ist solch eine Methode nötig?

Planzen mit derartigen Wirkstoffen wären:
- Tephroisa   Die zerstoßenen Zweige und Blätter.

• Barringtonia asiatica	Der pulverisierte Samenkern der Fruchtkapsel.
• Krotonölbaum	Die zerstoßenen Samen der Frucht.
• Tubawurzel	Die zerstampfte Wurzel des Gewächses.
• Weiße Mangroven	Alle zerstoßenen Pflanzenteile. Der Saft führt zu Verätzungen und Blindheit!
• Pangraschote	Die zerstoßene Rinde des Gewächses.
• Kalk	Abgebrannter Kalk aus Muscheln und Korallen führt auf kleinem Raum auch zum Erfolg.

Einigen kaufbaren Survival Kits liegt manchmal die Substanz Rotenone bei. Dieses kann in gleicher Art und Weise wie oben aufgeführt Verwendung finden. Greift man wirklich auf diese Methode zurück, ist jedoch auch besondere Sorgfalt beim Ausnehmen, Verarbeiten sowie dem Zubereiten der Tiere angebracht.

Insekten
Ameisen können mit einem Köder angelockt oder gereizt werden. Sie werden sich in diesen verbeissen und können einfach abgespült werden. Schwimmend an der Wasseroberfläche werden sie abgeschöpft. Würmer hingegen können durch leichtes klopfen auf den Boden, welches den Regen imitiert, herausgelockt werden. Haarige Arten sollten jedoch nicht genutzt werden. Termiten, Käfer, Larven und Maden halten sich in rottendem Holz auf. Heuschrecken, Grillen und Grashüpfer können am Morgen, solange sie von der Kälte der Nacht noch unbeweglich sind, einfach gesammelt werden. Stechendes und fliegendes könnte im verschlossenen Stock ausgeräuchert und später eingesammelt werden.

Schalen (Krustentiere)
Garnelen halten sich überwiegend auf Sand- Schlammböden, in Gesträuch oder Tanginseln auf. Sie sind auch ein Zeichen für sauberes Wasser. Engmaschige Netze befördern deren Aufenthaltsort an Land. Lockt sie mit Ködern an oder baut euch eine Falle. Ebenso kann der nährwertreiche Plankton (Kleinstlebewesen), mit Stoff abgeschöpft oder mit einer Lichtquelle angelockt werden. Langusten und Krabben werden am besten nachts gefangen. Sie lassen sich mit der Hand greifen aber auch Speeren. Sie besitzen allerdings Zangen und können mit dem Schwanz einen guten Klaps austeilen. Wer sie lebend fangen möchte kann aber auch ein Netz oder eine Reuse benutzen.

Reptilien
Eidechsen warten mit dem besten Fleisch am Hinterteil und Schwanz auf, sind aber in der Regel etwas schneller unterwegs und somit auch schwerer als Schildkröten zu erlangen. Diese verstecken sich gerne an feuchte Stellen und kleineren Teichen. Sie sind relativ leicht zu fangen, nur vor dem Schnabel sollte man sich in Acht nehmen. Schlangen sind dagegen schon gefährlicher. Am besten verwendet man

einen gegabelten Stock, um sie direkt hinter dem Kopf am Boden halten zu können und sie, mit Abschlagen des Kopfes, zu töten. Manche Arten stellen sich jedoch bei einem Angriff tot oder teilen in einer Art Reflexbewegung kurz nach dem Tod noch Bisse aus!

Säugetiere

Wildschweine sind meist in der Dämmerung und der Nacht unterwegs. Aufgrund ihrer Schlammliebe ist zudem auch immer Wasser im Nahbereich. Demgegenüber ist die Hauptaktivität der Gemse in der Zeit von sechs bis zehn Uhr morgens und 16 - 19 Uhr abends. Hasen und Kaninchen sind ebenso wendig wie die Gemsen, sie kehren jedoch oft an den Ausgangspunkt zurück. Moor- Schneehühner sind zahm. Ihnen kann man sich ohne größere Probleme nähern und Nagetiere lassen sich sehr gut mit Körnern, Samen oder Nüssen anködern. Rotwild befindet sich tagsüber meist im Wald beim äsen. In der Nacht und der Dämmerung jedoch im Freien. Es verbringt 80% des Tages mit der Nahrungsaufnahme, nur 19% mit dem Sichern (je länger die Sicherungsperioden, desto aufgescheuchter ist das Wild) und widmet den Rest der Fortbewegung sowie der Körperpflege. Es ist allerdings sehr scheu und bevorzugt freie Wege. Wie schon erwähnt kann es eine Umgebungsveränderung zwischen zwei Beobachtungsintervallen nicht feststellen. Lasse dich nicht in der Bewegung ertappen und du kommst unter Berücksichtigung der Geruchstarnung nahe heran. Gleichzeitig erwartet es im Allgemeinen von oben keinen Angriff und Lockrufe sind gerade in der Brunftzeit sehr erfolgversprechend. Ein Saugen am Handrücken wäre eine Möglichkeit diese hervorzurufen.

Im Gegensatz zu dem fettarmen Wildfleisch stehen die See - Elefanten. Ihre Körper bestehen zu 40% aus Fett, was eine 15 Zentimeter dicke Fettschicht ergibt und mit umgerechnet 400 Liter Blut bei einem ausgewachsenen Tier ist auch einiges an Flüssigkeit vorhanden. Die Milch der Kühe toppt alles. Sie besteht sogar zu 80% aus Fett. Ein ausgewachsener Bulle kann bis vier Meter lang und über 20 Zentner schwer werden. Aufgerichtet erreicht er 2,40 Meter Höhe und ist durch seine Streit- und Rauflustigkeit ein ernstzunehmender Gegner. Sie schlafen an Land jedoch ziemlich fest. Ein nicht atmendes Tier muss aber nicht zwingend tot sein denn sie können bis zu fünf Minuten den Atem anhalten! Alle Säugetiere sind essbar, jedoch können einige Innereien Gifte aufweisen. Als Beispiel der Polarbär mit seinem hohen Vitamin A Gehalt in der Leber.

Tintenfisch

Mit einem Netz oder dem Speer sind diese Tiere sicherer zu erledigen als mit der Hand, da du unter Umständen eine der Arten vor dir hast, die giftig zubeißen kann.

Vögel

Alle Vogelarten sind essbar und haben immer die gleichen Flugrouten. Am besten macht sich ein Netz in der Einflugschneise. Aber auch die Eier sind nutzbar.

Wie schon bei den Fischen angesprochen können Gifte vieles einfacher gestalten. Auch die althergebrachte Jagd oder das Fallenstellen. Das Tier muss dabei nicht mehr tödlich getroffen werden. Das Gift muss nur in Kreislauf des Tieres gelangen. Nutzbar sind sirupartig eingekochte Eibe oder Tabak sowie Schlangengift. Diese Substanzen auf Klingen, Ästen, Pfeile oder dem Köder bergen auch ihren Erfolg. Jedoch sollte auch hier, bei der Nahrungszubereitung Wert auf die Neutralisierung des jeweiligen Giftes gelegt werden.

Eine weitere, sehr einfache, und umstrittene Möglichkeit, ist das in Brand setzen eines Geländestückes. Danach wird die Umgebung auf „geröstetes" untersucht. Wobei Feuer jedoch auch zum Ausräuchern und zum Erlangen von frisch geschlagener Beute bei Raubtieren zu gebrauchen ist.

Fallenstellen

Beim Fallenstellen wird das Tier über tatsächliche Gegebenheiten hinweggetäuscht und darf keinerlei Möglichkeit zur Flucht haben. Sein Interesse muss geweckt werden. Sei es durch Nahrung, Lockrufe oder irgendwelche Auffälligkeiten. Wer jedoch glaubt eine Falle sei das Einfachste der Welt hat zwar recht, aber eine funktionierende und auch noch Erfolg versprechende Falle zu betreiben ist bei weitem nicht das Leichteste. Dies steht in der Schwierigkeitsstufe weit vor dem Jagen, verspricht allerdings einen höheren Erfolg bei weit weniger Energieverbrauch.

Verlasse dich aber nicht nur auf Bodenfallen. Eine Falle kann genauso auf dem Wasser, auf dem Baum oder in der Luft aufgebaut werden. Hierzu sind die unterschiedlichsten Gerätschaften vorstellbar. Solche die gleich Töten oder diejenigen welche das Tier nur einfangen und festsetzen. Es gibt Fallen die sich selbst auslösen oder durch den verdeckt wartenden Jäger ausgelöst werden müssen sowie beköderte und unbeköderte. Die besten Lockmittel sind immer diejenigen, welche im Nahbereich deiner Falle vorhanden sind aber durch die Tierwelt nur schlecht erreicht werden können. Eine Falle muss aber nicht immer ein Höllengerät aus Seil und Holz sein. Auch Reste des Essens, mit welchem Insekten wie Käfer, Heuschrecken, Larven und Ameisen angelockt und eingesammelt werden, ist denkbar.

Was gibt es, was habe ich zur Verfügung, und was kann ich damit verwirklichen?

Der Stellplatz deiner Falle sollte im Nahbereich von Futter- und Wasserstellen sowie Ruheplätzen liegen. Vermeide ausgetretene Wildpfade, da die Tiere hier immer auch mit Artgenossen rechnen und dementsprechend vorsichtig sind. Gleichzeitig sollte dein Stellplatz der Falle, zur Geruchseindämmung sowie Grundveränderung, immer nur auf einem Weg betreten und verlassen werden. Die natürliche Umgebung darf nicht groß verändert werden. So ist es besser deine Falle, wenn möglich, an einem anderen Ort vorzubereiten und zum Stellplatz zu tragen. Geruchstarnung muss ebenfalls bei allen verwendeten, nicht natürlichen, Materialien und wie beim Jagen auch bei der Kleidung beachtet werden. Ein Waschen, eventuell ein Räuchern, oder das Einreiben mit Erde sowie das Tragen von Handschuhen hilft schon. Verwendetes natürliches Material sollte aus der Umgebung stammen, jedoch nicht unmittelbar in der Nähe des Stellplatzes der Falle entnommen werden. Zusätzlich müssen alle Schnitte im Holz abgedunkelt und mit Erde eingerieben werden, da einige Holzarten nachts eine fluoreszierende Wirkung entfalten. Im Weiteren muss die Falle in Konstruktion und Stabilität dem Tier angepasst sein. Deshalb ist es notwendig, schon bei der Geländeaufklärung anhand der Spuren auch Bestimmungen über die vermutliche Größe und Gewichtsklasse der Tiere sowie die Bewegungsrichtung vorzunehmen. Die Falle muss den Witterungseinflüssen trotzen und mehrere Tage funktionstüchtig bleiben, damit sie auch noch betriebsbereit ist, wenn der letzte Fremdgeruch verflogen ist. Gebogenes und gespanntes Holz neigt allerdings dazu schon nach wenigen Stunden in der Federkraft nachzulassen und sich der neuen Form anzupassen, womit deine Falle stark an Effektivität verliert.

Eine Falle gibt keine Sicherheit des Erfolges!

Wenn man die obigen Ausführungen berücksichtigt wird einem schnell klar werden, dass sogenannte Roll- Springfallen in einer Survival Situation keinen Platz finden. Hier würde eine Unmenge an Zeit investiert werden müssen, welche im Vergleich zum möglichen Erfolg in keinem Verhältnis steht. Es funktioniert immer nur das Einfachste. Das sind für unsere Zwecke Schlingen. Kombiniere jedoch immer unterschiedliche Fallentypen um deine Erfolgschancen zu steigern. Trotzdem werden in nachfolgender Übersicht zur Vollständigkeit auch Roll- Springfallen erwähnt. Wir wollen sie nicht ganz streichen, jedoch sollte ihr Einsatz gut überlegt werden. Um den Ertrag zu erhöhen könnte vor der Falle auch eine richtungsweisende Barriere eingesetzt werden. Diese lenkt das Tier direkt auf die Falle.

Doch was soll die Falle bewirken? Soll das Tier gleich getötet oder nur an der Flucht gehindert werden? Gefangene Tiere suchen natürlich einen Ausweg und können sich unter Umständen befreien oder von Räubern gerissen werden. Speziell tote und blutende Tiere locken Räuber an. Was aber nichts schlechtes sein muss, denn wenn die Nahrung zu uns kommt ist dies besser als sie suchen zu müssen. Dies bedeutet aber auch, dass jede Falle kontrolliert werden muss um sie instand zu halten und Tiere einzusammeln. Hierzu darf man sich jedoch nicht wie in der Fußgängerzone einer Großstadt aufführen. Die Grundregeln der Jagd sind auch hier zu beachten, um in der Umgebung befindliche Tiere nicht aufzuscheuchen und zu vertreiben. Somit sollten Fallen, speziell diejenigen, welche nicht beobachtet werden können, wie Wasserfallen, Stelleinen und Eisangeln, mit einem Biss- Fanganzeiger ausgerüstet sein um sie aus der Distanz kontrollieren zu können. Verbinde deine Leine mit einer Glocke oder einer sich aufstellenden Fahne.

Nähere dich deiner Falle nur zur Reparatur oder zur Übernahme deines Fanges. Kontrolliere aus der Distanz - nutze Fanganzeiger!

Alle in diesem Buch behandelten Themen können gegen Gesetze und Verordnungen verstoßen. Alle beschriebenen Handlungsweisen sind somit nur im Notfall, bei akuter Gefahr für Leib und Leben Möglichkeiten, die in Erwägung gezogen werden könnten! Und jetzt, zum Nachdenken die aktuelle Gesetzeslage (Stand 2017) in Deutschland:

§ 292 STGB Jagdwilderei
(1) Wer unter Verletzung fremden Jagdrechts dem Wild nachstellt, es fängt, erlegt oder sich zueignet oder eine Sache die dem Jagdrecht unterliegt, sich zueignet, beschädigt oder zerstört, wird mit Freiheitsstrafe bis zu drei Jahren oder mit Geldstrafe bestraft.

(2) In besonders schweren Fällen ist die Strafe Freiheitsstrafe von drei Monaten bis zu fünf Jahren. Ein besonders schwerer Fall liegt in der Regel vor, wenn die Tat:

    1. gewerbs- oder gewohnheitsmäßig,
    2. zur Nachtzeit, in der Schonzeit, unter Anwendung von
        Schlingen oder in anderer nicht weidmännischer
        Weise oder
    3. von mehreren mit Schusswaffen ausgerüsteten
        Beteiligten gemeinschaftlich

begangen wird.

(3) Die Absätze 1 und 2 gelten nicht für die in einem Jagdbezirk zur Ausübung der Jagd befugten Personen hinsichtlich des Jagdrechts auf den zu diesem Jagdbezirk gehörenden nach § 6a des Bundesjagdgesetzes für befriedet erklärten Grundflächen.

§ 293 STGB Fischwilderei
Wer unter Verletzung fremden Fischereirechts oder Fischereiausübungsrechts

(1) fischt oder

(2) eine Sache, die dem Fischereirecht unterliegt, sich oder einem dritten zueignet, beschädigt oder zerstört,

wird mit Freiheitsstrafe bis zu zwei Jahren oder mit Geldstrafe bestraft.

In einer realitätsnahen Notsituationen greift jedoch der:

§ 34 STGB Rechtfertigender Notstand
Wer in einer gegenwärtigen, nicht anders abwendbaren Gefahr für Leben, Leib,

82

Freiheit, Ehre, Eigentum oder ein anderes Rechtsgut eine Tat begeht, um die Gefahr von sich oder einem anderen abzuwenden, handelt nicht rechtswidrig, wenn bei Abwägung der widerstreitenden Interessen, namentlich der betroffenen Rechtsgüter und des Grades der ihnen drohenden Gefahren, das geschützte Interesse das beeinträchtigte wesentlich überwiegt. Dies gilt jedoch nur, soweit die Tat ein angemessenes Mittel ist, die Gefahr abzuwenden.

Im Weiteren wollen wir uns einigen verschiedenen Fallentypen widmen, was jedoch nicht bedeutet, dass diese Aufzählung allumfassend ist. Wir unterscheiden hierbei in fünf verschiedene Gruppierungen. Zum Einen die Schlingen, welche in kurzer Zeit in hoher Zahl gelegt werden können und die Fallgruben welche sehr Zeit- und Energieintensiv im Aufbau sind. Hinzu kommen die Roll- Spring Fallen mit Ihren Vor- und Nachteilen, die Schlagfallen und mehrere andere Möglichkeiten welche zusammengefasst unter Sonstiges aufgeführt sind.

Schlingen
Schnell und einfach können sie aus Draht oder Schnur für verschiedene „kleinere" Tierarten gelegt werden. Je nach Höhe in der sie angebracht werden unterscheidet man zwischen Würge- oder Trittschlingen. Sie müssen abgetarnt werden, sich mit entsprechendem Durchmesser auch zuziehen können, dürfen sich jedoch auch bei Befreiungsbewegungen des Tieres nicht öffnen. Eine derartige Fangmethode kann aber nicht nur für bodenlebende Tiere angewandt werden. Eine über einem Nest, dem Boden oder eine erhöht gelegte Schlinge kann auch mittels langer Schnur bei herablassen des Vogels ins Nest zugezogen werden.

Durchschnittliche Schlingengröße					
Tierart	Würge -schlingen Ø	Höhe	Tierart	Würge -schlingen Ø	Höhe
Kaninchen	10 cm	6 cm	Fuchs	25 cm	30 cm
Eichhörnchen	7,5 cm	4 cm	Wolf	40 cm	45 cm
	cm = Zentimeter		Biber	12 cm	2,5 cm

Oder wie wäre der Einsatz einer Schlinge für Fische oder andere Kleintiere. An einem langen Stock wird eine Schnur, oder Draht, wie an einer Angel befestigt. An deren Ende befindet sich eine unter Zug schließende Schlinge. Behutsam kann sie vom Ufer aus Fischen oder ähnlichen Tieren übergezogen, und durch zuziehen der Schlinge am engsten Körperteil dieses zügig und sicher unter Kontrolle gebracht werden.

Fallgruben
Entsprechend ihrem Aufbau sind sie sehr Zeit- und auch Energieintensiv, da sie dem Tier in Größe und den Fähigkeiten angepasst werden müssen. Hiermit können

83

aber auch größere Tiere zur Strecke gebracht werden. Der Grubenboden und/oder die Grubenwand, kann auch mit angespitzten Stöcken gespickt, oder die Grube mit Schlamm gefüllt werden. Wählt man die "Matschvariante" oder eine kegelfömige Grube mit enger Öffnung muss nicht so tief gegraben werden um ein Entkommen zu verhindern. Wird die "gespitzter Stock Variante" genutzt, muss der Untergrund hart oder mit Steinen unterlegt sein, damit auch genug Gegendruck auf die Spitzen aufgebracht wird.

Roll-Spring Fallen

Der Vorteil dieser Falle liegt im Abheben des Tieres vom Boden, da dieses dann für größere Räuber nicht mehr zu erreichen ist und das Tier durch Strangulation schon getötet wird. Diese Falle ist jedoch sehr zeitintensiv und erfordert zudem das Vorhandensein von entsprechend stabilem Material. Eine Abwandlung wäre die Speerstossfalle, bei welcher ein unter Spannung stehender Schlagarm mit einem „Speer" versehen wird. Für Fische wäre eine Umsetzung mit einer Angelleine denkbar. Umgesetzt als Treibleine welche bei Biss und Zug den Haken setzt und unter Umständen, wenn deine Schnur stabil genug und die Hebelkraft ausreichend ist, den Fisch aus dem Wasser hebt. In kälteren Zeiten oder Gefilden ist jedoch der Bau einer Roll-Spring Falle nicht zu raten, da der unter Spannung stehende Ast sehr wahrscheinlich in dieser Position einfrieren wird.

Schlag Fallen

Für größere und kleinere Tiere einsetzbar, werden diese durch ein herabfallendes Gewicht getötet, oder zumindest stark verletzt. Das Gewicht kann mittels Zugseil oder durch das Tier selbst ausgelöst werden.

Sonstige Möglichkeiten

Viele weitere, teils sehr einfache Möglichkeiten, werden meist außer Acht gelassen. Aber es muss ja schließlich nicht immer spektakulär technisch sein. Was wäre mit einer Reuse oder einem Stellnetz, welches an einer V-förmigen Verengung oder verengten Stelle eines kleinen Flusses gespannt wird. Fische müssen zwangsweise im Netz hängen bleiben. Was den Fluss herabkommt landet in der Falle. Wird deine Kanalisierung andersherum gesetzt, bringt es dir Fische die zu den Laichgründen wollen. Zur Erhöhung deiner Fangquote können die Fische auch in Richtung Falle gescheucht werden. Nennen wir diese Fallenart einfach Trichterfalle.

Die Umsetzung dieser Kanalisierung kann auf jede Falle und jedes Tier angepasst werden. Für Insekten wäre es ein abgeschlagener Flaschenkopf umgedreht in einem dem Flaschendurchmesser angepasstem Topf, genannt auch Flaschenreuse, mit Aas als Köder. Alternativ könnte auch eine Stellleine mit mehreren Haken oder ein Schleppnetz Verwendung finden. Das Netz wird einfach im flachen Wasser durch eine Person oder eine Halterung fixiert während der Fischer mit dem anderen Ende ins Wasser steigt und sich vom Ufer entfernt bis das Maximum des Netzes erreicht

84

ist. Nun schlägt er einen Bogen und kehrt zum Ufer zurück. Die Fische zwischen Netz und Ufer können einfach mit dem Netz eingezogen werden. Eine andere Variante ist ein Krabbenaufzug. Ein geflochtenes Weidengerüst wird mit einer Schnur versehen. In die Mitte des Gerüstes legt man einen Köder und ein Gewicht. Auf den Meeresgrund abgelassen können angelockt Krebse ohne Probleme einfach hochgezogen werden.

In Gezeitenbereichen kannst du dir auch die verschiedenen Wasserstände nutzbar machen. Bei Ebbe wird ein Teil einer Bucht mittels eines kleinen Dammes einfach abgesperrt. Bei Flut steigt das Wasser über die Dammbegrenzung. Fällt es wieder steht es auf der anderen Seite des Dammes, und vielleicht haben sich einige Fische durch das Setzen des Wassers in unserer künstlichen Bucht gefangen.

Ameisen und Termiten können geangelt werden. Ein frischer Ast, an welchem die Rinde abgezogen ist, dient als „Angel". Man bohrt einfach im Bau des Tieres herum bis sie sich am vermeintlichen Angreifer festbeißen und streift sie daraufhin ab. Für Motten und alle fliegenden Insekten, die durch Licht angezogen werden, kann nachts ein helles Stück Stoff aufgespannt werden. Von Hinten beleuchtet prallen anfliegende Insekten gegen den Stoff und fallen in das unter dem Stoff bereitgestellte mit Wasser gefüllte Gefäß.

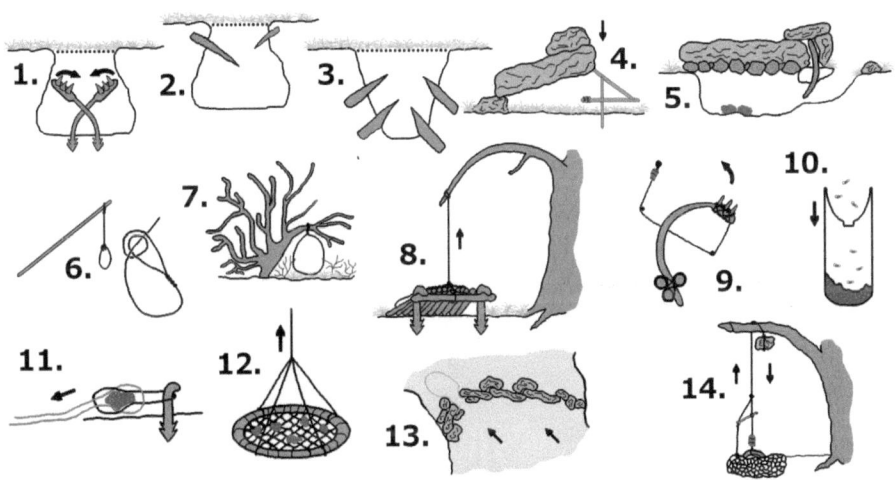

1. Springfallgrube / 2. Fallgrube fangend / 3. Fallgrube spiessend / 4. Schlagfalle / 5. Erdloch fangend / 6. Fischschlinge - Ösenaufbau / 7. Schlinge / 8. Plattform - Springfalle / 9. Dolch - Stossfalle / 10. Insektenfalle / 11. Zugschnur / 12. Krabbenfalle mit aufstellendem Seitennetz / 13. kanalisiertes Ballennetz / 14. Schlag - Netzfalle

Somit können Fallen unterteilt werden in fangen und halten sowie fangen und töten. Doch wie soll die Falle ausgelöst werden? Der Fantasie sind natürlich keine Grenzen gesetzt, jedoch muss der Auslöser zum Tier und der Falle passen. Im Nachfolgenden widmen wir uns der meist genutzten Auslöseart, der Hebel- Auslösung und einigen exotischeren Möglichkeiten, welche meist nicht soviel Beachtung finden.

Hebel Auslöser
Alle Auslösearten werden verkantet, lösen somit eine Reaktionskette aus wenn sie aus der Fixierung gerissen werden. Hierzu zählt beispielsweise der Vierer Auslöser. Bei dieser Variante werden mehrere Bestandteile, der Stützarm, auf welchem das Gewicht lagert, der Auslösearm, welcher leicht aus der Lage zu bringen sein muss und der Köderarm benötigt. Zusammengesetzt beschreibt er eine Vier. Eine weitere Umsetzung für kleinere Vögel, wäre das X. Dies besteht aus vier stabilen Ästen welche am unteren Ende zusammengebunden und im Boden fixiert werden. Die oberen Enden werden mit vier kleinen Holzstücken zwischen denen der Köder liegt auseinander gespannt und mit Widerhaken versehen.

Exotische Auslöser
Eine einfache Möglichkeit wäre die sogenannte Fraßschnur. Hierbei verläuft eine gespannte Auslöseschnur um einen Köder oder die Schnur wird einfach mit einem Lockstoff versehen. Durch zerbeißen der Schnur kommt es zur Auslösung. Oder setze deinen Aufziehknoten ein.

Natürlich sind auch Kombinationen verschiedener Auslöser und Fallenarten möglich. Bedenke jedoch:

Nur das Einfachste funktioniert!

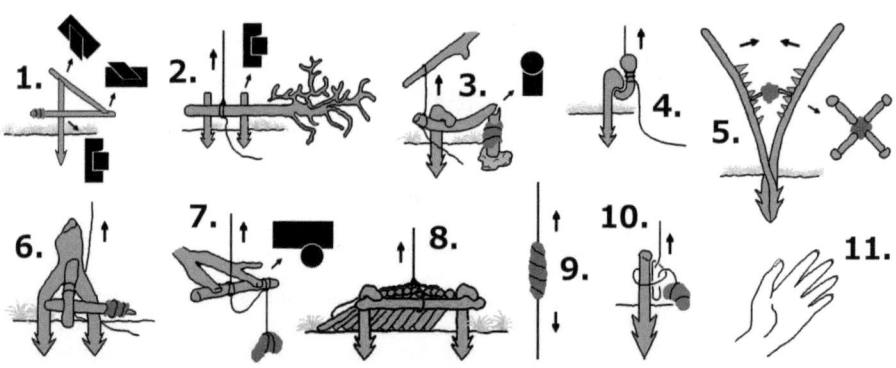

Hebel Auslöser: 1. Die Vier / 2. u.3. Auslöseast / 4. L - Haken / 5. X - Astvierer / 6. u. 7. V Blockierung / 8. Plattformauslösung
Exotische Auslöser: 9. Fraßschnur / 10. Aufziehknoten / 11. Ideale Spezialauslösung

86

Spuren & Fährten

Tiere, Menschen und alles was sich bewegt oder bewegt wird hinterlässt Spuren. Deren Auswertung kann speziell für die Nahrungs- Wasser- Vermisstensuche oder vielleicht sogar auf der Flucht Vorteile bringen. Durch sie können unter anderem Rückschlüsse auf Größe, Gewicht, Alter, Geschlecht und Herkunft aber auch Bewegungsrichtung des Spurenlegers, beziehungsweise der Spur gezogen werden. Sie unterscheiden sich jedoch in Art, Konsistenz, Farbe, Größe, Jahreszeit, Geruch, Form und auch Ort voneinander.

Tierische Spuren:
Fährten, Suhlen, Lager- Reib- Liege- Kratz- Scharr- Blut- Grab- Nage- Freßspuren (Nahrungs- Beutereste), Haare, Federn, Ausscheidungen, Gewölle (Speiballen), Geräusche sowie Baue und Nester, ...

Menschliche Spuren:
Fingerabdrücke, Fuß- Fahr- Essens- Blut- Arbeits- (Grab, Schnitt, Schlag) sowie Transferspuren (Material aus anderen Gegenden), Ausscheidungen, entsorgtes Material (Abfall), ...

Wir suchen nicht nach Spuren, sondern nach Veränderungen!

Dies bedeutet, dass auch niedergetretene Vegetation, abgebrochene Zweige, feuchte Trittstellen, fehlende Blätter und umgedrehte Steine deren feuchte Seite nach oben zeigt interessant sein können. Somit ergänzen sich die Informationen in den Abhandlungen über tierische und menschliche Spuren. Der Erfolg deiner Suche ist jedoch maßgeblich durch die Qualität der Veränderung bestimmt. Diese hängt von der Beschaffenheit des Spuren - Trägers, dem Alter der Veränderung und der Witterung ab.

Betrachtet eine Spur immer gegen das Licht um jede Kleinigkeit zu erkennen!

Durch deine korrekte Spurenauswertung können sogar Rückschlüsse auf das Verhalten, die Tätigkeit und die Absicht des Legers gezogen werden, welche es uns erlauben unser eigenes Vorgehen darauf abzustimmen. Bei der Verfolgung einer Fährte oder der Suche nach Veränderungen sollte jedoch nicht nur der direkte Bodenabschnitt sondern auch die nähere Umgebung, dies beinhaltet somit auch größere Vegetation wie Bäume und Sträucher, Beachtung finden. Denn Spuren gibt es nicht nur auf dem Boden!

Im Folgenden Sprechen wir von:

- Trittsiegel   Einem einzelnen Fußabdruck.
- Trittbild   Einem Abdruck aller Füße.
- Fährte   Einer Anzahl zusammengehörender Trittbilder.
- Spuren   Alles außer Trittsiegel.

Tierische Spuren

Die Fährte eines Tieres kann je nach ihrer „Entstehung" unterteilt werden in: Geschnürt (1), alle Abdrücke liegen mehr oder weniger direkt auf einer Linie hintereinander oder Geschränkt (2) mit Abständen zwischen linkem und rechtem Trittsiegel.

1. Geschnürt / 2. Geschränkt

Der anatomische Körperbau oder eine entsprechende Situation wie der Flucht, lassen die Trittbilder jedoch unter Umständen wie bei Gazellen oder Hasen mehrere Meter auseinander liegen. Es können aber auch nur Abdrücke von Hinterläufen zu erkennen sein, was auf einen langsamen Gang bei welchem die Hinterläufe direkt in die Abdrücke der Vorderläufe gestellt sind hindeutet.

Frische Spuren und Fährten sind erkennbar an glatten deutlichen Abdrücken, bei denen die Oberkante nicht abgebröckelt ist. Die Witterung und die natürlichen Abläufe, wie das wieder Aufrichten heruntergedrückter Vegetation, welches in der Regel innerhalb einer Nacht geschieht, verschleiern deine Spuren. Aber nicht nur die Eindrücke der Läufe, deren Tiefe, Form, Länge, Breite, Abstand und Beschaffenheit, auch die am Anfang des Kapitels aufgeführten Spuren geben uns Hinweise. Speziell das Gewölle und auch die Losung. Beachte den Geruch, die Wärme, die Farbe, den Inhalt, den Zustand und auch die Feuchtigkeit.

Bär

Er ist von Natur aus sehr neugierig und verfügt über zartes Fleisch. Die Krallenabdrücke haben einen deutlichen Abstand zueinander. Die Losung ist oft schlecht verdaut und variiert in der Farbe je nach Nahrungszusammensetzung.

Eichhörnchen, Dachs, Igel

Sie besitzen alle ein fünfzehiges Trittbild mit deutlich ausgebildeten Krallen. Die Losung des Eichhörnchens ist braun-kugelförmig. Die des Dachses ist grau-bläulich und besitzt eine Walzenform. Die des Igels ist walzenförmig und blau-schwarz. Die Spur des Dachses ist seitlich geschränkt, die des Igels geschränkt jedoch parallel zueinander.

Fuchs
Die Spur des Fuchses ist mit der des Hundes vergleichbar. Sie ist nur etwas kleiner und mit sich abzeichnenden Krallen. Seine Losung ist grau, wurstförmig und spitz.

Marder, Wiesel, Hermelin, Iltis
Ihr Trittsiegel ist kleiner als das des Fuchses. Die Losung von Marder, Wiesel und Hermelin ist gelb-schwarz und würstchenförmig, mit in frischem Zustand scharfem Geruch. Die Losung des Iltis ist schwarz, spiralig gedreht und stinkend-schmierig.

Kuh, Ziege, Schaf, Schwein
Sie zählen zu den Paarhufern, welche an jedem Lauf zwei Hufe und zwei kleine, spitze, leicht höher stehende Afterklauen besitzen. Diese sind jedoch nicht immer im Trittsiegel erkennbar. Die Fährten von Schaf und Ziege sehen sich ähnlich, das Schaf tritt jedoch normalerweise nur in Herden auf.

Hoch- Schwarz- Rehwild
Sie zählen ebenso zu den Paarhufern. Die Afterklauen sind im Trittsiegel jedoch nur beim Schwarzwild sichtbar. Das Reh besitzt das kleinste Trittsiegel. Oval, mit einer Länge von 20-30 Millimetern. Flüchtend spreizt es die sich fast berührenden Zehen und kann somit Sprünge bis zu vier Metern vollbringen. Die dunkelbraune, eichelförmige Losung ist oft in kleinen Haufen zu finden. Das Dammwild besitzt mit 90 Millimetern erheblich größer Abdrücke. Sie springen bis zu 7 Metern weit, ihre Losung ist nur durch ihre Größe von der des Rehes zu unterscheiden und in der Paarungszeit nimmt sie eine Fladenform an.

Hase
Bei Hasen liegen die Trittsiegel oft in einer Reihe und bei der Flucht sind Abstände bis zu mehreren Metern zwischen einzelnen Trittbildern vorhanden. Sie schlagen Haken und besitzen eine abgeflachte, braun-gelbliche Losung.

Hund
Er verfügt über ein breites, großes, klassisches Trittbild mit einem Ballen und vier Zehen. Seine Losung ist grau, wurstförmig und endet in einer Spitze.

Pferd
Der Einhufer schlechthin, welcher uns durch den eventuell vorhandenen Beschlag auch weitere Spuren zur Auswertung liefert. Im Schritt oder Trab stehen zwei Hufe dicht beieinander aber im Galopp befinden sich die Trittsiegel hintereinander.

Vögel
Sie besitzen dreizehige Abdrücke, eventuell mit Afterdorn. Zusätzlich erkennbare Schwimmhäute sind Hinweise auf Enten, Gänse oder Schwäne.

Die größeren Abdrücke des gleichen Tieres sind immer die Hinterläufe!

Trittsiegel: 1. Marder / 2. Bär / 3. Puma / 4. Dachs / 5. Eichhörnchen / 6. Hase / 7. Fuchs / 8. Gemse / 9. Igel / 10. Rind / 11. Hund / 12. Wolf / 13. Biber / 14. Rotwild / 15. Steinbock / 16. Maus / 17. Wildschwein / 18. Truthahn / 19. Strandvogel / 20. Gans - Ente
Spuren: 1. Fuchs - Kot / 2. Hase - Kot / 3. Igel - Kot / 4. Wildschwein - Kot / 5. Maus - Kot / 6. Rotwild - Kot / 7. Eichhörnchen - Frass / 8. Maus - Frass / 9. Biber - Frass

Menschliche Spuren

Allein schon durch die Schuhe gibt es vielfache Möglichkeiten der Auswertung. Sei es die Form, die Länge - Breite der Schuhe, die Verarbeitung der Sohle, das Profil sowie charakteristische Merkmale wie Ausbesserungen und Schäden. Ebenso die Schrittlänge -breite, der Schrittwinkel und die Gangrichtung. Anhand der Größe und Form können wir sogar grob unterscheiden, welchem Geschlecht die Person angehört, die ungefähre

90

Größe schätzen (Schuhlänge mal sechs) und die Bewegungsrichtung feststellen. Die Gangart, die Schrittspanne und die Abdrucktiefe geben uns weitere Aufschlüsse. So sind unterschiedlich tiefe Abdrücke und eine kurze Schrittspanne, Schleifspuren sowie unscharfe frische Abdrücke auf Ermüdung des Trägers, Verletzung oder schwere Last zurückzuführen. Ist die Schrittspanne jedoch länger als normal kann von einer schnellen Gangart und Lauf ausgegangen werden und je tiefer die Spur eingedrückt ist, desto schwerer ist das Gewicht des Legers oder die Ausrüstung die dieser trägt.

	Frau	Mann	Kind
Schrittlänge	40-50 cm	50-60 cm	Je nach Alter -40 cm

cm = Zentimeter

Gangcharakteristika lassen sich an der Fußzonenbelastung und dem Trittbild erkennen. Ist der Außenspann, der Ballen oder die Ferse belastet? Es spielen viele Faktoren mit ein, die sich untereinander vermischen und plötzlich ein ganz anderes Bild ergeben, die es sogar zulassen Fußspuren voneinander zu unterscheiden. Zusätzliche Spurmerkmale können unter anderem Hinweise auf die Nationalität sowie Essgewohnheiten geben. Fahrzeugspuren wie die des KFZ, Zweirad, Trike, Motorschlitten, Panzer, Schlitten, ... sind ähnlich auszuwerten. Art, Herkunft, das Gewicht, Anzahl, Leistung und sogar die Fahrtrichtung kann anhand hinterlassener Schmutzauswürfe erkannt werden.

1. Profilbeispiele KFZ / 2. Profilbeispiel Mountainbike / 3. Profilbeispiel Motorrad / 4. Profilbeispiel Kettenfahrzeug / 5. Profilbeispiel Skidoo

Tarnbehelfe
Tarnen und Täuschen kann nicht nur im militärischen sondern auch im zivilen Bereich erforderlich sein, um den Störfaktor zu verdecken. Hierbei passen wir Gegenstände oder uns selbst der Umgebung an um unerkannt zu bleiben. Formen und Konturen müssen verwischt, Farben angepasst, Gerüche verdeckt, Reflektierendes abgedeckt, Bewegung sowie Geräusche und Spuren vermieden werden. Wir unterscheiden deshalb in Sicht-Geräusch- sowie Geruchstarnung bei Mensch und/oder Material. Die Bodenformen, der Bewuchs, der Schattenwurf und die Bodenlinien können als natürliche Tarnung genutzt werden. Weiterhin sind die Dunkelheit, die schlechte Witterung und auch der Nebel unsere Freunde. Diese können durch Tarnhilfsmittel unterstützt werden. Jedoch sollte die Beweglichkeit und der eventuelle Einsatz einer Waffe durch die Tarnung niemals behindert werden!
Felle oder Tierkadaver sowie ein entsprechendes Verhalten wäre eine Möglichkeit sich auf der Jagd als Artgenosse auszugeben. Werden Pflanzen zur Tarnung eingesetzt ist

darauf zu achten, dass eine andere Umgebung auch andere Pflanzen aufweist und deine Tarnung auch nicht ewig frisch aussehen wird. Passe deine Tarnung an und erneuere.

Bedenke, es gibt auch Pflanzen mit Kontaktgiften!

Sichttarnung

Sichttarnung bedeutet den Umriss eines Objektes so zu verschleiern, dass es zumindest nicht auf den ersten Blick erkennbar ist. In diese Kategorie fällt auch das Vermeiden von Lichtreflektionen sowie das Abtarnen des Gesichts. Hierfür stehen dir zerdrückte Pflanzen, Ton, Blut, Schlamm, Holzkohle oder Ruß aber auch verflochtene Netzhemden wie das folgend angesprochene Gylliesuite zur Verfügung.

Blendgitter
Hierbei wird ein Astgitter miteinander verbunden und mit Bewuchs verflochten.

Gylliesuite
Ein schulterbreites Netz wird entsprechend der doppelten Körpergröße geknüpft. In entsprechender Höhe wird mittig ein Loch für den Kopf eingefügt und das Netz mit Bewuchs verflochten. Genutzt wie ein Poncho wird es auf Höhe der Hüfte nah am Körper fixiert während für den Kopf ein kleineres Netz zum Einsatz kommt.

Tarndeckel
Mit ihm kann ein Loch oder eine Bodensenke abgedeckt werden. Hierzu werden im entsprechenden Durchmesser Äste gebogen und miteinander in einer aufsteigenden Kreisform fixiert sowie "verflochten". In ähnlicher Weise kann der ganze Körper mit einer „Badewannenform" getarnt werden.

Tarngirlande
Eine Schnur wird in unregelmäßigen Abständen mit Bewuchs versehen und diese Girlande einfach um den Körper gewunden.

Geräuschtarnung

Ein Geräusch zu vermeiden kann manchmal ebenso nützlich sein wie ein bestimmtes Geräusch hervorzurufen. Diese Möglichkeit reicht somit vom Abkleben oder Befestigen klappernder Ausrüstung, über das ruhige Atmen bis zum bewusst langsamen Aufsetzen des Fußes. Hierzu zählt auch das Verdecken von Geräuschen durch Erzeugen von in der Umgebung gewöhnlichen Geräuschen.

Dämpfschuh
Mit diesem Gebilde kann eine Schuhspur verschleiert und Geräusche des Schrittes abgedämpft werden. Es werden zwei bis drei Grasmatten mit Schnur hergestellt, welche über die ganze Trittfläche der Schuhbekleidung gebunden wird.

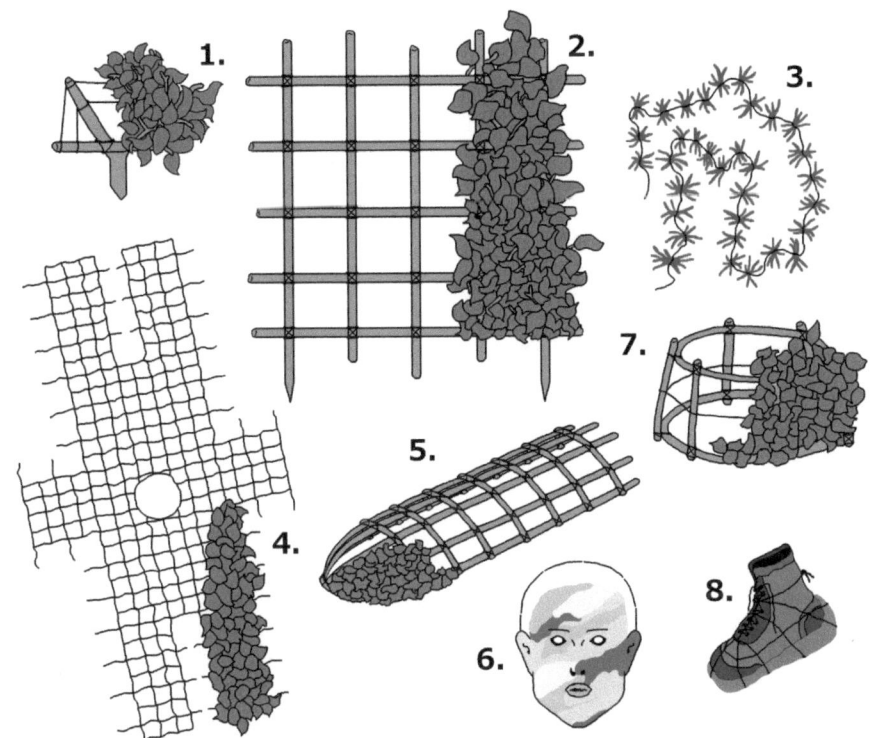

1. Tarnschild / 2. Blendgitter / 3. Tarngirlande / 4. Gylliesuite / 5. Tarnröhre / 6. Gesichtstarnung /
7. Tarndeckel / 8. Dämpfschuh

Um erfolgreich zu sein musst du zum Tier werden!

Nahrungsvorbereitung

Die Nahrungsvorbereitung von tierischen Grundlagen ist gegenüber pflanzlicher immer
aufwendiger, da diese als mögliche Träger - Überträger von Krankheiten zu betrachten
sind. Im Speziellen die Fleischfresser durch die Verwurmung. Trichinöses Fleisch darf
nur gut durchgebraten genossen werden, da hier die höchsten Temperaturen entstehen,
welche die Würmer erfolgreich abtöten. Auf die Innereien sollte verzichtet werden, da
die Würmer sich dort im ersten Stadium breit machen. Achte deshalb immer auf den
Zustand des Tieres. Ein kränkliches Aussehen, Geschwüre, Verfärbungen, geschwollene
Lymphknoten, Verformungen, Verschleimungen sowie eingesunkene Augen. Sie sind
ein Hinweise auf Infektionen und ältere "Ware".
Geht lieber auf Nummer sicher und verwendet nur frisches zum Verzehr. Lass dich auch
nicht von Einheimischen dazu überreden, denn diese sind in den meisten Fällen viel
widerstandsfähiger gegen dort vorkommende Krankheiten. Ältere oder verkeimte Ware

93

kann jedoch immer noch als Köder Verwendung finden. Zum Schutz sollte auch, bei jedem Kontakt mit Frischfleisch, eigene Verletzungen an den Händen gut geschützt werden, damit beidseits nichts übertragen werden kann.

**Je heißer das Klima, desto schneller muss Fleisch,
speziell Meerestiere, verwertet werden!
Je kälter das Tier, desto schwerer lässt es sich verarbeiten!**

Amphibien

Als Amphibien gelten alle Landwirbeltiere welche sich nur im Wasser fortpflanzen können. Während Frösche gehäutet werden um die Hinterbeine zu verwenden, besitzen Kröten einen toxischen Schleim und die Haut der Salamander ist giftig.

Fisch

Es gibt ungefähr 25 000 verschiedene Fischarten. Viele davon sind essbar, besitzt ein Fisch jedoch nackte Haut, schwillt ballonartig an, besitzt einen knochenartigen Überzug oder ist mit Borsten - Stacheln versehen, ist die Gefahr recht hoch eine giftige Art erwischt zu haben. Diese Fische sollten nicht verwandt werden, denn auch das Kochen, Braten oder Einfrieren zerlegt die Giftkette nicht. Gleichzeitig sind die Innereien eines jeden Fisches wegen der Wurmgefahr tabu. Er gilt jedoch als wichtigste Quelle für Meeresprotein und sollte sofort nach dem Fang zubereitet werden. Dies bedeutet waschen, eventuell schuppen und ausnehmen.

Das Schuppen der Fische kann man sich jedoch ersparen wenn der Fisch in Lehm gebacken wird, denn diese bleiben an demselben kleben. Ansonsten kann er von der Heckflosse zum Kopf, gegen den Schuppenstrich, einfach „abgeraspelt" werden. Zum Ausnehmen wird er vom After bis zum Kieferansatz vorsichtig geöffnet, die Eingeweide, grosse Blutgefässe sowie die Kiemen herausgenommen, die gräuliche Haut am Rückgrat entfernt und das Innere gut ausgewaschen.

Kleinere Fische bis fünf Zentimeter können ungeköpft sowie unausgenommen in heißem Öl frittiert werden. Größere können auch gegrillt oder gekocht werden. Wird der Fisch geräuchert sollte er unmittelbar nach dem Fang ausgenommen und direkt nach dem Ansatz der Schwanzflosse ein kleines Loch angebracht werden. Hierdurch kann beim Räuchern sich ansammelndes Fett ablaufen. Ein Einlegen in Salzlake über Nacht aber auch ein Einreiben mit Salz und trocknen lassen über 3 Stunden würde den Erfolg verstärken. Daraufhin wird der Fisch über der Flamme angegart bis sich die Bauchlappen abspreizen, bevor sie im Rauch für einige Stunden gelagert werden. Vergesst vor dem Räuchern jedoch nicht, dass Salz mit einem Tuch zu entfernen.

Sollen nur die Filets geräuchert werden wird der Kopf, der Schwanz und auch die Flossen abgeschnitten sowie die Gräten mitsamt dem Rückgrat aus dem geöffneten Fisch entfernt. Jede Fleischseite für sich kann dann mit einem Messer von der Haut getrennt werden. Hierzu wird die Haut gegriffen und das Messer zwischen Haut und Fleisch mit Sägebewegungen geführt bevor es an das Salzen geht.

- Aal
Der Aal besitzt ein extrem fettreiches Fleisch und wird zum Häuten am besten fixiert, indem ihm ein Stock durch die Kiemen gesteckt wird. Daraufhin wird unterhalb des Kopfes rundum eingeschnitten und die Haut einfach abgezogen. Kopf und Schwanz werden entfernt und auf dem Rückgrat des Fisches der Länge nach ein Schnitt durch den Fisch geführt, um dieses zu entfernen.

- Piranhas
Sie sollten mehrere male kreuzförmig eingeschnitten werden. Hierdurch werden die vielen Gräten zerschnitten, die Einem sonst die Mahlzeit versauern.

- Hai
Je jünger der Hai desto verwertbarer ist sein Fleisch. Aber auch bei alten Tieren kann der Ammoniakgeschmack durch wässern reduziert werden.

- Muräne
Ihre dicke Fettschicht verspricht viel Energie. Es ist zwar recht anstrengend ihr die Haut abzuziehen, aber ein weißes, fettes Fleisch welches nur von einer Gräte durchzogen ist, macht die Mühe und Gefahr vielleicht bezahlt.

Geflügel / Vögel
Alle Vogelarten sind willkommene Fleischlieferanten. Enten, Gänse, Möwen aber auch Schneehühner und viele weitere Gruppen, von denen es 10 000 verschiedene Arten gibt. Sie sind alle, inclusive ihrer frischen Eier und der Schale essbar. Es sollten jedoch nie alle Eier dem Nest entnommen werden, da dann der Vogel weiter brütet und dich öfter mit frischen Eiern versorgt.
Wird das Tier nicht im Lehmkloß gebraten, kann das Federkleid gerupft oder über dem Feuer abgesengt werden. Das Rupfen ist jedoch ziemlich zeitaufwendig, kann jedoch durch Abbrühen des Vogels erleichtert werden. Zum Ausnehmen schneidet man bei größeren Tieren vom After bis zum Brustbein und löst mit den Fingern die Eingeweide inklusive Kropf und Gurgel heraus. Im Weiteren wird das Tier von innen ausgewaschen. Bei kleineren Tieren und auch Vögeln können die Innereien wie bei den Langusten entfernt werden.

Insekten
Die Ekelbarriere wird am einfachsten überbrückt indem alles gesammelte vermengt und zerstampft als Insektenburger gebraten wird.

- Ameisen
Das Ameisengift sollte durch Kochen neutralisiert werden, ansonsten gibt es ein

pelziges Gefühl auf der Zunge.

- Termiten / Käfer / Larven / Maden
Sie bieten viel Eiweiß und Fett, bei eigentlich neutralem Geschmack.

- Heuschrecken / Grillen / Grashüpfer
Sie besitzen frittiert einen Hühnchengeschmack. Werden sie roh verzehrt sollte
der schwer verdauliche Panzer wieder ausgespuckt werden.

- Bienen
Sie sind alle essbar. Stachel und Giftsack sollte jedoch vorher entfernt werden.

Reptilien
Reptilien werden im Allgemeinen ausgenommen und am einfachsten mit der Haut
auf die Glut gelegt. Diese wird aufplatzen und kann einfach abgezogen werden.
Das Fleisch sollte jedoch zur Sicherheit noch gekocht werden.

- Schlangen
Mit Ausnahme der Seeschlangen sind alle Schlangen essbar. Dem Tier wird
nach dem Töten die Haut abgezogen, der Bauch eröffnet und die Eingeweide
entfernt. Ihr Geschmack erinnert an Kalbslende.

- Schildkröten
Es gibt gut 220 verschiedene Arten Schildkröten auf der Welt. Das Töten und
verwerten des Tieres ist jedoch eine sehr zeitraubende Arbeit. Das schnellste
dürfte wohl auch der Wurf in kochendes Wasser sein. Nach längerem Sieden löst
sich der Panzer und das Fleisch kann zerschnitten werden.

Schalen / Krustentiere
Alle Meeresfrüchte wie Krabben, Hummer, Garnelen, Krebse, Seesterne, Seeigel
und Shrimps sind gewöhnlich essbar, verderben jedoch schnell. Sie sollten zur
Keimabtötung mindestens fünf Minuten gekocht werden.

- Garnelen
Drehe den Schwanzansatz jeweils zur Hälfte einmal links und einmal rechts
herum, um die Gedärme mit dem Schwanz herausziehen zu können. Säubere das
Tier und koche es in Salzwasser.

- Krabben
Nach dem Abkochen werden die fleischhaltigen Beine und die großen Scheren
abgedreht. Danach wird der Panzer eröffnet und der Magen sowie alle grünen
Bestandteile inclusive der Kiemen entfernt bevor das Fleisch ausgeschabt wird.

- Krebse
Die mittlere Schuppe am Schwanz sollte vor der Verwendung herausgerissen werden, um damit den Darm zu entfernen.

- Langusten
Mit so einem Tier besitzt man fast reines Eiweiß. Zum Entfernen der Eingeweide führt man dem getöteten Tier einen seiner abgebrochenen Fühler in den Darm ein, dreht diesen und zieht ihn wieder heraus. In Salzwasser gekocht, bis es eine lebhafte Rote Farbe annimmt, sind sämtliche Fleischteile verwertbar.

Schmetterlinge / Motten / Raupen
Zu bevorzugen sind die Raupen, sie geben bei gleicher Menge mehr Nährstoffe ab. Haarige Arten sollten jedoch aufgrund ihrer Giftigkeit nicht verwandt werden.

Weichtiere
Im Meer, auf dem Festland, aber auch im Süßwasser vertreten, verfügen sie über eine dünne, weiche Haut, welche bei einigen Arten mit Schalen geschützt ist.

- Muscheln
Als wertvolle Protein- Mineralstoffquelle, sollten sie vor dem Verwerten einige Stunden in klarem Wasser gehalten oder zweimalig abgekocht werden. Sind sie schon vor dem Kochen offen, oder öffnen sich währenddessen nicht, sind sie zu anderweitigem Gebrauch auszumustern.

- Schnecken
Sie ernähren sich von Pflanzen, Weichtieren aber auch Aas. Deshalb sollten sie nur frisch und nach einer 24 Stunden Diät, mit grünen Blättern, genutzt werden. Danach können sie ausgenommen, gekocht oder gedämpft zubereitet werden. Schnecken mit leuchtend farbigem Gehäuse und auch alle Wasserschnecken sind jedoch als giftig zu betrachten.

- Tintenfisch
Einfach den Kragen rumdrehen, den Eingeweidesack umstülpen sowie die Fress-Verdauungsorgane entfernen. Daraufhin die oberste Hautschicht abziehen und das weiße Fleisch zubereiten.

- Würmer
Vor dem Verzehr sollten sie der Länge nach ausgestriffen oder einfach ein paar Minuten in Wasser gelegt werden, damit sie sich selbst reinigen. Sie schmecken leicht nach rohen Kartoffeln. Gekocht, geröstet oder im Fett frittiert, können sie auch zu Pulver zermahlen eine schmackhafte Beigabe oder Frikadelle darstellen. Haarige Arten sind jedoch, wie bei den Raupen, tabu.

<u>Säugetiere</u>
Pflanzenfressende Säugetiere können Problemlos verwandt werden.

- Wild

Nach dem Töten des Wildes wird dessen Kehle aufgeschnitten um es ausbluten zu lassen. Am besten hängt man es dazu vorher mit gespreizten Hinterläufen an einen Baum. Das Vitamin- Mineralstoffreiche Blut kann zu weiterem Gebrauch, vergesst aber das Abkochen nicht, aufgefangen werden. Daraufhin werden die Hinterläufe bis auf das Fleisch umschnitten, und zum After Verbindungsschnitte gesetzt. Im Folgenden wird der Anus umschnitten und die Außenhaut bis zur Kehle eröffnet. Durch Fassen der Felllappen an den Hinterläufen kann diese bis zum Kopf abgezogen und mit diesem und den Läufen abgeschnitten werden. Im Folgenden wird der Beckenknochen eröffnet, der Anus herausgeschnitten sowie durch Aufschneiden der Bauchhöhle und durchschneiden der Luft-Speiseröhre, die Innereien entfernt. Bei größeren Tieren kann es notwendig sein, diese auf dem Boden zu verarbeiten. Ein Beil, eine Säge oder sogar ein Flaschenzug zum Spreizen der Läufe wären hilfreich.

Fett besitzt einen hohen Nährwert und kann, wie Blut und Knochenmark, als Suppenzusatz genutzt werden. Soll das Fell weiterverarbeitet werden, muss beim Abziehen mehr Zeit und Sorgfalt investiert werden, denn je weniger Gewebe am Fell hängenbleibt, desto einfacher ist die Weiterverarbeitung.

Um aus einem Fell einen Beutel zu bekommen wendet man, speziell bei kleinen Tieren, zum Abziehen die Jacke - Hose Methode an. Bei dieser Methode wird, je nach Höhe des Beutels, das Tier am Oberkörper so umschnitten, dass das Fell in eine Richtung in einer langen Röhre abgezogen werden kann. Daraufhin wird das nun schon gewendete Fell mit Gras oder Ähnlichem prall ausgestopft und getrocknet. Zur Weiterbehandlung des Felles siehe unter Improvisation.

- Hasen

Hasenfleisch enthält leider keine für den Menschen lebenswichtigen Fette oder Mineralien. Zum Verdauen greift der Körper deshalb auf eigene Reserve zurück. Werden diese nicht wieder aufgefüllt reagiert der Körper bei hohem Verzehr von Hasenfleisch mit Leistungseinschränkungen.

- Igel

In Lehm eingepackt und auf der Glut gebacken bleiben die Stacheln im sich verhärtenden Lehm stecken.

- Ratten / Mäuse

Ihnen werden zuerst die Haare abgesengt, um sie dann auf der Glut zu backen. Danach zieht man die Haut ab und, Guten Appetit. Von den Eingeweiden sollte man jedoch absehen.

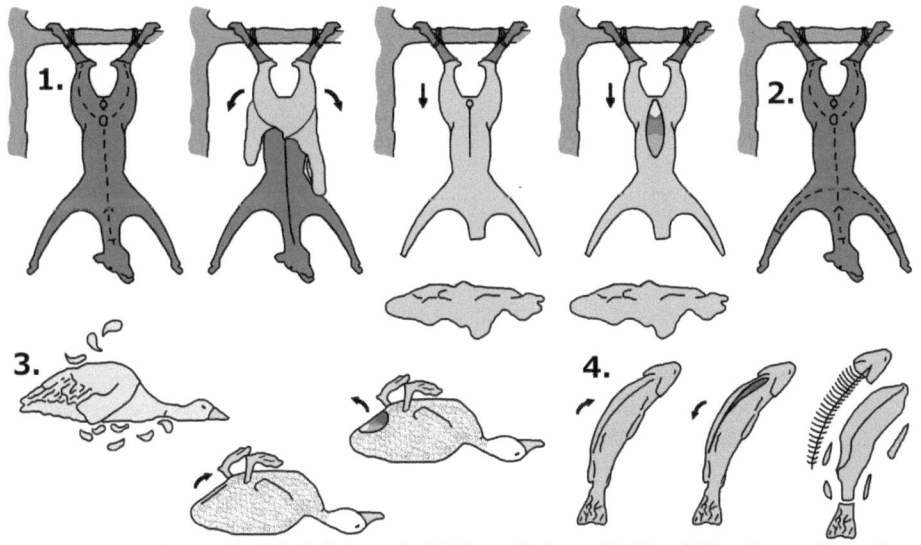

1. Wild ausnehmen / 2. Schnittführung bei Fellverarbeitung / 3. Vogel (Gans) ausnehmen / 4. Fisch ausnehmen

Nutze was du hast, versuche alles zu verwerten - Ehre das Tier!

Du hast viel Einsatz gebracht um die Beute zu erlangen, nun nutze sie auch komplett. Blut ist reich an Mineralstoffen, Fett enthält sehr viel Kalorien, Zunge kommt mit in das Stew. Das Gehirn lässt sich sehr gut zum Gerben verwenden, die Luftröhre ist ein gutes Hilfsmittel, die gewaschenen Därme ergeben Wursthäute und gedreht wie die Sehnen Bindematerial. Knochen sind reich an Kalzium und können zerstoßen mit in die Suppe und ebenso wie Geweih zu Gebrauchsmaterialien verarbeitet werden. Hufen ergeben, zerstoßen und eingekocht, einen Kleber und die Haut gegerbt Kleidung oder, wie auch einige Organe, Behälter. Siehe hierzu im Kapitel Improvisation.

Nahrungszubereitung
Durch entsprechende Verarbeitung unserer Nahrung wird diese für den Körper leichter verdaulich. Hierbei werden Fasern und Stärke aufgespalten aber auch Mikroorganismen sowie Parasiten zerstört und manchmal wird es sogar schmackhafter. Leider können auch viele Inhaltsstoffe dadurch terminiert, beziehungsweise ausgeschwemmt werden. Bevor wir jedoch den "Herd" anwerfen, sollten schlechte beziehungsweise schlecht gewordene Nahrungsmittel aussortiert werden. Dann kann das Kochen, Braten, Garen, Rösten oder auch Räuchern beginnen. Die Glut ist dabei der offenen Flamme immer vorzuziehen, da sie die Wärme gleichmäßiger abgibt. Denn gerade Fleisch sollte immer gut durchgegart sein! Beachte immer den Grundsatz:

"Cook it, boil it, peel it, or forget it"!

Die einfachste Zubereitungsart ist immer noch das Grillen. Es werden dadurch jedoch nie hundertprozentig alle Keime abgetötet. Gleichzeitig wird eine Vielzahl der Nähr-Wirkstoffe verloren gehen und die Belastung für den Magen ist höher. Die effektivste Zubereitungsart ist immer noch das Kochen, es führt uns leicht verdauliche Nahrung und eine Extra Portion Wasser zu. Schlussendlich kann das Kochwasser noch weiter verwandt werden, wenn es nicht um dass Ausschwemmen von Bitterstoffen ging.

Kochen

Am leichtesten hat man es natürlich wenn einem ein Topf zur Verfügung steht. Siehe hierzu auch im Kapitel Improvisation. Dieser kann an einem Dreibein oder einem Grillspieß über das Feuer gehängt oder auf zwei grünen Stämmen ins Feuer gestellt werden. Ein Pendel würde es sogar erlauben unseren Topf in verschiedenen Höhen über dem Feuer zu positionieren und ihn auch vom Feuer wegzuschwenken. Hierzu kann neben dem Feuer eine stabile Astgabel in den Boden gerammt werden, über welche ein weiterer Ast liegt, der an einem Ende den Topf über dem Feuer hält und am anderen mittels einer Schnur oder eines weiteren Astes befestigt ist.

Andererseits kann auch eine Kochmulde genutzt werden. Diese besteht aus einer mit wasserdichtem Material ausgekleideten Grube. Der Boden der Grube wird mit einer Schicht sauberem Kies oder Rinde bedeckt und die Grube mit Wasser gefüllt. Daraufhin werden Steine im Feuer erhitzt und in das Wasser gegeben, bis es kocht. Bei dieser Variante muss jedoch eine schwärzliche Verfärbung des Wassers durch Kohlepartikel an den Steinen in Kauf genommen werden. Bei der Auswahl der Steine ist aber Vorsicht geboten. Ist in diesen selbst Wasser eingeschlossen, können sie beim Erhitzen platzen und Verletzungen herbeiführen.

Backen / Schmoren

Um improvisiert zu backen oder zu schmoren, bieten sich eingefettete und erhitzte Steinplatten, auf denen das Backgut gelagert und gewendet wird, an. Man kann aber auch an einem Spieß über der Glut backen oder man behilft sich mittels eines improvisierten Erdofens wie unter Garen beschrieben. Als einfachere Variante kann eine mit Blättern ausgelegte kleine, flache Grube genutzt werden, in welcher das Gargut bedeckt von Pflanzen, Sand und Erde durch ein direkt oberhalb angelegtes Feuer gedämpft wird. Ebenso kann auch ein Teigklumpen geformt und mit einem heißen Stein gefüllt werden. Danach schließt man die Kugel und backt auf heißen Steinen am Feuerrand bei mehrmaligem drehen.

Garen im eigenen Saft

Um ein entsprechend zart gegartes Fleisch zu erhalten, kann auch in eigenem Saft zubereitet werden. Hierzu wird das Gargut mit einer 3 Zentimeter dicken Schicht aus Lehm umschlossen, in eine mit Glut gefüllte Grube gelegt und damit auch bedeckt. Sobald die Lehmkruste steinhart ist kann es aus der Glut genommen, die "Lehmhaut" zerschlagen und das Gargut entnommen werden. Bei dieser Methode bleiben Haare und Federn deines Jagderfolges im Lehm hängen. Auf Schuppen, Federn oder Rupfen könnte man somit verzichten.

Man kann sich aber auch sehr gut mit einem Erdofen behelfen. Dazu hebt man eine Grube aus, die ungefähr anderthalbmal so lang und so tief ist, wie das Gargut. Der Boden und die Wände der Grube werden mit Steinen ausgekleidet und ein Feuer darin entfacht. Glut und Asche werden, nachdem die Steine stark erhitzt sind abgetragen und feuchte Blätter oder Gras aufgelegt. Auf dieses "Bett" wird das vorbereitete Gargut gelegt und ebenfalls mit Pflanzen abgedeckt. Ist das Gargut sehr trocken sollte es vorher mit Wasser befeuchtet oder mit Fett bestrichen werden damit es nicht zu sehr austrocknet. Die seitlich stehenden, erhitzten Steine werden obenauf gelegt und die ausgehobene Erde dichtet das Ganze ab.

Braten

Das Braten ist eine der besten Zubereitungsmethoden Fleisch über einen längeren Zeitraum gegen Verwesung zu schützen. Entweder wird direkt an einem frischen, grünen, rindenfreien Stock über dem Feuer gebraten oder man legt frische Äste oder Alufolie über eine Astgabel und nutzt diese als Rost. Bei größeren Tieren sollten auf Höhe der Vorder- Hinterläufe und der Bauchlappen, Querstangen an der Bratstange angebracht werden. Diese haben die Aufgabe die Extremitäten und auch die Bauchlappen auseinanderzuhalten damit die Hitze ungehindert Zugang findet. Über Astgabeln gehängt wird das Gut über der Glut gedreht oder man steckt die Bratstange in den Boden, damit das Bratgut schräg über dem Feuer hängt. Das abtropfende Fett ist jedoch Energie und sollte nicht verloren gehen. Fangt es auf. Zusätzlich sollten natürlich die Stellen an welchen das Fleisch dicker ist auch dementsprechend mehr Hitze erhalten. Indirekt kann auch mittels heißer, flacher Steine die Hitze auf das Gut übertragen werden.

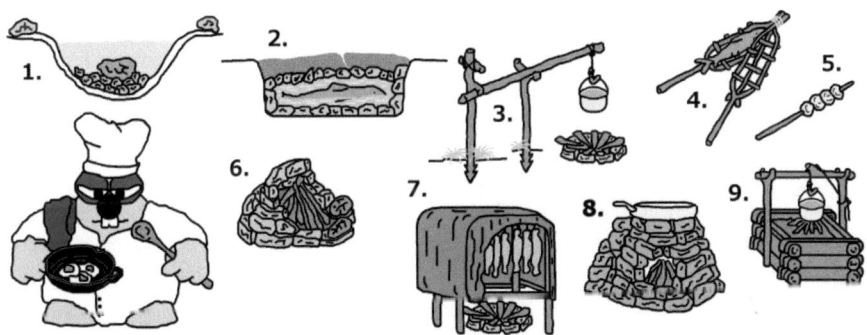

1. Kochgrube / 2. Gargrube / 3. verstellbare Topfhöhe / 4. Fischrost / 5. einfach Kult / 6. Reflektorofen (heisser Stein) / 7. Räucherofen / 8. Steinofen / 9. Blocksandküche

Rösten

Körner und auch Nüsse können in einem Gefäß oder auf heißen Steinen geröstet werden. Hierzu wird auf die Glut eines heruntergebrannten Feuers ein Rost aus grünen Zweigen aufgelegt und das Gut platziert. Wurden im Vorfeld Steine mit erhitzt, können diese an den Seitenrändern und zwischen dem Gut verteilt werden. Ebenso würde ein Abdecken der Grube die Röstzeit positiv beeinflussen.

Nach einem anstrengenden Tag neigt man meist dazu ohne große Vorbereitung essen zu wollen. Dies sollte jedoch nicht zu kalter oder einseitiger Ernährung führen. Sicherlich wird man so auch einige Zeit über die Runden kommen, aber von der anderen Seite her gesehen, kann diese Art der Ernährung auch Mangelerscheinungen nach sich ziehen. Wärme bedeutet zusätzliche Kalorien, also Versucht immer möglichst warm zu Essen oder zu Trinken. Zudem ist natürlich auch ein entsprechendes Verhalten an den Tag zu legen und die Kleidung den Gegebenheiten anzupassen. Jedweder Energieverlust muss ausgeglichen werden.

Die Mahlzeiten müssen den Energieverbrauch abdecken, oder die Aktivität muss dem Nahrungsangebot angepasst werden!

Hat man den Nährwert, den Geschmack und den Bedarf im Griff wird man sich auch langsam an die Situation gewöhnen! Farbige, abwechslungsreiche, gut garnierte Speisen können auch die Moral und den Willen stärken. Zum Würzen sind Wacholderbeeren, Sauerampfer, Brunnenkresse, junge Tannenspitzen oder wilder Kümmel geeignet.

**Iss mit Verstand und kaue solange als möglich,
iss nicht bis du satt bist, sondern höre vorher auf!**

Nahrungskonservierung

Konservierungsmaßnahmen zielen darauf ab den Flüssigkeitsanteil deiner Nahrung zu reduzieren, denn Wasser ist die Lebensgrundlage aller Lebewesen, auch der Bakterien. In die Dauer der Haltbarkeit spielt leider auch das Klima mit ein, denn in feucht heißer Umgebung ist Geräuchertes oder Getrocknetes auch nicht viel länger haltbar.
Pflanzen können einfach getrocknet und dementsprechend gelagert werden. Tierische Nahrung erfordert im Vergleich schon etwas mehr Vorbereitung um diese haltbar zu machen. Nichtsdestotrotz sollte in einer Überlebenssituation jede Gelegenheit genutzt werden sich Nahrung zu verschaffen, um sich ein Lebensmittelpolster anzulegen. Im Winter oder in kalten Gefilden kann die Nahrung nach entsprechender Vorbereitung einfach eingefroren werden.

Dörren / Trocknen

Zum Herstellen von Trockengut, wird die "Ware" zuerst in maximal 5-6 mm dicke Streifen oder Scheiben geschnitten. Danach entweder in die Sonne gehängt, in der

Sonne auf Steine beziehungsweise reflektierendes Material gelegt oder in den Ofen gepackt. Durch mehrmaliges Wenden kann es durchgetrocknet werden, wobei Salz die Austrocknung unterstützt. Mit einem Feuer getrocknet verändert das Gut je nach verwendeter Holzart zusätzlich leicht den Geschmack. Nutzt du die Sonne, sollte das Trockengut im Wind hängen, um Insekten abzuhalten, oder umwickle es mit dünnem Stoff. Bei kleinen Fischen und Säugetieren werden vor dem Trocknen die Knochen zerschlagen. Somit können sie ohne Probleme nach dem Trocknen pulverisiert verwandt werden.

Einfrieren

Ein Einfrieren ist nur in dementsprechenden Gebieten wie beispielsweise Kanada, Alaska und Russland durch den Permafrost oder in kalten Regionen wie den Polen oder im Hochgebirge möglich. Dort genügt schon eine etwas tiefere Grube um einen improvisierten Kühlschrank zu besitzen. Siehe hierzu auch in den Kapiteln Improvisationen sowie Spezielles / Kältere Gefilde.

Pökeln

Das Einreiben mit Salz ist auch eine Möglichkeit Nahrungsmittel, speziell Fleisch, zu konservieren. Leider wird bei der späteren Zubereitung viel Süßwasser zum Ausschwemmen des Salzes benötigt und wer hat schon soviel Salz dabei. Unter improvisierten Verhältnissen kann das Fleisch aber auch mit Meerwasser bespritzt werden. Um die Salzwirkung zu erhöhen, sollte vorher eine Salzlösung hergestellt werden. Hierzu wird das Meerwasser abgekocht, wobei die dabei verdampfende Wassermenge immer wieder ersetzt wird. Nach mehrmaligem auffüllen lässt man die Lösung abkühlen. In diese Flüssigkeit wird das Fleisch eingelegt und später getrocknet. Zur Lagerung bietet sich ein Behälter aus Holz, Glas oder Stein an, in welchem das zu konservierende Gut in Salzschichten aufbewahrt wird. Alternativ ist ein Einlegen in Zitronensaft auch denkbar.

Räuchern

Beim Räuchern wird das heisse vom kalten Räuchern unterschieden. Beim heissen Räuchern wird das Räuchergut direkt über das Feuer gehängt, wobei die Hitze des mit nassem Hartholz versorgten Feuers am Räuchergut mit der Hand ertragbar sein sollte. Heiss geräuchertes ist jedoch nur wenige Tage haltbar, dafür aber nach ein bis zwei Stunden schon fertig.

Das kalte Räuchern nutzt den kalten Rauch. Diese Methode dauert zwar länger, dafür ist das Geräucherte auch länger haltbar. Vermeide hierbei harzhaltige Hölzer, sie ruinieren dein Räuchergut, und hänge die Räucherware frei um ein gutes Ergebnis zu erzielen. Zur Verstärkung deines Räuchereffektes kann Moderholz von Birke und Esche genutzt werden. Bei einer 24 stündigen "Dehydration" hält das Geräucherte cirka 7 Tage. Verdoppelst du jedoch die Räucherzeit, vervierfacht sich die Haltbarkeit deiner Ware.

Nahrungslagerung

Auch für die Lagerung deiner Nahrung stehen dir unterschiedliche Möglichkeiten zur Auswahl. Sie unterscheiden sich durch verschiedene Gegebenheiten wie Kälte, Hitze und auch das Tieraufkommen. Grundsätzlich sollte sie immer kühl, nach Möglichkeit luftig und Insektensicher gelagert werden. Ein trockenes Loch bietet, ausgekleidet mit Gras, jedoch auch ein gutes Lager. Abgedeckt mit Gras und Rinde sowie einer Schicht Erde und Steinen haben es Räuber auch schwerer. In nördlichen Gegenden wie der Arktis, Alaska, Nordkanada, Grönland, Ostsibirien sowie südlich wie der Antarktis bis in die Mongolei und in Hochgebirgsregionen wie den Alpen bietet dir der Permafrost weitere Vorteile. Anderswo lagerst du Lebensmittel vielleicht in einem wasserdichten Sack im Wasser angebunden oder mit nasser Baumwolle abgedeckt im Wind. Ein mit Zweigen abgedecktes Proviantlager auf einer erhöhten Plattform wäre ebenso eine Möglichkeit.

Allerdings sollte bedacht werden, dass Gerüche Tiere anlocken! Es muss nicht immer gleich ein Bär sein, der dann natürlich auch ein Sicherheitsmanko für einen selbst ist. Auch Kleingetier wie Eichhörnchen, jegliche Art Nager oder Wildschweine zerstören den Nahrungsvorrat und locken ihrerseits durch ihre Anwesenheit wieder Jäger der eigenen Art an. Vielleicht sollte man sich ja an seinem Proviantlager auf die Lauer legen und es somit auch als Köder nutzen. Doch wer will ständig auf der Hut sein?

Es hat sich deshalb bewährt, Nahrungsmittel, speziell in den Gegenden in denen mit Prädatoren gerechnet werden kann, ständig luftdicht verschlossen zu lagern und zu transportieren. Es sollte nie dazu übergegangen werden, Nahrungsmittel einfach in die Tasche zu stecken, da Kleidung Gerüche annimmt. Man könnte sogar soweit gehen, dass spezielle Kleidungsstücke nur für das Kochen an- und danach wieder ausgezogen werden. Auch dieser Kleidungssatz sollte dann luftdicht transportiert werden.

Speziell in Bärengebieten sollte die Nahrung, eigentlich alles was nicht Geruchsneutral ist, luftdicht und auch drei Meter über dem Boden und drei Meter entfernt von festen Gegenständen gelagert werden. Am günstigsten versieht man das Nahrungsmittel mit einem Seil und wirft dieses dann über einen Ast in der entsprechenden Höhe. Daraufhin wird ein Gegengewicht in das Seil eingebunden und dieses mit einem Stock über dem Ast in die Waage gelegt. Doch findet erstmal einen entsprechenden Baum!

Wie schon in den vorigen Kapiteln in den Raum gestellt, wer sagt denn, dass Nahrung zur Lagerung tot sein muss? Es besteht die Möglichkeit gerade bei Tieren diese lebend zu lagern. Sei es durch Anbinden, Halten im Gehege, einem Käfig oder einer Reuse. Jedoch muss das Tier auch entsprechend versorgt werden, bis es zum gedachten Nutzen kommt. Hier muss jedoch wie auch bei den Lebendfallen entsprechend den Raubtieren Beachtung geschenkt werden. Festgesetzte Tiere sind immer eine leichte und vor allem willkommene Beute!

104

Übungsfragen

- Berechne deinen Energieumsatz in Ruhe für 8 Stunden sowie für 16 Stunden laufen bei 8,5 Km/h!

- Wovon ist der Energieumsatz abhängig?

- Welche Möglichkeiten gibt es um Nahrungsmittelinfektionen zu vermeiden?

- Was ist die Ideale Nahrungszusammensetzung?

- Was ist die letzte Möglichkeit unbekannte Pflanzen auf Ihre Verträglichkeit zu testen?

- Wann ist die beste Zeit zu jagen und welche Stellen sind erfolgversprechend?

- Welches Verhalten ist bei der Jagd an den Tag zu legen?

- Welcher Grundsatz gilt beim Fallenstellen?

- Welche Erfordernisse muss deine Falle erfüllen?

- Was sind Spuren?

- Welchem Grundsatz folgen wir bei der Nahrungszubereitung?

- Welche Konservierungsmaßnahmen kennst du?

- Wie sollte Nahrung grundsätzlich gelagert werden?

05. FEUER

Feuer ist nicht nur ein Hilfsmittel um Nahrung zuzubereiten, Wasser aufzubereiten, sich zu wärmen, Insekten fernzuhalten oder uns vor Raubtieren zu schützen. Kleider können getrocknet, Gegenstände hergestellt und Notsignale abgegeben werden. Es beinhaltet zusätzlich auch einen psychologischen Effekt. Die Geborgenheit und die Stärkung der Moral sowie die Möglichkeit des Auftankens der Kräfte für den nächsten Tag. Feuer ist ein Multifunktionales Hilfsmittel, speziell in Notsituationen.

Um jedoch zu den Annehmlichkeiten eines Feuers zu kommen ist es meist ein weiter Weg wenn man nicht gerade über ein Feuerzeug, Streichhölzer, einen Magnesiumstarter oder andere Hilfsmittel verfügt. Jedoch muss man auch in Notsituationen nicht auf die Vorteile eines Feuers verzichten.

**Lass dir Zeit und arbeite in Ruhe, Hetze bringt dir nichts,
sie vergeudet nur Energie!**

Unabdingbar für ein Feuer ist eine Zündquelle, brennbares Material sowie Sauerstoff und ein geeigneter Platz. Sind alle Komponenten vorhanden ist es unter entsprechendem Zeiteinsatz möglich ein Feuer zu entfachen. Da es allerdings nicht gerade aufbauend ist, wenn der Wind zuschlägt, der Brennmittelvorrat ausgeht oder der einsetzende Regen das Feuer zum Erlöschen bringt, ist die Vorbereitung das A und O. Starten wir somit am Anfang. Auch wenn es viele Möglichkeiten gibt ein Feuer anzulegen und aufzubauen, in der Verwendung entsprechen sie immer einem Koch- oder Wärmefeuer.

Beide Varianten werden, zur Konzentration der Wärmerichtung, entweder in eine sich nach unten verjüngenden Mulde gelegt oder zumindest mit Steinen umbaut, was auch den Funkenflug minimiert.

**Dein „Feuerplatz" sollte frei von brennbarem Material,
trocken und windgeschützt sein!**

Spezielle Vorsicht ist natürlich im Nadelwald und bei Heide- Moorböden bezüglich des sogenannten Wurzelbrandes geboten. Der sauerstoffhaltige Boden kann dazu führen, dass Feuer unter der Erde weiterglimmen und noch nach mehreren Tagen in der Nähe plötzlich wieder entflammen. Bei derartigem Boden muss der Untergrund mit einer feuerfesten Unterlage wie Kies, Sand, Schotter, Metall, Stein, grünen Stämmen, Fell oder Ähnlichem, welche mit einer Schicht Erde abgedeckt wird, versehen werden. Dies kann auch notwendig werden wenn, auf einer Schneeschicht, gefrorenem - morastigem Boden, feuchtem Untergrund oder bei schlechtem Wetter ein Feuer errichtet werden soll. Zusätzlich sollte auch die aufsteigende Wärme und eventuell der Rauch beachtet werden. Sie können leicht, unter schneebedeckten Bäumen, zu einer kleinen Lawine führen. Ein sogenanntes Regendach, je nach Größe des Feuers bis zu 80 Zentimeter darüber und mit Grassoden oder Tannenzweigen abgedeckt, schützt das Feuer nach oben und verteilt den Rauch. Zusätzlich kann auf ihm auch nasses Holz oder Geschirr getrocknet werden. Schliesst man die Seiten, ist die Räucherkammer schon fertig. Wird das Feuer so angelegt, dass immer ein leichter Windzug einströmt, ist das Entzünden und das Unterhalten ein Kinderspiel, jedoch steigert sich auch der Brennstoffverbrauch. Mithilfe eines Reflektors lässt sich die Wärmerichtung deines Feuers sogar steuern und die Wärmeleistung optimaler ausnutzen. Dieser besteht aus einer, idealerweise glatten „Wand", welche die Wärme des Feuers in eine bestimmte Richtung bringt, gleichzeitig als Wind- Wetterschutz dient und eine Lagerungs- Trocknungsstelle für unser feuchtes Holz darstellt. Jedoch nicht nur dein Reflektor, auch eine Feuerunterlage aus Sand und deine Steinumrandung, führt zu einer langzeitigen Abgabe von Wärme. Zusätzlich kann nasses Holz auf ihnen getrocknet werden und wir haben auch schon eine Arbeitsfläche zum Kochen sowie Koch- Backsteine. Vielleicht nimmst du sie aber auch mit in die Unterkunft um diese zu beheizen. Jedoch können nicht alle Steine in Verbindung mit Hitze genutzt werden. Ist in diesen Feuchtigkeit eingeschlossen, sind sie nicht für dein Feuer geeignet, da beim Platzen der Steine, durch die kochende Flüssigkeit, schwere Verletzungen entstehen können. Verwende niemals hohl klingende, rissige, abblätternde oder weiche Steine! Vermeide es die Feuerstelle direkt in der Behausung zu betreiben oder sorge für einen guten Abzug und eine entsprechende Grösse deiner Unterkunft! Eine Kohlenmonoxidvergiftung ist kein Spass!

Nutze das Feuer mit seinen Vorteilen in Kombination mit denen des Shelters!

Denn auch dein Shelter könnte die Funktion eines Reflektors beinhalten. Zur optimalen Ausnutzung und zur Sicherheit sollte jedoch eine Entfernung von ein bis eineinhalb Meter zur Feuerstelle eingehalten werden. Dies alles bedeutet jedoch nicht, das dein Feuer nur auf dem Boden angelegt werden kann. Ein umgestürzter Baum besitzt meist schon morsches Holz. Brich ein Stück heraus und deine Feuergrube ist gemacht.
Im Nachhinein folgen verschiedene Möglichkeiten der Wärme- Kochfeuer. Wobei sich beide durch die Nutzungsart beeinflussen.

Kochfeuer
Neben den grundsätzlichen Vorraussetzungen für die Feuerstelle sollte beim Kochen eine fast ausschliessliche Hitzeabgabe nach oben geschehen. Eine Ummauerung mit Lufteinlass oder das Anlegen der Feuerstelle in einem Loch wären Möglichkeiten.

Gitterfeuer oder Pyramidenfeuer
In einer Grube wird gitterartig, dünnes weiches Holz auf Steine oder hartem Holz gestapelt. Dazwischen eingelegtes Hartholz nährt das Feuer länger. Diese Feuerart gibt viel Hitze und Licht ab. Somit ist es auch, wenn es ebenerdig angelegt wird, als Signalfeuer oder auf Masse gestapelt durch die längere Brenndauer als sogenanntes Nachfeuer verwendbar.

Grubenfeuer
In einer Grube wird das Holz an der Grubenwand ähnlich einem umgedrehten Tipi hochkant gestellt und in der Mitte der Grube das Feuer entzündet.

Sternfeuer
Einige Äste werden sternförmig aufeinander gelegt und in der Mitte entzündet. Von Zeit zu Zeit schiebt man sie zur Mitte nach. Soll gekocht werden, lassen sie sich aus der Glut herausziehen und schnell zu einem Gestell zusammenlegen. Diese Feuerart ist auch unter dem Begriff Jägerfeuer bekannt.

Langfeuer
Dieses Feuer wird in die Länge gezogen, entweder in einem Graben oder zwischen zwei langen grünen Stämmen oder Steinen angelegt. Wird dies V-förmig gestaltet, ist das Unterhalten des Feuers, unterschiedliche Zubereitungsmöglichkeiten und das Abstellen von Kochmaterial kein Problem.

Schlüssellochfeuer / T - Feuer / X - Feuer
In einer Grube wird das Feuer unterhalten, während im angrenzenden Graben über der Glut gekocht wird. Seitlich neben dem Graben kann an der Glutseite jeweils eine Person übernachten. Beim T - Feuer können drei Personen und bei einem X - Feuer sogar 8 Personen an den Längsseiten einen warmen Schlafplatz finden. Die Feuergrube befindet sich hier immer an der Kreuzungsstelle der Glutgräben.

Wärmefeuer
Auch bei dieser Feuerart gelten die Grundsätze, jedoch soll die Wärmestrahlung seitlich erfolgen.

Kaminfeuer
Es werden zwei entastete, glatte Holzpflöcke schräg in die Erde gerammt, welche als Rutschen für das Brennmaterial dienen. Unterhalb wird das Feuer entzündet. Das Brennmaterial sollte, wenn die unterste Lage verbrannt ist, nachrutschen und das Feuer weiter nähren. Theoretisch gut, aber meist nur theoretisch.

Tipifeuer
Das Brennmaterial wird nach Art eines Tipis aufgestellt und mittig an eingelegtem Zunder entfacht. Die aufsteigende Wärme trocknet die oberen Holzschichten bis diese den Flammpunkt erreicht haben.

Balkenfeuer
Als Ausgangsbasis gelten vier Pfosten, zwischen denen das Brennholz gelegt wird. Dazwischen wird wiederum leicht brennendes Material eingeschoben bevor unter dem untersten das Feuer entzündet wird.

1. Schlüssellochfeuer / 2. Langfeuer / 3. Tipifeuer / 4. Gitterfeuer / 5. Balkenfeuer / 6. Sternfeuer / 7. Kaminfeuer

Nachtfeuer

Zur Übernachtung oder um neben dem Feuer Schlafen zu können, ohne eine entsprechende Gefahr der eigenen Entzündung, bietet sich ein Nachtfeuer an. Diese Feuerart entspricht im groben dem Balkenfeuer. Das T, X oder Schlüssellochfeuer ist wie angesprochen auch nutzbar, allerdings ist die Wärmeleistung zur Seite nicht vergleichbar mit dem Balkenfeuer. Zur Nacht werden auf das brennende Material grüne Hartholz Stämme aufgelegt und die Sauerstoffzufuhr reduziert.

Bei sehr kalter Witterung sind auch mehrere Feuer, um in Ihrem Zentrum zu liegen, oder ein Wärmelager denkbar. Hierbei handelt es sich um eine der Körpergröße angepasste Grube in welcher ein Feuer auf einer Steinunterlage entzündet wird. Die Glut wird später mit Erde und Grassoden abgedeckt bevor man sich darauf bettet.

Brennmaterial

Das Brenn- und Anzündmaterial sollte mit bedacht ausgesucht werden, denn hier kann viel Zeit, Energie und vor allem, Nerven eingespart werden. Je nach Art, Bestandteile und auch Dicke des Brennmateriales besitzt dies einen unterschiedlichen Flammpunkt. Dieser sollte zu Beginn recht niedrig sein, um schnell eine Flamme zu erlangen, im weiteren Verlauf jedoch höher, damit das Feuer länger brennt. Dementsprechend besteht der Aufbau eines Feuer aus drei Bestandteilen.

Zunder

Der Zunder ist ein Oberbegriff für sehr trockene, feine "Materialien" welche in der Lage sind selbst einem Funken genug Nährstoff zu geben. Stofffasern, Vogelfedern oder Nester aber auch fein verriebene Rinde von Weichholz mit hohem Harzanteil, wie Nadelholz oder Birke machen es einfach. Ebenso kann auch trockenes Moos, Laub, Flechten, Stroh, das Innenleben getrockneter - verriebener Baumpilze, feine Stahlwolle oder verkokelte (unter Luftabschluss "verbrannt") Baumwolle genutzt werden. Hauptsache es ist trocken, besitzt einen niedrigen Flammpunkt, ist dünn und bietet der Hitze eine gute und vor allem große Oberfläche. Wegen der Boden-Luftfeuchtigkeit sollte Zunder jedoch nie direkt mit dem Boden in Berührung kommen oder längere Zeit an der Luft verbleiben. Hierdurch setzt sich Feuchtigkeit ab und der Flammpunkt erhöht sich.

Nährmaterial
Das Nährmaterial besitzt einen etwas höheren Flammpunkt, dafür aber auch eine längere Brenndauer. Es muss in der Lage sein die durch den Zunder entwickelte Temperatur zu erhöhen und an das eigentliche Brennmaterial weiterzugeben. Dazu eignen sich Späne, Reisig oder Rinde von Weich- sowie Nadelholz oder anderes leicht entzündbares Material. Je dünner dein Nährmaterial ausfällt, desto leichter kann es entfacht werden, desto schneller verglimmt es aber auch wieder.

Feuerholz
Als Feuerholz sollte Hartholz, wie Eiche und Buche Verwendung finden. Dieses ist zwar im Vergleich zu Weichholz schlechter zu entzünden, brennt dafür allerdings länger, erzeugt Glut und gibt mehr Hitze ab. Als natürliche Brennstoffe könnten auch geschnürtes Gestrüpp - Grasbündel, sogenannte Feuerbündeln, getrockneter Tierdung, trockenes Moos oder Torf und tierisches Fett genutzt werden.
Ebenso wie beim Aufbau unseres Brennmateriales wird beim Feuerholz auch mit dem kleinsten und dünnsten Material angefangen welches vorhanden ist! Mische dein Hart- mit Weichholz und nutze dicke wie dünne Äste. Abgelagertes, trockenes Holz ist hierbei dem frischen Holz vorzuziehen. Zu unterscheiden ist es am Klang, denn frisches Holz klingt beim Anschlagen dumpf und satt, trockenes Holz verfügt über einen helleren Ton.

**Je geringer die Hitze und je kürzer die Einwirkzeit, desto niedriger
muss der Flammpunkt des Materiales sein!**

Das trockenste Holz, selbst bei stärkstem Regen, bekommst du von abgestorbenen noch hängenden Ästen, denn alles Holz das auf dem Boden liegt zieht die Bodenfeuchtigkeit an. Beachte dies auch bei der Lagerung deines Brenn- Anzündholzes. An windoffenen Stellen findet man in der Regel immer trockenes Holz, denn Wind trocknet besser als die Sonne. Sollte aber wirklich nichts einigermaßen trockenes aufzutreiben sein, kann nasses Holz auch wie ein Tannenbaum eingeritzt werden. Dieser sogenannte Fuzz Stick entzündet sich schneller. Bei einer anderen Methode wird die nasse Rinde einfach abgeschält oder das nasse Holz gespalten, denn in den meisten Fällen ist auch in nassem Holz ein trockener Kern vorhanden.
Bei allen drei Materialkomponenten sollte jedoch immer ein größerer Vorrat gesammelt werden, bevor mit der Arbeit am Feuer begonnen wird. Nichts ist schlimmer als endlich einen Funken erzeugt zu haben, der aber wirkungslos bleibt da der Brennstoff ausgeht. Als weitere Hilfsmittel gelten Oxidizer wie Benzin, Fett, Petroleum, Harz aber auch

Insektenspray oder vielleicht sogar Schießpulver. Diese müssen aber erstmal vorhanden sein, und ganz zu schweigen, auch fachmännisch eingesetzt werden, denn sie bergen zwar einen Nutzen, aber ebenso auch Gefahren.

Wärme - Funkenquelle

Um zu einem Feuer zu kommen wird keine Flamme benötigt. Diese erleichtert es zwar, unbedingt notwendig ist sie aber nicht. Es reicht ein kleiner Funken, der jedoch, und das ist das Schwierige dabei, genährt und hochgezogen werden muss, damit eine Flamme entsteht. Um diesen Funken herzustellen, bieten sich einige verschiedene Möglichkeiten an, wenn man von den bekannten Streichhölzern, Feuerzeug oder Zigarettenanzünder, welche es einfacher machen, absieht.

Wärme durch Reibung

Werden zwei Gegenstände aneinander gerieben entsteht ein Reibungswiderstand. Dieser Energieverlust wirkt sich als Wärme aus, welches sich im weiteren zu einem Funken entwickelt, welcher dann mit entsprechendem Material genährt werden muss.

Feuerbohrer
In einem weichen und trockenem Holzbrett wird ein kleines, flaches Loch von der Brettkante bis zum Mittelpunkt des Loches mit einem V-Einschnitt versehen. Mit Hilfe einer an einem Ende abgeflachten, ein Meter langen Hartholzspindel wird durch Drehung in dem Loch Reibung, also Hitze erzeugt. Eine kleine Unterlage unter dem Feuerbrett sorgt für bessere Belüftung. Unter den V-Einschnitt wird der Zunder gestreut, welcher durch den sich bildenden, heißen Holzkohlestaub und Anblasen zum Entzünden gebracht werden kann. Zur Unterstützung kann man sich einen Bogendreher anfertigen. Hierzu wird ein biegsamer, grüner Stock mit einer Schnur, am besten Leder oder stabiles Material welches sich durch die Reibung nicht zerstört, versehen und einmal um die Hartholzspindel gewickelt. Durch Zug und Druck wird die Reibung erzeugt. Die sich hierdurch entwickelnde Wärme am Druckpunkt der Hand kann mittels eines angehölten Holzstückes oder eines Steines relativiert werden. Etwas Fett an dieser Fläche minimiert die Reibung und auch die Hitzeentwicklung am Handstück. Mit sägeartigen Bewegungen spart man Kraft und umgeht Handverletzungen.
Eine andere Variante ist der sogenannte Inuit Drill. Hierbei wird das Feuerbrett im Knien zwischen die Knie gespannt und die Hartholzspindel mit dem Widerlager im Mund auf das Brett gedrückt. Mittels einer Zugschnur wird die Spindel daraufhin zum Drehen gebracht. Der Entzündungspunkt liegt somit nicht auf dem Boden, was in kalt - feuchten Gebieten als Vorteil zu sehen ist.

Feuerrolle
Mittels Holzasche in einer Watterolle oder in einem Tampon eingerollt, kann unter Druck- sowie Rollbewegungen ebenfalls Reibungshitze aufgebaut werden. Dabei

112

sollten die Rollbewegungen jedoch immer nur in eine Richtung getätigt werden, da sich ansonsten die Rolle wieder öffnet. Die Aufladung der Watte bringt die Asche zum Glühen.

Feuersäge
Bei der Feuersäge wird die Reibung durch zwei trockene Äste oder Holzstämme, die sägeartig aneinander gerieben werden, hervorgerufen. Nach Möglichkeit sollten hierzu Holzstücke genutzt werden, die schon einmal gebrannt haben, da sich die Hitze dort besser ausbreitet und hält. Als Sägestück wird weiches Holz verwendet, während im Bereich des Reibstückes sowie unterhalb Zunder verteilt wird. Eine abgewandelte Version ist der Feuergraben. Hierbei wird ein Hartholzstab auf einem abgeflachten Stück Weichholz gerieben. Hierdurch entsteht ein Graben in welchem sich abgeriebene Holzteilchen erwärmen und entzünden.

Feuerseil
Ein halb aufgespaltener, trockener Ast wird mit einem "Keil" vor dem Schliessen geschützt. In diesen entstandenen Spalt, sowie unterhalb, wird Zunder eingebracht. Mittels eines entsprechend stabilen Seiles wird in dem Spalt durch wechselweisen Zug Reibung erzeugt.

Das Schlagen von Steinen
Das Schlagen (streifend - schlagend) von Stein an Stein, oder Stein an Stahl führt je nach verwendeten Steinarten zu mehr oder weniger großer Funkenbildung. Jedem bekannt ist der Feuerstein, aber auch Pyrit, Kiesel, Granit, Quarz und Obsidian können verwendet werden. Eventuell verwendetes Metall sollte aber einen hohen Härtegrad besitzen, um geeignete Funken erzeugen zu können. Dieser kann erhöht werden, indem das Metall rotglühend erhitzt und in kaltem Wasser abgeschreckt wird.

Wärme durch Sonnenkraft
Die Strahlungsenergie der Sonne ist in manchen Erdteilen so stark, dass mit ihr unter Zuhilfenahme von Reflektoren auch direkt gekocht oder gebraten werden kann. Wird diese Energie zusätzlich gebündelt, kann auch ein Feuer entzündet werden.

Brennglas
Jedwede Art konvexer Linse, sei es eine Kameralinse, ein Vergrößerungsglas, ein Flaschenboden aber auch gewölbtes, klares Plastik kann benutzt werden um die Strahlen der Sonne auf dem Zunder oder dem Nährmaterial zu bündeln. Ist der Flammpunkt erreicht entzündet sich dein Material. Zum Herstellen dieser konvexen Linse können zwei Linsen mit der Innenwölbung aufeinander gesetzt werden. Der Hohlraum wird mit Wasser gefüllt, die Ränder mit Kleber (siehe hierzu im Kapitel Improvisation) oder Hitze abgedichtet.

Reflektor
Durch die Birnenöffnung eines Taschenlampen - Reflektors wird der Zunder soweit vorgeschoben bis die Konzentration der Sonnenstrahlen am größten ist. Bei dieser Methode lässt sich auch sehr gut mit einer Zigarette arbeiten, welche anstatt des Zunders durch die Birnenöffnung in den Reflektor geschoben wird.

Wärme durch Chemische Reaktion
Zu nennen wäre hier beispielsweise weisser Phosphor und Caesium, welche sich bei 50° C an der Luft selbst entzünden. Kaliumpermanganat wäre allerdings nicht ganz so gefährlich. Nicht nur um Wasser zu entkeimen, Wunden zu desinfizieren oder Signale zu setzen, mit Kaliumpermanganat kann auch ein Feuer entfacht werden. Bei Zugabe von ein - zwei Tropfen Glycerin auf unser Häufchen Kaliumpermanganat entzündet sich das Gemisch nach kurzer Reaktionszeit von selbst. Eine andere Möglichkeit ist das Vermischen und Verreiben mit Zucker. Hier erfolgt die Zündung abhängig von der Energie welche durch die Reibung zugegeben wird.

Weitere künstliche Hilfsmittel
Künstliche Hilfsmittel erleichtern unser Vorhaben enorm und wer sie hat wird sie auch einsetzen. Streichhölzer und Feuerzeuge sollten jedoch nie überflüssig zum Einsatz kommen. Werden solche Hilfsmittel genutzt muss sichergestellt sein, dass ein Feuer entfacht werden kann ohne seine Verbrauchsmaterialien stark zu dezimieren. Hilfsmittel wären eine Kerze, eine Zigarette, ein Esbit Würfel, Harz oder Fett - Klumpen und neben anderem auch Schuhcreme, ...

Magnesiumstarter
Hierbei handelt es sich um in Form gepresstes Magnesium mit einem eingelegten künstlichen Feuerstein. An diesem können unter Zuhilfenahme einer Klinge Funken erzeugt werden, welche die im Vorfeld am Magnesiumblock abgeriebenen Späne entzünden.

Munition
Ist man im Besitz von Leuchtspurmunition und dem Abschussmechanismus, könnte auch gegen ein Hindernis wie eine Felswand oder in ein Loch geschossen werden. Andererseits kann auch Munition eröffnet werden um dann mit einem Funken und dem Schiesspulver eine bessere Hitzeentwicklung zu besitzen.

Batterie
Solange Batterien geladen sind verfügen sie über gespeicherte Energie. Werden die Pole mit dünnem Draht verbunden und diese aneinander gerieben führt dies zu einer Energieentladung mittels eines Funkens. Bei einer anderen Version wird ein möglichst dünner, leitender Gegenstand an beide Pole gebracht. Die Energie wird diesen zum glühen bringen. Stehen dir feine Drähte zur Verfügung kann diese Art

der Funkenherstellung ab drei Volt getätigt werden. Es sollte jedoch vorsichtig gearbeitet werden. Je nach Batterie drohen elektrische Schläge, explodierende Batterien und spritzende Säure.

1. Grasbricket / 2. Fuzz Stick / 3. Zunderpilz / 4. Feuerbohrer / 5. Feuerrolle / 6. Feuerschlagen / 7. Feuersäge / 8. Feuerseil / 9. Reflektor / 10. Batterie / 11. Magnesiumstarter / 12. Glutbehälter / 13. Sturmfeuerzeug / 14. Brennglas / 15. Gluttransportrolle

Ist ein Funken entfacht und erfolgreich direkt auf den Zunder gefallen muss dieser auch genährt werden. Der Zunder wird hierzu idealerweise in unser dünnes Nährmaterial eingelegt und einfach angeblasen.

Halte dein Feuer so klein wie möglich!
Selbst kleine Feuer können in ihrer Wärmewirkung durch den Einsatz von
Reflektoren, ... konzentriert werden!

Über Nacht sollte, um Feuerholz zu sparen, wenn nicht gerade die Abwehr wilder Tiere im Vordergrund steht, nur die Glut gehalten werden, um am nächsten Morgen mit ihr das Feuer neu hochziehen zu können. Hierzu kann unser Nachtfeuer oder idealerweise ein Rasengrab zum Einsatz kommen. Dieses besteht aus einem Loch im Boden in welchem die Glut untergebracht und mit Hartholz, Asche sowie der Grasnabe abgedeckt wird. Ein Luftloch gibt dem Ganzen den nötigen Sauerstoff und ein kleines Regendach schützt es vor dem Erlöschen. Einfacher ist es jedoch die Glut mit grünem Holz zu versorgen und mit Asche und Erde über Nacht abzudecken.

Bewegt man sich von Ort zu Ort sollte man auch nicht bei jeder Übernachtung ein neues Feuer entfachen und somit Zeit und Material vergeuden. Etwas Glut vom alten Feuer mitgenommen erleichtert die Situation erheblich. Packe deine Glut in Moos oder in einen trockenen Baumpilz und transportiere sie einem gelöcherten Behälter um die Luftzufuhr zu gewährleisten. Wird der Glutbehälter etwas geschwenkt oder die Glut angeblasen kann die Luftzufuhr erhöht und die Glut angefacht werden. Durch Zugabe von Zunder erhält man sogleich wieder eine Flamme. Befindet sich dieser Behälter, sei es nun eine Dose, Leder, Kokosnuss oder etwas Ähnliches an einer Leine lässt sich dies perfekt umsetzen. Eine weitere Methode wäre eine Gluttransportrolle. Bei dieser wird in ein langes Stück Rinde Zunder eingerollt und eingebunden. An einem Ende wird ein Glutstück zugegeben, welches dann als Schwelbrand in der Rolle transportiert wird.

Und wenn wirklich gar nichts geht hilft euch vielleicht das:

Frieren macht schlank und essen macht dick!

<u>Übungsfragen</u>

- Was benötigst du um ein Feuer zu starten?

- Wie sollte dein Feuerplatz beschaffen sein?

- Welche Feuerarten kennst du?

- Wie wird ein Feuer aufgebaut?

- Welche Holzart ist als Nährmaterial eines Feuers gut geeignet?

- Welche Holzart ist als Feuerholz gut geeignet?

- Nenne drei Möglichkeiten einen Funken herzustellen!

06. UNTERSCHLUPF UND UNTERKUNFT

Deine Unterkunft soll dich vor der Witterung sowie auch vor Tieren schützen. Parallel wärmen, sowie die Psyche regenerieren. Ebenso muss sie, in Abhängigkeit zur Dauer deines Aufenthaltes, den kommenden Jahreszeiten angepasst werden.
Unterschieden wird hierbei zwischen einem Notunterschlupf für einige Stunden, einer Notunterkunft um einige Tage zu überstehen sowie einer Dauerunterkunft. Bevor wir jedoch dazu übergehen kubikmeterweise Erde zu bewegen, Baumaterial anzuschleppen und Holzgerüste abzudecken, sollte man sich erstmal einen Überblick verschaffen und sich in der Umgebung den besten Lagerplatz heraussuchen. Vielleicht begnügt man sich ja schon mit dem Felsvorsprung oder einem Baum, vielleicht gibt es aber auch einige Meter weiter im Fels eine Höhle.

Nutze sämtliche vorhandenen Gegebenheiten in der Umgebung aus, bevor du Zeit und Energie in irgendwelche Konstruktionen verschwendest!

Grundsätzlich schläft man besser wenn es gemütlich ist und gerade in einer Notsituation ist der Schlaf wichtig! Dein angestrebter Lagerplatz sollte somit eben, trocken und deiner Körperform angepasst sein. Vermeide jedoch Steilhänge, abgestorbene Bäume, trockene Flussläufe sowie Kälte- Wassersammelnde Senken. Um weite Wege, Energie und auch Zeit einzusparen sollten, wenn man längere Zeit an diesem Ort verbleibt, Baumaterial, Holz und natürlich auch Nahrung und Wasser sowie der Notsignalplatz in der Nähe liegen. Wasser kann jedoch durch die Luftfeuchtigkeit und Nebelbildung für eine gute Abkühlung sorgen und stehende Gewässer sind ein Magnet für Hornissen, Bienen und andere Plagegeister. Ein ständiger Luftzug macht aber auch dies erträglich.

Somit können wir einige Grundregeln für den Bauplatz aufstellen:

- Wind und wettergeschützt.
- Keine natürlichen Gefahren (Lawinen, Astbruch, Pflanzen, Tiere, ...).
- Trocken, flutungs- feuersicher.
- Offen und in der Regel sonnig mit Eingang Richtung Osten.
- Luftzufuhr muss gewährleistet sein.
- Benötigtes Material im Nahbereich.

Wie diese Behausung aussieht gibt dir dein Baumaterial vor.

Notunterschlupf
Der Unterschlupf wird meist nur für kurze Zeit genutzt. Er hilft uns über mehrere Stunden hinweg. Was aber nicht bedeutet, dass dieser uns nicht auch über mehrere Tage dienlich sein kann. Hierbei kann es sich um einen überspannten Graben, das

Überwerfen eines Ponchos, ein Felsvorsprung, eine Ruine, eine Felsspalte, ein heruntergebogener dicht bewachsener Ast oder Ähnliches handeln. Gegenüber der Notunterkunft kann viel Zeit und Energie eingespart werden. Meist ist jedoch die Bequemlichkeit nicht vergleichbar.

Notunterkunft

Ist es absehbar, dass der Aufenthalt länger dauert, sollte der Unterschlupf ausgebaut oder aber direkt eine geeignete Notunterkunft gewählt werden. Diese sollte sich im Windschatten befinden, wobei der Eingang gegenüber der Wetterseite, welche in unseren Breitengraden im Nordwesten liegt, angelegt wird. Gleichzeitig ist auch der Vorteil eines Notausganges zu bedenken. Nicht nur um immer eine schnelle Fluchtmöglichkeit zu besitzen, sondern auch um durchzulüften. Versieht man den Eingang zusätzlich mit einer Schleuse, kann auch beim schlechtesten Wetter kein Wind oder Regen eindringen. Natürlich vorausgesetzt man hat gut gebaut oder eine dementsprechende natürliche Gegebenheit aufgetan. An der Außenseite bietet sich ein kleiner Wassergraben an, welcher von der Unterkunft wegführt und tiefer wird. Dieser hat die Aufgabe Wasser von der Unterkunft abzuleiten.

Wird in der Unterkunft ein Feuer betrieben muss auch für einen Abzug gesorgt werden, sonst grüßt die Kohlenmonoxidvergiftung. Eine erhöhte Schlafposition um die aufsteigende Wärme auch nutzen zu können würde sich dann ebenso anbieten. Und wer Fenster wünscht, sollte diese nach dem Verlauf der Sonne richten um das Licht entsprechend nutzen zu können. Bei allen Unterkunftsmöglichkeiten muss aber bedacht werden, dass je größer die Schnuckelecke, desto mehr Brennmaterial wird für das Beheizen benötigt.

Baue somit so klein als möglich aber so groß wie nötig!

Als Hilfsmittel beim Bau deiner Unterkunft oder Ausbau eines Unterschlupfes können Holz, Grasnaben, Erde, Moos, Rinde, Steine, Blätter sowie Gewächs aber auch herumliegender "Müll" verwandt werden. Auch dein Equipment, wie Folien, der Biwaksack, Seile, Tüten, Poncho oder Stoff. Jedoch sollte man das Equipment nur nutzen wenn es unumgänglich ist, da es unter Umständen noch anderweitig benötigt wird. Als Grundregel gilt:

Je dichter, desto trockener und isolierender!

Dauerunterkunft

Unterkünfte über Wochen, Monate oder noch länger, sollten auch die kommenden Jahreszeiten überstehen. Der Wechsel von der Not- in die Dauerunterkunft gestaltet sich jedoch meist fließend. Dein Umbau sollte niemals zu spät geschehen!
Was ist mit dem Brennholz- und dem Nahrungsvorrat, der Wärmedämmung, dem Wasserspeicher, der Toilette und der Küche sowie einem Lagerraum. Manchmal ist

es auch sinnvoll, ein Sommer- sowie ein Winterquartier einzurichten um Nachteile in den verschiedenen Jahreszeiten auszugleichen.

Ob jetzt auf dem Boden oder dem Wasser, über dem Boden, als Baumstand, unter dem Grund oder in der Luft, beispielsweise direkt am Fels, gebaut wird, ist eine Frage der Vorliebe, des Nutzens, des verfügbaren Materials und vor allem der Gegebenheiten. Grundsätzlich sollte der Eingangsbereich auch beim Schlafen im Sichtfeld liegen, um im Falle eines Falles schnell handeln zu können. Sei gewappnet, auch gegen eventuelle Überraschungen, sei es menschlicher oder tierischer Natur. Vielleicht ist es sogar nötig Wachen einzuteilen, brüchiges Reisig zu verteilen oder eine Stolperschnur zu spannen.

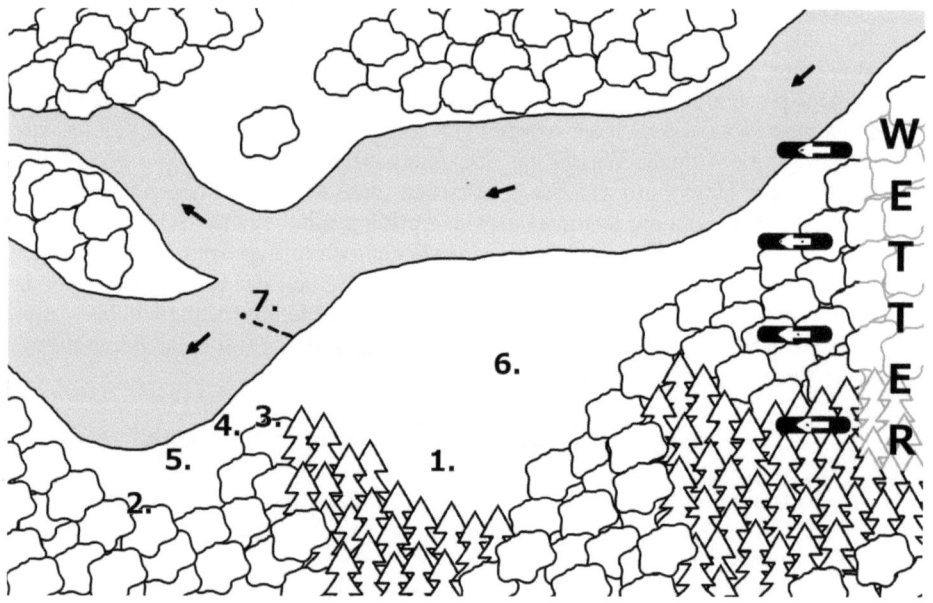

1. Lagerbereich mit Unterziermöglichkeit in den Wald / 2. Toilette und Abfallbereich / 3. Nahrungslagerung / 4. Küchenbereich / 5. Waschplatz / 6. Dauerhaftes Notsignal / 7. Stellnetz

Gerade bei längerem Aufenthalt und/oder mehreren Personen, empfiehlt sich auch die Einrichtung einer Toilette oder eines Toilettenecks. Legt diese in einiger Entfernung unterhalb der Wasserstelle und dem Küchenbereich an, beachtet die Wetterseite und deckt jedes „Geschäft" mit Erde ab. Auch der Küchenbereich sollte ausserhalb des Lagerplatzes, der Wasserstelle und der Toilette liegen. Unter einigen Abstrichen, wie beispielsweise dem Geruch, sowie deiner Mehrarbeit, kann die Toilette sowie der Küchenbereich bei langem Aufenthalt auch an der festen Langzeitunterkunft integriert werden. Es sollte jedoch kein Tier angezogen oder das Trinkwasser verseucht werden.

In unseren Breitengraden sind die Möglichkeiten des Baues einer Notunterkunft so vielfältig, dass einem die Auswahl meist schwerfällt. Es müssen hier keine extremen Temperaturschwankungen, starke Wetterumbrüche oder lebensbedrohliche Witterungs-Naturbedingungen und eine bedrohliche Tierwelt beachtet werden. Jedenfalls noch nicht. Ein abgedeckter trockener Graben, ein überdachter Baumstamm, ein Windschutz oder ein Felsüberhang genügen meist.

Im Nachfolgenden einige Möglichkeiten bei denen wegen des fließenden Überganges von Notunterschlupf zu Notunterkunft und Dauerunterkunft kein Unterschied gemacht wurde. Sucht euch das Passende heraus. Im Kapitel Spezielles erwarten euch noch weitere Informationen.

Basha
Eine Basha besteht eigentlich nur aus einem Dach, welches entweder als Plane gespannt oder mittels Flechtwerk auf Pfosten stehend hergestellt wird.

Baumstand
Der Baumstand ist vergleichbar mit einem Baumhaus. Es ist jedoch keine einfache Aufgabe, da alle benötigten Bau- und Versorgungsmaterialien immer vom Boden heraufgebracht werden müssen. Andererseits wiederum ist man vor bodenlebenden Tieren sicher. Eine einfache Umsetzung wäre eine kleine erhöhte Plattform zum Schlafen, oder wie ist es mit der Hängematte, eventuell mit einem Tarp überspannt.

Blockhütte
Eine Blockhütte, das dürfte wohl jedem klar sein, ist nichts für kurze Zeit, zudem benötigt man entsprechendes Werkzeug um diese auch entsprechend erstellen zu können. Prinzipiell sollte sie immer in Wassernähe beziehungsweise dort gebaut werden, wo auch das Baumaterial vorhanden ist. Auf dem Wasserweg sind Stämme leichter anzutransportieren, ansonsten sind meist Pferd oder eine Schleifstrecke erforderlich. Die Stämme sollten abgelagert und geschält werden, wobei für einen Stamm inclusive Einpassen im Schnitt, bei einer kleinen Hütte, mindestens sechs bis acht Stunden an Arbeitszeit einzurechnen sind. Je dicker die Stämme, desto haltbarer sind sie. Leider werden sie mit zunehmender Dicke auch schwerer zu transportieren und zu bearbeiten. Das Dach wird mit halbierten Stämmen gesetzt, welche mit Querbalken versehen, mit Moos belegt und weiteren Stämmen fixiert werden. Alle Öffnungen werden erst zum Schluss ausgesägt und stabilisiert.

Fallschirmspitzzelt
Ein Fallschirmspitzzelt ist im Grundprinzip ein Indianerzelt. Manch einer kennt es auch unter dem Begriff Para Tipi, da diese Unterkunftsart häufig bei springenden Einheiten des Militärs zur Ausbildung eingesetzt wird. Was sich auch anbietet, da mit der Fallschirmrundkappe das meiste Baumaterial schon vorhanden ist.

Dies bedeutet jedoch nicht, dass diese Unterkunftsart nicht anders erstellt werden kann. Wäre es nicht das Gleiche unter eine dichtgewachsene Tanne zu ziehen und die untersten, inneren Äste abzuschlagen? Um jedoch ein Para-Tipi herzustellen wird eine Stoffbahn, genug Felle oder dichtes Flechtwerk benötigt. Wir werden dem Tipi mit der Fallschirmrundkappe auf den Grund gehen. Zuerst wird das Sitzgeschirr direkt am Übergang zu dem Fangleinenbündel abgetrennt und der Schirm auf dem Boden ausgelegt. Zwischen zwei Segmenten wird der Fallschirm vom Kappenrand bis zur Entlastungsöffnung aufgetrennt, der Schirm doppelt gelegt und die aufeinanderliegenden Fangleinen miteinander verknotet. Es werden nun mindestens drei glatte, der Länge der Fallschirmbahn entsprechende Stangen am Scheitelpunkt miteinander verbunden und so aufgestellt, dass sie ein dreieckiges Grundgerüst bilden. Am besten werden sie hierzu auf dem Boden in entsprechender Höhe verzurrt und dann aufgestellt. Daraufhin werden weitere Stangen angestellt wovon eine mittig unserer Fallschirmbahn hochkant in den Stoff eingebunden ist. Der Bezug wird um das Grundgerüst gespannt und durch ein Vergrößern des Kreisdurchschnittes die Stabilität entsprechend der Stoffmenge angepasst. Folgend wird der untere Rand des Fallschirmes an den Fangleinen mittels Pflöcken im Erdreich fixiert. Wird die äußere Stoffbahn von der inneren abgespannt, entsteht zusätzlich eine wärmedämmende Luftschicht.

Eine derartige Unterkunft bietet zwei bis drei Personen mit Gepäck Platz und kann beheizt in unseren Breitengraden auch im Winter genutzt werden. Um Arbeit zu sparen kann auch auf das Grundgerüst verzichtet werden wenn die Stoffbahnen um einen Baumstamm geschlungen und abgespannt werden. Die Lappen bedienten sich früher eines ähnlichen Gebildes, der sogenannten Kota. Es handelte sich um ein drei Meter hohes sowie breites, kegelförmiges Holzgebilde. Dieses wurde dick mit Grasnaben eingedeckt. Am höchsten Punkt befand sich eine Öffnung, durch welche Licht herein und der Rauch des Feuers abziehen konnte.

Höhlen
Bei der Nutzung von Höhlen sollte auf eventuelle Bewohner sowie auf vorhandene Feuchtigkeit achtgegeben werden. Nicht, dass man sich bei einsetzendem Regen schwimmend in seinem eigenen Pool wiederfindet. Gräbt man selbst eine derartige Behausung, sollte die Decke rund gehalten und mit Ästen abgestützt werden. Es spricht auch nichts dagegen die Erdbehausung in eine Grube zu bauen und den oberen Teil mit einem stabilen Holzgerüst zu versehen. Als Dachauflage bieten sie Äste, Gras und eine Schicht Erde an um die Wärme zu halten.

Schrägdach
Ein stabiles Grundgerüst wird mittels Flechtwerk oder ausgestochenen Grassoden, mindestens 10-15 Zentimeter dick, oder aber mit Spannmaterial, wie einem Poncho oder einer Plane, entgegen der Windrichtung aufgebaut. Zusätzlich wird der Boden isoliert und ein Wärmefeuer mit Reflektor eingesetzt. Die Länge, Tiefe und Höhe

des Unterschlupfes ist abhängig von der Körpergröße und der Personenzahl. Es können auch zwei gegenüberliegende Schrägdächer aufgebaut werden. Dazwischen wird das Wärmefeuer entzündet. Bei diesem Aufbau muss die Windrichtung jedoch seitlich liegen, damit der Rauch sich nicht in den Unterschlüpfen fängt.

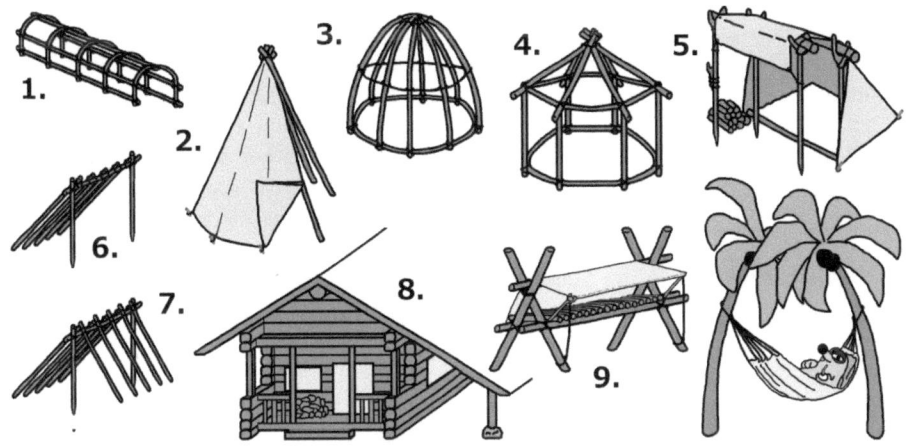

1. Schlafröhre / 2. Fallschirmspitzzelt / 3. Rundkuppel / 4. Hütte / 5. Planenlager / 6.+7. Schrägdach / 8. Blockhütte / 9. X-Ebene

Rundkuppel
Auf einem runden Flechtwerk wird das Dämmmaterial oder eine Plane aufgebracht. Entweder steckt man lange biegsame Äste in den Boden und verspannt sie oder es werden vergleichbar junge Äste zum Boden herabgezogen und verspannt. Nutzt man "lebendes" Material wird auch das Flechtwerk nicht absterben, sofern in der Unterkunft keine große Hitzequelle genutzt wird und Licht einfällt. In heißeren Gefilden wird ein derartiges Gerüst mit Lehm verdichtet. Der Lehm kühlt in der heißen Jahreszeit die Temperatur im Inneren der Hütte gut herunter, widersteht jedoch dem Regen nicht sehr gut. Wird der Lehm - Matsch zusätzlich mit Gras im Verhältnis 50/50 vermengt wird er noch stabiler.

In einigen Gegenden, wie beispielsweise der Eis- Steinwüste oder der Wüste, ist es meist nicht möglich sich in bekannter Art und Weise eine Unterkunft zu zimmern. Hier herrschen meist auch extreme Witterungsbedingungen. In der Sandwüste besteht unter der obersten Sandschicht eine kühlere Temperatur als auf der Oberfläche und im Falle eines Sturmes ist dort der beste Platz. Mund und Nase einigermaßen geschützt wirst du die Zeit hier besser überstehen. Also, grab dich ein. In Gegenden aber, in denen viele Kleinstlebewesen den Boden bevölkern, wäre das kein guter Schlafplatz. Baumstände oder höher gelegene Unterkunftsmöglichkeiten schützen dort vor giftigen Plagegeistern.

123

In kälteren Gefilden dagegen ist die Auskühlung des Körpers durch den Wind um das dreifache höher, somit ist es unumgänglich sogar bei jeder Rast zur Vorbeugung vor Erfrierungen und Erkältungen zumindest ein Windschutz zu nutzen. Dies wird um so wichtiger, wenn bei körperlicher Anstrengung die Unterbekleidung durch Schweiß durchnässt ist. Schnee kann unter Umständen das einzige Baumaterial sein. Er besitzt allerdings schallschluckende und auch wärmeisolierende Eigenschaften. Hierzu muss dieser jedoch trocken sein, eine bestimmte Konsistenz aufweisen und jede Wand 30-50 Zentimeter Dicke besitzen. Diese kann, am einfachsten, mit eingesteckten Holzstücken ermittelt werden. Im Folgenden widmen wir uns den verschiedenen Neuschneearten.

| Wildschnee | Bestehend aus Einzelkristallen fällt er bei sehr großer Kälte und Windstille. Er bildet keine Flocken, ist vom Gewicht her sehr leicht, flaumig und lässt sich nicht ballen. |

| Pulverschnee | Er bildet keine Flocken, ist leicht, locker und lässt sich wie der Wildschnee nicht ballen. |

| Pappschnee | Er fällt bei Temperaturen um die 0° Celsius, bildet größere Flocken, ist filzig und lässt sich gut ballen. |

Werden die Kristalle des Neuschnees durch die Temperatur, den Wind, die Setzung und andere Faktoren in Schneekörner umgewandelt, entsteht der Altschnee welcher ebenso in verschiedene Arten unterteilt werden kann.

| Preßschnee | Vom Wind zerschlagene Schneekristalle, welche als Packschnee abgelagert an der Windseite in Schichten gepresst werden. |

| Firnschnee | Mehrmaliges schmelzen - gefrieren von Altschnee erzeugt nach einem Jahr Firnschnee, welcher sich bei Sonnenbestrahlung durch Weichheit und bei Kälte durch Härte auszeichnet. |

| Harsch | Wind- Temperaturwechsel verhärten die Altschneeoberflächen zu Harsch. |

Schneeart	Gewicht / kg/m^3	Luftgehalt / %	Schneeart	Gewicht / kg/m^3	Luftgehalt / %
Wildschnee	10-30	97-99	Altschnee	200-600	50-80
Pulverschnee	30-60	94-97	Firnschnee	600-800	20-40
Pappschnee	60-150	85-94	Reif	200-300	70-80
Packschnee	100-300	70-90	Eis	800-900	08-20
Preßschnee	150-300	70-85			

kg/m^3 = Kilogramm Kubikmeter / % = Prozent

Speziell für Schneeunterkünfte gibt es besondere Regeln welche neben den allgemeinen gültigen Verfahrensweisen für Unterschlüpfe und Unterkünfte beachtet werden sollten. Ungeachtet für welche Art des Baues du dich entschieden hast, die Eingänge sollten klein gehalten werden, da durch sie viel Wärme verloren geht und demzufolge mehr Brennstoff benötigt wird. Die Höhe der Unterkunft sollte so gewählt sein, dass man sich zumindest ohne Probleme im Sitzen darin aufhalten kann. Der Standplatz sollte so gewählt werden, dass Schneeverwehungen das Bauwerk nicht über Nacht zuwehen und Lawinen oder Steinschlag es beschädigen können.

Wird als Grundgerüst ein Gewirr von Nadelzweigen genutzt, erhöht sich die Stabilität und die Gesamtisolierung. Bei der Isolierung deiner Schlafgelegenheit ist darauf zu achten, dass verwendetes Material die Luft speichern kann und sich nicht so schnell zusammenpressen lässt. Dies kann bei weicherem Material umgangen werden, indem eine härtere beziehungsweise gröbere Schicht Isoliermaterial zwischen weichere gelegt wird. Das Erleichtern der Notdurft im Freien kostet viel eigene Körperwärme und ist an die Witterung gebunden. Eine eigens gebaute Nebenkammer in der Unterkunft könnte auch als Toilette genutzt werden.

Wird ein kleines Feuer in der Schnuckelecke betrieben ist ein entsprechender Ausbau der Feuerstelle notwendig. Heisse Steine auf einem Moosbett wäre die beste Lösung. Durch die Beheizung und sogar durch die Körperwärme wird unsere Behausung an der Innenseite durch abfließendes Schmelz- und Kondenswasser jedoch in absehbarer Zeit vereisen. Sind die Innenwände schräg gehalten und geglättet, tropft das Wasser nicht herab sondern fließt zur Wand hin. Durch die Vereisung wird die Unterkunft jedoch auch Luftundurchlässig. Somit sind mindestens zwei Luftlöcher mit einem Durchmesser von fünf Zentimeter an der windabgewandten Seite unerlässlich. Diese dürfen natürlich auch nicht durch Neuschnee zugeweht werden. Wird im Innern des Iglus am Rand der Wand ein Graben gezogen, welcher in den Eingang mündet, kann durch Verlagerung der Kaltluft die Innentemperatur weiter gesteigert werden. Ebenso kann dieser Graben als Schmelzwasserreservoir dienen. Der abdeckbare Eingang ist aus diesem Grunde ebenfalls von unten nach oben verlaufend und rechtwinklig anzulegen, damit kalter Wind nicht hereinziehen kann.

Eine Schneeunterkunft kann mit einem Teelicht beheizt werden. Logischerweise sollte hierzu die Kerze am tiefsten Punkt der Unterkunft genutzt werden. Dadurch kann die Wärme nach oben ziehen und ein Sauerstoffmangel macht sich durch deren Verlöschen erkennbar. Ein Reflektor und eine erhöhte Schlafposition runden das Ganze ab.

Temperaturvergleiche in winterlichen Notunterkünften		
Außen	Innen	Bedingungen in der Schneehütte
-21,7° C	-10,0° C	Unbewohnte Hütte, nicht erwärmt.
-41,1° C	-7,8° C	Kein Bewohner, 1 Kerze.
-48,6° C	-7,3° C	2 Bewohner, keine Heizung.
-44,4° C	-4,8° C	2 Bewohner, 2 Kerzen.

C = Celsius

Diese Temperaturangaben sind natürlich von vielerlei Faktoren wie Schneeart, Größe der Unterkunft und auch der Aussentemperatur abhängig. Sie sind somit nur als grober Überblick zu verstehen. Allerdings: Selbst wenn deine Schneeunterkunft nicht beheizt wird, die Temperatur im Innern wird über den außen herrschenden Verhältnissen liegen! Bei allen Schneeunterkünften muss allerdings zu jeder Zeit mit einem Einschneien gerechnet werden. Aus diesem Grund sollten sich alle deine Ausrüstungsteile innerhalb der Unterkunft befinden. Speziell diejenigen welche für ein Ausgraben benötigt werden könnten.

Baumunterschlupf

Sind Bäume in der Nähe kann auch unter ihnen Unterschlupf gesucht werden. Gerade Nadelbäume bieten dir im Winter eine fertige Höhle. Wirft man noch etwas Schnee auf die unteren Äste und baut den so entstandenen Hohlraum aus, hat man erstmal Ruhe. Bei großer Kälte wird die Schneelast jedoch an Gewicht zunehmen und die Äste mehr belasten. Gleichzeitig sollte man vorsichtig mit einem Feuer umgehen, da das Schmelzwasser und die "Schneelawine" dieses ziemlich schnell wieder verlöschen lassen kann. Zudem ist, wie angesprochen, Weichholz durch den hohen Harzanteil auch in nassem Zustand leicht entzündbar.

Schneegraben

Eine Grube, entsprechend der jeweiligen Körpergröße, wird quer zur Windrichtung ausgehoben. Das Dach wird aus Schneeblöcken erstellt, welche je nach Stabilität des Materials, Giebelförmig oder als Flachdach zum Einsatz kommen.

Schneehöhle

Voraussetzung für diese Art der Notunterkunft ist eine Schneetiefe von mindestens zwei Meter. Ein Hang ist an der windabgekehrten Seite hierzu am besten geeignet. Grabe dich einfach in ihn hinein. Die Schneequalität und die Temperatur sollte jedoch beachtet werden. Einsetzende Tauphasen oder auch Schlechtwetter kann den Hang zum Abrutschen bringen.

Bei entsprechender Schneetiefe und Beschaffenheit kann allerdings auch flaches Gelände genutzt werden. Hierzu werden zwei Gräben von 60 Zentimeter Breite und 1,50 Meter Länge parallel zueinander ausgehoben. Der Abstand der beiden Gräben errechnet sich durch die Personenzahl. Hierbei sollten 60 Zentimeter pro Person berücksichtigt werden. Nun müssen die Gräben unter der Schneedecke nur noch miteinander verbunden sowie ausgebaut werden.

Schneeloch

Diese Art des Unterschlupfes kann von einer Person in relativ kurzer Zeit realisiert werden. Als Grundvoraussetzung gilt jedoch eine Schneetiefe von mindestens 70 Zentimeter. Am einfachsten gräbt man sich unter Einsatz des Körpers ein Loch. Nach erreichen der entsprechenden Tiefe wird im rechten Winkel eine Aushöhlung angesetzt bevor der ausgeschaufelte Schnee zum Abdichten des Einganges genutzt wird.

Windschutz
Ein Windfang aus aufgeworfenem sowie verfestigtem Schnee bietet Schutz und kann auch als Reflektor der Körperwärme dienen. Wird er keilförmig angelegt hält er sogar stärkerem Wind stand. Mit der Ausrüstung oder Schneeblöcken noch ein kleines Dach gebaut und man kann zur Not auch darin nächtigen.

Zu guter Letzt fehlt jedoch, um diese Kapitel zu vervollständigen, die allseits bekannte Langzeitunterkunft des Winters, das Iglu. Die althergebrachte, überlieferte Bauweise eines Iglus ist eine der aufwendigsten und schwersten Möglichkeiten des Unterziehens. Es ist jedoch die beste Möglichkeit auf Dauer in entsprechenden Regionen über die Runden zu kommen. Jedoch für eine Person ist der Bau ziemlich unverhältnismäßig und ohne Hilfsmittel wie Säge-Schneemesser, Schaufel oder Machete sowie hartem Schnee sehr schwierig. Wichtig ist auch hier, wie immer:

Nur das Einfachste funktioniert, und denkt an das Kosten-Nutzen-Verhältnis!

1. Baumunterschlupf / 2. Schneeloch / 3. Schneehöhle / 4. Iglu

Demzufolge wollen wir uns erstmal den einfachen Möglichkeiten widmen. Zuerst wird auf dem Lagerplatz der Schnee entsprechend der Unterkunftsgrösse niedergetreten. Auf dieser entstandenen Grundfläche wird die Ausrüstung oder Ähnliches, wie Zweige oder Sträucher gestapelt. Darüber wird Schnee aufgetürmt, verfestigt und wenn möglich mit Wasser besprengt, was das Gebilde härter macht. Nach zirka einer Stunde ist der Schnee

127

verhärtet und es wird ein Eingang in den Haufen gegraben, die Ausrüstung entfernt und der Innenausbau kann beginnen, wobei die Wandstärke wie immer 30 Zentimeter nicht unterschreiten sollte. Diese Art des Baues ist auch unter dem Oberbegriff Schneekuppel bekannt.

Das Grundgerüst kann aber auch aus Schneeziegeln gemauert und zur Isolierung mit einer Schneeschicht abgedeckt werden. Wer es genau Rund haben will, sollte sich auch den Kreis markieren. Dies geschieht am einfachsten mit einem Stock und einer Schnur. Die Funktionsweise des Zirkels lässt grüßen. Beachtet aber die Ziegeldicke bei eurer Markierung. Jetzt werden, mittels Schaufel, Machete, Messer oder Holzrahmen, Ziegel aus dem Schnee ausgestochen. Auch hier kann pulvriger oder bindungsloser Schnee mittels besprengen oder vermengen mit Wasser haltbarer und bindungsfähiger gemacht werden. Die Ziegel werden Schichtweise verarbeitet, wobei die einzelnen Reihen mit steigender Höhe immer mehr nach innen versetzt werden. Der letzte Ziegel stellt hierbei den Keil dar. Der Eingang wird erst nach Fertigstellung unter der Kuppel in den Kreis gegraben. Diese so entstandene Halbkugel wird von außen mit einer zusätzlichen Schneeschicht isoliert, die Innenseite geglättet und zur Beleuchtung können als Fenster Eistafeln genutzt werden. Der Eingang wird ebenfalls "gemauert", sollte allerdings ansteigen, rechtwinklig angelegt sowie verschließbar sein und tiefer als die eigentliche Wohnebene liegen. Die Feuerstelle wird mittig im Iglu unter der höchsten Stelle der Decke mittels einer Unterlage aus grünen Zweigen, Steinen, Fell oder Metall erstellt. Beim erstmaligen Anfeuern ist darauf zu achten, dass sofort nach Schmelzbeginn der Innenwand das Feuer verlöscht wird und erst wieder zur Entfachung kommt, wenn die Innenwand wieder vereist ist. Erst dann kann, entsprechend vorsichtig, weitergeheizt werden. Ein Abzug muss unter Beachtung der Windrichtung an der höchsten Stelle angebracht werden. Bei Tauwetter und starker Sonneneinstrahlung kann das Bauwerk, durch auflegen einer mindestens 10 Zentimeter dicken Schicht aus Isoliermaterial wie Reisig oder Moos und einer weiteren mindestens 10 Zentimeter dicken Schneeschicht, vor dem Abtauen geschützt werden.

Wer jedoch der Schwierigkeit trotzt und nach alter Bauweise ein Iglu bauen möchte, der kann sich der nachfolgenden Beschreibungen annehmen.

Wie schon angesprochen sollte hier auch die Grundfläche mit unserer Schnur abgesteckt und niedergetreten werden. Wir rechnen für zwei Personen mit einem Radius von 1,2 Meter. Die benötigten Schneeblöcke sollten mindestens 50 Zentimeter lang und dick, sowie an der Innenseite 30 Zentimeter und der Außenseite 45 Zentimeter Höhe besitzen, wodurch eine natürliche Kuppel erreicht wird. Diese Blöcke werden nebeneinander kreisförmig an den eingezeichneten Ring angelegt und überlappend gestapelt, wobei der Abstand zur Iglumitte immer beibehalten werden muss. Unsere Schnur leistet uns hier, sowie auch als Winkellehre für die Schräge der Blöcke, gute Dienste. In ungefähr 70-80 Zentimeter Höhe sollte eine Öffnung in den ersten beiden Blockringen belassen werden. Diese wird in der entsprechenden Höhe mit einem längeren Block überdeckt und dient später als Eingang, der mit einem rechtwinklig angelegten Röhrengebilde aus Schneeblöcken versehen wird. Genau dieselbe Methode wird angewandt um, in knapp 80 Zentimeter Höhe, entgegen der Hauptwindrichtung ein Luftloch zu integrieren.

Je höher die Blöcke aufeinanderliegen, desto leichter rutschen diese natürlich in den Innenbereich des Iglus. Um dies zu vermeiden werden vereinzelte Blöcke erhöht, dies steigert durch das Gewicht die Reibung. Man kann aber auch, wenn man abtrünnig werden will, die einzelnen Blöcke mit Holzankern verbinden.

Der letzte Block muss auch hier unter Druck eingesetzt werden, damit das gesamte Gebilde unter Spannung steht und sich besser stabilisiert. Es ist von Vorteil, wenn beim Setzen des Schlussloches dieses breiter als lang ist, damit der Abschluss von innen nach aussen eingesetzt werden kann. Das Innere des Iglus besteht aus einer Kaltluft- einer Koch- und einer Schlafebene.

Übung

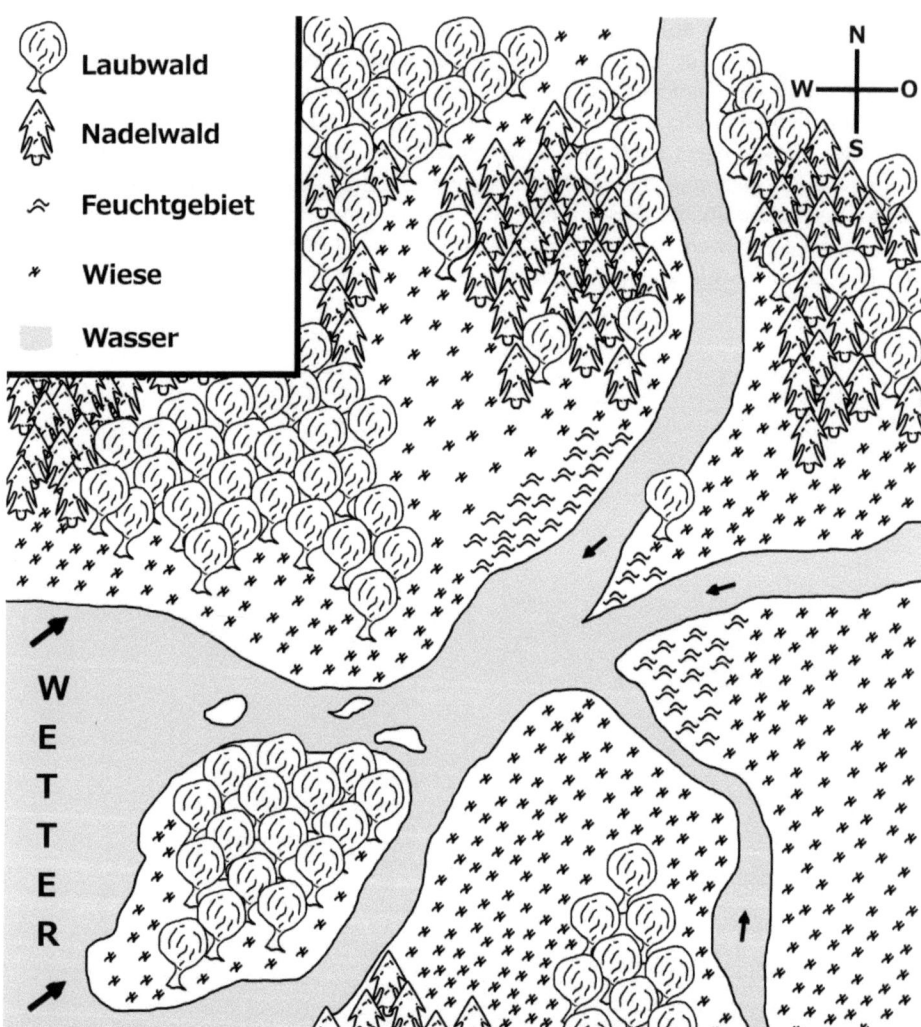

Plane dein Lager! Verteile die Gruppenunterkunft, den Küchenbereich, die Kochstelle, das Wärmefeuer, die Lagerstelle für die Nahrungslagerung, die Wasserentnahmestelle, dein „Badezimmer" sowie den Toilettenbereich, den Bereich für deine Notsignale sowie ein Verwundetenzelt. Beachte diesbezüglich auch das Kosten - Nutzen - Prinzip bezüglich der Möglichkeit des Holzlagers sowie des Fischfanges und die Wetterseite.

07. IMPROVISATION

Auf Reisen oder in Extremsituationen gerät man mitunter in eine Lage, in welcher man sich mit primitiven Hilfsmitteln Behelfe erstellen muss, welche meist auch noch unter widrigen Umständen eingesetzt, durchhalten müssen. In den wenigsten Fällen stehen dir bei deren Herstellung ein Messer, ein Beil, Seil oder Schnur zur Verfügung. Die Natur bietet jedoch Material in Hülle und Fülle. Auch Müllberge und Wracks sind in dieser Lage wahre Fundgruben. Denn nichts ist in einer Notsituation als Müll zu bezeichnen. Eher als Wertstoff! Auch eigenes Equipment kann, wenn es nicht anders benötigt wird, umfunktioniert werden. Im Folgenden beschränken wir uns allerdings auf grundlegende Materialien, wie Holz, Gestein, Pflanzen und tierische Materialien, wie sie überall zu finden sind.

Gestein

Steine gibt es in unterschiedlichen Härtegraden. Je härter, desto belastbarer. Gerade der Feuerstein und der Flint sind sehr gute Arbeitsmaterialien. Sie zerspringen immer unter Bildung scharfer Kanten. Die Form kann mittels eines Meißels aus Hartholz, Metall oder eines härteren Steines herausgearbeitet werden. Und wer es perfekt haben will kann die Feinarbeit mit direkten Druck und Schleifen durchführen. Hierzu bietet sich poröses Gestein an, welches direkt am Werkstück gerieben wird, wobei Wasser und Sand die Schleifwirkung verstärken.

Pflanzen

Sie bieten einem Improvisationsfreudigen vielfältige Einsatzmöglichkeiten. Seien es Wurzeln, Stängel, Ranken, das Holz, die Rinde, Blätter oder auch nur das Harz. Schon alleine mit den verschiedenen Holzarten lassen sich viele Dinge improvisieren. Um jedoch robuste und haltbare Gegenstände herstellen zu können ist nicht jede Holzart nutzbar. Die Birke beispielsweise besitzt ein leicht zu schnitzendes Holz, es verwittert jedoch rasch. Eibe ist wie die Buche sehr hart und dauerhaft, dafür aber elastisch. Erle ist fäulnisbeständig und Zeder schädlingsresistent. Platanenholz ist weich und leicht schnitzbar, während die Hasel als biegbar, zäh und leicht schnitzbar gilt, aber gerne splittert. Holz kann aber auch mittels härten über dem Feuer widerstandsfähiger und haltbarer gemacht werden. Dazu wird es nach der groben Formgebung über das Feuer gebracht bis es eine dunkelbraune Färbung annimmt. Ein Glimmen des Holzes darf jedoch nicht erfolgen! Das angekokelte Holz wird im Weiteren abgeschabt und dem Werkstück der letzte Schliff gegeben. In Verbindung mit Wasser oder auch Hitze lässt sich Holz sogar biegen. Hierzu wird das Werkstück immer wieder in Wasser eingelegt oder erhitzt, bis das Holz gesättigt ist oder Temperatur aufgenommen hat. Danach etwas in Form gebracht und fixiert. Nachdem es getrocknet (erkaltet) ist, wird dieser Vorgang bis zur endgültigen Form wiederholt. Feuer ist aber nicht nur zum Biegen ein gutes Werkmittel, mit ihm können kraftsparend auch größere Äste-Stämme durchgebrannt oder Behälter ausgeformt werden. Jedoch nicht nur das Holz auch die Rinde bietet ein gutes Material. Speziell für Behelfe wie Kleidung und Gefäße. Dazu muss sie jedoch in großen Stücken und ohne irgendwelche Löcher zur Verfügung stehen. Birke und Weide bieten hier einen sehr guten fäulnisbeständigen Werkstoff. Was jedoch nicht bedeutet, dass nur deren Rinde verwendet werden kann. Schneidet ein der Größe entsprechendes Stück am Baum an und klopft es mit einem Ast durch ohne die Rinde zu verletzen. Im Weiteren wird sie abgezogen und über dem Feuer geröstet bis eine bräunliche Färbung entsteht. Dies macht sie für die Weiterverarbeitung geschmeidiger

Wärme- Polster- und Isoliermaterial, wie Gras, Moos, Laub, Schilf, Stroh, ... kann nicht nur gerollt als Kopfkissen, sondern auch zum Weben verwandt werden. Getrocknet und vor dem Gebrauch gut eingeweicht, lässt es sich, in Lagen ineinander übergreifend, in ein Geflecht von Pflanzenfasern einweben. Neben diesen können auch Wurzeln sowie das getrocknete Kambium (Wachstumsschicht zwischen Holz und Rinde bei Bäumen) zu Bindematerial verarbeitet werden.

Tiere
Tierisches Material kann als Kleber, Bindematerial, Felle oder auch Leder Verwendung finden. Aus Hufe, Knorpeln und auch Fischhäuten kann durch Einkochen ein Klebstoff hergestellt werden und Knochen sind sehr stabile Arbeitswerkzeuge. Zum passgenauen Brechen wird der Knochen beidseitig eingefurcht und leicht von beiden Seiten beklopft. Die Vorbereitung von Tierhäuten, um sie später weiterverarbeiten zu können, gestaltet sich etwas schwieriger. Sie kann in mehrere Stufen unterteilt werden, wobei selbst die unbearbeitet abgezogene Haut unter Einschränkungen verwendet werden kann. Jedoch sollte jede Haut vor der Endverarbeitung entsprechend vorbereitet werden, damit das Endprodukt auch längere Zeit genutzt werden kann. Dieses Gerben schützt die Haut vor Fäulnis, macht sie haltbarer und flexibler. Bevor wir zur Verarbeitung übergehen, sollte die Haut zur Erleichterung des Entfleischens allerdings gewaschen werden. Über die Dauer des Einweichens, was sich von Stunden bis zu Tagen hinziehen kann, entscheidet die Dicke und die Größe der Haut. Wird sie nach dem Abziehen jedoch liegengelassen, verhärtet diese und muss eingeweicht werden. Sie sollte also gleich weiterverarbeitet oder zur späteren Nutzung konserviert werden.

Konservieren
Zur Konservierung von Fellen, um sie vor Fäulnis und Verwesung zu schützen, stehen das Einfrieren, das Salzen oder Trocknen zur Verfügung. Beim Einfrieren sollte es allerdings durch eine wasserundurchlässige Schicht, wie eine Plastikfolie, vor direkter Feuchtigkeit geschützt werden. Und beim Salzen wird das Fell von der Fleischseite her bestreut, was die Flüssigkeit aus der Haut zieht. Liegt das Fell auf einer schiefen Unterlage kann diese auch einfach ablaufen. Eine andere Methode wäre das 24 stündige Einlegen des Felles in eine gesättigte Kochsalzlösung. Dies ist erkennbar an ungelösten Salzkristallen am Boden des Behälters. Konservierte Felle sollten jedoch luftig und frei hängend im Schatten gelagert werden.

Das einfache Trocknen ist jedoch immer noch die leichteste Methode ein Fell zu konservieren. Hierzu kann das Fell auf einen Rahmen gespannt werden, wobei der Rahmen größer als das Fell sein muss. Hierzu wird die Haut mindestens einen Zentimeter vom Rand entfernt für die Spannschnur durchstoßen und mit einer recht haltbaren Schnur auf den Rahmen gezogen. Im Weiteren wird dieses so aufgehängt, dass die Luft von allen Seiten an das Fell gelangen kann. Es darf jedoch nicht zu heiß sein, da verflüssigtes Fett das Fell versiegeln würde.

Im Folgenden müssen Fett sowie Bindegewebe entfernt werden. Hierzu nutzt man am besten einen sogenannten "Gerberbaum", worunter sich ein schräggestellter Holzstamm verbirgt, an welchem die Feuchtigkeit und Fleisch sowie Fettreste weggeschabt werden. Unter Zuhilfenahme von Urin lassen sich daraufhin die Fettreste vollständig lösen.

Pflanzliche Gerbstoffe		
Pflanzenart	Gerbstoffgehalt / %	Ergebnis
Eiche	*Gallen / *Knoppern 30 Holz alter Bäume 5 Rinde 15	Hellbraunes Leder, sehr gut
Fichte	Holz 1 Holz alter Bäume 10	Hellbraunes Leder, gut – sehr gut
Kastanie	Rinde 10	Mittelbraunes, zähes Leder
Weide	Rinde 8	Helles gelbliches Leder, gefettet sehr weich
Birke	Rinde alter Bäume 10	Weiches Leder, strapazierfähig

* = Wachstumsveränderungen an der Frucht. / % = Prozent

Als zeitsparendste Gerbermethode gilt das Räuchern und die „Massage" der Haut. Es kann aber auch, neben einigen Pflanzen, das Fett oder das Hirn des Tieres in die Haut einmassiert werden. Pflanzliche Gerbstoffe werden durch Auskochen gelöst und durch Einweichen auf, beziehungsweise in die Haut gebracht. Der Vorteil der Gerbung mit Tannin ist die feste Bindung mit dem Kollagen. Der Gerbstoff geht hierbei innerhalb von zwei Tagen eine wasserunlösliche Bindung mit dem Kollagen der Haut ein. Wird das Gehirn des Tieres genutzt, sollte dieses vorher über 10 Minuten gekocht werden, worauf es als abgekühlte weiße Masse auf die zu gerbende Seite aufgebracht wird.

Gerben veredelt das Leder, es wird wasserfest, trocknet nach dem Nasswerden wieder weich auf und wird geschmeidiger!

Je nachdem was dein Ergebnis sein soll ist bei Leder die Masse beidseitig und bei Fell nur auf die ehemalige Fleischseite aufzubringen. Soll eine Rohhaut zur Verarbeitung kommen, müssen die Haare vor dem Räuchern und Fetten entfernt werden. Dazu wird die Haut in einen dünnflüssigen Brei aus Holzasche eingelegt und einige Tage kühl gelagert, worauf die Haare leicht abgeschabt werden können.
Um Häute richtig zu räuchern, genügt es jedoch nicht, die Haut aufgespannt über ein

Feuer zu hängen. Das beste Ergebnis erreicht man mit einem Räucherzelt und kaltem Rauch. Somit kann sich die Haut auch nicht durch übergroße Hitze zusammenziehen. Bestenfalls wird ein abgeschlossenes „Räucherzelt", von welchem ein Rauchrohr schräg nach unten in eine angrenzende Grube führt, genutzt. In dieser Grube wird das Feuer unterhalten, und später auch Rauchfähiges Material wie nasses, morsches Holz, Rinde, Gras und Pflanzen aufgelegt. Die Öffnung über dem Feuer sollte idealerweise reguliert werden können, so das nur die benötigte Luft eindringen kann, der Rauch aber über das Rauchrohr ins Zelt geleitet wird. Beim Bau deines Räucherzeltes sollte jedoch auf die Windrichtung geachtet werden. Dieser muss das Feuer nähren, aber auch austretenden Rauch aus dem Zelt aufnehmen, um den Sogeffekt zu erhalten.

Die Haut sollte sich bei deiner Kontrolle warm und feucht anfühlen, aber auf keinen Fall heiß. Sie ist fertig, wenn sie eine satte braune Farbe erreicht hat. Vergesst aber nicht bei Häuten beide Seiten zu räuchern! Jetzt fehlt noch das mechanische weichmachen der Haut, denn dies muss feucht erfolgen. Am besten wird es direkt nach dem Räuchergang begonnen. Es wird gewalkt, gerieben und gedrückt. Knistert es, ist es zu trocken und muss angefeuchtet werden. Lässt es sich dehnen ist es feucht genug und kann wieder bearbeitet werden. Es darf aber auch nicht zu feucht gehalten werden, denn es muss über den gesamten Trockenvorgang gewalkt werden. Dadurch wird verhindert, dass die Kollagenfasern verkleben und die Haut erhärtet.

Nicht jede Haut bringt aber zu jeder Zeit das gleiche Ergebnis. Felle sind zur Winterzeit besonders dicht und langhaarig, wobei Hundefelle mit langen Haaren als die wärmsten und dauerhaftesten gelten. Im Vergleich zu einem Rentierfell halten sie vier mal länger und kahlen nicht aus. Fisch- Vogel- und Reptilienhäute können auch gegerbt werden!

Unterschiedliche Bearbeitungsmöglichkeiten,
unterschiedliche Hauteigenschaften - Partien,
sowie unterschiedliche Tierarten bringen auch andere Ergebnisse.
Und unterschiedliche Kleidung, wird auch unterschiedlich gefordert!

Im Folgenden einige Provisorien, jedoch kann und soll diese Liste nicht vollständig sein. Erfinderischer Geist ist gefragt, und nur dieser setzt dir auch deine Grenzen!

Alarmanlage

Um Nachts nicht durch ungebetenen Besuch geweckt zu werden kann das Umfeld in einen undurchdringlichen Gewächshaufen verwandelt, mit trockenen Ästen und Fallen übersät oder mit gekauften, beziehungsweise improvisierten Alarmanlagen gepflastert werden. Ob Knallschnur, elektrische Anlage, Zugseil verbunden mit einer an der Bimmeldose oder am Zeh, vielleicht aber auch einem Ring aus Fallen.

Angelhaken

Die Größe des Hakens richtet sich immer nach dem Fisch. Allgemein sollte der Haken jedoch kaum Größer sein als der Köder. Draht oder Nägel können zu einem

Einzel- Doppelhaken gebogen, Dornenzweige eingeknotet, Knochen oder Holz entsprechend bearbeitet oder Sicherheitsnadeln eingesetzt werden.

Erdofen

Ein freistehendes, mit Lehm verstrichenes Grundgerüst aus Holz, oder einfach ein Erdloch im Hang mit Luftzufuhr. Nostalgiker werden wohl eher dem Yukon Herd zusprechen. Hierzu wird in einer kleinen Grube ein Tipifeuer errichtet, um welches Steine zu einem immer enger werdenden Kamin aufgeschichtet und mit Lehm verkleidet werden. Unter diesem Schutzwall führt ein Loch zum Holzlager, welches die Luftzufuhr und ein Nachlegen von Brennmaterial Gewährleistet. Die konische Form des Kamins sorgt für eine zielgerichtete Hitzewirkung.

Baum fällen

Nutze, wenn möglich, die Neigung des Baumes aus, und bearbeite den Stamm mit deiner "Axt". Die erste Kerbe mit einem Drittel des Stammdurchmessers kommt an die Seite in die der Baum fallen soll. Sie wird auch Fall- Bruchkerbe genannt und sollte einen Winkel von 45° aufweisen. Die zweite Kerbe wird genau gegenüber, ein paar Zentimeter höher als die erste, angesetzt und als Fällschnitt bezeichnet. Eingetriebene Hartholzkeile, mit welchen sich auch Holz spalten lässt, erleichtern dir deine Arbeit. Behaltet euch aber immer einen Fluchtweg offen und gebt auf herunterfallende Äste sowie auf ein Zurückschnellen eines Stammteiles acht.

Besteck

Löffel, Gabel sowie Messer können aus gebogenem Metall, Plastik, Knochen oder Holz hergestellt werden. Hierzu schnitzt man bei Holz (keine harzhaltigen Hölzer) zum Erhalt der Stabilität, der Längsmaserung nach. Die Vertiefung des Löffel kann ebenfalls geschnitzt oder eingebrannt werden und als Gabel kommt ein angespitzter Stock oder das Messer zum Einsatz.

Behelfsbrücke

Eine einfache Form einer Behelfsbrücke ist der Bau eines Stegs, welcher jedoch nur bei kleineren Flüssen in der angesprochenen Weise hergestellt werden kann. Zuerst wird die Breite des Flusslaufes geschätzt oder errechnet, siehe hierzu im Kapitel Orientieren, und ein oder mehrere Stämme in der erforderlichen Länge organisiert. In unmittelbarer Nähe des Flusses wird ein Widerlager, ein Loch oder verkeiltes Stammstück, am Boden befestigt. An diesem liegt jetzt unser Stamm mit einem Ende an. Am anderen Ende befinden sich zwei Seile in der anderthalbfachen Länge des Stammes. Dieser wird jetzt mithilfe der Seile aufgerichtet, um ihn dann langsam über den Fluss auf die andere Seite abzulassen. Weitere Stämme können, durch einfaches Überschieben über den schon liegenden Stamm, angesetzt werden. Alle Stämme sollten jedoch auf einer Unterlage aus Holz aufliegen sowie links und rechts gegen Verrutschen gesichert werden. Legt man Zwischenstationen, ähnlich

Pontons, an, können auch breitere Gewässer überbaut werden.
Weitere Möglichkeiten bedingen das Vorhandensein eines Seiles, welches über den Fluss gespannt wird. Auf ihm kannst du dich bei kurzen Distanzen hinüberhangeln, oder im Rangersitz hinübergleiten. Es können aber auch zwei Seile in der Art eines Indianersteges befestigt werden. So ist eine Tritt- aber auch Greifzone vorhanden. Bei dieser Variante wird das Greifseil über dem Kopf erfasst während die Füße sich auf dem Laufseil nach vorne bewegen. Als Luxusvariante gilt der Dschungelsteg. Aufbauend auf einem Fixseil werden beidseitig in Hüfthöhe weitere Seile befestigt. Diese werden mit Querverbindungen am Grundseil verbunden. An den Fixpunkten am Ufer werden diese "Geländerseile" mit einem Stock gespreizt, damit sie auch immer in der gewünschten Breite bleiben. Siehe hierzu auch im Kapitel Spezielles sowie Knoten und Bunde.

Bindematerial
Um Bindematerial zu improvisieren genügt schon hohes Gras, frisch abgezogene Rinde, Lianen, Kletterpflanzen, Brennesselstränge, Distelfasern aber auch geschälte dünne Wurzeln. Um Stängel älterer Pflanzen vorzubereiten, werden sie getrocknet und geklopft, um die verholzten Teile zu entfernen. Wurzeln werden zu Beginn entrindet, eventuell gespalten und dann verflochten.
Zum Flechten werden gegensätzliche Drehbewegungen genutzt, wobei bei langen Stücken die Ansätze mindestens zehn Zentimeter ineinander überlappen sollten, um eine ausreichende Festigkeit zu erreichen. Die einzelnen Fasern sollten allerdings gleichlang und gleichdick sein. Werden mehrere Stränge miteinander verflochten erhöht sich die Belastbarkeit.
Die Brennnessel liefert euch das beste Ergebnis in Bezug auf die Belastbarkeit. Bei kleineren Angelegenheiten kann man sich aber auch mit jungen biegbaren Zweigen behelfen, es muss nicht immer gleich eine Schnur sein. Des weiteren sind tierische Produkte wie Sehnen und Rohhaut verwendbar. Die Sehnen sind als Bindematerial sogar noch stärker als die Fasern der Brennnessel und können aus diesem Grund sogar als Bogensehne, Riemen, Garn und Angelleine verwendet werden. Die Bein- sowie die Rückensehne ist die längste Sehne im Tier. Sie muss noch frisch aus dem Kadaver ausgelöst, gereinigt, getrocknet und weich, flauschig geklopft werden. Einzelne Fasern können sogar als Nähgarn Verwendung finden und dreht man sie zu einem Strang, erhält man eine Schnur. Wird sie nass verarbeitet, scheidet sie beim Trocknen sogar eine klebrige Substanz aus.

Biwaksack
Als improvisierter Ersatz kann auch eine Plastikfolie, ein Poncho, ein Stoffsack, Aluminiumfolie oder Mülltüten hergenommen werden. Jedoch wird sich, bei der Verwendung von nicht atmungsaktiven Materialien die Körperfeuchtigkeit an der Innenseite niederschlagen. Es bietet sich somit an eine dünne Kleidungsschicht als Zwischenschicht zu nutzen.

Bodenverankerung

Zur Fixierung von Planen, Stabilisierung von Pfeilern an unserer Behausung oder zur Sicherung von Gegenständen oder Menschen, sind stabile Verankerungen ein muss. Schwere angebundene - aufgelegte Steine aber auch improvisierte Heringe können ganz nützlich sein. Heringe sollten jedoch aus Hartholz hergestellt, oder das verwendete Weichholz noch gehärtet werden. An unseren Heringen angebundene oder eingesägt Widerhaken erhöhen die Haltekraft.

Um Planen schonend mittels einer Schnur zu befestigen, legt man am besten einen Kiesel oder Ähnliches in die Plane ein, umwickelt dies mit der Schnur, und führt es zur Abspannung. In winterlichen Bereichen kann deine Verankerung mit Schnee bedeckt, festgeklopft und bewässert werden um sie zu vereisen. In Alaska auch als Schnee-Zement bekannt. Oder dein Hering wird, wie in weichem Boden, einfach quer eingegraben.

Boot

Vergleichsweise einfach kann unter Zuhilfenahme eines Ponchos, ein Coracle, ein rundes kleines Boot, hergestellt werden. Eventuelle Löcher im Material werden mit Harz verklebt, mit Hitze verschmolzen oder einfach zugebunden. Mehrere Äste, welche in einer Halbkugelform zusammengebunden werden, bilden den Rahmen über welchen der Poncho aufgespannt wird. Es können auch Grasbüschel zum Bau eines Bootes verwendet werden. Hierzu werden sie in einem Kreis zu einem dicken Strang verbunden und mit Plastikfolie eingeschlagen.

Wer die allgemeine Kanuvariante bevorzugt muss nicht verzagen, sollte sich aber auch vorher die Frage der Tragkraft stellen. Siehe hierzu beim Floß. Es werden fünf Stangen in der Länge von zweieinhalb bis drei Meter benötigt. Die stärkste Stange bildet den Kiel. Diese wird zuerst in den Boden gesteckt, so das sich durch die Bogenformung das Gerippe des Bootes abzeichnet. Seitlich werden jeweils zwei Stangen in der Biegung sowie der jeweiligen Breite des Bootes befestigt. Mit weiteren Ästen wird das Gerippe des Bootes jeweils im Wechsel über und unter dem Kiel vervollständigt. Im Folgenden wird das Bezugsmaterial darüber gespannt und an den Stockenden sowie dem Bootsrand fixiert. Zum Schutz der "Bootshaut" sollte dein Kanu von innen allerdings mit Polstermaterial ausgelegt werden. Am stabilsten wäre jedoch immer noch ein Einbaum. Doch ist das die Schwielen und die Arbeitskraft wert?

Bratpfanne

Ein Stück Metall mit einer leichten Kuhle, geformte Aluminiumfolie oder eine Steinplatte sind gute Alternativen.

Bratspieß

Das Holz für einen Bratspieß sollte so frisch als möglich sein. Am besten noch grün. Die Rinde am Griff dient dir als Wärmeleitschutz.

Bratzange

Ein zu einem U gebogener Ast wird in dieser Stellung arretiert und kann durch Zusammendrücken wie eine Zange verwendet werden.

Fackel

Birkenrinde wird um einen Ast gedreht und die einzelnen Schichten verklebt oder mit Draht fixiert.

Fett

Tierisches Fett ist im ersten Moment meist nicht zu bekommen. Körperfett ist aber immer dabei. Es kann an den Nasenseiten und den Haaren abgerieben werden.

Floß

Ein Floß kann aus den unterschiedlichsten Materialien, mit und ohne Bindematerial unter Zuhilfenahme von Winkeln hergestellt werden. Prüfe Stämme jedoch vorher immer auf Schwimmfähigkeit und dein Floß vor dem Einsatz auf Tragfähigkeit.

Zur Berechnung der Tragfähigkeit folgende Formel:

cbm Holz (trocken) : 5 = Tragkraft in Tonnen

Durchschnittliche Auftriebswerte		
Material	**Rauminhalt / l**	**Tragfähigkeit / kg**
Holzfässer	600	500
	300	225
	100	75
Metallfässer	600	410
	300	180
Lkw Schlauch	je nach Typ, ...	-6000
PKW Schlauch	je nach Typ, ...	-800

l = Liter / kg = Kilogramm

Bei der Verwendung von frischem Holz gilt - Probebelastung. Bei Kanistern wird der Inhalt abzüglich des Eigengewichts gerechnet, was dann die Tragfähigkeit in Kilogramm ergibt.

Kommt Holz zum Einsatz sollten die Stämme 3,60-4 Meter Länge sowie einen Durchmesser von 20 Zentimeter aufweisen. Für ein Floß benötigt man eine Breite von cirka zwei Metern, die mit 10-12 trockenen Stämmen erreicht werden kann. Doch wer hat die Zeit diese auch noch abzulagern?

Zugeschnitten werden sie sofort nach dem Fällen, auch entrindet, da geht es noch am leichtesten, und nebeneinander auf den Boden gelegt. Oberhalb jedes Stammes wird von beiden Enden knappe 30 Zentimeter zur Mitte hin eine V-Kerbung quer des Stammes angebracht. Diese wird später mit einem V-förmigen Keil das Floß zusammenhalten. Das Ganze wird auch Rückseitig, seitlich versetzt zur Vorderseite durchgeführt. Durch das Eintreiben von Hartholzstiften und unterstützt durch die Quellwirkung des Wassers fixiert man die äußersten Stämme. Die Beplankung wird aus dünneren Stangen hergestellt und garantiert, nicht ständig im Wasser zu stehen. Als Ruder oder Paddel können lange Stangen dienen, welche idealerweise als Heckflosse genutzt werden. Verwendet man Seile und knotet das Floß, kann dieses sogar im Wasser gebaut werden. Somit entfällt der Prozess des Wasserns. Da Seile sich jedoch bei Kontakt mit Feuchtigkeit dehnen muss immer unter Spannung und nass gearbeitet werden. Zudem können sie auch durchscheuern und sollten somit in das Holz eingelassen werden.

Je größer dein Floß ausfällt, desto schwerer lässt es sich steuern!

Zur Stabilisierung kann aber auch ein Treib - Seeanker hergestellt werden. Er setzt zwar die Treibgeschwindigkeit herab, hält aber deine schwimmende Burg in der Strömung. Hierzu muss die Ankerleine so lang sein, dass der Anker im nächsten oder übernächsten Wellental hinterher geschleppt werden kann. Dafür eignen sich Eimer, andere, fast komplett mit Wasser gefüllte Behälter, oder was auch immer. Ein Segel würde dir zudem viel Kraft ersparen.

Ein Behelfsfloß kann aber auch aus einem Poncho hergestellt werden. Auf den ausgebreiteten Poncho kommt ein gebundenes Holzkreuz, zusätzlich oder alternativ ist auch Gewächs, Stroh oder Heu als Füllmaterial denkbar. Deine Plane umfasst das Holzkreuz mit dem Füllmaterial und wird mittig verbunden. Das Floß kann nun mit einer Schnur hinter sich hergezogen werden.

Für kurze Distanzen kommt ein Sitzfloß zum Einsatz. Hierzu werden zwei Stämme mit einer Schnur an beiden Enden locker miteinander verbunden. Nun setzt man sich zwischen die Stämme, so dass Beine und Arme darüber hängen. Andererseits könnte auch ein dicker Stamm mit einer Astgabelung zum Einsatz komme.

Gamaschen
Zum Schutz vor Nässe, Gestrüpp und den Angriffen von Schlangen und anderem Kleingetier sind Gamaschen manchmal eine gute Hilfe. Abgeschnittene und/oder dick ausgepolsterte Strümpfe aber auch umgebundene Rinde sind denkbar.

Gefäße
Umgesetzt könnte es sich, unter anderem, um eine Mulde in Stein/Holz, Bambus, eine Kokosnuss, dem Panzer einer Schildkröte, eine getrocknete Rohhaut, einem Tiermagen, Aluminiumfolie, Dosen aber auch einen ausgehöhlten Kürbis handeln. Selbst wenn dein Gefäß aus brennbarem Material besteht, solange sich Wasser darin befindet verbrennt es auf der Glut nicht.

Um Glas zu verwenden kann es auf kante gebrochen werden, indem es mit einem in Benzin getränktem Baumwollfaden in der gewünschten Höhe umwickelt wird.

Dieser wird entzündet und erhitzt das Glas an der Stelle, so dass es mit einem leichten Schlag oder einem rapidem Abkühlen an der Kante bricht. Als Alternative geht dies auch mit erhitztem Sand. Vielleicht brennst du dir aber auch deine Gefäße selbst. Tonerde und ein Ofen ist im Groben alles was du brauchst. Das Brennen dauert jedoch etwas länger, da die Gefäße erst getrocknet werden müssen und viel Holz für das Grubenfeuer benötigt wird, um die Brenntemperatur von ungefähr 900° Celsius zu erreichen. Vorsicht ist beim Abkühlen geboten, am besten verbleibt das Brenngut hierzu in der Grube.

Es besteht auch die Möglichkeit aus Rinde Gefäße herzustellen. Die Grobe Form wird zugeschnitten und die Rinde in Wasser eingelegt. Dies macht sie geschmeidig und sie kann gebogen, fixiert, mit frischen Wurzeln vernäht und verklebt werden. Vielleicht flechtet man sich aber auch einen Korb. Pflanzenteile wie Wurzeln, Stängel und Ranken geben, speziell wenn sie frisch sind, sehr gutes Flechtmaterial ab. Im Speziellen die Weiden- Haseläste sowie Schilf. Zum Flechten selbst sind besonders grüne Weidenzweige geeignet, welche aber zur besseren Verarbeitung geschält, der Länge nach geteilt und eingeweicht werden sollten. Werden dünne, weiche Plastikbehälter wie Tüten oder Kondome als Behälter genutzt, sollten diese zum Schutz mit Stoffbeuteln versehen werden um Beschädigungen zu vermeiden.

Hammer
Ein stabiler Ast mit einem befestigtem Stein kann nicht nur als Hammer, sondern angeschliffen, auch als Axt genutzt werden. Eine Astverwachsung gibt aber auch einen guten Holzhammer.

Handbohrer
Ein solider Stock wird am Ende mit einem harten spitzen Stein versehen. Wird der Stock zwischen den Händen gedreht erreicht man die Bohrwirkung. Mittels eines Bogens, bei dem die Bespannung um den Bohrstab läuft, und einem Stück Holz als Handschutz beim Drücken auf den Bohrer, lässt sich die Effektivität erhöhen.

Holzkohle
Sie kann selbst hergestellt werden, wenn ein kleiner Holzstoß kreuzweise gestapelt in einem Loch mit einem in der Mitte gelegenen kleinen Feuer so abgedichtet wird, dass dein Holz verkokelt, aber nicht verbrennt.

Imprägnieren
Essigsaure Tonerde besitzt wasserabweisende Eigenschaften, tötet Keime ab und wirkt entzündungshemmend.

Insektenschutz
Saft von Knoblauch, Zwiebeln oder einfach der Duft von Blättern des Sassafras erleichtern dir deinen Aufenthalt in entsprechenden Bereichen.

Isoliermaterial

Das beste natürliche Isoliermaterial, einmal abgesehen von Daunen, ist immer noch Stroh und Schilf. Papier, Laub, Moos, Felle und aufgeriebene Rohrkolben sind aber auch möglich. Schlichtweg alles, was fein, dünn und ein gutes Luftpolster bietet, kann genutzt werden. Einfach zwischen die Kleidungsschichten gestopft oder auch eingenäht. Lieschgras mit seinem Flaumigen Kopf kann sogar als Daunenersatz angesehen werden. Es wärmt jedoch nicht das Material, sondern die im sowie auch zwischen dem Isoliermaterial eingeschlossene Luft, welche durch den Körper oder die Umgebung erwärmt wird. Schütze es somit vor Feuchtigkeit, oder trockne es gut. Im Mehrschichtprinzip zwischen Papier oder Stofflagen könnte auch Alufolie eingelegt werden, welches dem gleichen Prinzip entsprechen würde, wie es einige Hersteller für ihre Hochgebirgs- Rettungsschlafsäcke nutzen.

Eine einfache Matratze kann mit zwei geflochtenen Matten erstellt werden. Diese werden miteinander verbunden und der Zwischenraum mit Isoliermaterial gefüllt. Aufgeschüttetes Isoliermaterial in einem Rahmen würde es aber auch schon tun. Um jedoch eine entsprechende Wärmeeigenschaft zu erhalten, sollte die isolierende Lage, speziell wenn man darauf liegt, mindestens 10 Zentimeter dick sein. Deine "Matratze" muss jedoch auch immer wieder aufgeschüttelt werden, da sie sich mit jeder Ruhepause zusammenpresst und ihre isolierende Wirkung dadurch verliert. Grobes Isoliermaterial gehört hierbei immer nach unten und feines obenauf.

Kerze – Notfeuer

Tierisches Fett in Kombination mit dünnem Holz bieten eine passable Beleuchtung auf welcher auch kleinere Dinge erwärmt oder gebraten werden können. Hierzu werden kleine dünne Holzstücke oder andere saugfähige brennbare Materialien in Fett eingestochen oder aufgelegt. Das Material wird entzündet, wobei das Fett zu schmelzen anfängt, vom Brennmaterial aufgesogen wird und mit gleichmäßiger Hitze verbrennt.

Kescher

Ein Rahmen oder eine zusammengebundene Gabel ist die Aufhängung für ein Netz oder anderes wasserdurchlässiges Material. Manchmal reicht hierzu eine Hose, ein T-Shirt oder eine Socke welche in einen Rahmen eingeflochten und am unteren Ende verschlossen wird.

Klebstoff

Nicht nur eingekochte Fischreste und Hufe, auch zerquetschte Mistelbeeren sind als Klebstoff verwendbar, Harz ist jedoch immer noch die beste Möglichkeit. Um es dementsprechend verwerten zu können, muss es aber vom Terpentin getrennt werden. Am besten geschieht dies auf einer geneigten Feuer- sowie Saugfesten Unterlage. Dort wird ein Harzklumpen entzündet, wobei das Terpentin verbrennt und das reine Harz abläuft. Entweder nutzt man es gleich oder lässt es erkalten und bewahrt es in Klumpen für den späteren Gebrauch auf. Es braucht dann nur noch erhitzt und eventuell, zur besseren Aushärtung, mit Holzasche vermischt werden. Kommen Hufe zum Einsatz werden sie eingekocht und der an der Oberfläche entstehende Film immer wieder abgeschöpft bis die verbleibende Flüssigkeit die entsprechende Konsistenz erreicht hat. Zur Herstellung von Pech wird einfach die Rinde der Birke in einem Topf verkokelt. Durch ein Loch im Boden des Topfes kann das Pech in einen Auffangbehälter ablaufen.

Kleidung

Ist genug Schnur vorhanden kann ein Netzhemd mit Gras verflochten werden. Einfacher wäre es jedoch Decken aber auch Teppiche mit einer Kopföffnung zu versehen und sie als Poncho zu nutzen. Tierhäute wären auf länge Sicht gesehen aber immer noch die haltbarste Lösung. Siehe hierzu auch beim Körperwickel.

Fußbekleidung

Stoff oder ähnliches Material wird zu einem Dreieck auf ungefähr 75 Zentimeter länge gefaltet und der Fuß mit den Zehen in Richtung Spitze aufgesetzt. Die Spitze wird auf dem Fußrücken umgeschlagen, und die beiden Enden um den Knöchel geschlungen miteinander verknotet. Werden mehrere unterschiedliche Lagen oder härtere Schichten verwandt, können auch Behelfsschuhe entwickelt werden. Stabilere Schuhe können aus Gummireifen hergestellt werden, die mit Riemen versehen sind. Aus Rohhaut lassen sich aber auch Mokassins herstellen. Hierzu wird ein acht Zentimeter größerer Fußausschnitt angefertigt und ebenfalls mit einem Riemen, welcher jedoch rundum verläuft, versehen.

Netzhemd

Es dient zur Schaffung eines wärmenden Luftpolsters unter der Oberbekleidung oder mit Bewuchs eingeflochten auch als Tarnmittel. Entsprechend der Größe des Oberkörpers werden einzelne Schnüre geschnitten und Netzförmig auf dem Boden übereinandergelegt. An den Verbindungsstellen verknüpft oder vernäht man das Material miteinander. Das Vernähen kostet zwar mehr Zeit, vermeidet aber Druckstellen durch die sonst entstehenden Knoten. Für ein Netzhemd wird jedoch viel Bindematerial benötigt. Um dies zu reduzieren können aber auch größere Blätter und Flechtmaterial zum Einsatz kommen.

Körperwickel

Mit genug Stoff kann ein Körperanzug hergestellt werden. Dieser wird in der zweifachen Länge der Körpergröße -breite auf die Hälfte gefaltet und an der Faltung mittig die Öffnung für den Kopf eingeschnitten.

Kopf / Gesichts / Augenschutz

Ein entsprechend großes Stück Stoff wird mit Gesichtsschlitzen versehen und über den Kopf gelegt. Ein Kopf- Halsband hält es in entsprechender Position. Die Sehschlitze sollten jedoch so klein als möglich gehalten werden, um die Augen auf reflektierenden Flächen vor zu hoher Helligkeit und Überlastung zu schützen. Ein Ausfransen, Einschwärzen des Stoffes sowie der Augenhöhlen erhöht die Schutzwirkung. Für einen Hut bieten sich Gras, Stroh und Bast an.

Kompass

Das Grundprinzip eines Kompass ist ein magnetisches Metallstück, welches sich zum nächstgelegenen magnetischen Pol ausrichtet. Dies kann eine Stahlnadel, eine Büroklammer, eine Rasierklinge oder etwas Ähnliches sein. Zum Magnetisieren wird es öfter in der gleichen Richtung durch die Haare oder durch seidene Kleidung gezogen. Auch ein Umwickeln mit einem dünnen Draht und Magnetisieren mit einer Taschenlampenbatterie, oder das mehrmalige Bestreifen der Nadel mit einem Magneten ruft diesen Effekt hervor. Weiters kann die „Nadel" auch beschlagen werden. Hierzu wird sie grob auf den magnetischen Norden der Erde gerichtet und mit einem Gegenstand ein- zweimal beklopft. Die magnetischen Teilchen richten sich dann gen Nord aus. Bei all diesen Möglichkeiten braucht dann nur noch die Nordspitze der „Nadel" markiert werden und eine möglichst reibungsarme Art der Bewegung gefunden werden. Hierbei kann es sich um das Aufhängen an einem Faden oder das Positionieren auf einem Schwimmer wie einem Blatt, einem Korken, Papier, Rinde oder Fett handeln. Diese improvisierte Magnetisierung hält aber nicht ewig. Sie wird regelmässig erneuert werden müssen.

Körbe - Behälter

Mittels dem Verflechten von Ästen können nicht nur Gegenstände wie Körbe und Behälter, sondern auch Boote, Hütten und Zäune hergestellt werden. Hierzu bietet es sich an, die Grundform des Gegenstandes in den Boden zu Stecken und dies dann einfach mit biegsamen Ästen zu verflechten.

Kühlschrank

Ein einfacher Kühlschrank kann aus einem kleinen Gestell, welches an einer luftigen Stelle im Schatten aufgehängt wird, hergestellt werden. Über dieses Gestell wird ein großes Stück Stoff gelegt, auf welchem ein Behälter mit Wasser steht. Von diesem Wasser führt ein Stofffetzen auf das Tuch, welches dieses ständig feucht hält und mit dem Wind den Inhalt kühlt. Auch ein nasser Beutel in Verbindung mit Wind wirkt schon Wunder. In kälteren Gebieten ist auch der Permafrost mit einer ausgepolsterten, abgedeckten Grube an einer regensicheren Stelle eine Möglichkeit. Wasserdicht eingepackt und natürlich gegen abtreiben gesichert, würde auch eine schattige Stelle in einem Fluss ihre Wirkung besitzen.

Lederriemen

Aus unserer gegerbten Haut können auch Lederriemen zugeschnitten werden. Dies geschieht am besten mit einem scharfen Messer und einem Abstandhalter, wobei die Rohhaut, wenn man lange Riemen wünscht, rund geschnitten sein sollte. Die Klinge wird fixiert, ein Abstandhalter in der entsprechenden Distanz zur Klinge angebracht, und die Rohhaut zuerst bis zur entsprechenden Dicke der Riemen quer zum Rand eingeschnitten. Im Folgenden wird sie um 90° gedreht, um sie zwischen dem Abstandhalter und dem Messer durchzuziehen. Lederriemen sollte jedoch nass verbaut werden, um durch das Zusammenziehen beim Trocknen weitere Spannung zu erreichen. Gleichzeitig wird die Gefahr minimiert, dass dein Werkstück durch Feuchtigkeit die Spannung verliert.

Leiter

Als Aufstiegshilfe kann nicht nur eine Leiter, sondern auch ein dementsprechend eingekerbter Baumstamm oder ein Baumstamm mit Aststummeln dienen. Wer über Seil verfügt kann sich auch eine Strickleiter knüpfen. Hierzu werden genügend 50 Zentimeter lange Trittflächen benötigt, welche in das U-förmig ausgelegte Seil mit einem Mastwurf eingeknüpft werden. Dem sportlich angehauchten reichen auch eingeknüpfte Knoten oder man nutzt, wenn das Seil dick genug ist, die im Kapitel Spezielles angesprochene Klemmtechnik.

Netz

Als Ausgangsbasis dient dir eine Leine im Umfang des Netzes. Diese wird in der Länge des gewünschten Netzes aufgespannt, wobei eine Breitenlänge an einer Seite und eine Breite sowie Länge an der anderen Seite herabhängt. Diese Basisleine sollte doppelt so dick sein wie dein Netzgeflecht. Von der gespannten Breite deiner Basisleine gehen, in der gewünschten Fachbreite angelegt, Doppelschnüre mit einem Mastwurf fixiert, in doppelter Netzbreite gen Boden. Im Folgenden werden im erforderlichen Abstand die Verbindungen mittels Überhandknoten eingewoben wobei die Randleine und am Schluss die untere Breite mit eingeknotet werden.

Ofen

Im Abstand von fünf Zentimeter werden oberhalb des Bodens einer Blechbüchse rundum Luftlöcher in das Blech eingestochen. An der Öffnung der Büchse werden alle zwei bis drei Zentimeter Laschen umgebogen welche dem Rauchabzug dienen. Diese Büchse wird nun bis zu den Luftlöchern mit Sand gefüllt, welcher mit einem Benzin-Ölgemisch getränkt wird. Eine zweite Dose kann, geöffnet, mit Steinen gefüllt und über den Ofen gelegt die Wärme gut abstrahlen. Alternativ reicht schon eine Kerze oder Glut in der Dose.

Papier

Getrocknete und gepresste Birkenrinde gibt einen guten Papierersatz ab. Alternativ kann auch eingeweichtes Schilf oder andere Fasergewächse zu sprödem Papier geklopft und getrocknet werden.

Phosphoreszierend
Das Pilzgeflecht des Hallimasch ist phosphoreszierend und kann in der Nacht zum Markieren verwandt werden.

Reuse
Zur Herstellung sind die Zweige der Hasel am besten geeignet. Ein Ärmel oder ein Hosenbein tun es aber auch. In der gewünschten Länge werden mehrere Stangen an einem Ende verknotet. Daraufhin werden zwei Äste zu einem Kreis gebogen die dem Durchmesser der Reuse entsprechen und in das Astbündel eingewoben. Zum Herstellen der Öffnung wird ein Trichter angefertigt. Dieser wird mit der kleinen Öffnung in das entstandene Astbündel eingesetzt und das Gebilde verflochten um die Abstände zu verkleinern.

Rucksackersatz
Die einfachste Lösung ist eine Ponchorolle. Bei dieser Variante wird der Poncho ausgebreitet, die Habseligkeiten aufgelegt, im Poncho eingerollt und dieser an den Enden und in der Mitte zusammengebunden. Über den Nacken oder die Schulter geworfen behindert sie nicht groß beim Laufen. Da diese Tragehilfe in Stabilität jedoch nicht vergleichbar ist mit einem normalen Rucksack, muss besonderer Wert auf das Verpacken und die Verteilung des Gewichts gelegt werden. Ein aus Ästen, Schnur, Draht oder Leder hergestellter Packrahmen mit Transportbeutel oder ein geflochtener Korb, versehen mit einem Tragegurt, bietet mehr Komfort. Um die Schultern zu entlasten kann ein Stirn- Halteband eingesetzt werden.

Schaufel
Dicker Schiefer, ein gekantetes Holzbrett, ein dicker Hartholzstab aber auch ein schräg geschlagenes Stück Bambus finden Verwendung. Eine Astgabel könnte auch wie eine Harke genutzt werden.

Schlafsack
Aufbauend auf einer Röhre, sei es ein Sack, der zusammengelegte Poncho oder eine Plane gilt: Je mehr dünne Lagen, desto wärmer wird es. Zusätzlich kann zwischen diesen Isoliermaterial eingefügt werden. Kopf sowie Hals müssen jedoch auch geschützt werden, denn hier kann der Wärmeverlust bis zu 20 % betragen.

Schleppe / Trage
Aus unterarmdicken Stangen wird eine Art Leiter oder großes Dreieck von zwei bis zweieinhalb Metern Länge zusammengebaut. An einem Ende wird mit einer Schleppschnur und am anderen mit einer Gleitauflage aus Nadelzweigen, welche auch gleichzeitig als Federung dient, gearbeitet.
Die Stangen können jedoch auch als Leitersystem genutzt werden. Hierzu werden sie auf eine große Plane gelegt und eingerollt, bis sie in schulterbreitem Abstand

zueinander stehen. Das "Material" wird auf die Plane gelegt, so dass Stangen und Rollung sich unterhalb befinden. Für längere Strecken sollte die Trage jedoch mit Querstreben stabilisiert werden. Ebenso sind Schultertragegestelle zur Entlastung der Tragarme und Schultern sowie Befestigungen zur Materialsicherung denkbar. Als Planenersatz können auch drei entsprechend robuste Jacken genutzt werden. Hierzu werden die Ärmel nach innen gelegt und die Jacken geschlossen. Die beiden Stangen der Trage werden durch die Ärmel der Jacken geschoben. Ist genug Seil, im Schnitt 30 Meter, vorhanden kann auch eine Seiltrage geknüpft werden. Hierzu wird das Seil mittig mit einem Sackstich (siehe hierzu unter Knoten und Bunde) versehen. Dieser kann später zur Fixierung oder Absicherung genutzt werden. Die beiden folgenden Sackstiche werden im Achselabstand des Patienten eingeknüpft. Folgend bis auf Fußhöhe werden alle 15-20 cm weitere Sackstiche gesetzt. Der untere Abschluss wird entsprechend der Fußbreite gemacht. Daraufhin wird mit den überständigen Seilenden im Wechsel durch die Seilschlaufen gegangen, um den kreuzförmigen Rahmen fertigzustellen. Die Seilenden werden an der zuallererst geknüpften Schlinge fixiert, wobei eines zur Rücksicherung genutzt werden kann, und das andere das Geflecht verbindet. Jetzt fehlt nur noch die Polsterung und Fixierung des Patienten. Zwei Stämme durch die seitlichen Handschlaufen und fertig ist die Trage welche auch als Skiflugschlitten alleine gezogen werden kann.

Schlitten
Entweder baut man aus Holz ein robustes Gestell und flacht die Kufen ab, oder aber man nutzt die Kälte und arbeitet mit Fell, Leder oder Stoff. Dein Material wird in einer Schneemulde geformt, mit Wasser benetzt und kann nach dem Gefrieren wie ein Schlitten genutzt werden. Bei Fellen sollte jedoch darauf geachtet werden, dass der Haarstrich nach hinten zeigt. Skier sind auch ein guter Behelf. Einfach die Spitzen übereinander gelegt und mittels eines Mastwurfes fixiert. Die Seilenden laufen zu den jeweiligen Bindungen und geben die Spannung worauf die Ski dann in V-Form gespreizt werden. Eingebaute Querstreben ergeben deine Packfläche. Ist diese Stabil und groß genug ist vielleicht auch noch Platz für dich.

Schneeschuhe
Geflochtene, gebogene, fingerdicke Zweige werden zu einem ovalen Teller mit 70 Zentimeter Länge und 40 Zentimeter Breite gebogen. Mit Standhölzern verspannt und mit Halteriemen versehen verteilen sie das Gewicht, tarnen deine Spur und verhindern auch ein Einsinken in weichen Untergrund. Eine am vorderen Ende angebrachte Schnur, welche zur jeweiligen Hand reicht, würde das Herausziehen beim Einsinken erleichtern.

Schwimmhilfe
Alles was schwimmt kann eine Schwimmhilfe darstellen. Eine mit Luft gefüllte Tierblase, Binsen-, Stroh-, Riedballen, Reisig, Baumstämme unter den Achseln

oder auch leere Benzinkanister. Es sollte jedoch, je nach Schwimmstrecke, auch auf die Ohnmachtssicherheit geachtet werden. Bewusstlosigkeit, Unterkühlung oder die Erschöpfung sollten Beachtung finden. Notfalls können auch die Beinteile einer feuchten oder fettbestrichenen Hose zum Einsatz kommen. Die Hose wird am Saum zusammengebunden und so unter das Wasser gezogen, dass sie sich mit Luft füllt. Der Oberkörper liegt beim "Treiben" zwischen den Hosenbeinen, entweichende Luft kann durch den Stoff nachgeblasen werden.

Schärfen

Mittels Sand oder einem harten Stein wird das Objekt gegen die Schnittfläche in einem Winkel von 45° geschliffen. Bei Erreichen der entsprechenden Schärfe wird die Seite gewechselt um den Schneidgrat zur Messermitte hin zu verlegen. Durch hartes Leder kann die Klinge noch geglättet werden.

Seife

Wasser, Fett und Holzkohle werden eingekocht. Ein Parfümzusatz ist nicht nötig, macht das Ganze aber ansprechender. Tannennadel- Thymiansud oder vielleicht sogar zerstoßene Koriandersamen können zum Einsatz kommen. Ebenso sind die zerriebenen Blätter der Rosskastanie, welche über eine leicht antiseptische Wirkung verfügen, ein Nelkenwurzsud und Ruprechtskraut denkbar.
Aus Rosskastanien lässt sich dank der 15-20% Saponine die darin enthalten sind auch ein "Waschpulver" herstellen. Hierzu werden geviertelte Kastanien in heißem Wasser über einige Stunden luftdicht eingelegt. Die milchige Brühe muss dann nur noch gefiltert werden.

Säge

Helfen könnte dir Stacheldraht oder eine Sägezahnung in Knochen oder anderes entsprechendes Material eingeritzt. Ausgebrochene Scherben oder die Kette einer Motorsäge wären ideal. Ist man im Besitz einer sogenannten Taschensäge könnte man sich mit einem Bügel auch ein sehr nützliches Gerät herstellen.

Toilette

Die einfachste Umsetzung einer Reisetoilette ist das Nutzen einer Tüte, welche in einem „Gefäß", einer Erdgrube oder einer Dose steckt. Natürlich rein unter dem Motto, wir lassen nichts zurück. Ein Donnerbalken, ein stabiler Ast, auf welchem man sich während der "Arbeit" setzen kann, tut es aber auch. Denkt hierbei aber an eine Grube von mindestens 30 Zentimetern Tiefe, einem Abstand von 50 Metern zu Gewässern und an das Abdecken des Geschäftes. Als Toilettenpapier würden sich feuchte Bartflechten anbieten. Für Schmerzresistente tut es aber auch Sand.

Waffen

Der Begriff Waffe ist weitläufig und kann nur durch die Art der Benutzung eines

Gegenstandes zugewiesen werden. Nachfolgend werden Gegenstände behandelt die im Allgemeinen unter den Begriff Waffe fallen und in der breiten Bevölkerung als solche bekannt sind. Es ist jedoch immer die Zeit welche zur Herstellung und Erlernen des Einsatzes benötigt wird, die Nutzbarkeit im vorhandenen Gelände und die Wirkung auf das vorhandene Ziel zu beachten. Nur das Einfachste im Bau, und ohne Übung erfolgversprechendste, steht für uns zur Wahl.

Blasrohr
Zur Herstellung eines Blasrohres ist langes Schilf erforderlich, von welchem ein Wachstumsstück entfernt, der Kern begradigt und als Lauf für das Geschoss verwendet wird. Mundstück sowie Laufende sollten jedoch zum Schutz vor dem aufspleißen mit Harz sowie Schnur umwickelt werden. Mit der Länge deines Blasrohres erhöht sich zwar die Trefferwahrscheinlichkeit, jedoch steigt auch die Reibung am Geschoss, wobei ein immer höherer Druck zum Austreiben des Geschosses benötigt wird. Als Munition stehen unter anderem kleine, angespitzte Äste oder Knochen zur Verfügung. Das Geschossenden sollten jedoch mit Watte oder Ähnlichem umwickelt werden, damit die Luft nicht an diesem vorbeizieht und eine Befiederung macht das Geschoss in der Luft stabiler.

Bola
Diese südamerikanische Wurfwaffe besteht aus mindestens drei, meistens aber aus 7-12 Gewichten. Diese sind jeweils mit 60-100 Zentimeter langen Schnüren verbunden. In Drehbewegung versetzt und gegen die Läufe des Wildes geworfen hindern sie dieses an der Flucht und bringen es meist zu Fall.

Bumerang
Die Herstellung eines derartigen Gerätes darf in unserer Situation nicht einmal in Betracht kommen. Es wird unverhältnismäßig viel Zeit zum Bau und in der Übung der Anwendung benötigt. Zumal dieses Gerät nur in offenem Gelände Einsatz findet. Allerdings gibt es auch geradeaus Bumerangs, welche in der Wurfweite und Energieabgabe um einiges intensiver sind als ein geworfener Stein. Als Geradeausflieger wäre der Lil-Lil-Typ mit seinen 60-80 Zentimeter Länge zu nennen. Er erinnert sehr stark an eine Keule mit aerodynamischer Form und wird in Australien neben seiner Funktion als Jagdbumerang auch als solche verwendet.

Dolch / Messer
Im Vergleich zu einem Messer liegt beim Dolch das Hauptaugenmerk auf der Spitze. Die Schneiden müssen nicht so scharf beschaffen sein, aber die Klinge spitz zulaufen. Knochen, Holz, Glas, Metall und auch Stein sind entsprechende Arbeitsmaterialien. Der Griff sollte der Hand angepasst und zum Gebrauch mit Schnur oder Leder zur Rutschsicherung umwickelt werden.

148

Katapult

Im Allgemeinen besteht ein Katapult aus einer Astgabel, einem Griff und dem Gummizug sowie der Geschosslasche. Der Griff muss so breit sein, dass er gut in der Hand liegt und sich bei Zug auch nicht verdreht. Als Gummizug kann unter anderem das Hosengummi, ein Hosenträger, ein Fahrradschlauch oder Ähnliches herhalten. Er sollte so lange bemessen sein, dass bei Zug die Zughand hinter dem Kinn geankert werden kann. In die Zugmitte kommt eine Kugellasche, welche das Geschoss aufnimmt. Zur Verbesserung der Treffergenauigkeit kann eine Unterarmschiene konstruiert werden. Dadurch kann die Schleuder stabiler und zielsicherer gehandhabt werden. Kugeln bieten als Geschosse immer die stabilste Fluglage und können aus weichem Stein gearbeitet werden. Die Handhabung entspricht der des Bogens. Beim Zielvorgang wird allerdings die Spitze eines Gabelarmes mit dem Zielauge und der Geschosslasche ins Ziel gebracht.

Keule

Als einfachstes Gerät überhaupt kann es zum Töten von langsameren oder in Fallen festgesetzten Tieren dienen. Sie sollte der eigenen Armlänge entsprechen und kegelförmig auf das Schlagende zulaufen. Als einfachste Variante wäre ein Ast mit Verwachsung zu nennen. Wobei das Gewicht natürlich am Schlagende sitzen sollte. Wird kein entsprechendes Holz gefunden kann an einem Ende ein Schlaggewicht, wie beispielsweise ein Stein, befestigt werden. Hierzu bietet es sich an eine entsprechende Astgabel zu verwenden, um nicht noch umständlich den Hebelarm fixieren und spalten zu müssen. Um das Griffstück kurz zu halten und trotzdem eine weitreichende Wirkung zu besitzen, kann auch eine Art Morgenstern zum Einsatz kommen. Hierzu wird am Griffstück eine stabile Schnur befestigt, an deren Ende das Schlaggewicht sitzt.

Pfeil & Bogen

Für einen leistungsfähigen Bogen muss mit 2 Tagen Bauzeit gerechnet werden. Zusätzlich bedarf es einiger Übung diesen auch erfolgreich zu nutzen. Harte und elastische Hölzer wie Wacholder, Kirsche, Esche, Bergmahagoni und Eibe sind zur Herstellung eines Bogens bestens geeignet. Die Bogenlänge sollte zwischen 1,40 Meter und der Größe des Nutzers liegen, der Astdurchmesser in der Mitte jedoch nicht unter fünf Zentimeter. Die Rinde wird abgeschält und der Stock sechs Stunden kühl und trocken im Schatten gelagert, sowie, wenn nötig, noch begradigt. In nicht abgelagertem Holz hält sich die Spannung aber nicht lange, deshalb sollte man sich mehre Äste vorbereiten. Markiere die Mitte des Bogens und stelle die natürliche Biegung fest. Hierzu fixiert man ein Ende auf dem Boden, greift ihn in der Mitte und zieht die Spitze leicht zum Körper. Das Holz wird sich von selbst in Richtung der natürlichen Biegung drehen. Die jetzt abgewandte Seite wird die Innenseite des Bogens, da hier die Spannkraft höher ist. Von der Mitte aus werden die Bogenarme abgeschabt, so dass sie sich zu den

Spitzen hin auf anderthalb Zentimeter verjüngen. Sie dürfen dabei allerdings nicht abgeflacht werden, da sie sonst ihre Spannkraft verlieren. Nachdem der Bogen mit Fett eingerieben ist biegen wir den Gegenschwung wie unter "Holz biegen" beschrieben. Die Sehne, aus Rohleder oder gedrehten Tiersehnen, wird an einem Ende festgeknotet und am anderen, nach mehrmaligem Umwickeln, auch fixiert. Die Mitte der Sehne wird mit einer Umwicklung markiert, denn hier befindet sich der Punkt an dem die Nocke des Pfeiles auf der Sehne aufliegt. Festgelegte Entfernungsmarken erleichtern dir den sicheren Schuss. Entspanne deinen Bogen jedoch immer wenn du ihn nicht benötigst und schütze ihn vor den Witterungseinflüssen um die Spannkraft zu erhalten.

Zur Pfeilherstellung sind leichte Hölzer wie Kirsche, Rose, Weide und Schilf gut geeignet. Die Pfeillänge sollte eine Armlänge, also knappe 60 Zentimeter sowie sechs Millimeter Dicke nicht unterschreiten und muss natürlich auf den Bogen abgestimmt sein. Der Pfeilschaft muss gerade und ebenso abgeschabt, getrocknet und mit Fett gesättigt sein wie der Bogen. Der Schwerpunkt sollte im vorderen Bereich kurz nach dem Mittelpunkt liegen. Ins Pfeilende wird eine Nocke zur Aufnahme der Sehne eingeschnitten, worauf dann beide Enden mit Harz und Schnur umwickelt werden um sie vor einem Aufplatzen zu schützen. Die Spitze kann aus gehärtetem Holz, Stein, Blech oder Knochen gefertigt werden. Die Stabilisierung des Pfeilfluges wird durch eine Dreier Befiederung sichergestellt. Sie sollte eine Länge von zehn Zentimeter nicht unterschreiten und wird aus einer geteilten und gleichmäßig zugeschnittenen Feder, Papier oder Blätter angefertigt. Sie werden mit einem Abstand von 3-5 Zentimeter zur Nocke auf den Pfeil aufgeklebt oder angebunden.

Zur erfolgreichen Handhabung der Waffe gehört jedoch nicht nur das Herstellen, das Spannen, das Erfassen und die Abgabe des Schusses, die Grundhaltung, die Vorbereitung und korrekte Schussabgabe will gelernt sein. Jeder Schuss muss gleich ablaufen, der Nockpunkt muss übereinstimmen, die Sehnenlänge darf sich nicht verändern und die Zugkraft sowie die Zielauffassung muss passen. Dies gestaltet sich im Gelände nicht immer einfach, deshalb beschränken wir uns darauf, den Oberkörper bei der Zielerfassung immer in der gleichen Position zu halten. Eine Hand umfasst das Griffstück, während die andere den Pfeil auf die Pfeilauflage auflegt und mit Daumen und Zeigefinger den Nockenschlitz in die Sehne oberhalb der Nocke einzieht. Die Nocke wird mit Zeige- und Ringfinger der Schusshand gehalten und der Bogen mit beiden Händen gespannt. Dazu wird das Griffstück nach vorne gebracht, während die Schusshand die Sehne nach hinten spannt und die Visierlinie auf das Ziel ausgerichtet wird. Der Daumen der Zughand wird bei gespannter Sehne am Kieferwinkel verankert. Gezielt wird über die angebrachte Visiereinrichtung oder beim Schnellschuss (Instinktschuss) über den Pfeilschaft und die Pfeilspitze. Zur Schussabgabe muss dann nur noch die Kraft der Finger, welche die Sehne halten, reduziert werden, bis die Sehne von selbst vorschnellt.

Schleuder

Eine Schleuder besteht aus einem breiten Riemen und der Geschosslasche. Wird diese über dem Kopf geschwungen und ein Riemenende freigegeben fliegt das Geschoss in die entsprechende Richtung.

Speer

Speere sind eine gute Möglichkeit ohne viel Übung auf Distanz Tiere zu erlegen. Sie können aus jedem, einigermaßen geradem, Material mit dem entsprechenden Gewicht gefertigt werden. Als Spitze kann gehärtetes Holz, Stein, Stahl oder Knochen genutzt werden. Das Gewicht muss im vorderen Drittel liegen, wobei die Grifffläche sich am Übergang zum zweiten Drittel befindet. Bei der Jagd auf Fische sollte eine Fischspitze, ein sogenannter zwei- besser Dreizack gewählt werden. Dieser kann aus kleineren, harten, angespitzten Ästen bestehen, welche im gleichen Abstand an den Speer montiert werden. Die Spitzen werden durch kleine Abstandshalter gespreizt, welche beim Auftreffen auf den Fisch zur Seite gleiten, wobei sich die Spitzen annähern. Durch angebrachte Widerhaken bleibt der Fisch dann gefangen. Zu überlegen wäre das Versehen des Speeres mit einer Fangschnur oder einer Sollbruchstelle im Bereich der Spitze.

Zur Vergrößerung der Reichweite bietet sich eine Speerschleudern an. Diese besteht aus einem Stock mit einer Endauflage in welcher das Ende des Speeres in einer Nut liegt. Der Schleuderarm hält das Griffstück der Schleuder und das vordere Drittel des Speeres. Im Wurf wird der verlängerte Schleuderarm nach vorne gebracht und in der Endphase des Wurfes der Speer freigegeben.

Webstuhl

Die einfachste Möglichkeit wäre ein viereckiges Holzgerüst, natürlich in der Größe der benötigten Webarbeit. Hierin werden die Grundfäden gespannt, durch welche mit dem Schiffchen slalomartig der Webfaden im Over-Under System geführt wird. Um eine möglichst hohe Webdichte zu erreichen muss das Webstück allerdings immer wieder zusammengepresst werden.

Zahnbürste

Ein Stück Weichholz mit einem Stoffstreifen umwickelt oder unser Finger würden eine Alternative darstellen.

Beachtet gerade bei der Herstellung von Nutzgegenständen, dass bei Verwendung von tierischem Material dieses einen Geruch absondert, welcher sich auch auf die Tierwelt auswirkt. Auch hautreizendes sollte vermieden werden. Einen Ausschlag und offenes Gewebe sowie eine Infektion kannst du nicht gebrauchen.

Pflege und halte deine Ausrüstung einsatzbereit, um nicht wegen Faulheit improvisieren zu müssen!

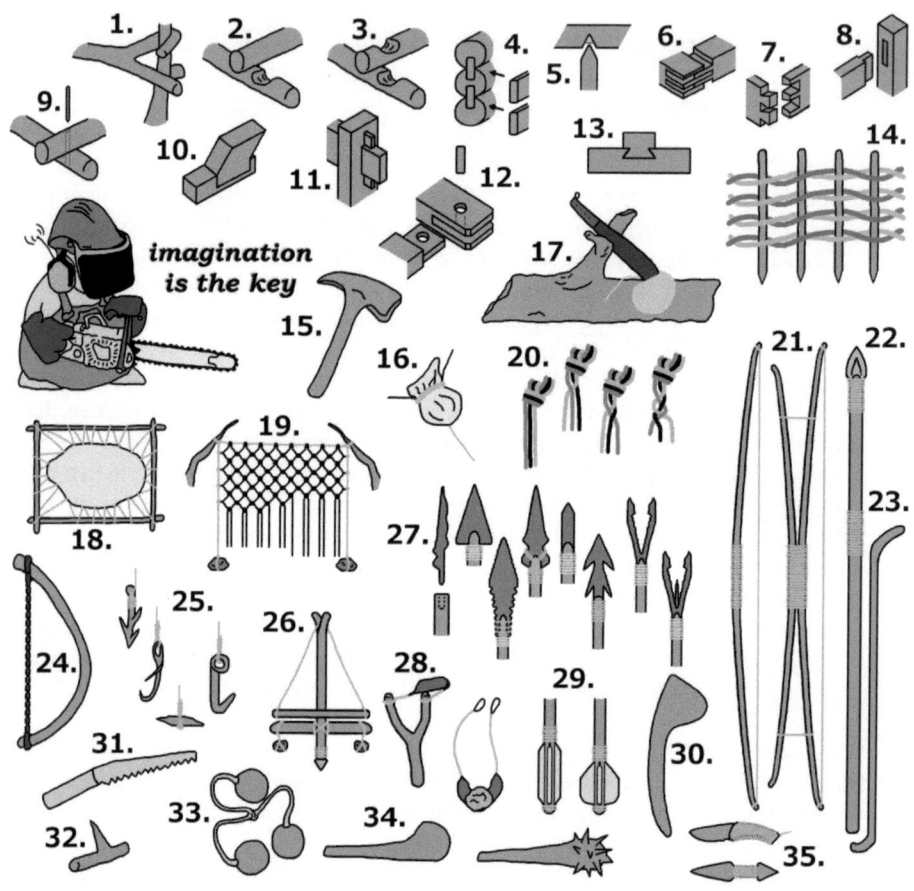

1. Hakenverbindung / 2. Rundnut Einsatz / 3. Rundnut Aufsatz / 4. Bohlen Steckverbindung / 5. Zapfenverbindung / 6. Fingerzinken / 7. Schräge Zinkung / 8. gestemmter Zapfen / 9. Zapfenverbindung / 10. Winkelaufsatz / 11. Keil- Stegverbindung / 12. Schlitz und Zapfen / 13. Doppel Keileinsatz / 14. Flechtwerk - achter Webvariante / 15. Holzhammer - Harke / 16. Tarpfixierung / 17. Lederriemen schneiden / 18. Fell aufspannen / 19. Netz flechten / 20. Schnur flechten / 21. Bogen - gegengespannt / 22. Speer - Gehstock / 23. Speerschleuder / 24. Bogensäge / 25. Angelhaken / 26. Bohrer / 27. Speer - Pfeil - Harpunen - Fischspitzen / 28. Schleuder - Katapult / 29. Pfeilbefiederung / 30. Lil Lil / 31. Knochenhandsäge / 32. Faustdolch / 33. Bola / 34. Keule / 35. Messer - Dolch

152

08. KNOTEN UND BUNDE

Schnüre und Seile jeglicher Art sind ein wichtiges Hilfsmittel im Outdoor Bereich. Sei es um Ausrüstung zu reparieren, sich zu sichern, Werkzeuge herzustellen, Hindernisse zu überwinden sowie Fallen oder Unterkünfte zu bauen. Ein sinnvoller und sparsamer Umgang mit vorhandenem Material ist deshalb, gerade bei Verbrauchsgütern welche schlecht ersetzt werden können, von hoher Bedeutung. Normalerweise bestehen Seile aus Hanf, Fasern der Kokosnuss oder der Agave. Um die Haltbarkeit und die Belastung zu erhöhen kommen allerdings auch Nylon und andere Kunstfasern zum Einsatz. Bei diesen Materialien kann es jedoch durch Reibungshitze zum Schmelzen der Fasern kommen, wobei diese miteinander verkleben und das Seil an Flexibilität und Belastbarkeit einbüßt.

Knoten

Ein Knoten muss, auch wenn er sich zugezogen hat oder nass ist, leicht zu öffnen und in verschiedenen Situationen einsetzbar sein. Er darf sich unter Spannung nicht lösen und muss leicht zu knüpfen sein. Ein Sicherungsschlag, ein Überhand- oder Achterknoten, ist natürlich immer aufzusetzen, speziell wenn man selbst daran hängt.

Achterknoten
Mit dieser hochbelastbaren Schlinge werden Seilendverbindungen wie von Seil zu Klettergeschirr miteinander gekoppelt. Der Knoten ist selbst nach hoher Belastung wieder leicht zu lösen und kann auch als sekundärer Sicherungsknoten verwandt werden.

Ankerstich einfach
Ein Befestigungsknoten welcher Zug auf beide Enden kompensiert. Wird er doppelt gelegt bringt er mehr Reibung und somit Haltekraft auf.

Schleifknoten / Slipstek
Ein sehr einfacher Knoten, um ein belastetes Seil schnell zu fixieren. Speziell dieser Knoten sollte, im Besonderen bei Dauerfixierung, durch einen Sicherungsschlag oder Karabiner nachgesichert werden.

Bulinknoten / Palstek
Dieser Knoten gilt als Sicherungsknoten und wird auch oft bei der Personenrettung im Höhen- und Wasserrettungsbereich zum Schließen des Rettungsbundes genutzt.

Mastwurf / Webleinstek
Der klassische Knoten zum Fixieren von Gegenständen oder zur Eigensicherung. Das Seil kann, ohne den Knoten zu lösen, in der Länge verstellt werden.

Halbmastwurf / HMS Knoten
Universell einsetzbar zum Ablassen von Personen oder Material.

Kopfschlag
Sehr gut geeignet zur schnellen Fixierung. Durch die gegenläufige Windung fixiert er sich selbst.

Prusikknoten
Eingesetzt als Klemmknoten, dient er zur Seilfixierung, als Aufstiegshilfe oder als Sicherungsknoten. Er lässt sich jedoch bei feuchten Seilen oft schwer lösen.

Sackstich
Er wird zur Herstellung von Seilschlingen, Seilverbindungen beim Abseilen oder auch als Anseilknoten verwandt. Leider ist er nach Belastung meist nur schwer zu lösen.

Schwanenhals
Neben dem Webleinstek auch eine Möglichkeit die Sprossen einer Strickleiter zu befestigen.

Seilspannauge
Hierbei handelt es sich eigentlich nicht direkt um einen Knoten, sondern mehr um eine eingebundene Schlaufe zum Spannen des Seiles bei geringen Lasten.

Überhandknoten
Hauptsächlich dient er als sekundärer Sicherungsknoten. Allerdings wird er auch als Bestandteil eines Knotensystems oder zum Schutz vor dem Ausfransen eines Seiles eingesetzt.

Speziell für das Angeln gibt es zusätzlich Knoten, welche die Zug- und Scherkräfte großflächig verteilen. Bewährt haben sich die folgenden zwei:

Blutknoten
Durch seine hohe Festigkeit hat er sich weltweit einen Namen gemacht. Er eignet sich hervorragend um zwei in etwa gleich dicke Sehnen miteinander zu verbinden.

Wirbelknoten
Er wird meist genutzt um einen Haken in ein Schnursystem einzubinden. Findet aber auch Verwendung als Überleitung zu einem Wirbel oder Vorfach.

Ein schlechter Knoten reißt an der komprimierten Verjüngung oder am Knoten, ein guter direkt am laufenden Seil durch Überlastung!

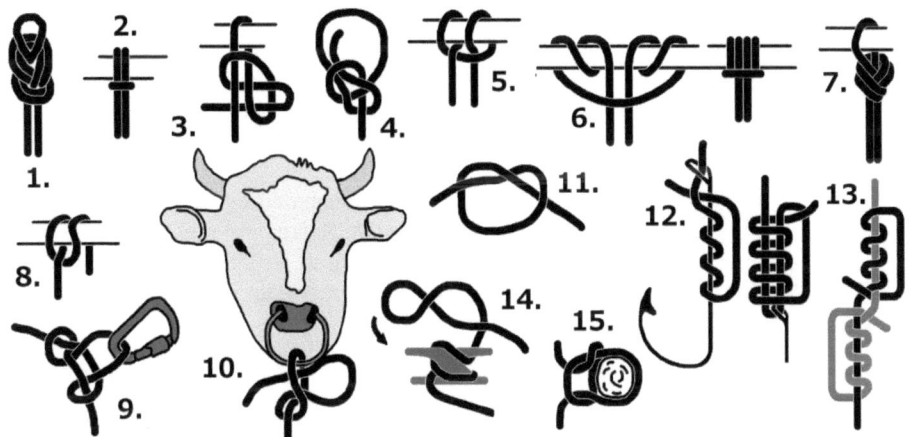

1. Achterknoten / 2. Ankerstich / 3. Schleifknoten / 4. Bulinknoten (Palstek) / 5. Mastwurf (Webleinstek) / 6. Prusikknoten / 7. Sackstich / 8. Halbmastwurf (HMS) / 9. Seilspannauge / 10. Slipstek / 11. Überhandknoten / 12. Wirbelknoten / 13. Blutknoten / 14. Kopfschlag / 15. Schwanenhals

Laschings

Um Verbindungen zwischen Gegenständen herzustellen sind Steks für einen Fixpunkt und sogenannte Laschings, straff nebeneinanderliegende Verzurrungen, notwendig. Sie garantieren eine belastbare Verbindung. Kann im Vorfeld die Energie, welche auf die Verzurrung wirkt, durch eine Holzverbindung reduziert werden, sollte dies zur längeren Haltbarkeit und auch Entlastung des Seilsystems genutzt werden. Zusätzlich eingesetzte Verstrebungen im Bauwerk erhöhen die Stabilität.

Viereckverzurrung
Die sogenannte Viereckverzurrung eignet sich sehr gut zum Verbinden von sich kreuzenden Bauelementen. Als Ausgangsbasis dient ein Webleinstek, von welchem das Seil gestrafft über und unter den Balken durchgezogen wird, bevor es mittels eines weiteren Webleinsteks am gleichen Balken gesichert wird.

Dreibockbund
Der Dreibockbund gibt uns die Möglichkeit ein Dreibein mittels des Zurringes aufzubauen. Ausgehend vom Webleinstek um einen der äußeren Balken, führen wir das Seil in sechs bis acht Windungen über und unter den Balken hindurch. Die Seilverbindungen zwischen den Stämmen werden wie beim Zurring zum Abschluss mit einer Zwischenbindung gestrafft, bevor der Webleinstek das Seil fixiert.

Kreuzverzurrung
Die Kreuzverzurrung gleicht der Viereckverzurrung, garantiert jedoch eine stabilere

Verbindung. Als Basis gilt wieder unser Webleinstek, worauf das Seil die Balken mit Kreuzschlägen umrundet. Als Abschluss wird der Querbalken mit einer oben und einer untenliegenden Bindung eingeschlagen und mittels eines Webleinsteks gesichert.

Zurring
Eine weitere Methode der Verzurrung, für nebeneinanderliegende Balken, wäre der Zurring. Ausgehend vom Webleinstek werden die Balken mit mehreren Windungen eingeschlagen. Zum Abschluss wird, um den Zug zu erhöhen, das Seil zwischen den Stämmen in mehreren Windungen gelegt bevor wieder ein Webleinstek gesetzt wird.

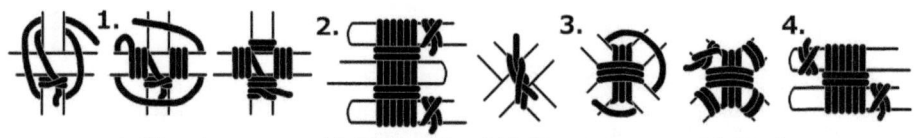

1. Viereckverzurrung / 2. Dreibockbund / 3. Kreuzverzurrung / 4. Zurring

Schlaufen
Um Schlaufen an einem Seil zu knüpfen, sei es zum Transportieren von Lasten, zum behelfsmäßigen Abseilen, Aufsteigen am Seil oder zum Spannen einer Behelfsbrücke bietet sich der Bulinknoten an. Dieser bildet eine Schlaufe, welche sich nicht zuzieht und ergibt doppelt gelegt einen besonders haltbaren Sicherungsknoten.

Seilverbindung
Es gibt verschiedene Methoden zur Verbindung zweier Seile. Sie unterscheiden sich jedoch durch die Seilstärke und die Seilmaterialien voneinander.

Kreuzknoten / Weberknoten
Der Kreuzknoten eignet sich gut um zwei Seile gleicher Stärke zu verbinden. Er lässt sich durch Ziehen an der Bucht, der gelegten Umrundung, sehr leicht lösen. Das Seil und sein Ende laufen hier immer nebeneinander und kreuzen sich nicht.

Schotstek
Er zieht sich schon bei leichter Belastung zu, ist bei Entlastung ebenfalls wieder leicht lösbar, sollte aber nur für Verbindungen Verwendung finden, die stets unter Zug stehen, da eine ungewollte Öffnung möglich ist. Für nasse Seile und Seile mit unterschiedlicher Stärke sollte der Schotstek doppelt eingesetzt werden.

Spierenstich / Fischerknoten
Mit dem Spierenstich lassen sich ebenfalls Seile unterschiedlichen Durchmessers

156

verbinden. Hoch belastbar lässt er sich wieder gut öffnen und doppelt gelegt bietet er den Vorteil des noch besseren Handlings nach Belastung.

Steks
Sie sind beim Bau von Behelfen jeglicher Größe kaum wegzudenken, deshalb werden wir sie hier nicht ausklammern.

Halbstek
Der Halbstek dient als einfacher Sicherungsknoten. Er kann mit einem Slipstek versehen werden, durch welchen er belastbarer aber doch leicht zu öffnen bleibt. Wird dieser Knoten alleine eingesetzt ist er nur unter Zug zu nutzen, da er sich schon bei leichter Entlastung löst.

Holzfällerstek
Hierbei handelt es sich eigentlich um einen Halbstek, bei welchem zum Abschluss, das Seilende mindestens zweimal um sich selbst gewickelt wird. Dies erhöht die Reibung und sichert somit die Last vor dem herausrutschen.

Trossenstek
Der Trossenstek ähnelt dem Schotstek. Mit ihm können Seile verknüpft aber auch schwere Lasten gehoben werden. Selbst unter stärkstem Zug zieht er sich nicht unlösbar zu.

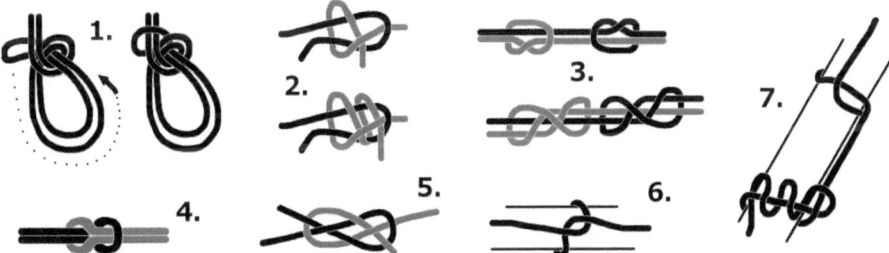

1. Doppelter Palstek (doppelter Bulin) / 2. einfacher und doppelter Schotstek / 3. einfacher und doppelter Spierenstich / 4. Kreuzknoten / 5. Trossenstek / 6. Halbstek / 7. Holzfällerstek mit halbem Schlag

Alle wichtigen Belastungen am Seil sollten mittels eines Sicherungsknotens beendet werden!

Je größer dein Projekt, desto höher ist meist die aufzuwendende Kraft. Nutze deshalb Hebeltechniken und setze Flaschenzüge ein. Diese reduzieren, in der einfachen Form, die benötigte Energie um 40-50%, und sind gerade bei größeren Bauten wie Fallen, dem

Blockhaus, dem Floß oder Behelfsbrücken ein gutes Hilfsmittel. Er besteht aus festen oder losen Rollen, beziehungsweise Umlenkungen sowie einem Seil. Bei hoher Last sollte jedoch eine Rücklaufsperre eingebaut werden.

Die einfachste Möglichkeit ohne Karabiner, Steigklemmen oder Ähnliches wäre ein eingesetzter Prusikknoten, welcher bei Entlastung des Seiles automatisch das Gewicht sichert. Ein einfaches Nachspannen ist aber auch schon durch einen Spannzug möglich. Hierzu wird das Seil um einen Fixpunkt geführt und auf dem gespannten Teil mehrere halbe Schläge angebracht. Beim Spannen werden diese der Reihe nach verschoben. Um materialschonend zu arbeiten, Kraft einzusparen und die Reibung zu reduzieren sollten Umlenkungen jedoch über glattes und stabiles Material erfolgen. Karabiner, blankes Metall, Knochen oder gefettetes Holz wären von Vorteil.

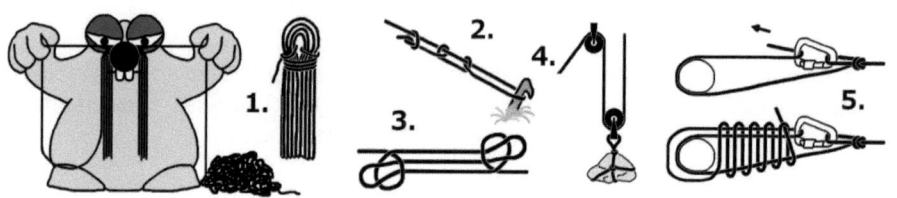

1. Seil aufnehmen / 2. Spannzug / 3. Seilverkürzung / 4. Einfacher Flaschenzug (mit Umlenkung) / 5. Flaschenzug (spannen von Brücken und Ähnlichem)

Seile sollten auch dementsprechende Pflege erhalten. Bei starker Verschmutzung sind sie mit klarem Wasser zu reinigen und nach Möglichkeit hängend an einem schattigen, luftigen Platz zu trocknen. Erst danach werden sie aufgenommen zur Lagerung. Dabei wird das Seilende in einer Hand gehalten und in Ringschlägen aufgeschossen. Das Endstück wird vom unteren Drittel her um das Seil von unten nach oben gewickelt und durch das entstandene Auge, sowie dem letzten Törn durchgeführt.

Seile sollten nur solange wie nötig unter Spannung stehen!

Seile sollten nicht mehr für Kletter- oder Sicherungsaktionen verwandt werden, sobald sie: beschädigt sind, einen starken Abrieb am Mantel aufweisen, mit Chemikalien in Berührung gekommen sind, einen schweren Sturz abgefangen haben oder älter als fünf Jahre sind!

Übungsfragen

- Benenne folgende Knoten, Laschings, Seilverbindungen sowie Steks und übe sie!

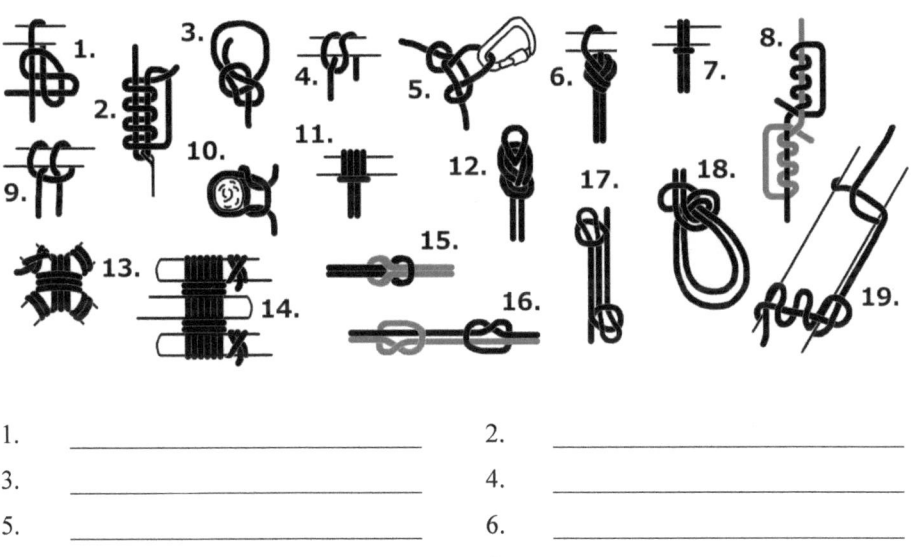

1. _____   2. _____

3. _____   4. _____

5. _____   6. _____

7. _____   8. _____

9. _____   10. _____

11. _____   12. _____

13. _____   14. _____

15. _____   16. _____

17. _____   18. _____

19. _____

09. NOTSIGNALE UND NOTRUFE

In zivilisierten und bewohnten Bereichen ist es meist kein Problem Hilfe zu erlangen. Abgelegene Gebiete, speziell dünn besiedelte Länder, stellen im Vergleich schon eine Herausforderung dar. Hier wird auch der Zeitrahmen von Alarmierung bis Eintreffen der Rettungskräfte meist stark ausgedehnt werden müssen. Somit sollte sich derjenige, welcher sich in "nicht gewohnter Umgebung" aufhalten will, in der Planungsphase Gedanken über die Möglichkeiten eines Notrufes machen und ebenso einen Notfallplan erarbeiten. Siehe hierzu auch unter Allgemeines zur Vorbereitung.
Im Weiteren wollen wir uns den verschiedenen Möglichkeiten eines Notrufes widmen.
Zur Vereinfachung unterteilen wir in:

- Zweiseitige Notrufmittel (gezielt mit Rückmeldung)
- Einseitige Notrufmittel (gezielt ohne Rückmeldung)
- Notsignale (ungezielt und gezielt)

Zweiseitige Notrufmittel (gezielt mit Rückmeldung)
Befindet man sich in der Lage ein Mobiltelefon (Festnetz geht natürlich auch) sein Eigen zu nennen, kann mit ihm in den meisten europäischen Ländern mit den beiden europaweit gültigen Notrufnummern 112 für die Rettungsleitstelle und 110 für die Polizei Hilfe angefordert werden. Jedenfalls solange man sich nicht in einem Funkloch befindet. Im GSM Netz (Global System for Mobile Communication) gibt es auch die 911 mit ihrer Umleitung auf die 112. Eine aktivierte SIM - Karte gilt in Deutschland als Grundvorraussetzung, die PIN, ein Guthaben und der eigenen Provider sind wie die Vorwahl jedoch nicht notwendig.

Notrufe wählen sich bevorrechtigt in das nächst erreichbare Funknetz!

Viele der großen Rettungsleitstellen, wie auch einige Private Anbieter, sind auch in der Lage mit "Vertrags" Partnern die Funkzelle Orten zu können. Im Stadtbereich ist dies recht genau, ausserorts kann diese Ortung jedoch im Quadratkilometerbereich liegen. Trotzdem ist das auch als Pluspunkt zu sehen, selbst ein eingrenzen des Suchbereiches bringt dir bessere Chancen! Für eine Punktgenaue Lokalisation ist jedoch ein Global Positioning System notwendig. Zudem gibt es auch eine Vielzahl an Notfall Apps und der Markt in diesem Bereich dehnt sich immer weiter aus.
In außereuropäischen Bereichen gibt es noch viel mehr Unterschiede bezüglich der Notrufnummer und der Verbindung. Wer auf der sicheren Seite sein will sollte sich ein Satellitentelefon beschaffen. Hierbei stehen das Iridium, das Orbcomm, das Thuraya, das Globalstar oder das Inmarsat Netz zur Verfügung. Nicht jedes Netz deckt jedoch auch jede Stelle weltweit ab, kontrolliere somit die Netzabdeckung vor Kauf! Dies ist zwar keine günstigste Lösung, doch was ist euch eine Kommunikation im Notfall Wert.

Funk

Im Funkverkehr kann auf 121,5 MHZ der Flug- oder auf Kanal 16 der Marinefunk angestrebt werden. Nutze die dortige Landessprache oder benutze die Englische Sprache. Zur besseren Verständigung wird mit international gültigen Abkürzung gearbeitet. Der Begriff SOS / Mayday ist überall verständlich!

Funkcode

A Alpha	**B** Bravo	**C** Charly	**D** Delta	**E** Echo
F Foxtrott	**G** Golf	**H** Hotel	**I** India	**J** Juliet
K Kilo	**L** Lima	**M** Mike	**N** November	**O** Oscar
P Pappa	**Q** Quebec	**R** Romeo	**S** Sierra	**T** Tango
U Uniform	**V** Victor	**W** Whiskey	**X** X-ray	**Y** Yankee
Z Zulu				

Flaggenalphabet

Eine weitere, noch bei allen militärischen Kräften, im speziellen der Seestreitkräfte, verbreitete Kommunikationsart sind die Winkerzeichen mittels Flaggenalphabet.

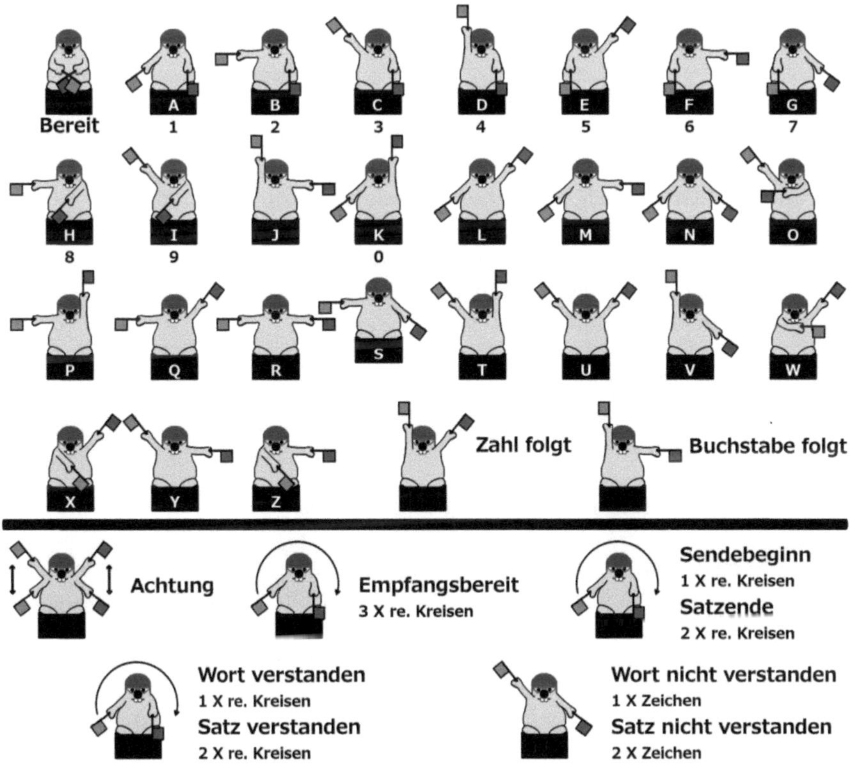

161

Morsezeichen

Seit Jahren sind sie im Seeverkehr sowie bei militärischen Streitkräften im Einsatz, treten jedoch langsam in den Hintergrund. Hierbei handelt es sich um eine Abfolge rhythmischer Signale (Lang-Kurz), welche mit spiegelnden Gegenständen, Tönen, Licht, oder einfach mit Bewegung übermittelt werden können.

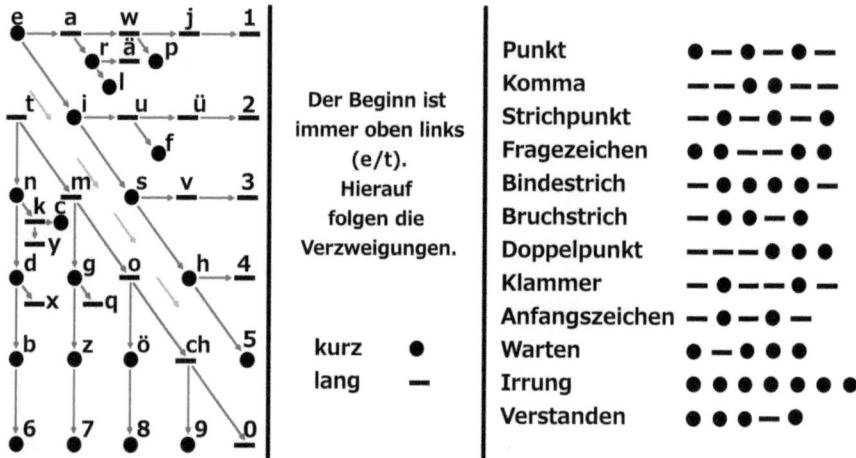

Zusätzlich kommen in der heutigen Zeit immer mehr Notrufmittel auf den Markt. Unter anderem auch der inReach von DeLorme, welcher neben mehreren anderen Funktionen auch Textnachrichten des IERCC (Int. Emergency Response Coordination Center) der Firma GEOS (www.geosalliance.com), einem privaten Notrufzentrum in Frankreich, empfangen kann. Als Standardinformationen, welche von allen Rettungsleitstellen auch abgefragt werden, gelten hierbei:

Wo ist der Notfallort?   **Was** ist passiert
Wieviel Personen sind betroffen?   **Welche** Verletzung / Situation liegt vor?
Wer meldet?

Vergiss jedoch nicht: Die Rettungsleitstelle beendet das Gespräch!

Zusatzinformationen wie die Rückrufnummer, die Altersstufen der Personen, spezielle Gefahren und weiteres bezüglich der Situation vor Ort sind je weiter du dich von der Normrettung in kurzer Zeit entfernt hast, immer von Vorteil. Hier kommen das Wetter (Sichtweite - Windrichtung - Geschwindigkeit, aktuell sowie erwartet), Anfahrtsweg, Treffpunkt, Details zur Landemöglichkeit, Anzahl der Passagiere, Gesamtgewicht, die Ausrüstung, sowie die eigene Ausbildung im Notfallbereich ins Gespräch. Information ist Motivation und Sicherheit. Gebe gezielt und klar Informationen weiter.

Einseitige Notrufmittel (gezielt ohne Rückmeldung)

Notsender
Auf dem Markt sind viele unterschiedliche Rettungs- Notsender erhältlich, welche entweder per Hand betätigt oder bei direktem Kontakt mit Wasser selbst in Betrieb gehen. Sie senden auf den internationalen Notfrequenzen 121,5 MHZ, 243 MHZ und 406 MHZ über mehrere Tage ein Signal, welches von Rettungskräften geortet werden kann. Mit dem sichersten Satellitengestützten System derzeit, dem Cospas-Sarsat Netz, kann man darauf vertrauen, dass auch jemand kommt, wenn man sich vor der Tour mit seinem Gerät dort auch angemeldet hat.
Vielleicht nicht die Ideallösung für den Standard Trekker, eher für geldstrotzende Expeditionen oder unseren Sicherheitsfanatiker. Allerdings kommen immer mehr günstige Modelle, wie der Spot, welcher neben mehreren anderen Funktionen auch eine einseitige Notfallmeldungen abschicken kann, auf den Markt. Derartige Geräte gibt es auch als Sende sowie Empfangsgerät für beispielsweise die Lawinenrettung.

Notsignale (ungezielt und gezielt)
In einem Notfall ist es manchmal erforderlich sich in der Nähe befindlichen Kräften zu erkennen zu geben. Diese sogenannten Not- und Rettungszeichen müssen jedoch auf die entsprechenden Gebiete, Tageszeiten und Wetterlagen abgestimmt werden und sollten dem Notfall vorbehalten sein. Sie sind von der größten, freien und höchstliegenden Stelle abzugeben, damit diese auch gut zu erkennen und am weitreichendsten sind. Das Signal selbst sollte zudem als solches auch von Personen erkannt werden, welche mit Search and Rescue Aktionen nichts zu tun haben. Aus diesem Grund sollte, um einen Erfolg zu erzielen, jedes regelmäßige, normalerweise nicht übliche Material, oder auch eine ungewöhnliche Zusammenstellung genutzt werden. Zusätzlich muss unser Signal auch bei schlechtem Wetter Aufmerksamkeit erregen, die Witterung gut überstehen und natürlich auch jederzeit (Tag-Nacht) einsetzbar sein.

Bis auf ...	Sind erkennbar / bei guter Sicht:
50 m	Details des Menschen.
500 m	Farben
800 m	Arm - Beinbewegungen
1500-4000 m	Winken mit großen Gegenständen.
2000-5000 m	Blinksignale (Nachts)
-10 km	Spiegelsignale

m = Meter / km = Kilometer

Im Weiteren unterteilen wir die gezielten und ungezielten Notsignale in Leucht- und Lichtzeichen, akustische Zeichen und Sichtzeichen. Dies bedeutet jedoch nicht, dass diese Zeichen nur einzeln eingesetzt werden können und immer nur auf einen kurzen Zeitraum nutzbar sind!

Feuer

Rauch muss sich, um gut sichtbar zu sein, von der Umgebung abheben. Nachts wäre heller Rauch durch Bespritzen des Feuers mit Feuchtigkeit, durch Verbrennen von grünem Gras oder auch feuchtem Moos von Vorteil. Für den Tag wäre dunkler Rauch, welcher durch Verbrennen von Laub, grünen Ästen, Öl, Benzin, Plastik oder Harz hergestellt werden kann, jedoch besser. Ein abwechselndes Einsetzen, also ein ständiger hell-dunkel Wechsel oder das Anlegen mehrerer Feuerstellen in Reihe oder in einem Dreieck erweckt mehr „Unruhe" in der Umgebung und erhöht auch unsere Chancen Aufmerksamkeit zu erregen. Ein einzelstehender, grüner Nadelbaum lässt sich schnell entzünden, raucht gut und kann als überdimensionale Fichtenfackel genutzt werden. Jedoch können auch schlecht brennende Baumarten, wenn sie mit leicht brennbarem Material unterlegt sind, in gleicher Weise genutzt werden.

Metallteile / Signalspiegel

Blank geschliffenes Metall, ein Spiegel, Aluminiumfolie, eine CD, anderweitig reflektierendes Material, wie Gürtelschnallen aber auch die Rückseite einer Uhr, kann genutzt und auch als Dauerzeichen verwendet werden um die Sonnenstrahlen zu reflektieren und Blinksignale zu senden. Bestenfalls wird dein Signalmittel mit einem Loch versehen, durch welches das Ziel angepeilt wird, während parallel das Licht der Sonne durch das Loch auf unser Gesicht trifft. Durch Kippbewegungen des „Spiegels" können daraufhin die Blinkintervalle erzeugt werden.

Taschenlampe / Signalblitzer

Die Wirkung einer Taschenlampe, eines Signalblitzes oder vielleicht sogar dem Blitz des Photoapparates kann verstärkt werden, wenn blinkende Flächen in einem flachen Winkel angestrahlt werden. Ebenso ist eine Art chemisches Licht, ein Kaltlicht, in Trekking- Angelstores erhältlich. Hierbei handelt es sich um einen Plastikstab mit einem in einer Flüssigkeit schwimmenden Glasbehälter welcher ebenfalls mit einer Flüssigkeit gefüllt ist. Kommen diese Flüssigkeiten zusammen erzeugen sie bis zu 24 Stunden ein kaltes Licht. Diesen sogenannten Leuchtstab (Knick Licht) gibt es in verschiedenen Größen. Wird er an eine Kordel gebunden und im Kreis geschwungen kann ein Lichtkreis erzeugt werden, welcher mehrere Kilometer weit gesehen werden kann.

Signalraketen

Es gibt sie in unterschiedlichen Ausführungen, sei es als altbekannte Signalpistole oder als Einzel- aber auch Mehrfachabschussgerät. Je nach Treibladung schnellt das Geschoss bis zu mehrere hundert Meter in die Höhe. Der ideale Abschusswinkel liegt bei 75°, jedoch sollte die Windrichtung Beachtung finden.

Handfackel
Bei ihnen wird mittels einer Reißschnur ein pyrotechnischer Ablauf gestartet, bei welchem farbiges Licht und Rauch freigesetzt wird. Dies ist bei guter Sicht bis zu 20 Kilometer erkennbar. Zu beachten ist die Unempfindlichkeit gegenüber Wasser und die Hitzeentwicklung.

<u>Akustische Zeichen</u>

Rufen
Röhrenförmig vor den Mund gehaltene Hände bieten einen guten Richtungseffekt für die menschliche Stimme.

Pfeif - Zeichen
Diese Schallwellen sind viel weiter zu hören als die der menschlichen Stimme, deshalb sollte eine möglichst schrille Pfeife mit in das Survival Kit.

Schüsse
In einigen Gebieten haben sich drei Schüsse in regelmäßigen Abständen abgegeben als Notzeichen eingebürgert.

<u>Sichtzeichen</u>

Allgemeines
Sie kosten uns einmal die Zeit zum Anlegen, stehen daraufhin jedoch immer als sogenannte Dauerzeichen zur Verfügung. Sie müssen jedoch, um auch gut aus der Luft gesehen zu werden, mindestens zehn Meter Groß sowie drei Meter breit sein und sich deutlich von der Umgebung abheben.

International gültige „Boden-Luftzeichen"			
I	b. Arzt.	K	b. Richtung.
II	b. Sanitätsmaterial.	↑	Diese Richtung weiter.
F	b. Nahrung / Wasser.	L	b. Kraftstoff
X	b. Karte und Kompass b. Medizinische Hilfe Hier Landen.	V V	b. Schusswaffe b Munition.
LL	Alles OK.	W	b. techn. Hilfe.
N	Nein.	Δ	Landung möglich.
Y	Ja	⊥	Nicht verstanden.

b. = benötige

Zur besseren Auffälligkeit sollten sie geradlinig, rechtwinklig und natürlich auf freiem, weitem Gelände angelegt sein, damit sie von allen Seiten sichtbar sind.
Sie können in Schnee getreten, Sand gegraben, die Vegetation entfernt, oder mit

Gegenständen ausgelegt werden. Um die Schattenwirkung der Sonne auszunutzen sollten sie jedoch in Nord- Südrichtung verlaufend tief angelegt werden. Wird der Boden der Schrift farblich abhebend gestaltet kommt die Schrift noch besser zur Geltung. Das Y stehend für Yes und das N stehend für No kann auch mit dem Körper dargestellt werden. Hierzu werden die Beine geschlossen und die Arme wie ein Y erhoben oder aber mit einem diagonal erhobenen Arm und einem diagonal abgesenktem Arm, entsprechend dem Mittelstrich des N, die Buchstaben visuell mit dem Körper dargestellt.

Seewasserfärber
Hierbei handelt es sich um ein fluoreszierendes und biologisch abbaubares Produkt, welches in geringer Konzentration in Wasser oder Schnee gekippt dieses verfärbt und eine mehrstündige Signalwirkung herstellt.

Winken
Mit beiden Armen, eventuell mit irgendwelchen farbigen Hilfsmitteln in der Hand, wird versucht auf sich aufmerksam zu machen. Um ein ständig sich bewegendes Signal zu erhalten besteht ebenso die Möglichkeit, die Witterung ausnutzen und farbigen Stoff oder Ähnliches in die Bäume zu hängen. Im Weiteren können auch sogenannte Körpersignale auf die eigene Lage aufmerksam machen.

Für den Bereich der Notsignale wurden auch International anerkannte Rettungscode`s entwickelt, welche im Nachfolgenden aufgezeigt werden. Gerade diese sollte man sich einprägen, da sie auf der ganzen Welt, speziell bei Rettungskräften, bekannt sind.

International anerkannte Bergrettungscodes

SOS (Safe our Souls)
Diese rhythmische Frequenz von Zeichen (...---...), drei kurze, drei lange und wieder drei kurze Zeichen, ist wohl der bekannteste Rettungscode überhaupt. Diese Abfolge wird in Minutenintervallen wiederholt. Es kann gerufen, geblinkt, gemorst, in Bewegung umgesetzt, geschrieben oder geklopft übermittelt werden.

Alpines Notsignal
Das Alpine Notsignal gilt als ein sechsmaliges hör- oder sichtbares Zeichen, egal welcher Art, in einer Minute. Darauf wird eine Minute auf Bestätigung gewartet und wenn diese nicht erfolgt das Ganze wiederholt. Als Bestätigung der Aufnahme und Weiterleitung der Notmeldung gilt ein dreimaliges Zeichen in einer Minute.

Benötige Hilfe
Eine rote Leuchtrakete gefolgt von sechs Signalen, Tönen oder Lichtblitzen, welche in Minutenintervallen wiederholt werden.

Nachricht verstanden
Eine weiße Leuchtrakete mit drei hintereinander folgenden Signalen, Tönen oder Lichtblitzen, welche in Minutenintervallen wiederholt werden.

Reflexionsstreifen / Positionslampen
Die zwei weltweiten Regelfarben Rot und Grün sind alleine oder in Kombination mit Zeichen anwendbar. Wobei Rot negativ und Grün als positiv zu verstehen ist.

Notsignale und Notzeichen sind unumgänglich für jeden sicherheitsbewussten Trekker. Man muss sie nicht auswendig kennen, es genügt schon ein Stück Papier auf welchem die wichtigsten Zeichen markiert sind, um damit zurechtzukommen. Sie sind vielfältig in der Anwendung und sollten ebenso wie beim Stellen von Fallen kombiniert werden (Tag- Nacht- Dauerzeichen) um den größtmöglichen Erfolg zu garantieren.
Wurde eine Nachricht vom Hilfspersonal aufgenommen und verstanden, wird von Bord eines Flugzeuges oder Hubschraubers durch Tiefflug oder wackeln mit den Flügeln, beziehungsweise Kreisen über Grund, oder bei Nacht mit grünem Blinklicht ein „Ja", beziehungsweise mit rotem Blinklicht ein „Nein" gegeben.

Setze deine Mittel gezielt ein, verpulvere sie nicht sinnlos!

Deine Retter können zu Land, aus der Luft oder zu Wasser eintreffen. Zu Land und zu Wasser benötigen wir wahrscheinlich keine Vorbereitungen für das Rettungsteam. Zu Luft unter Umständen schon.
Jegliches Luftfahrzeug landet gegen den Wind, somit ist die Windgeschwindigkeit und die Beschaffenheit des Bodens interessant. Der Hubschrauber setzt entweder auf, wird knapp über dem Grund schweben oder über die Winde aufnehmen. Prinzipiell wird mit diesem Rettungsmittel jedoch auf Sicht geflogen, da oft die Zusatzausrüstung für die Nachsicht nicht vorhanden ist. Somit wird der Rettungseinsatz meist am Tag erfolgen. Dies aber auch nur, wenn es die Windverhältnisse und die Witterung zulassen.
Für ein Flugzeug ist die Landebahn entsprechend der Länge von 200 bis 400 Metern vorzubereiten. Sie sollte hart sein, sowie keine größeren Unebenheiten oder Hindernisse aufweisen. Schnee, muss festgepackt sein, Wasser darf sich nicht darauf befinden und auch eine Beleuchtung, speziell nachts wäre ideal. Für einen Hubschrauber wird ein fester, ebener Landeplatz mit einer Größe von 25 Meter X 25 Meter benötigt. Er sollte frei von losem Material, eventuell ausgelegt mit kontrastreichen Objekten vorbereitet sein. Bei weichem Untergrund sollte ein Viereck von fünf auf fünf Meter mit hartem Material (Stammrost, ...) ausgelegt werden, um ein Einsinken zu verhindern. Sollte doch bei Nacht ein Einsatz erfolgen, muss der Landeplatz zur Mitte hin, nach unten auch ausgeleuchtet werden. Hast du eine Funkverbindung zum Piloten gib ihm Informationen über den Wind, die Sichtweite und Bodenbeschaffenheit. Stelle dich mit dem Rücken zum Wind oder gebe die Windrichtung über dem Boden mit einem "Windsack" oder Rauch an.

Unter Umständen sind Zeichen zur Einweisung erforderlich. Diese wurden von der SUVA (Schweizer Unfallversicherungsanstalt) und der IKAR (Internat. Kommission für alpines Rettungswesen) als Körpersignale geregelt.

1. Ja - hier Landen - Wir brauchen Hilfe / 2. Nein - nicht Landen - Wir brauchen keine Hilfe /
3. Durchstarten - nicht Landen / 4. Vorwärts fliegen / 5. Rückwärts fliegen / 6. Schweben /
7. Höher / 8. Tiefer / 9. Nach links / 10. Nach rechts / 11. Alles klar / 12. Nicht OK /
13. Last eingehängt

Denke auch daran dein Gesicht in der Landephase des Hubschraubers abzuwenden oder zu bedecken und langsam in die Knie zu gehen wenn die Landung kurz bevorsteht. Ein Augenschutz wäre von Vorteil, denn der sogenannte Down Wash, die Luftverwirbelung durch den Rotor, wird alles nicht fixierte aufwirbeln. Beachte aber auch die Weisung des Piloten, welcher seinen Einweiser, also dich, gerade bei schlechter Sicht immer als Referenzpunkt nimmt und versucht nahe bei dir aufzusetzen!

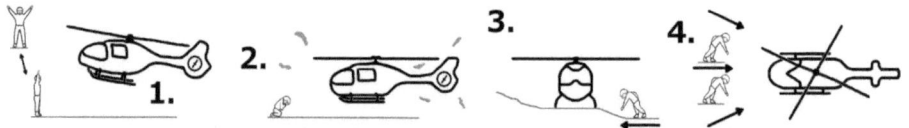

1. Einweiser - Rücken zum Wind / 2. Einweiser bei Landeanflug (in Knie gehen, Augen
schliessen - Kopf nach unten neigen) / 3. Sichere Annäherung am Hang /
4. Sichere Annäherung

Ist das Luftfahrzeug aufgesetzt, oder schwebt, darf eine Annäherung nur auf Zeichen des Piloten von vorne, in gebücktem Zustand geschehen. Nähere dich immer von dort, wo der Abstand Rotor-Boden am größten ist und halte auch Augenkontakt zum Piloten.

Lange Gegenstände sind waagerecht vor dem Körper zu transportieren. Zusätzlich gilt bei einer Fliegendaufnahme (Aufnahme durch die Winde) das diese durch Schnee oder Wasserfelder statisch aufgeladen sein kann. Um die Elektrizität abzubauen sollte der Windenhaken zuerst über den Boden schleifen oder in Wasser eintauchen. Erst danach kann die Schlinge gefahrlos umgelegt und dem Piloten ein eindeutiges Signal, Daumen nach oben, zum Einholen gegeben werden.

Übungsfragen / Fallbeispiele

- Gebe den Inhalt des Notrufgespräches wieder!

- Welche Zusatzinformationen wären gerade im Outdoor interessant?

- Wie wird das internationale Notsignal SOS übermittelt?

  ___ Drei kurze, drei lange, drei kurze Zeichen
  ___ Drei lange, drei kurze, drei lange Zeichen

- Benenne folgende Boden- Luftzeichen und die beiden Körpersignale!

International gültige „Boden-Luftzeichen"		
X		
N		
Y		( ) Ja - hier Landen - Wir brauchen Hilfe! ( ) Nein - nicht Landen - Wir brauchen keine Hilfe!

10. ORIENTIEREN

Sich in bewohnten oder vermeintlich bekannten Gebieten zu verlaufen ist zwar nicht unmöglich, jedoch durch das Auftreten der ein oder anderen Person, welche auch mit Händen und Füßen nach dem Weg gefragt werden kann, ein leicht zu lösendes Problem. Jedenfalls, solange man eine stimmige Aussage bekommt. In unbewohnten oder auch in unbekannten Gebieten, vielleicht noch unter Sichteinschränkung, wie der Witterung, der Tageszeit oder bei körperlichen Gebrechen, wird das Zurechtfinden schon schwieriger. Ob es jetzt besser ist, vor Ort auf Rettung zu warten, oder sich auf den Weg zu machen, ist eine zwickige Frage und wird von Fall zu Fall unterschiedlich sein. Ohne Zweifel werden Faktoren wie die Vorplanung und Absicherung, die physischen und psychischen Kräfte, die Umgebung, die Möglichkeiten, die Witterung und vieles weitere eine große Rolle spielen.

War der Routenplan Aussenstehenden bekannt, kann ich mit Hilfe rechnen?

Entschließt man sich dazu sich auf den Weg zu machen, sind einige Dinge zu beachten, welche im Bereich der Marschplanung behandelt werden. Hinterlasse jedoch deinen Namen, das Datum sowie die Zeit für eventuelle Suchmannschaften, und markiere die Richtung in welche du gehst. Kennzeichnest du deinen Weg regelmässig kannst du im Falle der Umkehr wieder zum Ausgangspunkt zurückfinden und erleichterst auch dem Rescue Team dein Auffinden. Für das Aussehen dieser Markierungen gibt es keinerlei Vorschrift. Allerdings müssen sie sich von der Umgebung abheben, bestand gegenüber der Witterung besitzen und auch für jeden verständlich sein. Im Allgemeinen passt man hierzu die natürlichen Gegebenheiten an.

Steinmänner
Ein aufgehäufter Stein- oder geformter Schneehügel.

Bäume
Durch Abschlagen der Rinde oder Abknicken der Äste.

Richtungskreuze
Richtungsweisende Pfeile.

Gras
Zusammengebundene Grasbüschel werden auch gerne benutzt. Leider richtet sich Gras wieder auf und wird auch durch geringe Böen in der Form verändert!

Ein dreifach angelegtes Zeichen gilt als Hinweis auf unmittelbare Gefahr in der Umgebung oder auf dem folgenden Trail!

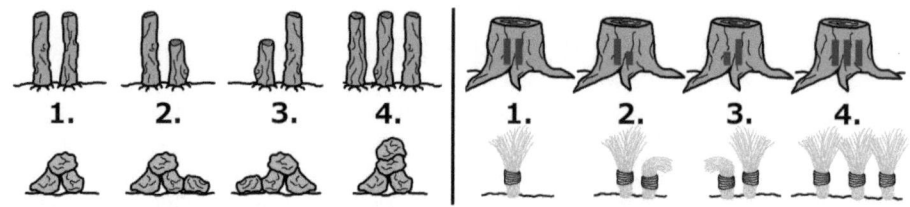

1. Geradeaus gehen / 2. Rechts abbiegen / 3. Links abbiegen / 4. Stopp Gefahr

Die Grundvoraussetzung für den Marsch ist natürlich das zumindest grobe Wissen um deinen eigenen Standort. Hier kommt uns die Vorbereitung zugute, denn du weißt ja ungefähr in welchem Gebiet das Flugzeug vor dem Absturz war, in welcher Ecke man sich zum Skifahren befand oder in welcher Richtung man die Wanderung begann. Zusätzlich wäre von Vorteil zu wissen, wohin man eigentlich will, die Entfernung sowie die entsprechend zu veranschlagende Zeit und nicht zu vergessen, im Gebirge die Höhe. Nur diese Kombination der Information gibt dir die Möglichkeit der Kontrolle und ermöglicht ein Erkennen von Fehlern und deren Behebung.

Im Folgenden legen wir vorerst die Basis der Orientierung, von der Karte über den Kompass, zu deren Einsatz und den natürlichen Hilfsmitteln.

Wo stehe ich, was sehe ich und wohin will ich!

Kartenkunde

Eine Karte ist ein verkleinertes, eingeebnetes und maßstabgerechtes Grundrissbild eines Teiles der Erdoberfläche. Sie liefert uns Informationen über Siedlungen, den Bewuchs, das Verkehrsnetz, die Geländeform, das Gewässer, über topographische Einzelheiten und die Höhe über dem Meeresspiegel. Hinzu kommen die Äquidistanz - Unterschiede der Höhenlinien zueinander, die Himmelsrichtung sowie die Deklination - Missweisung zwischen magnetisch und geographisch Nord, das Erscheinungsjahr und der Maßstab. Sie bietet somit eine Fülle an Informationen, welche nur „gelesen" werden müssen. Als Hilfsmittel gibt es zur Vereinfachung eine Legende bei welcher bestimmte Zeichen mit verschiedenen Farben versehen wurden um das Ganze zu vereinfachen. Schwarz sind künstliche Gebilde wie Straßen, Wege und Häuser, blau ist alles was mit Wasser zu tun hat, grün alles natürlich Grüne und die Höhenlinien sind braun dargestellt. Rot sind Hauptverkehrswege und gelb die Nebenstraßen, wobei einzelne Zeichen und Farben jedoch von Karte zu Karte unterschiedlich sein können. Diese gibt es auch noch in verschiedenen Ausführungen, sei es als rein topographische Version, oder als Wander- Radwander-, Fluss-, See-, Straßen-, Naturpark-, Übersichts- oder Satellitenbildkarte. Jede Karte hat jedoch ihre Eigenheiten, deshalb sollte man sich vorher überlegen, für welchen Zweck die Karte benötigt wird. Hierbei sollte auch der Maßstab der Karte beachtet werden. 1:25 000 würde bedeuten, dass ein Zentimeter auf der Karte 250 Meter in der Wirklichkeit entsprechen.

Je kleiner der Maßstab, desto detailgetreuer ist das Gebiet abgebildet!

Wege, Gefälle und Steigungen können jedoch nicht maßstabsgetreu sein, sonst wären sie zu klein! Eure Tour und der Kartenmaßstab muss somit bedacht werden. Eine Karte in einem kleinen Maßstab, die jede Einzelheit der Umgebung zeigt ist beispielsweise für eine mehrtägige Motorradtour im Westen Kanadas unbrauchbar. Andererseits wäre sie für eine Rucksacktour im Outback die richtige Wahl. Für Outdoorunternehmungen zu Fuß solltest du dich nur von einer topographischen Karte im Maßstab 1:25 000 oder max. 1:50 000 leiten lassen, denn nur diese geben dir den Überblick und die Sicherheit die du benötigst. Andererseits birgt eine Karte in einem großen Maßstab das Plus der Überraschung! Bei älteren Karten kann sich jedoch vieles verändert haben, orientiert euch dann auf Sicht nur nach solchen Gegebenheiten die sich nicht, oder so gut wie nicht, natürlich verändern können. Gewässer, Höhen- Eisenbahnlinien, Straßennetz, ...

Norden befindet sich auf der Karte immer oben, somit steht die Kartenschrift in West-Ost Richtung!

Um überall auf der Welt seinen Standpunkt genau bestimmen zu können wurde über die ganze Erdkugel ein gedachtes Liniennetz gezogen welches in Längen- und Breitengrade unterschieden wird und sich im rechten Winkel kreuzt.

Breitengrade
Sie ziehen sich vom Äquator (Teilung der Nord- Südhalbkugel) aus zu den beiden Polen, jeweils von 0° bis 90°. Wobei der Abstand der einzelnen Breitenkreise zueinander immer 111 Kilometer beträgt. Die geographische Breite kann also in Zahlen von 0-90 für die südliche oder nördliche Halbkugel angegeben werden. Beispielsweise: 30° nördl. Breite oder 30° südl. Breite. Somit ist festgelegt, in welcher Richtung und wie weit in Grad der Ort vom Äquator entfernt liegt.

Längengrade (Meridiane)
Beginnend bei Greenwich in London, verlaufen 360 Halbkreise welche in Grad angegeben sind jeweils 180° nach Osten - genannt östliche Länge und 180° nach Westen - genannt westliche Länge. Durch die Form der Erde haben die Meridiane immer die gleiche Länge, nur die Entfernung zueinander wird mit zunehmender Nähe zu den Polen geringer.

Beide Einteilungen wurden zur Steigerung der Genauigkeit noch weiter unterteilt. 1° (Grad) entspricht dann 60` (Minuten) und 1` (Minute) entspricht dann 60`` (Sekunden). Somit sind auch Orte grob bestimmbar, welche sich nicht genau auf einem Längen- Breitengrad befinden.
Diese Gradeinteilung ist auch immer auf den Karten zu finden. Sie zeigt uns an den Eckpunkten das Gefüge in das die Karte passt. Somit kann die Entfernung zum

Greenwich Meridian und zum Äquator abgelesen werden. Hierbei werden zuerst die Längen- und dann die Breitengrade angegeben beziehungsweise berücksichtigt.

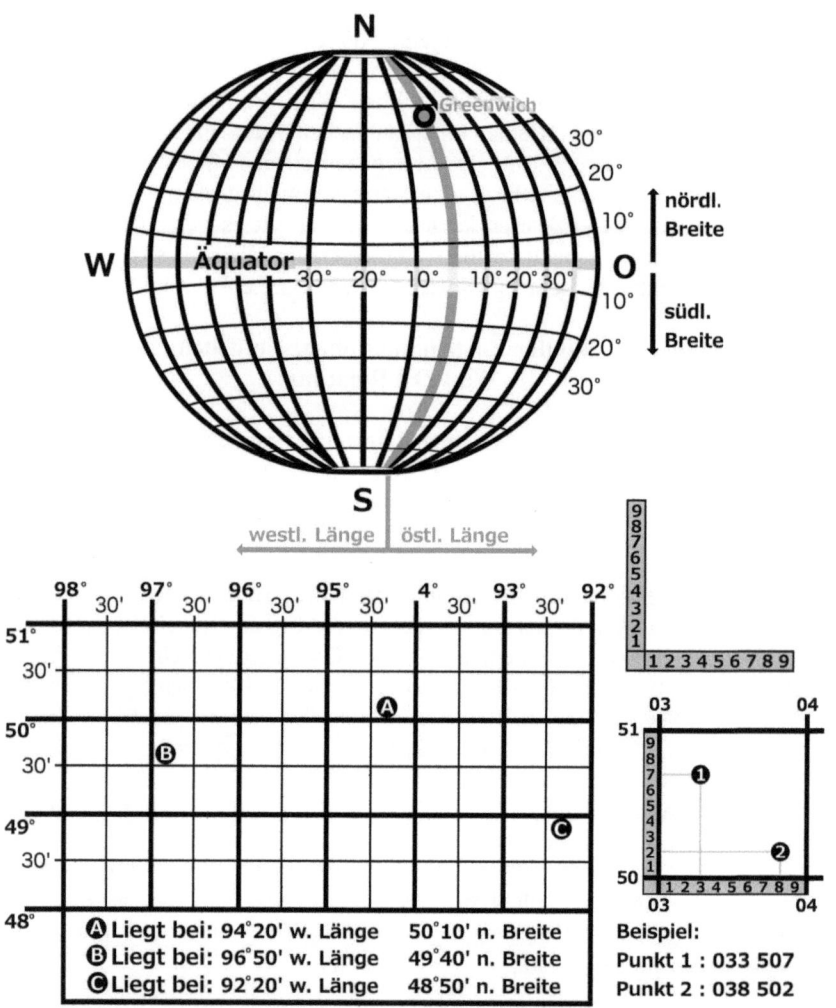

Kartennetz

Hierbei handelt es sich um nichts anderes als eine andere Schreibweise für die Längen- Breitengrade. Diese Netz von senk- waagerechten Linien verläuft jedoch immer im rechten Winkel. Hierdurch verlaufen sie nicht direkt zum Pol, weichen

174

aber auch nicht wesentlich von der Nordrichtung ab. Das Ausmessen und Eintragen von Positionen auf der Karte wird aber wesentlich einfacher, da die Abstände der Quadranten zueinander immer die gleichen sind. Sie sind ebenso wie die Längen- und Breitengrade mit Zahlen versehen, so dass man die Entfernung zum Ursprung und ihre Lage ersehen kann. Werden die einzelnen Kartenquadrate jetzt noch in 10er Schritte unterteilt, erhält man eine sechsstellige Koordinate (erst horizontal, dann vertikal), mit welcher man ziemlich genau einen Punkt bezeichnen kann. Als Kartennetze sind, unter anderen, im Umlauf: Das Swissgrid, das Gauss Krüger (German Grid), das UTM Grid (Universale Transversale Mercator) und das MGRS (Military Grid Reference). Kurz gesagt, unendlich viele.

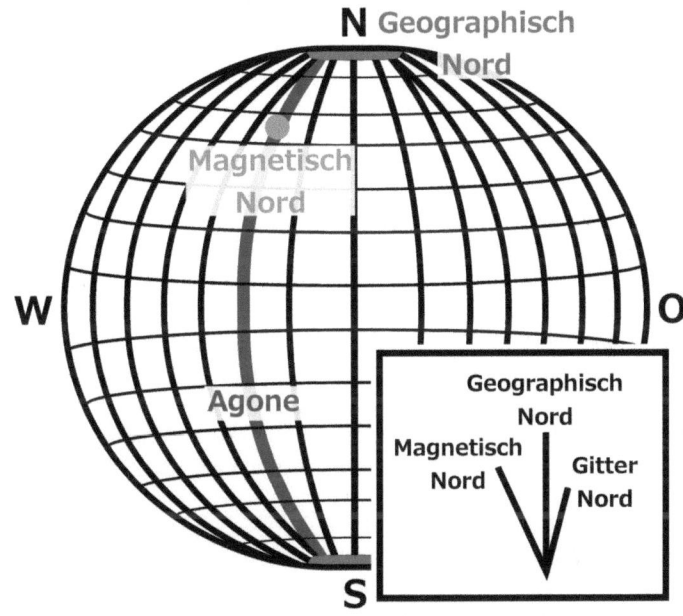

Geographisch Nord - Magnetisch Nord - Gitter Nord
Die Nord-Süd Markierungen einer Karte verlaufen alle in Richtung geographisch Nord. Da die Erde aber eine Kugel ist, gibt es bei der Projizierung auf eine ebene Fläche, dem Gitter Nord, Ungenauigkeiten. Diese Meridiankonvergenz genannte Abweichung fällt jedoch kaum ins Gewicht und kann somit vernachlässigt werden. Wichtiger ist die Unterscheidung zwischen magnetisch- und geographisch Nord! Unser Kompass zeigt uns immer, sofern er richtig gehandhabt wird und nicht defekt ist, den magnetischen Norden, beziehungsweise den nächsten magnetischen Pol an. Dieser stimmt jedoch nicht mit dem geographischen Norden überein, sondern liegt

derzeit ungefähr 1500 KM südlich des Pols. Dieser Unterschied wird Deklination genannt. Sie muss bei der Arbeit mit Karte und Kompass berücksichtigt werden. Dies gilt umso mehr, je näher man sich dem geographischen Norden nähert. Diese Deklination ist auf den Karten pro Jahr angegeben, und ändert sich auch durch die Verschiebungen der Erdmagnetströme von Jahr zu Jahr.

Aus diesem Grund wird alle fünf Jahre das sogenannte International Geomagnetic Reference Field (IGRF) erstellt und gibt die Deklinationswerte in verschiedenen Erdteilen an. Diese Abweichung wird dann meist in Form einer Grafik zumindest auf den topographischen Karten, angegeben. Das Internet bietet hierzu jedoch aktuelle Daten. Speziell auf der Seite der NOAA, der US Amerikanische Nationale Ozean und Atmosphärenbehörde. Ansonsten bleibt bei älteren Karten nur das Berechnen der aktuellen Deklination anhand der auf der Karte angegebenen, meist älteren, Deklinationsdaten. Dies erlaubt uns dann natürlich eine nicht ganz so genaue Orientierung.

Da der magnetische und der geographische Norden von einem ganz bestimmten Standpunkt aus gesehen hintereinander liegen, gibt es demnach auch eine Linie auf welcher die Deklination somit gleich null ist. Genannt wird sie: die Agone. Je nachdem ob man sich nun westlich oder östlich von ihr befindet, hat man eine - östliche Deklination, welche abgezogen oder eine - westliche Deklination welche bei der Marschrichtung auf die Marschkompasszahl aufgerechnet werden muss!

Höhenlinien

Sie geben uns die Geländekontur in festgelegten Abständen an. Der Abstand der Höhenlinien ist als Äquidistanz, dem vertikalen Höhenunterschied zwischen einzelnen Höhenlinien am Kartenrand oder auch direkt an der Höhenlinie aufgeführt. Zumindest jede fünfte Höhenlinie ist etwas dicker gezogen, und gilt als Zählkurve, auf welcher auch die Höhenangabe eingedruckt ist. Mit ihnen kann jeder Punkt der Karte auf die Höhe über dem Meeresspiegel bestimmt werden. Je enger die Höhenlinien beieinander liegen, desto steiler, je weiter diese voneinander entfernt sind, desto flacher ist das Gelände. Sie 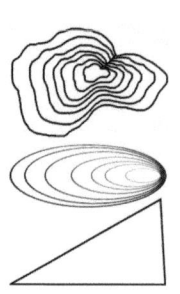 sollten zur Streckenplanung beachtet werden, da Zeit und Energie, sowie benötigtes Material meist nicht vorhanden sind um schwierigere Strecken zu meistern.

Jede Karte besitzt auch eine Nummer unter der sie mit ihrem Namen bestellt werden kann, und mit der ersichtlich ist, welche Karte an sie anschließt. Bei den Katasterämtern kann hierzu ein Verzeichnis angefordert werden. Dort können auch CD-Roms bezogen werden, auf denen bestimmte Gebiete gespeichert sind und aus denen die benötigten Bereiche ausgedruckt werden können. Gleichzeitig ist wieder einmal das Internet eine wahre Fundgrube. Sei es zur Tourberechnung, Karten oder aber auch up- downloads für das GPS.

Die billigsten Karten werden immer im Ursprungsland erhältlich sein. Jedoch, ist die benötigte dort vielleicht nicht lieferbar, die Lieferzeit zu lange, oder sie ist nicht aktuell. Es kann auch vorkommen, dass im Ausland nur Karten in der Landessprache lieferbar sind. Wer also nicht die inländische Sprache in Schrift versteht, keinen Rechner mit sich rumträgt oder massig Zeit mit sich bringt, sollte sich sein Kartenmaterial lieber vor Reisebeginn besorgen. Dies ist zur Planung und Vorbereitung sowieso der bessere Weg.

Umgang mit der Karte
Ein unlesbarer, aufgeweichter Papierfetzen wird dir nicht viel helfen. Schweißt eure Karte ein, beklebt sie oder besprüht sie mit einem wasserdichten Film. Hierdurch kann sie meistens auch mit wasserfesten Stiften beschrieben werden, was sich mit Spiritus wieder entfernen läßt.

Grobes Einnorden der Karte ohne Kompass
Hierbei wird die Karte durch Sicht grob an die Umgebung angepasst. Dabei bietet es sich immer an, einen erhöhten Standpunkt zu nutzen.

Standortbestimmung
Zwei genau bestimmte hintereinander liegende Punkte welche auf der Karte auch verzeichnet sind und vom eigenen Standpunkt aus gesehen in einer Linie liegen, werden auf der Karte mit einer langen Linie verbunden. Das Ganze wird mit zwei weiteren Punkten wiederholt. Der Schnittpunkt der Linien ist dein Standpunkt. Es ist aber auch möglich mit einer Linie durch das Schätzen der Entfernung grob den Punkt zu bestimmen auf dem man sich auf der Peillinie befindet.

Entfernungsermittlung
Unter Einbeziehung des Maßstabes deiner Karte dürfte dies auf der Karte wohl kein größeres Problem darstellen. Es gibt jedoch auch Entfernungsmesser zur Ermittlung der Distanz. Dieser besteht aus einem Zahnrad, mit welchem die Strecke auf der Karte abgefahren wird. Eine Skala zeigt die abgefahrene Entfernung an, welche mit dem Kartenmaßstab berechnet werden kann. Steigungen und Gefälle sollten bei deiner Entfernungsermittlung jedoch auch berücksichtigt werden. Um einen realen Distanzwert zu erhalten ist das Einplanen eines Zuschlages von einem Drittel der Gesamtstrecke nötig. Längere, verwinkelte Strecken können aber auch mit einer Schnur abgemessen, am Maßstab angelegt und abgelesen werden.

Streckenplannung
Grundsätzlich sollte eine Gerade ja immer die kürzeste Verbindung zwischen zwei Punkten darstellen. Aber ist sie auch die schnellste? Solange ihr euch auf einer ebenen Fläche ohne Hindernisse wie Flüsse, Sumpf, dichter Wald oder Berge befindet, könnte man beidem zustimmen. Jedoch ist dies meist nicht der Fall. Zumal sich ja immer noch die Frage stellt, kann ich die Strecke direkt ohne Zwischenziel hinter mich bringen?

Brauche ich eventuelle Umwege um mich mit Nahrung oder Wasser zu versorgen? Ist es nicht besser gerade dieses Gebiet zu Umgehen um nicht ...?
Kommen noch Höhendifferenzen hinzu wie speziell im Gebirge, wird es schwieriger. Hier sollte man sich, wenn möglich, immer auf der gleichen Höhenlinie bewegen, um Energie einzusparen. Nichtsdestotrotz sollte man auch nie nur von sich ausgehen, was der Einzelne schafft wird die Gruppe oder der Teampartner vielleicht nicht bringen können. Wie sieht es mit eurem Reisepartner aus?

Marschtabelle - Streckenskizze
Bei längeren Touren bietet es sich an, jede Bewegung anhand einer Marschtabelle oder Streckenskizze zu dokumentiere um, wenn notwendig, den Rückweg finden zu können. Hierzu wird, ausgehend vom eigenen Standort über eindeutig identifizierte Punkte, jede Marschetappe zumindest mit Zeit, Entfernung, Höhe sowie Richtung eingetragen. Zwischenziele die nicht einsehbar sind sollten je nach Geländeart nicht mehr als einen Kilometer voneinander entfernt sein. Um es einfacher zu gestalten können auch markante Geländepunkte mit der Marschlinie verbunden werden.
Anhand dieser Marschtabelle kann jederzeit der Streckenverlauf zurückverfolgt werden. Ein Verlaufen ist somit unmöglich, und eine genaue Dokumentation zur Tagesauswertung im Bereich des Möglichen.

Etappe	Richtung	Höhendifferenz	Distanz	"Geh"- zeit	Markantes
01	65°	+220 m	980 m	25 min.	Felsnase
02	22°	+ 345 m	425 m	60 min.	Alter Steg
03	340°	- 150 m	1600 m	35 min.	Brücke
04	185°	Ca. 0 m	760 m	10 min.	Hochplateau

° = Grad / m = Meter / min. = Minuten

Karten / Skizzen Zeichnen
Nicht immer steht Kartenmaterial zu unserer Orientierung zur Verfügung. Umso wichtiger ist es, soviel wie möglich über das Gelände in Erfahrung zu bringen. Von unserem erhöhten Standpunkt haben wir einen guten und weiten Blick was das Zeichnen einer Übersichtskarte vereinfacht. Auf ihr sollten alle wichtigen und markanten Punkte, die Himmelsrichtungen und der eigene Standpunkt eingetragen werden. Soll die Skizze jedoch auch für andere Personen lesbar sein, sollten alle genutzten Farben und Zeichen natürlich in einer Legende aufgeführt und erklärt werden.

Kompasskunde
Kompanden gibt es in unterschiedlichen Formen und auch Varianten. Sie geben uns die Richtung zur nächst größeren magnetischen Quelle an, welches normalerweise der magnetische Norden ist. Befinden sich jedoch magnetische Störfelder in der Nähe, wird die Nadel träge und gibt somit eine Fehlweisung. Speziell Hochspannungsleitungen,

Stahlteile und Erzadern sind "beliebte" Faktoren. Zu ihnen sollte ein Abstand von 30-50 Meter eingehalten werden. Selbst kleinere Gegenstände, vielleicht sogar deine eigene Ausrüstung kann eine beeinflussende Wirkung auf die Arbeit mit dem Kompass haben. Speziell das Messer, die Uhr, der Ring oder die Kette, das Rucksackgestell, Handy, GPS, ... Auch bei diesen Gegenständen sollte ein ausreichender Abstand hergestellt werden. Nötigenfalls musst du deine Ausrüstung bei der Arbeit mit dem Kompass ablegen und dich zwei bis drei Meter entfernen, um sicher und genau zu arbeiten.

Je größer die magnetischen "Störfelder" in der Nähe sind, desto weiter sollte dein Sicherheitsabstand zu ihnen sein!

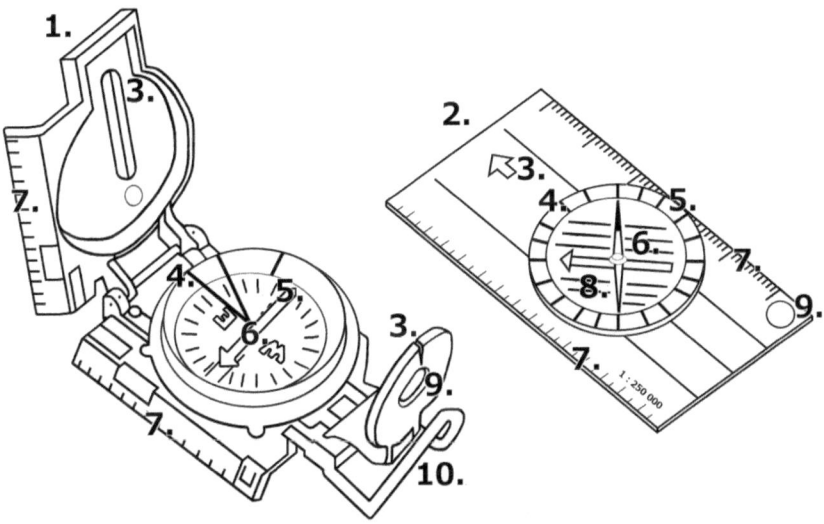

1. Marschkompass / 2. Kartenkompass / 3. Visiermarke - Linie / 4. Ablesemarke / 5. Teilscheibe (drehbar, mit Hauptrichtungen und Marschzahlen) / 6. Magnetnadel / 7. Anlegekante / 8. Nord - Süd Linien / 9. Lupe / 10. Daumenhalteöse

Wir unterteilen die Kompanden in zwei verschiedene Arten. Den Marsch- und den Kartenkompass. Der Kartenkompass ist durchsichtig und flach, somit hervorragend für die Arbeit mit der Karte geeignet. Jedoch zum Marschieren oder Benutzen im Gelände sollte man dem Marschkompass den Vorzug geben. Mit ihm kann die Kartenarbeit ebenso gut erledigt werden. Er ist beim Marschieren durch seine Ausführung besser geeignet Dinge anzupeilen und die Richtung zu halten. Auf Merkmale wie Robustheit, Verwendbarkeit bei Nacht, ölgedämpft, optisches Visier, eine lange Anlegekante und eine Spiegeleinrichtung für gleichzeitiges peilen und ablesen der Marschzahl sowie Millimeterskala sollte man Wert legen. Zusätze wie eine Kompensation der Deklination wäre wünschenswert. Bei derartigen Kompanden kann die Deklination fest eingestellt werden, und muss nicht bei jeder Peilung berücksichtigt werden. Solange man sich in einem Gebiet mit gleicher Deklination aufhält wird das Arbeiten mit diesem Kompass somit stark vereinfacht. Alternativ könnte man aber auch seinen Kompass mit einer der Deklination angepassten Nordmarke versehen.

Zu beachten wäre auch die Inklination - Kippneigung der Kompassnadel. Die Erde ist in mehrere Magnetzonen eingeteilt (MN,NME,ME,SME und MS). In diesen treten die Magnetströme in unterschiedlichen Winkeln auf. Je steiler der Winkel, desto höher ist die Gefahr, dass die Kompassnadel am Boden der Kompassdose blockiert.

Die Arbeit mit Karte und Kompass benötigt Zeit um genaue Ergebnisse zu erzielen!

Euer Ergebnis sollte zusätzlich immer anhand eures Wissens der natürlichen Hilfsmittel der Orientierung nachkontrolliert werden, denn der Zwischenraum zwischen zwei Teilstrichen des Kompass entspricht auf 100 Meter einer Breite von 10 Meter, auf 1000 Meter schon 100 Meter. Nachts, bei eingeschränkter Sicht, schwierigem Gelände aber auch im Hochgebirge werden schon kleinere Abweichungen erhebliche Probleme mit sich bringen. Peile immer wieder und setze Zwischenziele.

Grundlagen der Kompassrose
Die Kompassrose entspricht einem Vollkreis. Die Deutsche Gradeinteilung läuft hierbei von 0°-64°, im Amerikanischen von 0°-360°, in der Schweiz von 0°-32° und im militärischen Bereich von 0-6400 Mils (Strich). Die Anfangs- und Endzahl markiert jedoch immer den Norden. Sie muss also, außer wenn mit der Deklination gearbeitet wird, mit der Spitze der magnetisierten Kompassnadel übereinstimmen.

Umrechnungstabelle				
	N	**O**	**S**	**W**
Deutschland	64°/0°	16°	32°	48°
Amerika	360°/0°	90°	180°	270°
Schweiz	36°/0°	9°	18°	27°
Militär	6400/0 m	1600 m	3200 m	4800 m

° = Grad / m = Strich

Ausgehend von dieser Kompassrose stehen die geraden Himmelsrichtungen wie Süden, Norden, Westen und Osten sich ebenso gegenüber wie die ungeraden Nordwest, Südost, Nordost, Südwest, ... Um unsere Kompassrose zu vervollständigen fehlen somit nur noch die Uhrzeiten. Auf der Nordhalbkugel geht die Sonne im Osten auf, steht mittags im Süden und geht im Westen unter. Somit steht die Sonne im Frühlings- Herbstanfang auf der Nordhalbkugel mittags um 12.00 Uhr im Süden, auf der südlichen Halbkugel dementsprechend im Norden. Während der Sommerzeit steht die Sonne jedoch immer eine Stunde später in der angegebenen Richtung. Diese Stunde muss, um etwas genauer zu arbeiten, in der entsprechenden Jahreszeit berücksichtigt werden. Das bedeutet, dass im Sommer die Sonne erst um 13.00 Uhr im Süden steht und sich die Uhrzeiten um eine Stunde verschieben.

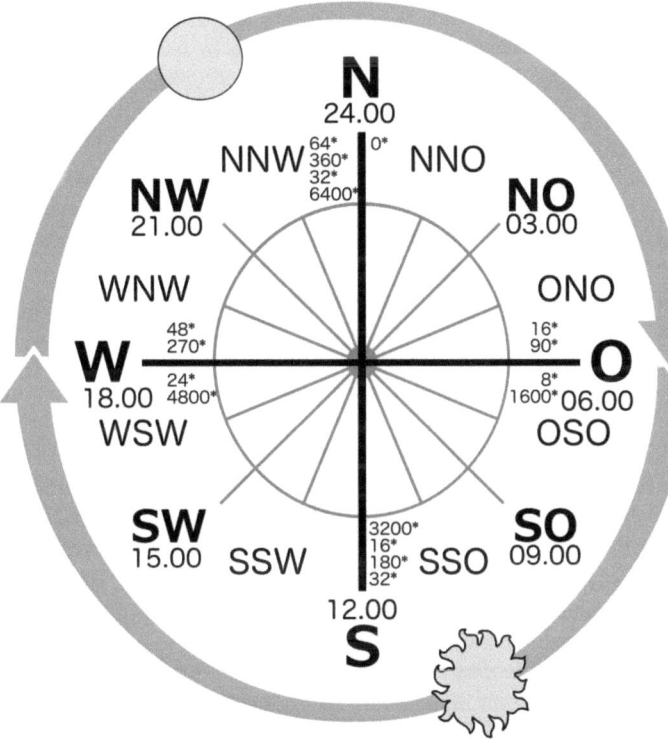

Kompassrose

Arbeiten mit Karte und Kompass

Zur Koordination mit der Karte und dem Kompass muss die Karte natürlich die gleiche Ausgangsbasis wie der Kompass besitzt. Das bedeutet sie muss immer eingenordet sein um richtige Werte vom Kompass ablesen zu können. Zudem sollte der Kompass immer mittig an die gewünschten Anlaufpunkte angelegt werden um weitere Ungenauigkeiten zu vermeiden. Beachte hierbei jedoch auch die eventuell vorliegende Deklination und beziehe diese mit ein.

Kompasshaltung

Damit sich die Kompassnadel drehen kann muss dieser immer waagerecht gehalten oder gelegt werden. Bei einer starken Inklination muss jedoch, unter Umständen, die Kompasshaltung angepasst werden.

Karte einnorden

Der Kompass wird mit seiner Anlegekante an eine Nord-Süd Linie deiner Karte angelegt und die Nordmarkierung des Kompass auf die Ablesemarke gebracht. Karte sowie der Kompass werden jetzt gedreht, bis die Kompassnadel mit der Nordmarkierung übereinstimmt. Als Nord-Süd Marke kann auf die Ortsnamen der Karte eine rechter Winkel aufgesetzt werden oder man nutzt eine senkrechte Linie auf der Karte.

Ablesen der Marschkompasszahl

Am Gelände wird das Streckenziel mit ausgestrecktem Arm, zur Verlängerung der Visierlinie, mit dem Kompass angepeilt. Nun braucht die Nordmarkierung nur noch mit der Kompassnadel in Einklang gebracht zu werden. Die Marschkompasszahl, auch MKZ genannt, ist an der Ablesemarke ersichtlich.

Soll die MKZ anhand der Karte ermittelt werden, wird die Karte zuerst eingenordet, bevor der Kompass mit der Anlegekante vom Ablaufpunkt zum Ziel angelegt wird. Die Magnetnadel wird mit der Nordmarkierung in Einklang gebracht und die Ablesemarke gibt die Richtung in Grad wieder.

Kreuzpeilung

Mit der Kreuzpeilung können Punkte auf der Karte genau bestimmt werden. Hierzu werden zwei markante Geländepunkte anvisiert und mit der MKZ die Visierlinien auf die Karte übertragen. Der Schnittpunkt beider Linien ist dein zu bestimmender Standpunkt. Je rechtwinkliger der Treffpunkt dieser Linien ist, desto genauer ist auch deine Standortermittlung!

Eine einfachere, jedoch nicht ganz so genau Möglichkeit, ist das Abschätzen der Distanz zu deinen Referenzpunkten. Markiere wie angesprochen eine Visierlinie auf der Karte, schätze nun die Distanz zu dem ersten Referenzpunkt und übertrage diese mithilfe des Maßstabes der Karte auf deine Visierlinie. Siehe hierzu auch unter Entfernungsermittlung. Ein Höhenmesser kann dir ebenso dienlich sein.

Breitenbestimmung im Gelände

Die Bestimmung der Breite eines Hindernisses, sei es ein Fluss, eine Schlucht, oder was auch immer, wird Interessant, wenn es als Hindernis anzusehen ist. Hierzu suchen wir uns zwei gegenüberliegende Punkte (A/B). Von B, unserem eigenen Standort bewegen wir uns rechtwinklig weg, bis Punkt A in einem Winkel von 45° zu unserem neuen Standort C liegt. Die Strecke A/B entspricht der Strecke B/C.

Eine weitere Möglichkeit nutzt ebenso zwei gegenüberliegende Punkte (AB). Im 90° Winkel zu A wird eine bestimmte Distanz zu B zurückgelegt. Diesen Punkt nennen wir C, von welchem wir nochmals genau die gleiche Distanz zum neuen Punkt D weitergehen. Von D entfernen wir uns im 90° Winkel von A, solange bis die Punkte C/A auf einer Linie liegen. Die Strecke DE entspricht somit der Strecke AB.

Eine kurze Distanz bedeutet nicht, gleichzeitig die schnellste oder sicherste Verbindung gewählt zu haben!

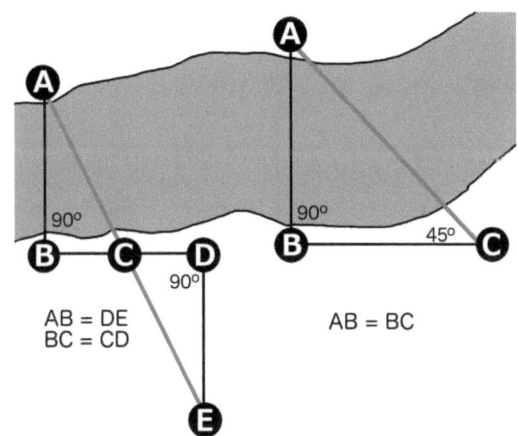

Entfernungsermittlung im Gelände

Entfernungen zu Schätzen ist nicht so leicht wie es sich anhört. Aber, je höher und exponierter der eigene Standort ist, desto besser ist der Überblick und desto leichter fällt es die Strecke einzuschätzen. Für die kühnen Rechner gibt es auch eine Formel zur Ermittlung der ungefähren Entfernung zu einem Objekt.

$$E=\frac{H(B) \times 1000}{W}$$

E   Entfernung zum Ziel in Meter.

H/B   Höhe oder Breite des Ziels in Metern (entweder wird geschätzt oder von den Mittelwerten ausgegangen).

W   Winkel, der die Höhe oder Breite des Ziels einschließt. Bei ausgestrecktem Arm entspricht die Daumenbreite 35-40 Strich, die Breite des Zeigefingers 30 Strich, oder es werden mm genutzt, wobei 1mm 2 Strich entspricht.

Als Beispiel:
- 3 stöckiges Gebäude
- geschätzt 12 Meter hoch
- Winkel von 6 Strich

$$E=\frac{12 \times 1000}{6}$$

Da quer verlaufende Entfernungen besser zu schätzen sind gibt es auch noch eine „Daumen-Peilmethode". Mit ausgestrecktem Arm und einem geschlossenen Auge wird das Objekt über den Daumen angepeilt. Nun wird das entsprechend andere Auge genutzt und das vorhergehende geschlossen. Der Peilpunkt hat sich daraufhin verschoben, und die Strecke von unserem Peilobjekt zum zweiten Peilpunkt wird nun geschätzt. Das Ergebnis wird mit 10 multipliziert und gibt uns die Entfernung zu unserem Ziel an.

Jetzt wissen wir, wie weit unser Ziel entfernt ist, aber wie lange musst du bis dahin laufen? Entweder kennt der Geübte seine Zeit, die er auf eine bestimmte Distanz benötigt, oder man nutzt seine durchschnittliche Schrittlänge um die Entfernung zu kontrollieren. Hierzu wird eine bestimmte Entfernung (mindestens 20 Meter) auf einer ebenen Fläche mit normalen Schritten abgelaufen.

Als Beispiel:
30 Meter Strecke, benötigte Schritte 18. Würden für 10 Meter also 6 Schritte und für 100 Meter 60 Schritte benötigt. Haben wir eine Entfernung zum Ziel von 260 Meter, bräuchten wir 26 x 6 Schritte, also 156 Schritte bis zu unserem Ziel.

Bei Steigungen und Gefälle sollte jedoch 1/3 Verlängerung der Gesamtstrecke mit berücksichtigt werden, da die Schrittlänge sich beim Abwärtsgehen vergrößert und beim Aufwärtsgehen verkleinert. Ebenso verkürzt auch Gegenwind den Schritt und Rückenwind verlängert ihn. Somit wirkt sich die Bodenbeschaffenheit und unter anderem auch das Wetter auf die Schrittlänge aus.

<u>Neigungsermittlung</u>
Hangneigungen werden in Prozent angegeben, welche das Verhältnis Strecke zur Höhendifferenz angibt. Sind diese gleich redet man von einer Steigung 100 %, was aber in Grad nur 45° ausmacht. Achtung: Schon eine Hangneigung von 30° gilt als kritisch, die Gefahr der Selbstauslösung von Lawinen steigt rapide an!
Eine etwas genauere Methode der Pi mal Auge Version ist die Näherungsmethode. Hierzu werden zwei Stöcke genutzt, von denen einer senkrecht zum Boden gehalten wird, während man den anderen waagerecht im rechten Winkel zum Hang hält. Bildet sich hierbei ein gleichschenkliges Dreieck beträgt die Hangneigung ca. 45°. Ist der waagerechte Schenkel kürzer sind es mehr als 45°. Ist er jedoch länger sind es weniger.

<u>Kompasslauf</u>
Die Gefahr von deiner Route abzuweichen ist bei kleinen Distanzen geringer, nutze deshalb immer Zwischenziele und nur eindeutig erkennbare Objekte. Bei Nacht, oder eingeschränkter Sicht besteht die Möglichkeit, wenn man zu zweit ist, den Partner mit einer Taschenlampe als Zwischenziel zu dirigieren. In einem Gebiet, in welchem es kein peilbares Zwischenziel gibt und kein Partner vorhanden ist, wirft man etwas Auffälliges in die gepeilte Richtung, um den Kurs beizubehalten. Ein Markieren deines Ablaufpunktes würde dir jedoch auch eine Umkehrpeilung und somit eine Kontrolle der Marschrichtung erlauben. Etwas umständlicher und auch langwieriger ist das ständige Kontrollieren auf dem Kompass, bei dem dieser in der

Bewegung in Nutzungshaltung vor dem Körper verbleibt.

Gerade bei Nacht, eingeschränkter Sicht oder unwegsamem Gelände ist es nicht immer möglich den Kurs genau einzuhalten. Nach zurückgelegter Distanz nicht zu Wissen in welcher Richtung das Ziel liegt, ist jedoch einfach zu umgehen. Versetze deine Marschkompasszahl um ein paar Grad, und halte dich nach zurückgelegter Entfernung im rechten Winkel entgegen deiner Versetzung.

Objektumgehung

Kann ein Hindernis nicht überquert werden, muss es umgangen werden. Doch wie kann dort wieder der richtige Kurs aufgenommen werden?

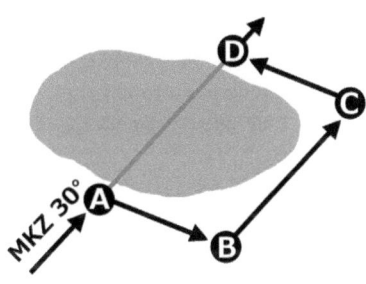

Objektumgehung

Markiere dir deinen Ablaufpunkt und merke dir einen markanten Geländepunkt auf der gegenüberliegenden Seite, welcher auf deiner Route liegt. Dort startest du nach der Umgehung. Mit einem Kompass kannst du, dort angekommen auch eine Umkehrpeilung vornehmen um sicher zu sein, dass du auch am richtigen Punkt angekommen bist. Natürlich kann deine Umgehung auch in Winkeln durchgeführt werden. Dabei ist die Strecke AB so lang wie nötig, um an dem Hindernis vorbeizukommen. Die Strecke BC gehört zur Gesamtentfernung zum Ziel dazu, und CD ist genauso lang wie AB.

Verhauen und Verlaufen

Passieren kann es jedem, denn selbst kleine Fehler rächen sich. Aus diesem Grund ist das Führen einer Marschtabelle mit einer Streckenskizze beim Orientieren über längere Distanzen geradezu ein Sicherheitsgesetz. Das Wichtigste ist allerdings, sofort beim Erkennen des Orientierungsverlustes den Standort entsprechend so zu markieren, dass er auch wiedergefunden werden kann, bevor man daran geht, den letzten mit Sicherheit auf der richtigen Route liegenden Punkt zu suchen.

Unter zu Hilfenahme eines Streckenplanes ist das kein Problem. Wurde jedoch keiner geführt, und auch keine Orientierungshilfen als Zeichen für einen eventuellen Rückweg oder für Suchteams gelegt, muss aus dem Kopf gearbeitet werden. Hierbei ist natürlich die Auffassungsgabe ausschlaggebend. Hervorstechende Geländemarken, Geräusche, Wind, ... und neben anderem auch erhöhte Geländepunkte stehen dir als Hilfsmittel zur Verfügung um deine Route wiederzufinden.

Umkehrkurs

Musst du einmal den Weg zurück, addiere oder subtrahiere einfach die Hälfte der Gradeinteilung deines Kompass zur vorherigen Marschkompasszahl und du erhältst den Umkehrkurs. Sollte selbst diese Ermittlung des Umkehrkurses nicht möglich sein, aus welchen Gründen auch immer, gibt es einige Suchverfahren deren man sich nicht nur bei einem Verlaufen, sondern auch bei Search and Rescue Aktionen bedienen kann. Mehr zur Thematik Rettungstaktiken und Notfallmedizin in der nächsten Veröffentlichung.

Sternmethode
Ausgehend vom markierten Standpunkt (X) wird ein paar Minuten inklusive einiger Minuten Reserve in deine vermutete „Kommrichtung" gegangen, wobei die Strecke dauernd markiert wird. Die Streckenzeit sollte der Zeit entsprechen, welche die geschätzte Zeit seit dem letzten sicheren Punkt war. Bei erfolgloser Suche begibt man sich zum Ausgangspunkt zurück und geht in gleicher Weise in eine andere Richtung. Dies wird solange fortgeführt, bis die Suche erfolgreich ist.

Kreismethode
Eine bessere Methode wäre die sogenannte Kreismethode. Bei dieser wird die Kommrichtung sogar gekreuzt. Hierzu wird auch der markierte Standort in einer Richtung verlassen, bei welcher der Weg logischerweise ebenso ständig markiert wird. Nach erreichen der Zeit (siehe Sternmethode) markiert man den erreichten Punkt, und wendet sich in einem 60° Winkel. Nun geht man die gleiche Strecke wie zuvor, und verfährt dort in der gleichen Art und Weise. Beachte jedoch, dass bei jeder Wendung auch immer die gleiche Richtung, also nur rechts oder nur links genutzt wird.

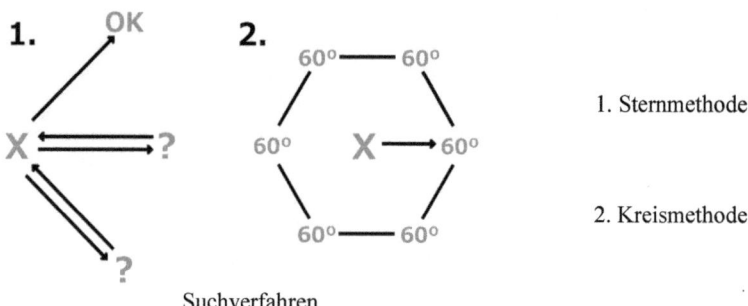

1. Sternmethode

2. Kreismethode

Suchverfahren

Das Einhalten von Winkeln auch ohne Kompass kann mit unterschiedlichen Hilfsmitteln erreicht werden. Unter anderem auch mit dem eigenen Körper. Hierzu stellt man sich mit einer Schulter in die Marschrichtung zeigend auf und streckt den Arm in diese Richtung. Wird der andere Arm zur entgegengesetzten Seite ausgestreckt zeigst du den Umkehrkurs an. Wird dieser Arm jedoch im rechten Winkel zur Marschrichtung gestreckt, wird logischerweise ein Winkel von 90° angezeigt.

186

Orientieren ohne Kompass

Alle hier aufgeführten Techniken sind nur als grobe Richtungsweisung zu verstehen, unter schlechtesten Umständen können jedoch selbst Richtungsangaben mit größeren Abweichungen Hilfestellungen bieten. Für ein genaueres Arbeiten sollten jedoch immer mehrere Hilfsmittel genutzt werden. Durch natürliche Gegebenheiten unterscheiden sich diese Hilfsmittel jedoch zwangsläufig. Hierbei unterscheiden wir vorerst zwischen der Nord- und der Südhalbkugel. Aus der Zeichnung geht klar hervor, dass unser Sichtfeld vom Himmel bestimmt wird durch unseren Standort.

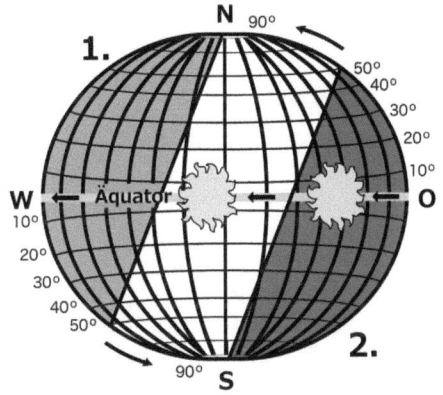

Stehen wir auf dem 50° nördlicher Breite (Punkt 1) sehen wir den Sternenhimmel nur bis zu 50° südlicher Breite. Gestirne jenseits vom 50-90° südlicher Breite sind für uns entweder nicht komplett, oder gar nicht zu sehen.

Befindet sich unser Standpunkt auf der südlichen Halbkugel (Punkt 2) ist alles andersherum. Befinden wir uns allerdings auf dem Äquator sind alle Sternbilder für uns ersichtlich, jedoch diejenigen welche sich direkt über den Polen befinden, sind meist nicht vollständig. Dies ist allerdings für die grobe Richtungsfindung nicht von Bedeutung.

Wie die Sonne gehen auch die Sterne ungefähr im Osten auf. Eine Peilvorrichtung und etwas Zeit hilft dir die Richtung der Sterne zu bestimmen, um eine ungefähre Ost-West Achse zu finden.

Peile einfach einen Stern über zwei fixe Punkte, vielleicht über zwei in den Boden gesteckte Stöcke, und beobachte diesen einige Minuten. Für die nördliche Halbkugel gilt, steigt er auf blickt man nach Osten, sinkt er blickt man nach Westen. Beschreibt er einen Bogen nach rechts, blickt man nach Süden, und zieht er jedoch nach links weg, blickt man nach Norden.

Achte auf die Sterne, sie werden dir den Weg weisen!

Sonne
Mithilfe der Sonne und ihrem Schattenwurf, welcher entgegengesetzt zur Sonne mitläuft, kann die Himmelsrichtung, die Zeit und sogar die Halbkugelseite der Erde angeben werden auf der wir uns befinden. Um jedoch eine etwas genauere Richtungsweisung zu erhalten ist die Zeitdifferenz der Mitteleuropäischen Zeit (MEZ-Normalzeit) zur sogenannten Mitteleuropäischen Sommerzeit (MESZ / April-Oktober) zu berücksichtigen.

MEZ	MESZ	Nordhalbkugel	Südhalbkugel
06.00 Uhr	07.00 Uhr	Osten	Osten
09.00 Uhr	10.00 Uhr	Südost	Nordost
12.00 Uhr	13.00 Uhr	Süden	Norden
15.00 Uhr	16.00 Uhr	Südwest	Nordwest
18.00 Uhr	19.00 Uhr	Westen	Westen
21.00 Uhr	22.00 Uhr	Nordwest	Südwest
24.00 Uhr	01.00 Uhr	Norden	Süden
03.00 Uhr	04.00 Uhr	Nordost	Südost

Wer jetzt wirklich keine Uhr oder Kompass zur Verfügung hat, kann sich auch mit einem Stock behelfen um sich eine Richtungsuhr zu basteln. Hierzu wird ein, ein Meter langer Stock möglichst gerade an einer ganztägig sonnigen Stelle in den Boden gesteckt und die Schattenspitze am Boden markiert. Es gilt, je heller der Untergrund desto besser die Schattenwirkung. Zur perfekten Bestimmung sollte man einen Tag abwarten (zur Mittagszeit reichen auch 30 Minuten) und regelmäßig den Schattenwurf markieren. Die Markierungen werden miteinander verbunden und geben dir den Richtungsverlauf der Sonne also die ungefähre Ost/West Linie an. Gibt man auf diese Linie im rechten Winkel eine weitere, erhält man die grobe Nord/Süd Linie. Beachte jedoch, dass du den Schattenwurf markierst, dieser läuft in einem Bogen auf der nördlichen Halbkugel von Westen über Norden nach Osten und auf der südlichen Halbkugel natürlich von Westen über Süden nach Osten. Je geradliniger dieser Schattenwurf verläuft, desto näher befindest du dich am Äquator.

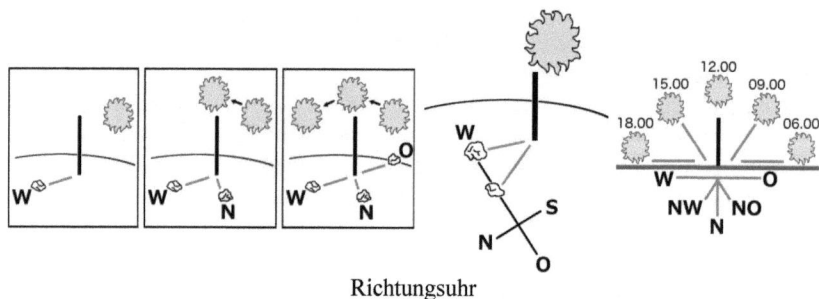

Richtungsuhr

Um zusätzlich die Zeit zu bestimmen wird ausgehend von unserer Richtungsuhr der erste Schattenwurf am Morgen gekennzeichnet. Er zeigt in Richtung Westen. Über den Verlauf des Tages wird der kürzeste Schattenwurf (Sonne steht am höchsten) gekennzeichnet (er steht auf der Südhalbkugel im Süden und auf der Nordhalbkugel natürlich im Norden) und bei Sonnenuntergang wird eine weitere Markierung gesetzt. Nun sind nur noch die Uhrzeiten, Sonnenaufgang 06.00 Uhr Mittag 12.00 Uhr und Sonnenuntergang 18.00 Uhr einzutragen (MEZ).

Eine sogenannte Sonnenrose, mit den Uhrzeiten und den Himmelsrichtungen auf einem Stück Papier ist somit ein transportabler Zeit- Richtungsmesser. Auf den Boden gelegt mit einem Stock in der Mitte erhält sie bei Sonneneinstrahlung ihre Aussagekraft.

Mond
Da der Vollmond der Sonne immer genau gegenübersteht kann auch nachts mit einer Uhr anhand des Vollmondes die Richtung bestimmt werden. Da wir jetzt aber nicht immer Vollmond haben, sondern sich der Mond vom zunehmenden Mond zum Vollmond über den abnehmenden Mond zum Neumond entwickelt, haben findige Köpfe eine Möglichkeit gefunden, mittels einer Berechnung aus jeder Mondphase die Himmelsrichtung bestimmen zu können.

Zeit	Sonne (Nordhalbkugel)	Vollmond (Nordhalbkugel)
03.00 Uhr	Nordost	Südwest
06.00 Uhr	Osten	Westen
09.00 Uhr	Südost	Nordwest
12.00 Uhr	Süden	Norden
15.00 Uhr	Südwest	Nordost
18.00 Uhr	Westen	Osten
21.00 Uhr	Nordwest	Südost
24.00 Uhr	Norden	Süden

Ausgehend von einer Vollmondnacht erscheint der Mond jede weitere Nacht 50 Minuten später an der Stelle an welcher er die vorherige Nacht stand. Wird diese Zeit berücksichtigt, kann der Stand jeder Mondphase in eine Himmelsrichtung umgesetzt werden.

Als Beispiel:
Fünf Tage nach Vollmond steht der Mond 5 x 50 Minuten (250 Minuten) später an der Stelle an welcher der Vollmond stehen würde. Somit steht der Mond Fünf Tage nach Vollmond anstatt um 24.00 Uhr erst gegen 04.00 Uhr im Süden.

Eine andere Möglichkeit der Bestimmung der Himmelsrichtung nach dem Mond wäre die sogenannte Mondphasenberechnung. Wobei auch klar ist, dass je nach Standort auf der Erde der Blickwinkel variiert. So ist es zwar immer ein zu- oder abnehmender Mond, das sichtbare Bild beherbergt jedoch Unterschiede. So ist der zunehmende Mond auf der Nordhalbkugel von rechts angeleuchtet. Steht man auf der Südhalbkugel jedoch von links. Befindet man sich direkt auf dem Äquator liegt er auf dem "Rücken".
Um die Mondphasen zu Berechnen stellt man zuerst fest, ob der Mond zu- oder

abnimmt. Bei zunehmendem Mond zeigt auf der Nordhalbkugel die Runde Seite nach rechts, bei abnehmendem nach links. Daraufhin wird der sichtbare Mond in zwölfteln geschätzt. Diese Zahl wird auf den Neumond bezogen und von der Uhrzeit bei zunehmenden Mond abgezogen und bei abnehmendem addiert. Das Ergebnis gibt dir die Uhrzeit, in welcher der Neumond, welcher mit dem Stand der Sonne gleichzusetzen ist, jetzt stehen würde. Beachte jedoch die MESZ, ist diese gültig, ziehe eine Stunde ab.

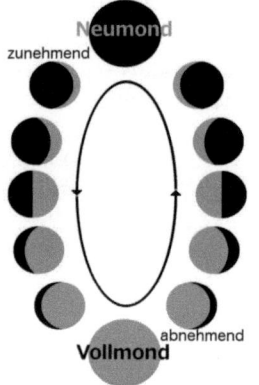

Als Beispiel zunehmend:
Zunehmender Mond mit geschätzten 10/12 Größe.
Wir schreiben MESZ - aktuelle Zeit 23.00 Uhr.
23 (Uhr) - 10 (MW) - 1 (MESZ) = 12.00 Uhr = S

Als Beispiel abnehmend:
Abnehmender Mond mit geschätzten 10/12 Größe.
Wir schreiben MESZ - aktuelle Zeit 23.00
23 (Uhr) + 2 (MW) - 1 (MESZ) = 00.00 Uhr = N

Mondphase (Nordhalbkugel) - Berechnung
MESZ = Sommerzeit / MW = Mondwert / N = Norden / S = Süden

Kreuz des Südens
Hierbei handelt es sich um ein kleines, markantes Sternbild des Südhimmels. Es ist jedoch nur unterhalb vom 20-25° nördlicher Breite sichtbar. Wird, ausgehend vom oberen Stern, die Längsachse der Konstellation ungefähr 4,5 mal verlängert und zieht man auf diesen gedachten Punkt eine imaginäre Linie zum Horizont, ergibt der Schnittpunkt die Südrichtung.

Kassiopeia
Auch Himmels "W" oder Himmels "M" genannt, ist sie ein ganzjährig sichtbares Sternbild des Nordhimmels. Wird ihr Durchmesser in zweifacher Verlängerung rechtwinklig auf den schwächsten, äussersten Stern gesetzt, weist dieser dir die Distanz und auch die Richtung zum Polarstern.

Polarstern
Auch als Nordstern oder Polaris bekannt weicht er nie mehr als 1° Grad vom nördlichen Himmelspol ab und ist, je nach Standort, das ganze Jahr sichtbar. Er nimmt im Sternbild des kleinen Wagens, welcher auch das ganze Jahr über

sichtbar ist, die vorderste Stelle an der Deichsel ein. Man findet ihn über eine vier- fünffache Verlängerung der Hinterachse des großen Wagens, auch großer Bär genannt. Wird, ausgehend vom Polarstern, eine Senkrechte zum Horizont gezogen, erhält man die Nordrichtung. Er gilt als eines der aussagekräftigsten Himmelsobjekte bei der Orientierung und weist dir mit seiner Höhe über dem Horizont auch die geographische Breite aus.

Orion
Der Orion ist ein Wintersternbild, welches in Ost-West Richtung fast genau auf dem Äquator verläuft und somit auf beiden Erdhalbkugeln genutzt werden kann. Zieht man eine Mittellinie bis zum Horizont erhält man auf der nördlichen Halbkugel Süden und auf der südlichen Halbkugel Norden.

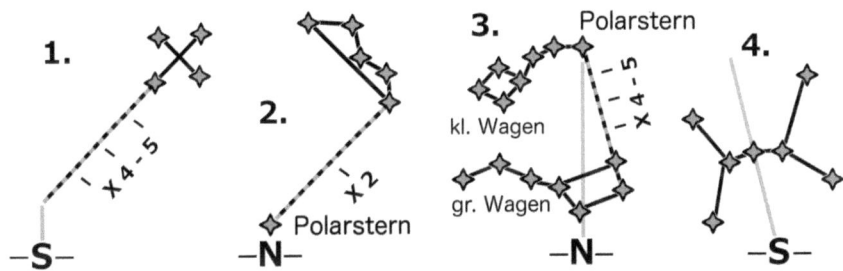

1. Kreuz des Südens / 2. Kassiopeia / 3. Polarstern / 4. Orion

Venus (Morgen- Abendstern)
Die Venus geht morgens noch vor der Sonne im Osten auf und ist abgesehen von der Sonne und dem Mond der hellste Stern. Sie verfügt, wie der Mond, über verschiedene Phasen, ist jedoch nicht ganzjährig sichtbar.

Uhr
Mit Analogen und Digitalen Uhren, oder einfach nur mit der Uhrzeit (gezeichnetes Ziffernblatt) kann auch die Himmelsrichtung bestimmt werden. Die Sommerzeit sollte wie der Ortszeitunterschied (Zeitzone) jedoch beachtet werden, denn die mitteleuropäische Zeit (MEZ) gilt nur für 15° östlicher Länge. Westlich davon geht die Sonne logischerweise später auf somit verschiebt sich auch die Zeit. Pro Grad sind dies vier Minuten.

Nordhalbkugel
Halte die Uhr waagerecht vor den Körper, so dass die Spitze des Stundenzeigers auf die Sonne zeigt. Vormittags markiert, im Uhrzeigersinn, die Mitte zwischen dem Stundenzeiger und der 12 den Süden, während am Nachmittag die Winkel-halbierende entgegen dem Uhrzeigersinn den Süden markiert.

191

Südhalbkugel
Halte die Uhr waagerecht vor den Körper, so dass die 12 auf die Sonne zeigt. Vormittags markiert, im Uhrzeigersinn, die Mitte zwischen dem Stundenzeiger und der 12 den Norden und nachmittags wird die Winkelhalbierende entgegen dem Uhrzeigersinn genutzt.

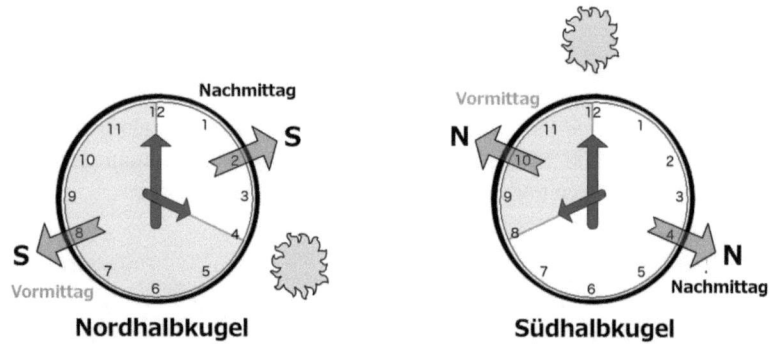

Nordhalbkugel   **Südhalbkugel**

Bewuchs
In unseren Breitengraden ist die Wetterseite normalerweise Nordwest und auf der Südhalbkugel Südost. Von dieser Seite kommen also Wind, Regen, Schnee, Hagel und Kälte, was die Pflanzen in ihrem Wachstum beeinflusst. Sie passen sich somit in ihrem Wuchs den Einwirkungen an. Man könnte sagen, sie gehen den Weg des geringsten Widerstandes, wobei sonnenliebende Pflanzen allerdings in Richtung Süden wachsen. Gewächse sowie einzelstehende Bäume sind jedoch in Richtung der Wetterseite wie kurze Igelstachel aufgerichtet, während sie in entgegengesetzter Richtung weit und ausladend wachsen. Die Rinde der Bäume ist an der Wetterseite zusätzlich durch die Witterungseinflüsse grob, rissig und rau. An der Südseite, der windabgekehrten Seite, wird man unter der Rinde Käfer und im Geäst Vogelnester finden, welche die wärmere, geschützte Seite genießen. Selbst Bäume sind an der Sonnenseite im Normalfall dichter und Jahresringe liegen dort weiter auseinander. Welches Lebewesen versucht nicht einigermaßen geschützt und warm zu leben?

Hieraus resultiert jedoch auch, dass Feuchtgewächse (Moos, Flechten, ...) viel stärker an der dunklen, feuchten Wetterseite vertreten sind. Ebenso kann an ihr auch keilförmig angewehter Schnee oder Sand liegen. Bei all diesen Möglichkeiten sollte jedoch die Bodengestaltung beachtet werden. Sie beeinflusst den Wind, was sich speziell in Tälern auf den Bewuchs auswirkt.

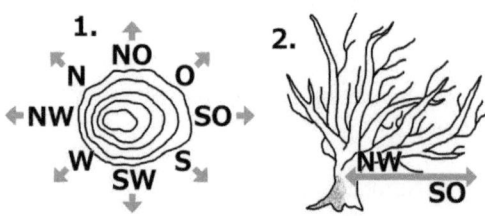

Wetterbedingter Pflanzenwuchs

192

Ziehe immer mehrere unterschiedliche Orientierungshilfen zu rate um sie miteinander in Beziehung zu setzen!

Bauwerke, wie die Ausrichtung alter Kirchen sind weitere Hilfsmittel. Um das Tageslicht auszunutzen stehen sie, wie die Weinberge auch, auf der nördlichen Halbkugel meist am Südhang.

Eine weitere Möglichkeit sind Trigonometrische Punkte (Beobachtungspunkte der Landesvermessung). Sie tragen in Nord-Süd und Ost-West Richtung ein Kreuz, wobei auf der Südseite T.P. eingemeiselt ist und Satellitenschüsseln sowie auch Solaranlagen weisen auf der nördlichen Halbkugel meist grob nach Süden.

Unsere tierischen Nachbarn die Termiten bauen ihre Hügel sehr oft entlang einer Nord-Süd Achse während Zugvögel im Frühjahr nach Norden und im Herbst nach Süden unterwegs sind. Im Weiteren gibt es auch grobe Regeln der Orientierung, welche jedoch in unterschiedlichen Gebieten der Erde unterschiedlich gehandhabt werden.

Als Beispiel:
In der Regel gibt es dort wo sich Wasser befindet auch Menschen, also folgt man Wasserläufen immer in Fließrichtung. Aber Ausnahmen bestätigen die Regel. Handelt man in der Wüste genauso, steht man irgendwann vor einem Rinnsal und dann vor einem Sandbett. Dort geht man besser in Richtung der Quelle. Ebenso in Sibirien, da alle Flüsse geradewegs in die Einöde gen Norden führen.

Global Positioning System (GPS)

Das Herzstück des GPS besteht aus 30 Satelliten welche um die Erde kreisen und Signale aussenden, die von einem Empfänger in Positionsdaten umgewandelt werden können. Der Betreiber ist das amerikanische Verteidigungsministerium. Es kann von jedem der ein Empfangsgerät besitzt gebührenfrei genutzt werden.

Zu einer genauen Positionsermittlung benötigt der Empfänger jedoch die Daten von mehreren Satelliten, welche mittels einer Kreuzpeilung in Positionsdaten umgesetzt werden. Im Durchschnitt kommt hierdurch heutzutage eine Positionsgenauigkeit von fünf Meter zustande. Man kann also weltweit rund um die Uhr mit Hilfe seines GPS nach Eingabe des Lagebezugsystems eine Positionsbestimmung vornehmen. Schluchten sowie dichte Wälder, Gebäude und schlechtes Wetter können jedoch die Signale durch Abschirmung beeinflussen. Es dürfen somit keine Abschattungen zur Antenne hin vorhanden sein, denn diese blockieren die Datenübertragung.

Magellan® und Garmin® sind nur zwei Namen der internationalen GPS Anbieter, welche derartige Geräte in vielfältiger Ausführung anbieten. Mit oder ohne externe Antenne, mit oder ohne Fahrzeugkit, wasserdicht und mit verschiedenen Programmen erhältlich. Ein Vergleich lohnt sich. Funktionen wie Zeit-Längen- sowie Breitenangabe, beleuchtetes Display, Batteriewarnschaltung, Stromsparmodus, zurückgelegter Kurs, Richtung, Geschwindigkeit, Umkehrkurs, Sollkursabweichung sowie Marschskizze,

Kartenspeicher und natürlich sehr genaue Positionsangaben sind in fast jedem Gerät integriert. Bei älteren oder billigen Geräten ist der Datenempfang jedoch meist sehr zeitintensiv sowie keine Kartenspeicherfunktion vorhanden, somit ist bei diesen Geräten zum idealen Umgang mit den Gradangaben eine Karte erforderlich.
Unterschiedliche Geräte mit unterschiedlichen Features sind also wieder zur Qual der Wahl geworden. Sei es auf Land, dem Wasser oder in der Luft. Uhren, Handheld oder Monitorgeräte bestürmen den Markt. Kartenmaterial auf Speicherkarte, im Gerät oder downloadbar mit vorgeplanten Touren im Netz. Jeder kann sich heutzutage mit ein bisschen Wissen zurechtfinden. Verlasst euch jedoch niemals auf ein technisches Gerät, lasst euren Kopf eingeschaltet und lernt die Basics der Orientierung!

Planung und Vorbereitung des Marsches
Wir kennen die Richtung, unser Ziel und können an die Marschvorbereitung gehen. Zur Routenplanung sollte jedoch immer der leichteste Weg, auch wenn dies nicht immer der kürzeste ist, gewählt werden. Wie beispielsweise sich auf einer Höhenlinie zu bewegen. Dadurch sparst du meistens nicht an Zeit, aber an Energie die man sehr gut anderweitig nutzen kann.

Die Bestimmung des eigenen Standortes und des Zieles ist von grundlegender Bedeutung. Zielloses, planloses umherirren sollte unbedingt vermieden werden!

Die Marschleistung steht dabei in enger Verbindung zu der Geländebeschaffenheit, ein Auskundschaften durch einen erhöhten Standpunkt oder das Kartenstudium ist somit von Vorteil. Ebenso spielt die Höhenlage mit ein. Wer will schon freiwillig in einem Sauerstoffdefizit herumlungern. Hinzu kommen die Witterungs- und Sichtverhältnisse, die körperliche Verfassung aller beteiligten, das Material sowie die Nahrungsquali-Quantität, ... und, und, und. Ein genaues zeitliches Planen ist somit in den meisten Fällen nicht möglich. Hierzu einige Gedankengänge.

- Welche energiesparenden Möglichkeiten habe ich (wir) um zum gewünschten Ort zu gelangen?
- Ist die Versorgung mit Nahrung und Wasser unterwegs sichergestellt?
- Komme ich (wir), bei grober Schätzung der Marschdauer, in akut andere Wetterverhältnisse (Jahreszeit, Höhe)?
- Ist meine körperliche und physische Verfassung so gut, dass der Marsch gewagt werden kann? Sind alle in der Gruppe dazu in der Lage?
- Was brauche ich an Hilfsmitteln um den Marsch zu bewältigen?
- Wie sieht das zu erwartende Gelände aus, und kann dies mit den vorhandenen Mitteln und der verfügbaren Manpower überhaupt bewältigt werden?

Der Zeitpunkt des Marschbeginns ist abhängig vom Aufenthaltsort und den jeweiligen Gegebenheiten, wie dem Aufkommen von Tieren und der Temperatur. Niemand wird wohl bei Tag in der Wüste laufen wollen. Die Marschgeschwindigkeit und -dauer ist so zu wählen, dass keine starke körperliche Erschöpfung eintritt und jedes Teammitglied mithalten kann, da immer noch für die Unterkunft und eine warme Mahlzeit gesorgt werden muss. Das Planen einer Auffanglinie, eines markanten Geländebereiches hinter deinem Ziel, gibt dir eindeutige Hinweise, dass dies verfehlt wurde, und würde dir somit eine weitere Sicherheit bieten.

Eine hohe Geschwindigkeit produziert Gefahrenmomente, erhöht den Stress und schränkt rationales Denken ein!

Eine hohe Geschwindigkeit ist somit nur ratsam, wenn in kurzer Zeit das Ziel erreicht werden kann oder erreicht werden muss. Setze dir einen Point of No Return. Einen Punkt an dem die Rückkehr an deinen sicheren Punkt keinen Sinn mehr macht. Nutze diesen auch wenn deine Probleme überhand nehmen! Vielleicht gibt es auf deiner Route auch Fluchtpunkte. Sichere Punkte im Bereich deiner Route, welche als Safe Points (denke an deine Zwischenziele - auch wenn sie nicht auf deiner direkten Route liegen) genutzt werden können. Ausweichpunkte und regelmäßige Marschpausen sowie die Entlastung von höher belasteten Teammitgliedern sind immer einzuplanen. Zudem sollte schon während des Marsches die Verpflegung ergänzt und trinkbares aufgefüllt werden. Besteht die Möglichkeit einem Tierpfad zu folgen ist dies von Vorteil, denn die Wege sind meist gut ausgetreten, verlaufen nicht durch schwer begehbare Gebiete wie Sumpf oder Unterholz und die Nahrung läuft einem wahrscheinlich dauernd über den Weg. Leider ist hier die Gefahr einer Begegnung mit eventuellen Raubtieren auch größer, jedoch wird sehr wahrscheinlich auch Wasser zu finden sein.
Die täglich zurückgelegte Strecke ist eines der Punkte welche nie geplant werden kann, wenn man sich auf der sicheren Seite bewegen will. Denn allerspätestens bei Einbruch der Nacht sollte idealerweise ein Shelter bezogen, genug Feuerholz vorhanden und entfacht, sowie die Wasser und Nahrungsvorräte wieder aufgefüllt sein.

Die Natur ist nicht gegen dich. Hetze nicht wenn es nicht sein muss!

Die Erhaltung der Gesundheit muss an erster Stelle stehen. Erholung und Hygiene sind ein muss. Gerade den Füßen und der Fußbekleidung sollte extreme Aufmerksamkeit geschenkt werden. Sie sind deine Lebensversicherung. Wann immer möglich sollten die Schuhe ausgezogen, die Füße mit den Strümpfen getrocknet, massiert, abgerubbelt und hochgelegt werden.

Eine gute Routenbestimmung und ein Blick für das Gelände bestimmen das Gelingen des Marsches!

Übungsfragen / Fallbeispiele

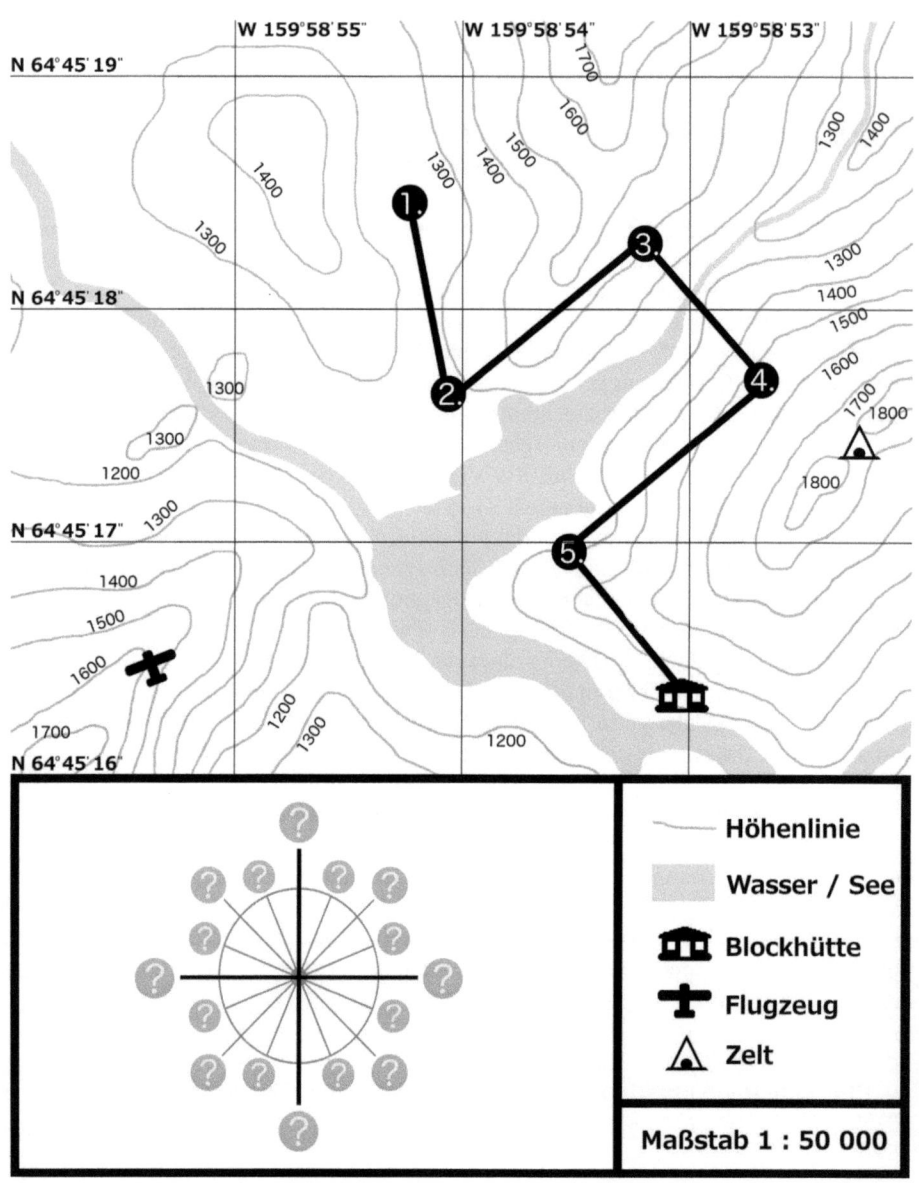

- Vervollständige die Kompassrose mit den amerikanischen Gradeinteilungen und den Uhrzeiten!

- Erarbeite die MKZ von Punkt 1 über die Zwischenziele zur Blockhütte und berechne zusätzlich die jeweiligen Entfernungen!

  1 - MKZ _____ ° - Distanz _____ m
  2 - MKZ _____ ° - Distanz _____ m
  3 - MKZ_____ ° - Distanz _____ m
  4 - MKZ_____ ° - Distanz _____ m
  5 - MKZ_____ ° - Distanz _____ m

- Was ist die Gesamtdistanz von Punkt 1 zur Blockhütte?

  Luftlinie: _____Meter   Geplante Weglinie: _____Meter

- Welcher Weg ist einfacher um zur Blockhütte zu kommen?

- Was sind die Koordinaten:

Blockhütte	Zelt	Flugzeug
W _____	W _____	W _____
N _____	N _____	N _____

- Erarbeite die MKZ, die Distanz sowie den Umkehrkurs von der Hütte zum Flugzeug!

  MKZ _____   Distanz _____   Umkehrkurs MKZ _____

- Berechne die Entfernung zu einem Objekt! Die geschätzte Höhe liegt bei 5 Meter mit einem Winkeleinschluss von 20.

11. WETTERKUNDE

Grundkenntnisse über das Wetter sind für jeden von Bedeutung der sich ihm ausliefert. Speziell in alpinem Gelände in denen das Wetter innerhalb kürzester Zeit umschlagen kann, ist es von Vorteil das Wetter einigermaßen vorherbestimmen zu können. Hiermit können wetterbedingte Gefahren wie Felsvereisungen, Lawinen, Sturm, Gewitter und Regen durch dementsprechendes Verhalten umgangen oder begegnet werden. Für die Planung einer Tour können die Wetterkarten der Wetterdienste aus welchen der Luftdruck, die Windrichtung und Windstärke, die Bewölkung, Art des Niederschlages und die Temperatur ersichtlich sind, sowie die Wettervorhersagen oder vielleicht der vorhandene Höhenmesser genutzt werden. Dieser gibt die Höhe des eigenen Standortes über dem Meeresspiegel an. Um jedoch korrekt mit ihm arbeiten zu können, muss er zuerst auf einen Fixwert gestellt, öfters kontrolliert und unter Umständen nachgestellt werden, da er durch Luftdruck- sowie Temperaturveränderungen Fehlangaben liefern kann. Somit kann er uns aber auch bei fixem Standpunkt wichtige Informationen in Bezug auf Wetterumschwünge geben. Mit ihm sind wir in der Lage, uns auf einer Höhe, entspannend von Punkt zu Punkt zu bewegen, Energie zu sparen und die Wetterlage bewerten zu können. Aber auch ohne derartige Hilfe kann das Wetter grob eingeschätzt werden. Hierzu muss man nur die Natur beobachten, um gewisse Gesetzmäßigkeiten bestimmen zu können.

Beispiel:
Die Silberdistel (Wetterdistel) reagiert wie einige andere Gewächse auf Wetterumschwünge. Bei trockenem Wetter biegen sich die Blätter nach außen, bei feuchtem nach innen und ein Schließen der Blüte am Tage weist auf Schlechtwetter hin.

Grundlegend ist immer die Entscheidung, ob ein Hoch- oder ein Tiefdruckgebiet im Anmarsch ist, welches durch aufeinandertreffende Warm- Kaltluftfronten entsteht.

- Hoch (steigendes Barometer - warme Luft, schönes Wetter)
- Tief (fallendes Barometer - kalte Luft, schlechtes Wetter)

Zu erkennen ist dies auch mit Hilfe deines Höhenmessers. Steigt die angezeigte Höhe, ohne dass man sich bewegt, fällt der Luftdruck, andersherum steigt er.

**Je schneller das Barometer bei gleicher Höhe steigt oder fällt,
desto stärker ist der Wetterumschwung!**

Nicht jede Druckveränderung weist jedoch auf einen Wetterwechsel hin. Ein schwacher Druckabfall ist tagsüber meist durch Lufterwärmung bedingt. Ist man im Besitz eines

Taschenthermometers kann die Temperatur zusätzliche Informationen liefern. Intensive Temperaturschwankungen kündigen logischerweise auch einen starken Wetterwechsel an. Steigt die Temperatur hingegen täglich nur leicht an, oder gibt es Warmluft am Morgen, so kündigt sich eine schleichende Wetterverschlechterung an. Die sichersten Wettervorboten sind jedoch immer noch die Wolken.

6000 Meter-

Federwolken (Cirrus)	Einzelne, faserige meist weiß aussehende Wolken. Überwiegend die Ausläufer eines herannahenden Tiefs.
Schäfchenwolken (Cirrocumulus)	Eine Wolkenschicht oder Bank aus einzelnen Wolken. Einzeln auftretend gibt es warmes Wetter, in Gruppen jedoch Regen und Sturm.
Schleierwolken (Cirrostratus)	Fast nicht sichtbar, setzen sie einen leichten Schleier über Sonne und Mond. Je dichter desto eher kommt der Wetterumschwung.

2000-6000 Meter

Haufenwolken (Altocumulus)	Eine Wolkenschicht ähnlich den Schäfchenwolken nur tieferliegend. Je größer desto eher kommt das Tief.
Schichtwolken (Altostratus)	Grau-blau, faseriger Wolkenschleier. Dieser kündigt eine Wetterverschlechterung an.

-2000 Meter

Haufenwolken (Cumulus)	Wolkenballen mit runden Auswüchsen und waagerechter Basis. Je dichter sie auftreten desto schneller kommt eine Schlechtwetterfront.
Schichtwolken (Stratus)	Nebelartige, jedoch gleichmäßige tiefe Wolkenschicht aus welcher maximal Nieselregen hervorgeht.

Durchgehende Wolken von tiefen Lagen bis über 6000 Meter

Regenwolken (Nimbostratus)	Dunkelgraue, gleichmäßige tiefe Wolkenschicht welche Dauerregen mit sich bringt.
Schauer- Gewitterwolken (Cumulonimbus)	Eine hohe, aufquellende Wolkenmasse, welche Regen und Gewitter, häufig aber auch Hagel mit sich bringt.

Beachte die Wolken und die Zeichen am Boden!

Im Nachfolgenden sind grundlegende Wetterregeln aufgeführt, Ausnahmen bestätigen jedoch die Regel!

Schlechtwetter Zeichen:
- Niedrig fliegende Schwalben oder aus dem Wasser springende Fische.
- Starkes Morgenrot und aufdringliche, stechlustige Insekten schon morgens.
- Bergschafe die talwärts klettern.
- Klare Fernsicht ohne vorangegangenem Regen.
- Schnelle, tieffliegende Wolkenfetzen sowie tief hängende Regenwolken.
- Dunkle Schauerwolken und schnell aufkommende Wolken.
- Flimmernde Sterne, je stärker desto schneller tritt der Umschwung ein.
- Bodennebel bei Windstille weist auf Frost hin.
- Plötzlich aufgesprossene Vegetation in der Wüste.
- Aufsteigender Nebel im Gebirge.
- Schließen der Silberdisteln am Tag.
- Hauswände und Steine die "schwitzen".
- Zunehmender Geruch aus Kanälen und Gruben.
- Ausbleibender Tau im Sommer und plötzlich umspringender Wind.

Sturmwarnung bei:
- Lang gestreckten Federwolken.
- Instabilem und schnell fallendem Luftdruck sowie steigender Luftfeuchtigkeit.
- Orangefarbener Sonnenauf-untergang.

Schönwetter Zeichen:
- Hochfliegende Schwalben sowie Froschkonzerte.
- Auftreten von Haufenwolken zur Mittagszeit und Klares Abendrot.
- Wolken die längerfristig einen scharfen Rand besitzen.
- Abendliche Nebelschwaden bei schlechtem Wetter.
- Gewitter nach längerem Regen.
- Wolkenloser matt - blauer Himmel.
- Tau oder Reif nach kalter Nacht.
- Morgennebel der zu Boden sinkt.
- Abendlicher Nebel bei Schlechtwetter.

*Eines habe ich jedenfalls gelernt,
als ich aufhörte, das Wetter zu hassen,
hörte es auf, mich zu hassen.*

*John Robert Shaw
1943*

Wetterumschlag:
- Sich ändernder Wind um mehr als 45°.
- Gleichzeitiges Aufziehen verschiedener Wolkenarten.

Gewitter:
- Aufkommende sich verdichtende Cumuluswolken, teils mit schwarzem Boden.
- Stark fallender Luftdruck, Donner und Windstille bei großer Hitze versprechen starke Stürme.

Siehe hierzu auch im Kapitel Naturkatastrophen und Begegnungen.

12. DER GAST UNTERWEGS

Bei diesem Thema wird wohl jeder gleich an den Schutz der Natur denken, dies ist aber wohl selbstverständlich und natürlich nicht nur auf Reisen beschränkt! Ein allgemeines normales Verhalten gebietet sich nämlich auch im Ausland, schließlich will man auch nicht den Dreck von anderen bei sich daheim herumliegen haben.

Beteilige dich nicht an der Umweltverschmutzung, auch wenn sich niemand um dich herum umweltgerecht verhält!

Natürlich sollten, wenn vorhanden, Zeltplätze und auch Wanderwege genutzt werden. Existieren diese jedoch nicht, sollte es vermieden werden auf den Spuren anderer zu wandern, da hierdurch neue Wege angelegt werden. Gleichzeitig ist auch der Lagerplatz dementsprechend "jungfräulich" zu wählen, nicht länger als ein, zwei Nächte zu nutzen und die Gruppe auf maximal sechs bis acht Personen zu beschränken. Auf diese Weise erholt sich das Gelände am schnellsten. Zum Bau von irgendwelchen Behelfen ist nur abgestorbenes Material zu verwenden, sowie Pflanzen, aber auch Tiere sind insoweit zu schützen, dass nur im Notfall von ihnen "Gebrauch" gemacht wird. Feuerstellen sind im "Rasengrab" anzulegen natürlich hinterher auch abzudecken. Müll ist mitzuführen und entsprechend zu entsorgen, sowie Waschwasser nie direkt in ein Gewässer zu kippen, auch nicht, wenn umweltfreundliche Seife oder Ähnliches verwendet wurde.

Und, auch wenn sie als "Aussenstehender" meist nicht nachvollziehbar sind, gibt es von Land zu Land auch ungeschriebene Gesetze und oft andere Religionsansichten. Doch wenn man als Gast unterwegs ist, hat man sich auch als solcher zu Verhalten und in die Gegebenheiten einzufügen, beziehungsweise diese zu akzeptieren. Dies erleichtert nicht nur dir deinen eigenen Weg, sondern ebnet auch die "Straße" für den Reisenden nach dir.

Dein Verhalten prägt die Reaktion der Einheimischen auf andere Outdoorenthusiasten beziehungsweise "Ausländer"!

Dein Auftreten, deine Kleidung, deine Freundlichkeit und deine Offenheit für neues sind neben dem Verständnis für die Mentalität der Personen nur Unterpunkte und reihen sich in eine lange Kette von Verhaltensregeln ein. Die Realität zeigt jedoch oft das Gegenteil. Arroganz, Überheblichkeit und aufbrausendes Verhalten öffnet keine Tür!

Verhalte dich immer als Gast in einem fremden Land!
Zeige deine Aufgeschlossenheit, dann wird dich auch keiner abwertend behandeln!

Vielleicht fühlt man sich oder seine Lebensart sogar durch dich bedroht, ist neidisch auf deine Kleidung, dein An- beziehungsweise Aussehen oder auf deine Ausrüstung. Ein non aggressives Verhalten zeigt Offenheit, was aber nicht bedeutet, dass man sich alles gefallen lassen muss. Gehe in entsprechenden Situationen ebenso kompromisslos in Aggression über wie dein gegenüber.

Respektiere die dortigen Landesgewohnheiten, Tabus, Bräuche, Riten und Zeremonien, Feste, Feiertage sowie natürlich die dortigen Gesetze. Handle dementsprechend, zeige dich offen, verstecke dich nicht und halte dich möglichst von den Mühlen des Gesetzes fern. Vermeide Vorurteile, halte dich weitab von Beleidigungen und Kränkungen, sei freundlich aber dennoch vorsichtig. Versuche die Handlungen anderer zu verstehen, versetze dich in ihre Lage. Sei beherrscht, selbstbewusst und kleide dich der dortigen Landestracht angemessen. Denke es auch immer von der anderen Seite an: Wie wirkt dein Aussehen, dein Verhalten und deine Anwesenheit auf die Einwohner, für die du ein Ausländer bist. Versuche diese zu verstehen und zeige dies auch nach außen.

Denkt daran, das Leben ist ein Geben und Nehmen.
Gastfreundschaft gehört belohnt!

Im Nachfolgenden findet ihr einige Regeln welchen man den Stempel der weltweiten Gültigkeit auftragen kann:

- Frauen sollten lange Röcke tragen, durchsichtige Kleidung meiden und auch intensiven Augenkontakt mit Männern vermeiden.
- Menschenleere dunkle Gegenden sind kein guter Aufenthaltsort.
- Reist nicht allein. Das gilt für Frauen ebenso wie für Männer, obgleich diese nicht so gefährdet sind. Eine alleinreisende Frau in einem fremden Land, womöglich noch als Ausländerin erkannt, wird oft als unbeschütztes Freiwild angesehen. Männer gelten eher als Feind, wobei ein Pärchen als friedliebend eingestuft wird.
- Alleinreisende sollten sich ein sicherheitsrelevantes Verhalten angewöhnen, zu welchem natürlich an vorderster Stelle die Wirkung nach außen gehört. Teurer Schmuck muss nicht sein, Ausrüstung kann auch auf alt getrimmt werden und Unsicherheit nennen wir Selbstbewusstsein.
- Halte Distanz zu Fremden und lasse nie jemanden von hinten an dich heran.
- Unbekannte Personen anderen Geschlechts sollten in der Öffentlichkeit nicht berührt werden.
- Wer einlädt, zahlt die ganze Rechnung.
- Beim Betreten eines Hauses, Tempels, einer Moschee oder eines Klosters sind die Schuhe auszuziehen und Gebetsteppiche sollten nicht betreten werden.
- Zeige nicht mit dem Finger auf Menschen.
- Religiöse Rituale, militärische Einrichtungen oder Personen sollten nie ohne Genehmigung fotografiert werden.
- Waffen und Drogen sind in den meisten Ländern speziell für Touristen tabu.
- Übe nie Kritik am bestehenden politisch-gesellschaftlichen System und starte

keine Missionsversuche.
- Wut, Ärger und Trunkenheit zeigen deine Schwäche und Verwundbarkeit. Sie machen dich angreifbar.

Gehe Schwierigkeiten wenn möglich aus dem Weg und sei immer wachsam!

In verschiedenen Situationen ist es natürlich erforderlich manchmal unterschiedlich zu handeln. Prinzipiell ist, wenn man mit den Behörden zu tun hat, sei es der Polizei, dem Zoll oder irgendwelchen Beamten, gerade in dritte Welt Ländern, Vorsicht geboten. Vergesst somit niemals die Ein- Ausreisestempel. Ansonsten seid ihr im neuen Gebiet illegal unterwegs und riskiert eine Abschiebung auf eigene Kosten in das zuletzt bereiste Land. Einige Länder verwehren sogar die Einreise, wenn gewisse „unliebsame" Stempel in den Reisedokumenten vorhanden sind. Reise- und Impfpass, sowie das Flugticket sollten immer griffbereit gehalten werden, zudem könnte etwas Kleingeld für eventuelle Schmierungen in die Tasche passen. Versuche allerdings nie aus eigenem Antrieb mit einem Schmiergeld weiterzukommen. Dein Gegenüber wird dich darauf aufmerksam machen, und unter vier Augen erreicht man in der Regel mehr. Zollbestimmungen sollten immer peinlichst eingehalten werden. Passt während eurem ganzen Trip auf, dass euch nichts untergeschoben wird und nehmt nie für einen anderen etwas mit über die Grenze. Geratet ihr trotz alledem an die Staatsmacht, versucht unter Drängen auf die Wiener Konvention immer mit dem jeweilig höheren Vorgesetzten Kontakt aufzunehmen sowie das Konsulat, die Botschaft und eventuell Missionen zu informieren. Erweckt bei Konfrontationen den Eindruck mit allen Wassern gewaschen zu sein und bedenkt, das Leben kann mit Sachgegenständen nicht gewertet werden. Feilsche beim Einkauf wo dies angebracht ist und trage nie teure Gegenstände zur Schau. Überall kann dir alles passieren, nur auf deiner Tour bist du im Nachteil, denn es ist meist ein unbekanntes Terrain. Wirst du als Nichteinheimischer erkannt, bist du dem Gutdünken deiner Mitmenschen ausgeliefert. Doch lass dir deinen Trip deshalb nicht madig machen, dies alles kann dir auch daheim, in "zivilisierten" Gegenden passieren. Behalte somit bei allem einen Kühlen Kopf, denn dein Verstand ist die schärfste Waffe. Schütze, pflege und schule ihn!

Begebt Ihr euch in gefährliche Gegenden, macht hinterher niemandem einen Vorwurf wenn es andere Formen annimmt, denn es war euer Fehler!

13. KATASTROPHEN - BEGEGNUNGEN

Naturgewalten sind nicht berechenbar, Angriffe von Tieren und Menschen jedoch meist vorhersehbar und provoziert. In beiden Fällen wird hierdurch deine friedliebende Reise ausarten. Widmen wir uns deshalb kurz diesen ungewünschten Kontakten, die jeden, zu jeder Zeit, meist unvorbereitet, treffen können. Folgend einige Tipps, welche vielleicht etwas exzentrisch oder überzogen vorkommen mögen. Stehst du jedoch wirklich in so einer Situationen wirst du anders darüber denken.

Naturkatastrophen

Derartige Gegebenheiten wirken sich auf die Erdoberfläche, die Atmosphäre und auf uns Menschen aus. Sie verändern somit drastisch unsere Lebens- Verhaltensweise. Sie treten aber nicht immer schlagartig ein, denn auch Klimaveränderungen und Dürren zählen zu den Naturkatastrophen.

Erdbeben

Sie sind eng mit einer Vulkantätigkeit verbunden. Sie kommen also dort vor, wo sich Vulkane befinden. Oft liegen diese jedoch dort, wo die populärsten Ferienziele - Routen verlaufen. Die Erschütterungen entstehen durch Verschiebungen sowie Kollisionen der Tektonischen Platten. Hierdurch wird Hitze und Reibung erzeugt. Ist diese Spannung groß genug, kommt es, neben dem Beben, zusätzlich zu einem Vulkanausbruch. Die Bebenstärke wird mit einer Nummerierung von eins bis neun durch die sogenannte Richterskala angegeben. Wobei eins das leichteste und neun der „Weltuntergang" ist. Der Verlauf eines Bebens ist aber nicht vorhersehbar. Es kann stärker werden, aber auch abebben und ist meist gefolgt von stunden- oder tagelangen Nachbeben.

Erwarte immer Folgebeben und nutze die Bebenpausen aus um deine Situation zu verbessern!

Instabile Gebäude aber auch Brücken sollten gemieden werden. Stahlbetonbauten sind jedoch in der Regel so gut konstruiert, dass sie eher um- als zusammenfallen. Doch auch bei diesen sind einige mit gesundem Menschenverstand schon geklärte Tatsachen zu beachten. Im Allgemeinen sollte man sich von Scheiben fernhalten, hat man Zeit, sollten Strom, Gas und die Hauptwasser Zuleitung abgedreht werden. Ebenso ist die Küche aufgrund der Arbeitsleitungen wie Gas sowie Strom tabu und Aufzüge sind zu meiden.
In einem Gebäude gilt das Erdgeschoß als optimaler Aufenthaltsort, dort hat man, sollte das Gebäude instabil werden, die besten Chancen herauszukommen. Eine Deckungssuche unter einem stabilen Türrahmen, einem engen Flur oder kleinem Raum, unter einem Tisch oder Bett schützt vor Verletzungen durch herabfallendes

Material. In freiem Gelände sollte hauptsächlich auf Herabfallendes und auch lose Stromleitungen sowie beschädigte Gebäude geachtet werden. Stelle dich jedoch nicht unter Brücken, und achte auf Löcher im Fahrbahnbelag. Ein Kfz bietet dir auch einen guten Schutz, sollte jedoch umgehend aus dem Bereich herabfallender Gegenstände entfernt werden.

Als Folgewirkung können Flutwellen, sogenannte Tsunamis, ausgelöst werden. Sie kündigen sich in Strandnähe durch den abrupten Rückfluss des Flachwassers an und können eine Höhe von 30-40 Metern erreichen.

Vulkanausbrüche

Durch die schon erwähnten Plattenverschiebungen entsteht tief im Innern der Erde Reibung, welche das Gestein verflüssigt und nach oben pressen kann. Der starke Anfangsdruck sprengt eine Öffnung am schwächsten Punkt des Gesteines frei, durch welchen das Material austritt. Ein "Meteoritenschauer" und ein Ascheregen ergießt sich auf die Erdoberfläche während sich im Weiteren das Magma (flüssige Gesteinsmasse) als Lava seinen Weg bahnt. Die Gefahr liegt jedoch nicht allein in der Lava, vor dieser kann man meist davonlaufen und auch höhergelegene Stellen aufsuchen. Vielmehr ist es der Gesteins- Ascheregen, die Hitze und Gase welche die Gefahr mit sich bringen. Eine Atemmaske oder ein feuchtes Tuch wäre zum Schutz der Atemwege schon angebracht. Auch Schutz unter stabilen Dächern oder Bauten zu suchen ist nie schlecht. Bedenke jedoch, dass sich dieser Ascheregen überall niedersetzt und auch ein Dach irgendwann seine maximale Tragfähigkeit erreicht hat. Einsetzender Regen bringt je nach Stärke nicht nur Abkühlung sondern auch meist Asche- und Schlammfluten mit sich!

Als Vorzeichen eines Ausbruches gelten: eine zunehmende seismische Aktivität, Grollen aus dem Vulkaninnern, plötzlich warmes Flusswasser und Schwefelgeruch, ebenso wie saurer Regen, Staub in der Luft und kleinere Vorausbrüche mit Asche und Gasauswurf.

Wirbelstürme

Im Grunde werden nur zwei Arten von Wirbelstürmen unterschieden. Tornados, auch als Tromben, Windhosen oder Devils bekannt, entstehen über Festland. Die Hurrikans, auch Taifun, Zyklon oder Willy Willy genannt über tropischen Meeren.

Tornados / Hurrikan

Treffen große Luftmassen mit unterschiedlichen Temperaturen und Feuchtigkeit zusammen entstehen Tornados. Zusätzlich mit auftretende Seitenwinde führen daraufhin zu der bekannten Rotation. Hierdurch bildet sich der Wolkenschlauch welcher die Funktion eines Staubsaugers übernimmt. Geschwindigkeiten von 270-360 Kilometer die Stunde sind dabei keine Seltenheit.

Beim Herannahen dieser Orkane ist der Himmel recht klar und die Sicht gut. Mit zunehmender Nähe bewölkt sich jedoch das Gebiet und eine Flutwelle, gefolgt von Wind und Regen, trifft ein. Positiv zu bewerten ist die schnelle Auflösung des Hurrikan über Land. Umstürzende Bäume, Wassermassen, hohe Flutwellen in Strandnähe, Druckunterschiede, herumfliegende Gegenstände aber auch Kälte und Wind bedrohen unter anderem jedoch unser Leben. Im Zentrum, auch Auge genannt, herrscht ein viel geringerer Druck, somit kann dort minutenlang Stille herrschen. Nutze diese Situation zur Verbesserung deiner Lage.

Wind-stärke	Wind-geschwindigkeit	Wind-verhalten	Auswirkungen
0	-	Windstille	Keine
1	1-2 m sec.	Leiser Zug	Rauch fast senkrecht.
2	2-4 m sec.	Leichter Wind	Bemerkbar
3	4-6 m sec.	Schwacher Wind	Blätter werden bewegt.
4	6-8 m sec.	Mäßiger Wind	Zweige werden bewegt.
5	8-10 m sec.	Frischer Wind	Größere Zweige werden bewegt.
6	10-12 m sec.	Starker Wind	Als Sausen hörbar.
7	12-14 m sec.	Steifer Wind	Schwache Stämme werden bewegt.
8	14-17 m sec.	Stürmisch	Bäume schwanken.
9	17-20 m sec.	Sturm	Dachziegel werden herabgeworfen.
10	20-24 m sec.	Starker Sturm	Bäume werden umgeworfen.
11	24-30 m sec.	Sturm - Orkan	Schwere Schäden.
12	30 m sec. -	Orkan	Verwüstungen

m = Meter / sec. = Sekunde

Eine hochgelegene stabile Unterkunft mit geringer Deckenspannweite in einem nicht abschüssigen Gebiet wäre der ideale Aufenthaltsort. Schliesse Fenster, Tür und Rolladen, suche einen tief liegenden Raum auf und nimm elektrische Geräte vom Netz beziehungsweise nutze einen Überspannungsschutz. Denke an Haus-Nutztiere und Zähle nicht auf Strom. Dieser wird früher oder später ausfallen. Achte auf Auswaschungen und tiefe Löcher wenn du dich in einem überfluteten Gebiet bewegst und bist du auf freiem Feld, lege dich in den Windschatten bäuchlings auf den Boden. Kommt der Hagel schütze zusätzlich den Nacken und Kopf mit den Händen.

Hochwasser

Schneeschmelze, Dammbrüche, Wirbelstürme und übermäßige Regenfälle können dazu führen, dass man sich unversehens inmitten einer Flutkatastrophe befindet. Ober- Unterströmung, eine veränderte Strömung, Hindernisse auch unter Wasser, Unterspülungen, Matsch und Schlamm sind auf einmal existent.

Alle Auftriebskörper sollten genutzt werden um sich so flach als möglich an der Oberfläche zu halten. Ein Wurfsack, aber auch ein schwimmendes etwas mit einer Leine, ist ein gutes Hilfsmittel um im Wasser treibende in Sicherheit zu ziehen. Dieser Wurfsack besteht aus einer in einem Sack aufgeschossenen Leine, welche am Ende eine Schlaufe besitzt, die gut mit der Hand gegriffen werden kann. Jedoch sollte man die Schlaufe niemals an sich selbst oder am Boot befestigen. Bei zu hohem Zug ist somit kein schnelles lösen garantiert.

Feuer

Naturkatastrophen führen neben der Brandstiftung und Unvorsichtigkeit oft auch zu einem verheerenden Feuer. Wobei auch hier eines zählt: Kenne deine Umgebung. Ein Rundumblick nach den nächsten Fluchtwegen und Nothilfeeinrichtungen kann nie schaden. Kommt es zu einem Brand, ist es eigentlich keine Pflicht bei den Löschversuchen zu helfen, jedoch der Anstand, und gerade wenn das Feuer selbst verursacht wurde, gebietet dies, wenn die eigene Kraft benötigt wird. Zumindest sollten jedoch andere Personen gewarnt werden!

Löscharbeiten zielen darauf ab, das Feuer zu ersticken oder durch Flüssigkeit das brennende Material zu durchfeuchten wodurch der Flammpunkt höher gesetzt und parallel die Hitze heruntergekühlt wird. Hierzu gibt es verschiedene Möglichkeiten, welche sich aber von Brandherd zu Brandherd unterscheiden können. Aufgrund der Häufigkeit von Bränden, wollen wir jedoch etwas tiefer in die Materie einsteigen.

Besteht durch Strom eine Gefahr ist dieser vor den Löscharbeiten abzustellen!

Wir unterscheiden verschiedene Löschmittel, wie: Pulver, Wasser, Gas, Sand und Löschdecken. Diese Mittel müssen allerdings auch auf den Brandherd abgestimmt werden. So sollten Fettbrände niemals mit Wasser gelöscht werden, da sich dieses durch die hohe Hitze explosionsartig ausdehnen und das heiße brennende Fett verteilen würde. Ein ersticken der Flammen und warten bis das Fett erkaltet ist, wäre die bessere Methode. Unser brennender Grill schreit nach Sand und rauchende elektrische Geräte nach Spannungsfreiheit.

Löschregeln
Feuer mit dem Wind angreifen!
Flächenbrände von vorn und unten Löschen!
Tropf- und Fließbrände von oben bekämpfen!
Mehrere Löscher gleichzeitig einsetzen!
Brandstelle auf Wiederentzünden beobachten!

Bei auftretendem Gasgeruch ist jedwede Funkenentwicklung zu vermeiden, der Haupthahn zu schließen und für Frischluft zu sorgen. Kommt es trotzdem zu einem Gasbrand ist er gut, solange er brennt. Dann ist das Medium sichtbar und es besteht keine Explosionsgefahr. Brandgefährdete Gegenstände sollten trotzdem aus dem näheren Bereich entfernt werden.

Halte dir beim Löschen immer einen Fluchtweg offen!

Personenbrände sollten auf dem Boden, durch Ersticken der Flammen mit nicht brennbaren Kleidungsstücken oder in allerletzter Instanz mit einem entsprechenden Feuerlöscher getätigt werden. Das Gesicht ist hierbei jedoch tabu.

Es ist aber nicht nur die Hitze die uns bedroht. Der Sauerstoffmangel, der erhöhte Stickstoffgehalt sowie die toxischen Gase welche durch das verbrennende Material entstehen können, machen einem sprichwörtlich das Leben schwer. Zur eigenen Sicherheit sollte man bei Rettungsversuchen, bei welchen man mit Flammen, Hitze oder Gasen in Berührung kommt, die Kleidung nach Möglichkeit durchnässen. Wenn man sich überhaupt herantraut und die Gefahr einschätzen kann! Ein vor die Atemöffnungen gebundenes feuchtes Taschentuch hält zudem Rußpartikel fern und kühlt die heiße Luft etwas herab bevor sie in die Lunge gelangt. Leider betrifft dies nicht das giftige Kohlenmonoxid. Von diesem Gas wird nur ein sehr geringer Teil abgehalten. Zusätzlich bindet sich dieses 200 mal besser an den roten Blutfarbstoff als Sauerstoff. Dies bedeutet jedoch nicht, dass keine anderen Substanzen, wie unter anderem Blausäure, in der Luft vorhanden sind!

Wechselst du in einem brennenden Objekt von Raum zu Raum, versichere dich, ob im nächsten nicht auch schon die Flammen ihr Werk verrichten und dieser Bereich nicht eine Verschlechterung der Situation hervorruft. Die beste Möglichkeit ist das prüfen des Türgriffes mit dem Handrücken. Aber auch wenn dieser Kalt ist, sollte die Türe vorsichtig geöffnet und dabei mit einem Fuß blockiert werden, damit sie nicht ungewollt durch den Druck der Brandgase aufgedrückt wird. Der sogenannte Flash Over (rapide Ausdehnung - Entzündung der Brandgase) ist immer möglich, wenn auf eine unvollständige Verbrennung mehr Sauerstoff gegeben wird.

Türen und wenn möglich auch Fenster, sollten immer hinter einem geschlossen werden, damit sie dem Brand Widerstand bieten und die Sauerstoffzufuhr reduziert wird. Denn je nach Dicke und Material kann schon eine normale Türe bis zu 30 Minuten das Feuer aufhalten und somit den Rettungskräften mehr Zeit verschaffen. Ist der Weg nach draußen schon versperrt bieten Balkone zwar mehr Sauerstoff, aber auch keinen anderen Ausweg mehr als nach unten, da der Rückweg versperrt ist. Fassadenkletterei, der Sprung oder das Abseilen mittels eines improvisierten Seiles, sollte als letztes Mittel der Rettung angesehen werden. Jedoch sei für einen etwaigen Sprung bemerkt, dass sämtliche Gelenke aus der Fallrichtung gebracht werden sollten. Füße voran in einem flachen Winkel um die Energie abzudämpfen und um sich abrollen zu können. Ziele auf den weichsten Untergrund und polstert eventuell den Kopf zusätzlich ab. Ein Hängen an den Balkon, den Mauervorsprung oder Ähnlichem vermindert zudem deine Fallhöhe. Werft Matratzen, Decken oder Polster hinunter, dies wird euren Aufschlag dämpfen, lässt es aber nicht zu, sich wie bei einem Fallschirmsprung abzurollen. Siehe hierzu auch unter Luftnot im folgenden Kapitel.

Sollte keine Fluchtmöglichkeit offenstehen sollte der Kontakt mit den Gasen so gering wie möglich gehalten werden. Ritzen sind zu verstopfen und die Umgebung mit soviel Wasser als möglich zu bespritzen. In Bodennähe befindet sich zudem die beste Luft, hier ist die Gaskonzentration geringer und die Sicht besser. Beachtet dies, denn die Realität zeigt, dass die meisten Brandopfer an der Vergiftung und nicht an der Verbrennung an sich sterben. Nutzt in derartigen Situationen nie einen Aufzug, der Strom könnte ausfallen und ihr seid gefangen auf engstem Raum. Sind die Rauchgase bereits am Aufzug, blockieren diese übrigens die Lichtschranke und er wird sich sowieso nicht in Betrieb setzen lassen. Du könntest also, wenn du in einem brennenden Stockwerk mit dem Aufzug ankommst dort in deinem Aufzug mit offenen Türen gefangen sein.

Von einem Waldbrand bedroht ist es möglich davonzulaufen, jedoch erhöht die körperliche Anstrengung den Sauerstoffverbrauch und bedingt somit eine höhere Atemfrequenz, was auch in der angesprochenen Rauchgasvergiftung und einem toxischen Lungenödem enden könnte. Speziell in Brandrichtung drückt das Feuer Rauch und heisse Gase vor sich her. Solltet ihr euch für die Flucht entscheiden, versucht dem Feuer somit seitlich zu entkommen oder Flussläufe zu nutzen. Suche immer Gegenden mit weniger brennbarem Material auf. Hierbei könnte es sich auch um Straßen oder Wege handeln, welche dir Vorsprung verschaffen. Laufe nur wenn es erfolgversprechend und unumgänglich ist. Sollte dies nicht in Erwägung gezogen werden, können kaltblütige versuchen sich einzugraben um sich von der Flammenwand einfach überrollen zu lassen. Stark kunststoffhaltige Kleidung ist jedoch nicht hitzeresistent, und sollte vorher ausgezogen werden. Eine Löschdecke wäre bei dieser Maßnahme hilfreich, aber wohl nicht vorhanden. Nutze Senken und eine möglichst feuchte, dicke Erd- oder Kleiderschicht zum Zudecken. Die kühlste und reinste Luft ist auch hier wieder in Bodennähe und je weniger brennbares Material sich in der Umgebung befindet, desto höher ist deine Überlebenschance. Wasser wird wohl in dieser Situation nicht in Mengen zu Verfügung stehen, aber zu einem getränkten Mundschutz aus der Wasserflasche sollte es noch reichen. Im Weiteren droht Gefahr auch von herabstürzenden Bäumen, Geäst oder Bauteilen. Wähle deinen Überlaufplatz mit bedacht! Für diejenigen, mit Erfahrung wäre auch ein Gegenfeuer denkbar. Dies bewegt sich meist in Richtung Hauptfeuer, und du kannst ihm hinterherlaufen und dich in die abgebrannte Zone begeben. Auch das Abbrennen eines Feuerstreifens, in welchem bei Herannahen des Hauptfeuers Schutz gesucht werden kann, ist möglich.

Gewitter

Diese statischen Entladungen der Atmosphäre schlagen immer im höchsten Punkt mit dem geringsten Widerstand ein. Mit Isolationsschichten kann der Stromfluss unterbrochen und mit einem "Faradayschen Käfig" abgeleitet werden.

Hierbei könnte es sich um ein Auto mit Metallkarosse, ein Flugzeug, ein Haus, vorzugsweise aus Stahlbeton oder mit einem Blitzschutzsystem aber auch einem Metallrohrnetz handeln. Wobei ein Blitzeinschlag aber auch das Gemäuer sowie elektronische Geräte beschädigen kann und einen Stromausfall herbeiführt. Trenne somit deine Elektrogeräte vom Netz. Ein großes Schiff kann auch Schutz bieten, nur sollte Abstand zu allen Metallteilen eingehalten werden, und ein Aufenthalt an Deck ist nicht angeraten. Grundlegend ist das Wasser nach Möglichkeit immer zu verlassen und Menschenmassen zu meiden. Im Freien können wir Zuflucht unter möglichst trockenem, nichtleitenden Material suchen. Und an der Wand?

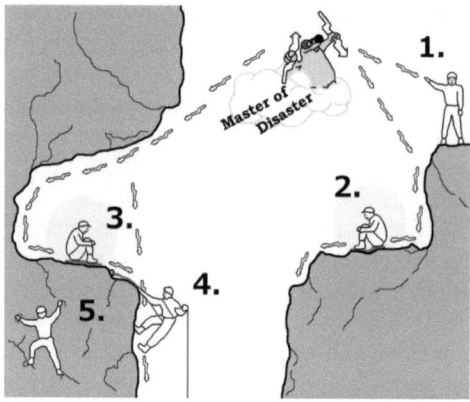

- Abstand zur Wand.
- Zusammenkauern.
- Füße eng zusammenstellen.
- Isolation zum Untergrund.
- Isolation zu umgebenden Objekten.
- Mindestabstand von 3-15 Metern zu Objekten mit Einschlaggefahr.
- Ablegen aller Metallteile / nasser Ausrüstung.

1. Lebende Antenne / 2. Sicherster Bereich - Felsvorsprung / 3. Sicherster Bereich - Felsnische / 4. Blitzableiter am Berg / 5. Spiegelei auf Granit

Wir versuchen somit die Distanz zwischen uns und dem Himmel so groß wie nur möglich zu halten! Gipfel, Wasserrinnen und Kämme sind deshalb zu meiden.
Ein Blitz muss uns jedoch nicht direkt treffen. Die elektrischen Wellen pflanzen sich in der Erde kreisförmig fort und können dich somit auch in einiger Entfernung bedrohen.
Ein Augenmerk sollte auch auf den Wind, die Schallwirkung, die meist schlechte Sicht und die Wassermassen gelegt werden. Diese treten oft in Verbindung mit einem Gewitter auf. Sie bringen häufig Geröll- Schlammlawinen, Überflutungen und Unterspülungen mit sich.
Zur Einschätzung wie weit ein Gewitter vom eigenen Standpunkt entfernt ist, können die Sekunden zwischen dem optischem und dem akustischem Blitz gezählt werden. Wird dieser Wert durch drei geteilt erhält man die Entfernung von deinem Standpunkt zum Ort des Gewitters in Kilometern.

Katastrophen (Menschlich ausgelöst)

Im Folgenden widmen wir uns einigen Dingen die der Zivilisationsmensch weit vor sich herschiebt, beziehungsweise die Gefahr nicht wahrhaben will, obwohl Medien öfters darüber berichten.

ABC / CBRNE Fall

Atomar, Biologisch (Anthrax, Pocken, Salmonellen, ...), Chemisch (Sarin, Soman,

Tabun, Vx, ...) oder radiologisch, nukleare oder explosive Kampfstoffe. Gas-dampfförmig, flüssig oder fest. Egal in welchem Zustand und wie man es nennt, der Oberbegriff ist Gefahrstoff.
Ein allgemeines Verhalten bei der Freisetzung eines Gefahrstoffs bedeutet immer das nächste Haus aufzusuchen, Atemschutz zu nutzen, sich quer zur Windrichtung zu bewegen, die Belüftungen aus- und Radio sowie Fernseher einzuschalten. Nicht zu vergessen, die wichtigste Maßnahme, die Selbst- Dekontamination in den ersten paar Minuten. Dementsprechende Hilfsmittel und das Wissen über den Gefahrstoff wird jedoch meist fehlen. Es bleibt dir nur die Kleidung zu wechseln und dich zu waschen.

Atomar
Je nach Explosionsort (über - unter der Erde oder auf Bodenlevel) sind die Chancen mal besser, mal schlechter. Durch die Druckwelle reissen luftgefüllte Körperhöhlen und es treten Sekundärverletzungen durch Herumschleudern oder Gegenstände ein. Die thermische Wirkung sorgt für Verbrennungen und auch kurzzeitige oder bleibende Erblindung durch den Lichtblitz. Wer die Druckwelle und die Hitzestrahlung überstanden hat, den trifft noch die nukleare Strahlung. Diese sorgt für eine Schädigung der Körperzellen, Kopfschmerzen, Durchfall, Erbrechen, Haarausfall und ebenso für Verbrennungen. Ist der Sprengsatz auf Bodenlevel gezündet worden, folgt der Fall out (herabregnen von verstrahltem, hochgeschleudertem Staub).
Dein Ziel sollte sein, soweit weg als möglich vom Explosionsherd zu sein. Alle freien Körperstellen zu bedecken und Schutz vor der Druckwelle, der Hitze und der Strahlung aufzusuchen. Versuche solange als möglich die Bereiche des Fall Out zu meiden. Je länger du dies durchführst desto weniger Strahlung wirkt auf deinen Körper ein, da die Strahlung sich langsam reduzieren wird. Solltest du dich der Strahlung aussetzen müssen, halte diese Zeit so kurz wie es nur geht.
Als ideales Schutzmaterial gegen die Strahlung hat sich Blei, Stahl, Beton und auch Wasser herausgestellt. Wähle sie immer so dick als möglich, auch wenn sie als Schutz vor dem Fall Out dünner sein kann, denn die Gammastrahlen bei der Explosion sind um einiges stärker.

Schutzmaterialien nach Stärke							
Blei	1 cm	Stahl	1,8 cm	Stein	5,1 cm	Beton	5,6 cm
Erdreich	8,4 cm	Wasser	10 cm	Eis	17,3 cm	Holz	22,4 cm
Schnee	51,6 cm	Zur 50 % Reduktion der Gamma Strahlen.					

cm = Zentimeter / % = Prozent

Halte dich mindestens drei Tage nach dem letzten nuklearen Einsatz von der Oberfläche fern. Dann genieß die Oberfläche, wenn es sein muss maximal 30 Minuten pro Tag bis zum dreizehnten Tag. In diesem Zeitraum sollte sich die

Strahlung maximal reduziert haben. Bleibe trotzdem nicht länger als notwendig an oder in ungeschützten Bereichen. Dekontaminiere alle Materialien die du benutzt und auch dich, jedes mal wenn du dich der Strahlung aussetzt. Kleidung und Material kann hierzu in sicheres Wasser eingetaucht und ausgeschüttelt, der Körper mit Wasser und Seife behandelt oder zumindest abgerieben werden. Als die sichersten Quellen für Trinkwasser sind Quell-, Boden- und Speicherwasser zu nennen. Nutzt du Schnee oder Eis, nimm es aus tieferen Schichten.

Fließgewässer
Nutze deine Filtertechnik für Meerwasser. Decke aber deine Grube immer ab und folge trotzdem deinem Standard für die Wasseraufbereitung.

Stehende Gewässer
Fülle einen Behälter mit dem kontaminierten Wasser und rühre Dreck aus mindestens 10 cm tiefe ein. Dieser bindet die kontaminierten Partikel und wird innerhalb der nächsten Stunden auf den Boden sinken. Schöpfe nach 6 Stunden das Oberflächenwasser ab und folge dem Standard für die Wasseraufbereitung.

Als Nahrungsmittel gelten Dosen und eingepacktes als perfekt. Vergiss jedoch vor dem Öffnen nicht die Dekontamination der Verpackung. Tiere und auch Pflanzen sollten nur im Notfall genutzt werden.

Tiere
Bei der Nahrungsvorbereitung gilt waschen sowie Vorsicht beim Abziehen, um das Fleisch nicht weiter zu verseuchen. Knochen sowie Innereien speichern 90% der Strahlung, somit sind Knochen sowie das direkt an Knochen und Gelenken anliegende Fleisch ebenso wie die Innereien Tabu. Wasserlebewesen sind generell stärker verstrahlt als Landlebewesen.

Pflanzen
Untergrundpflanzen wie beispielsweise Karotten und Kartoffeln brauchen nur geschält werden. Oberflächenfrüchte wie Tomaten, Bananen, Äpfel, … sollten gewaschen und geschält werden. Dabei sind Früchte mit glatter Oberfläche zu bevorzugen da sie einfacher zu reinigen sind. Alles andere, sowie speziell auch heranwachsende Pflanzen, sollte nach Möglichkeit gemieden werden.

Biologisch
Biologische Kampfstoffe können in zwei Kategorien eingeteilt werden. Keime wie Bakterien, Viren und Pilze sowie Gifte. Deren toxische Wirkung betrifft das Zentrale Nervensystem (Neurotoxin) oder direkt die einzelne Zelle (Cytotoxin). Sie rufen eine tödliche aber auch krankmachende Wirkung bei Lebewesen und Pflanzen sowie Veränderungen an Materialien hervor.

Keime
Sie sind lebende Organismen welche leicht verteilt werden können, jedoch einen Wirt benötigen um sich zu vermehren. Teilweise bilden sie auch Sporen die weitergegeben werden können. Die Aufnahme erfolgt über die Atmung, die Haut oder den Speiseweg, wobei die Symptome je nach Aufnahmeweg und Keimart variieren.

Toxine
Toxine gelangen auf dem gleichen Wege in Lebewesen wie Keime, aber auch durch unverletzte Haut, jedoch gibt es keine Inkubationszeit. Sie sind selbst in kleinsten Dosierungen meistens tödlich. Die Symptome variieren ebenso je nach Aufnahmeweg und Art.

Wenn realisiert wird, dass ein biologischer Kampfstoff eingesetzt wurde ist es meist zu spät. Das Wissen um deren Einsatz ist somit Entscheidend. Sie werden entweder mit Explosivmunition verteilt, versprüht aber auch über blutsaugende Kleinstlebewesen an den Menschen gebracht. Die Wetterlage hat somit eine verstärkende oder vielleicht sogar reduzierende Wirkung auf den Kampfstoff. Vermeide kontaminierte Bereiche, verlasst sie gegen den Wind, decke deine Haut und vor allem Wunden gut ab. Eine Atemmaske wäre von Vorteil und die persönliche Hygiene sollte großgeschrieben werden. Die sicherste Wasserquelle wären geschlossene Container. Denke aber auch hier daran den Behälter vor der Öffnung von außen zu reinigen. Fliessgewässer sind die zweite Wahl.

Fließgewässer
Nutze die Regeln der Wasseraufbereitung, filtern, dann 10 Minuten kochen.

Stehende Gewässer
Nutze diese nur wenn es nicht anders möglich ist. Hier gelten ebenso die Basisregeln. Die Kochzeit sollte aber 10 Minuten überschreiten.

Sichere Nahrungsmittel sind nur eingepackte Nahrungsmittel. Auch hier sollte vor dem Öffnen der Behälter gewaschen oder, wenn möglich, abgekocht werden. Andere Nahrungsmittel sollten nur im extremsten Notfall genutzt werden. Sollte dies nicht umgehbar sein, nutze die Regeln der Nahrungsaufbereitung wie im atomaren Fall. Denke aber daran alle Nahrungsmittel in der Zubereitung nur zu kochen, und das mindestens 10 Minuten.

Chemisch
Nutze was du hast um deinen Körper zu bedecken (siehe auch unter biologischen Kampfstoffen). Das Erkennen um den Einsatz lässt dich schnell handeln. Tote Tiere oder Menschen, abnormales Verhalten oder Gerüche, farbiger oder dünner

Nebel nach einer Detonation und auch Irritationen der Schleimhäute sollten dich wachrütteln.

Zur Wasserversorgung siehe unter Atomar. Verwende jedoch niemals Wasser welches nach Mandeln, Knoblauch, Senf oder Geranien riecht, ölige Flächen aufweist oder in welchem tote Tiere schwimmen. Zur Nahrungsversorgung siehe unter biologischen Kampfstoffen.

Allgemein gibt es von Land zu Land verschiedene Möglichkeiten des Staates die Einwohner vor Gefahren zu warnen. Hierzu bedient er sich sogenannter Notfall Apps. Die derzeit vier größten für den Deutschen Bereich sind:

NINA	Vom BBK entwickelt.
KATWARN	Vom Fraunhofer Institut entwickelt.
DWD WARNWETTER	Entwickelt vom Deutschen Wetterdienst.
BIWAPP	Entwickelt von Feuerwehr und Katschutz.

Jede besitzt ihren eigenen Einsatzbereich, sie sind jedoch alle kostenfrei erhältlich. Zusätzlich kommen neben diesen Apps in Deutschland auch noch Sirenensignale zum Einsatz. Diese sind jedoch Bundesweit nicht eindeutig geregelt.

Probealarm	Anschwellender 15 sec. Heulton, dann abschwellend.
Feueralarm	1 Minute Dauerton 2 mal unterbrochen.
Bevölkerungswarnsignal	1 Minute Dauerton.
Luftalarm	An- abschwellender Heulton öfters wiederholt.
ABC Warnung	1 Minute Heul Sequenz (auf sowie abschwellend, 2 mal für 15 Sekunden unterbrochen) Wiederholung nach 30 Sekunden Pause. Wird in der Regel nicht mehr genutzt.
Entwarnung	1 Minute Dauerton.

Human Stampede

Die Human Stampede gilt eigentlich nicht als Naturkatastrophe, ist aber meist eine Folge, unmittelbarer Gefahr für eine Menschenmasse. Ausgelöst durch den Stress in unerwarteten "lebensbedrohlichen" Situationen können Übersprungshandlungen zu einer unkontrollierbaren Menschenmasse führen. Einer Menschenmasse, die sich auf dich zubewegt, dich mitreist. Schon eine einzige falsche Bewegung, oder ein falsches Wort kann eine Masse in Bewegung bringen.

Wo Personen den Bezug zur Umwelt verlieren und sich nicht mehr richtig einschätzen können, dort bist du <u>niemals</u> "sicher"!

Versuche einer in Panik geratenen oder aufgebrachten Menschenmasse aus dem Weg zu gehen. Bringe dich schleunigst aus der Bewegungsrichtung, zwänge dich in

Häuserecken, schlage Scheiben ein, rette dich irgendwie in einen sicheren Bereich. Wirst du trotzdem von Ihnen erfasst versuche auf den Beinen zu bleiben. Ein Sturz ist dein sicherer Tod. Versuche schnellstmöglich in den Bereich einer Wand zu gelangen und rolle dich dort mit dem Gesicht zur Wand zu einer Kugel zusammen, wobei die Arme den Kopf schützen. Lasse dich nie in den Bereich von großen Fenstern drücken, klammere dich an feste Objekte und sichere dich so vor dem Mitreißen. In einer Masse ist es zudem gut sich Platz zu verschaffen. Dies kann geschehen indem die Arme vor dem Körper waagerecht zu einem Rechteck geformt werden. Dies wiederum bringt auch einen Schutz gegen zu hohen Druck auf den Körper was zu Atemeinschränkungen und lebensgefährlichen Verletzungen führen kann.

Diese Informationen kommen dem Großstadtbürger wahrscheinlich unnötig vor, doch die Vergangenheit zeigt das Gegenteil. Schneewehen auf der Autobahn, Stromausfälle, Überflutungen und Erdrutsche, Terroristische Anschläge, Versorgungsengpässe und Massenpaniken. Auch in Deutschland ist man nicht sicher, doch das muss erst wieder erlernt werden. Erwartet bei allen Notlagen nie Hilfe von dritten, helft euch selbst und nach Möglichkeit auch anderen, wenn dann doch jemand kommt ist es gut. Nutze bei grösseren Schadensfällen und Katastrophen das Telefon nur für das Anfordern von medizinischer Hilfe. Halte die Leitung frei, damit die Kapazität für die Kommunikation der Notfalleinsatzteams gewährleistet, Einzelne Katastrophensituationen gehen jedoch fliessend ineinander über. Beispielsweise wird ein Unwetter oder Taifun wahrscheinlich auch ein Hochwasser und einen Stromausfall oder eine Lawine ein Abschneiden von der Außenwelt hervorrufen. Die Versorgung mit Zivilisationsgütern, Strom, Lebensmittel und Trinkwasser wird anders ablaufen. Die Infrastruktur wird noch lange nach dem Schadeneintritt beeinträchtigt sein. Dies führt zu Seuchen und auch akut kontaminierten Bereichen (überlaufende Heizöltanks, Chemikalienlager, Klärbecken).

Verwende kein Obst oder Gemüse aus überfluteten Gebieten und denke an deine Wasseraufbereitung!

Eine bauliche Vorbereitung sei es am Gebäude, am Fahrzeug oder vielleicht sogar dem eigenen Schutzbunker ist immer von Vorteil. In diesen Bereich fallen gesicherte Dach-einrichtungen und Schneefanggitter. Abgestützte und versteifte grössere Dachflächen (speziell bei Flachdächern) und Verankerungen des Dachstuhls.
Ebenso ein gestutzter Baumbestand, gesicherte Überdachungen, Rückstauverschlüsse und Hebeanlage sowie wasserfeste Baumaterialien in tieferen Geschossen. Im Weiteren Fehlerstrom Schutzeinrichtung, Blitzschutz sowie getrennte Stromkreise und alternative Stromerzeuger. Dazu kommen flutungssicherer Zählerkasten, das Notstromaggregat, die Heizungs- Tankanlage, ...
Was ist mit deiner Katastrophenvorsorge? Verlässt du dich auf andere oder bist du in der Eigeninitiative?

Katastrophen - Vorsorge und Eigenhilfe	
Vorratshaltung	**Hygiene**
Lebensmittel und Trinkwasser.	Wasservorratshaltung und Einsparung.
Ohne Kühlung lagerbar.	Wasserentkeimung.
Längerfristig haltbar und kalt verwertbar.	Campingtoilette / Papier und Ersatzflüssigkeit.
Stromunabhängige Kochgelegenheit.	Haushaltshandschuhe / Müllbeutel.
Wasservorratshaltung und Einsparung.	Dinge des täglichen Gebrauchs.
Wasserentkeimung.	
Campingtoilette / Papier und Ersatzflüssigkeit.	
Haushaltshandschuhe / Müllbeutel.	
Dinge des täglichen Gebrauchs.	
Hausapotheke	**Notgepäck**
Gut sortiert / kühl, trocken gelagert.	Erste Hilfe Material.
Ausserhalb des Zugriffsbereiches von Kindern.	Rundfunkgerät (UKW, Mittelwelle),
DIN Verbandkasten.	Taschenlampe und Batterien.
Regelmäßig eingenommene Medikamente.	Wasserdicht verpackte persönliche
Erkältungsmittel, Schmerzmittel,	Dokumente:
Mittel gegen Durchfall, Mückenstiche,	(Familienurkunde, Rentenbescheinigungen,
Sonnenbrand.	Sparbücher, Fahrzeugbrief, Testament,
Fieberthermometer.	Verträge, Versicherungspolicen,
Splitterpinzette.	Zahlungsbelege, ...)
Desinfektionsmittel.	Verpflegung für mehrere Tage, Wasser
Verfallsdaten und Beipackzettel mit Einlagern.	Campingausrüstung (Schlafsack, Decke, ...)
	Entsprechende Kleidung / Hygieneartikel
	Kinder SOS Kapsel mit Daten der Eltern.
Energieausfall	**Nothilfe und Warnmittel**
Alternative Heizmöglichkeit-Warme Kleidung.	Immer in Betriebsbereitschaft.
Batteriebetriebene Geräte-Batterien.	
Kerzen und Zündmittel.	

Bei Allem gilt: Bevorratung Kontrollieren und Umwälzen.

Abgesehen von den erwähnten Notsituationen bei denen der Einzelne meistens, keine Auslöseursache gespielt hat, gibt es Situationen bei denen man in der Entstehung sehr wohl eine entscheidende Rolle innehat. Und obwohl wir meist größer sind als unsere „Angreifer" können wir doch auch Schaden nehmen.

Größe hat nichts mit Unverletzlichkeit zu tun!

Alle giftigen Tiere sind erheblich kleiner als der Mensch, so werden wir wohl nicht auf deren Nahrungsliste stehen, oder?

Unliebsame tierische Begegnungen

Ein Tier greift in 95% aller Fälle nur an, wenn es überrascht oder provoziert, in die Enge gedrängt oder angegriffen wird, Junge hat, ein frischer Kill darniederliegt, krank oder verletzt ist. Auch Tiere haben einen Nahbereich der für Fremde tabu ist. Welche

Mutter würde ihre Kinder nicht verteidigen? Welcher Hungrige würde sein Essen nicht verteidigen? Wer würde sich nicht verteidigen wenn er sich bedroht fühlt?

Kennst du die Stärken und Schwächen deines Gegenübers, weißt du wie es sich normalerweise verhält!

Ein aufgeschrecktes Tier hat genau zwei Möglichkeiten. Entweder ergreift es die Flucht, oder geht in einen reflexartigen Angriff über. Verhalte dich auffällig und gehe "laut", spreche, singe oder binde dir eine Dose mit Steinen oder eine Glocke an die Ausrüstung. Stapfe durch die Gegend, so dass deine Anwesenheit frühzeitig bemerkt wird. Wird zu zweit oder sogar in einer Gruppe gereist ist die Gefahr durch ein Tier angegriffen zu werden recht minimiert, da man sich meist in der Überzahl befindet. Wenn auch noch jeder weiß wie er sich zu verhalten hat, ist eine Konfrontation unwahrscheinlich. Reist du jedoch mit Kindern musst du immer ein Auge auf sie haben. Sie können Gefahren schlechter bewerten und einschätzen!

Sollte es trotzdem zu einem Gegenüberstehen gekommen sein, verhalte dich passiv und bewege dich langsam. Wenn es schon auf dir sitzt, ist das Beste halte still und warte bis es sich verzieht wenn sich das Tier noch nicht entschieden hat. Gib ihm keinen Grund zur Aggressivität und zum Beißen. Vermeide schnelle Bewegungen und ziehe dich zurück, und zwar in die Richtung aus der du gekommen bist. Sei sicher, dass du den Bereich des Tieres verlässt wie du ihn betreten hast. Gehe vorsichtig rückwärts und schaue vor dir auf den Boden, denn ein direkter Augenkontakt wirkt provozierend. Beobachte aber auch die Lage aus den Augenwinkeln heraus. Lasse dem Tier immer einen Ausweg offen, denn seine Flucht nach vorne könnte für dich wie ein Angriff aussehen.

Wirst du angegriffen - Fight for your Life - entweder das Tier oder du. Die Entscheidung liegt bei dir!

Gerade bei giftigem Kleingetier lassen sich eine Vielzahl an Vorbeugungsmaßnahmen, wie geschlossenes Schuhwerk, eine lange Hose, das ausschütteln der Kleidung und des Equipments durchführen. Hinzu kommen das Meiden entsprechender Bereiche wie Ruinen, dunkle Ecken und trübes Wasser sowie entsprechende Nahrungslagerung und Lageraufbau. Jeder Bereich, in welchem sich bevorzugt Tiere aufhalten, ist mit Vorsicht zu genießen da sich dort zwecks der Nahrungssuche auch entsprechend Jäger aufhalten. Hebe nichts vom Boden auf ohne dir der freien Umgebung sicher zu sein, krieche nicht am Boden und nutze deine Taschenlampe.

Einige der bisherigen Informationen können bei menschlichen Auseinandersetzungen auch angebracht werden, jedoch folgt hierzu noch eine spezielle Ausarbeitung. Im Weiteren widmen wir uns einigen Tierarten, bei denen es nachweislich öfters zu einer Konfrontation kommt.

Bienen / Wespen

Normalerweise gelten sie nicht als aggressiv und selbst wenn du gestochen wirst, kann der menschliche Organismus dies gut verkraften. Zumindest wenn er nicht allergisch darauf reagiert. Ein Bienenschwarm, im Speziellen die afrikanische Honigbiene, welche durch ihre hohe Aggressivität bekannt ist, kann jedoch mehr Probleme bereiten.

Diese Bienenart verfolgt den Widersacher bis zu 130 Meter, also dreimal so weit wie eine normale Biene. Ein Um-Sich-Schlagen steigert nur die Aggressivität. Wegrennen und das schnellstmögliche Aufsuchen eines Allroundschutzes wie ein Haus, Zelt oder ein Ganzkörpermoskitonetz ist angesagt. Renne durchs Gestrüpp, dies macht es den Bienen schwerer dich zu erreichen. Ein Sprung ins Wasser kühlt die schon erhaltenen Stiche und schützt den größten Teil des Körpers. Tauche im besten Fall unter und weg um in einen sicheren Bereich zu kommen. Allerdings richten Wespen im Verhältnis zu Bienen mehr Schaden an. Während Bienen sich beim Stich den Stachel ausreissen und daraufhin versterben sticht die Wespe öfters zu.

Büffel

Ein Büffel ist ein sehr ernstzunehmender Gegner. Es stellt für ihn kein Problem dar schneller zu laufen als ein Mensch. Kommst du in dessen Nahbereich, „don't move" und schaue dich nach dem nächsten sicheren Bereich um. Hierbei kann es sich um einen geschlossenen Raum, einen Baum, einen Zaun oder irgendeine Erhöhung handeln. Bewege dich langsam vom Tier weg in diese Richtung. Fängt dieser an dich aufs Korn zu nehmen, renn. Ist kein sicherer Bereich in der Nähe, nimm deine Jacke, Shirt oder Ähnliches und winke damit um von dir abzulenken und wirf es kurz vor eurem zusammentreffen seitlich weg. Dies lenkt den Angriff von dir ab und verschafft dir Zeit.

Bei einer Stampede, einer Massenpanik mit einer Herde, solltest du dich allerdings umgehend aus der Bewegungsrichtung der Büffelherde entfernen. Ist dir dies nicht möglich renne seitlich nebenher, so wird man in der Regel als Hindernis erkannt und nicht umgerannt. Bei einer Pferdestampede hingegen, ist die Gefahr jedoch höher niedergetreten zu werden. Somit sollte jeder Schutz genutzt werden um sich dahinter zulegen.

Bären

Es gibt verschiedene Bärenarten. Zum einen die Schwarz- und die Braunbären, auch Grizzlys genannt, den Eisbär und einige Unterarten wie der Kodiakbär. Ihr Name verrät jedoch nichts über ihre Farbe. Schwarzbären können auch braun oder blond gefärbt sein, und Eisbären sind nicht nur in weiss, sondern auch cremefarben und sogar in rosa zu sehen.

Wird ein Bär überrascht nimmt er meist eine drohende Imponierhaltung ein, er faucht und bläst sein Gegenüber an. Damit zeigt er, dass er die Anwesenheit nicht toleriert. Es gibt Stimmen die vermelden, dass man im Falle eines Bärenangriffes sich auf den Boden legen und in der Embryolage den Nacken schützen soll bis alles im sprichwörtlichsten Sinne vorbei ist. Andere wiederum sind der Ansicht dem Bär alles entgegenzuwerfen was man hat und loszurennen. Übrigens, ein Bär kann bis zu 65 Kilometer die Stunde erreichen, bergauf sowie bergab. Eine Unterscheidung, ob dieser Bär der dir gegenübersteht aufgrund der Länge der Krallen klettern kann oder nicht wird dir erst gelingen wenn du sie direkt vor Augen hast. Ganz klar, es kann, muss aber nicht gut ausgehen. Ein Wegrennen löst aber eher den Beutereflex aus, und hinlegen und abwarten? Bei der Muskelmasse eines Bären hinterlässt schon ein "sanftes" berühren mit den Krallen eine mehr als kleine Wunde, und dazu dann auch noch ruhig bleiben und sich nicht rühren?

Eigene Tendenz wäre eher dem Gegenüber zu zeigen, dass hier jemand ist, der keinen Ärger will. Mache dich groß, breite die Arme nach oben aus oder hebe Gegenstände über den Kopf. Wedele mit einem Stock und brülle ihn an. Mache dich danach aber gleich klein, nimm die Arme herunter lasse die Schultern nach vorne zusammenfallen, senke den Kopf, beobachte aber aus den Augenwinkeln heraus und gehe langsam rückwärts weg. Verhalt dich wie angesprochen passiv.

Kommt es zu einem close Encounter, sind Augen und Nase des Bären mögliche erfolgsversprechende Treffergebiete. Wer sich auf eine Konfrontation vorbereiten will, kann dies mit einem Bärenspray tun. Dies sind Reizsprays auf Pfefferbasis, welche dem Bär auf die Schleimhäute der Nase und Augen gebracht werden! Das Spray besitzt eine Reichweite bis zu vier Metern, wobei aber die Windrichtung beachtet werden sollte.

Elefanten

Abgestellte Ohren, aufgerollte Rüssel und stampfen auf dem Boden verheißt nichts Gutes. Und 30 Kilometer die Stunde ist auch nicht gerade langsam. Sicherheit bringt nur bewachsenes Gebiet, denn hier bist du wendiger.

Gorilla

Bei einem Kontakt mit einem unserer Vorfahren soll es von Vorteil sein sich so klein wie möglich zu machen und mit den offenen Händen das Gesicht leicht zu verdecken während man sich zurückzieht.

Haie

Siehe unter Seenot.

Schlangen

Von den 3000 Schlangenarten auf der Erde sind nur ungefähr 10% als wirklich giftig anzusehen. Die Giftwirkung besitzt ein breites Spektrum. Sie variiert über Neurotoxisch (Nervengift), Cytotoxisch (Zell- Gewebsschädigend) bis hin zum Hämatotoxischen (Blutverändernd). Weit bekannt ist die Kreuzotter, die Klapper-

und Brillenschlange sowie die Speikobra, die ihr Gift auf eine Entfernung bis zu zwei Meter verspritzt. In Deutschland sprechen wir "derzeit" nur von sechs Arten.

Ringelnatter
Wasser- und landlebend wird sie bis 1,5 Meter lang, eine blau bis grüngraue Grundfärbung sowie die zwei typisch, gelbweißen, halbmondförmigen Flecken am Hinterkopf weisen sie aus. Sie versprüht eine übelriechende Flüssigkeit und stellt sich manchmal tot, ist aber ungiftig.

Glatt- oder Schlingnatter
Um 70 cm lang, besitzt diese ungiftige Schlange einen gefleckten grau-braunen Rücken. Sie kann mit der giftigen Kreuzotter verwechselt werden unterscheidet sich jedoch durch ihre runden Pupillen von dieser.

Würfelnatter
Diese gräulich, bräunlich-schwarze Schlange mit Ihrem Würfelmuster auf dem Rücken ist Land- und Wasserlebend. Sie wird maximal 90 cm lang, und gilt auch als ungiftig. Sie kann sich wie die Ringelnatter tot stellen und sondert ebenso ein übelriechendes Sekret ab.

Äskulapnatter
Mit bis zu zwei Metern Länge gilt diese einfarbige, hell- bis dunkelbraun und glatt geschuppte Schlange auch als ungiftig.

Kreuzotter
Sie ist für den Menschen nur sehr selten tödlich, kann bis zu 90 cm lang werden und verfügt über einen grauen oder braunen Rücken. Ihr Gift wirkt Neuro- sowie Hämatotoxisch. Das typische Zickzackband, ihre senkrechten Pupillen und auch ein dunkles X oder V auf dem dreieckigen Kopf machen sie leicht erkennbar. Selten ist sie aber auch einfarbig, schwarz oder rotbraun.

Aspisviper
Auch wenn sie über ein stärkeres Gift als die Kreuzotter verfügt, ist sie für den Menschen nur selten tödlich. Ihr Biss beinhaltet eine Neuro-, Cyto- und eine Hämatotoxische Wirkung. Sie besitzt einen breiten, dreieckigen Kopf mit einer aufgeworfenen Schnauze und wird, mit ihren gefleckten Rechtecken, bis zu 80 cm lang. Farblich variiert sie von hellgrau bis rotbraun zu schwarz.

Weltweit sind unter anderem bekannt:

Wassermokassin
Ein hell-dunkelbraun gestreiftes, im Alter schwarzes Tier, mit einer Länge von

90-120 Zentimeter. Ihr Gift besteht aus unterschiedlichsten Toxinen ist jedoch selten tödlich.

Diamant - Klapperschlange
Weiß-gelbe Ränder umzeichnen eine dunkle, rautenförmig, olivgrüne Maserung. Sie besitzt eine Länge von ungefähr 90-150 Zentimeter und ihr Gift wirkt Cyto- sowie Hämatotoxisch.

Mojave - Klapperschlange
Ein grünfarbiges Tier mit einer Länge von 60-90 Zentimeter. Ihr Gift wirkt in allen drei Segmenten, Hämato- Neuro- und Cytotoxisch.

Russell's Viper
Sie besitzt eine braun-gelbe Grundfarbe mit ringförmigen schwarzen Flecken und verfügt über eine Länge von 90-150 Zentimeter. Ihr Gift wirkt Hämotoxisch und ist extrem wirksam.

Sandviper
Gelb oder blassrot kann sie eine Länge von bis zu 60 Zentimeter aufweisen. Ihr Gift wirkt Neuro- und Cytotoxisch. Unter anderen gilt sie auch als gefährlichste Klapperschlangenart der Welt.

Gabunviper
Mit einer braun bis blau-schwarzen Musterung versehen, besitzt sie eine Länge von 120-150 Zentimeter und verfügt über ein Hämato- Neurotoxisches Toxin. Nebenher gilt sie auch als schwerste Giftschlange der Welt.

Königskobra
Mit ihrer oliv-hellbraunen Färbung kann sie sich bis zu 120 Zentimeter vom Boden erheben und bis zu 6 Meter Länge aufweisen. Ihr Gift wirkt Neuro- sowie Hämatotoxisch und führt innerhalb von 20 Minuten bis 12 Stunden zum Tod.

Korallenschlange
Eine rot bis schwarze Gelbfärbung kennzeichnet dieses 30-90 Zentimeter lange Tier. Ihr Gift wirkt Neuro- und Cytotoxisch.

Buschmeister
Diese dunkelbraune Schlange mit ihren rosa Schattierungen kann bis zu 210 Zentimeter lang werden. Ihr Gift liegt im Hämato- und Cytotoxischen Bereich.

Von einigen Ausnahmen abgesehen, können Schlangen kaum mehr als die Hälfte ihres Körpers vorwärtsschnellen. Zudem verschlingen sie ihre Nahrung in einem

Stück, womit wir wohl kaum auf der Nahrungsliste stehen. Ein Biss dieser Tiere ist somit mehr Verteidigungs- als Jagdbiss.

Sie leben an Land, im Wasser und auf den Bäumen. Umsichtiges Verhalten ist also in den entsprechenden Gebieten immer vonnöten. Meistens machen sich diese Tiere aber bei bemerkten Bodenvibrationen auf und davon. Sie sind jedoch leider auch träge und die Gefahr auf sie zu treten besteht.

Würgeschlangen, wie die Python oder die Abgottschlange, beissen nicht, sie packen mit den Zähnen zu, bevor sie ihren Körper um ihr Opfer schlingen und dadurch fesseln. Ist man in eine derartige Lage geraten sollte man versuchen die Arme frei bewegen zu können. Sind diese jedoch mit gefesselt und ist niemand in der Nähe wird es das gewesen sein. Kann man jedoch den Schwanz der Schlange fassen und einen Wirbel brechen hat man es meist geschafft, da sie sehr schmerzempfindlich sind. Ist eine zweite Person in der Nähe kann diese die Schlange vom Schwanz her einfach abwickeln. Sie erwürgen einen nicht, sie spannen nur ihre Muskeln nach, wenn Freiraum gegeben wird. Jedes Mal wenn das Opfer ausatmet wird ihm dieser Freiraum genommen, bis der Platz für die Einatmung nicht mehr ausreicht.

Tausendfüssler
Normalerweise ungefährlich können einige Arten in den Tropen und Wüsten bis zu 25 cm groß werden und manche davon sind auch giftig. Die Giftwirkung hält sich jedoch im Rahmen und es wird normalerweise nur zu einer Infektion kommen. Krabbeln sie über dich wische sie einfach in ihrer Bewegungsrichtung vom Körper.

Krokodil
An Land hat man durch die langsame Fortbewegung der Tiere eine reelle Chance wenn man Haken schlägt. Im Wasser sieht es allerdings nicht so gut aus. Meide nach Möglichkeit die Risikogebiete oder begebe dich dort zumindest nicht ans, vor allem aber nicht ins Wasser oder den näheren Uferbereich wenn es nicht unbedingt sein muss. Lässt es sich nicht umgehen, sollten unruhige und heftige Bewegungen im Wasser vermieden werden. Wirf in den entsprechenden Gebieten auch keine Abfälle in das Wasser oder an das Ufer und hänge die Extremitäten auch an heißen Tagen nicht ins kühle Nass. Willst du einen Alligator an Land bekämpfen gehe ihn am besten von hinten an und versuche auf seinen Nacken zu kommen, dies hält seinen Kopf und auch die Krallen unten, worauf ihm das Maul und die Beine zusammengebunden werden können. Bedeckst du seine Augen, hat dies einen beruhigenden Effekt auf das Tier. Augen und Nase stellen deine Angriffsziele dar. Beachte aber auch, dass gerade Alligatoren Träger vieler Keime sind. Jede noch so kleine Verletzung muss behandelt werden um Infektionen vorzubeugen.

Eidechse
Eigentlich sind Eidechsen kein Problem. Der indonesische Komodo Drache mit seinen 3 Metern Länge ist allerdings ein ernstzunehmender Gegner. Einige Arten

sondern durch ihren Biss giftige Substanzen ab, wie das im Südwesten Amerikas beheimatete Gila Monster (Neurotoxin).

Piranhas / Barracudas
Entgegen der landläufigen Meinung, dass diese Tiere alles Töten was ihnen in die Fänge kommt, greifen sie nur an, wenn sich Totes, Verwesendes oder Blutendes im Wasser befindet. Hektische Bewegungen ziehen sie magisch an, und auch wenn das Baden zu bestimmten Zeiten ungefährlich sein soll, ist dies besser zu vermeiden.

Wildkatzen
Sie sind sehr schnelle und wendige Jäger, welche das ganze Jahr über präsent sind. Für sie gilt das gleiche Verhalten wie bei Bären. Jedoch sind die Chancen diesen Kampf unbeschadet zu überstehen höher, da das Tier meist schon durch die Größe des Menschen etwas unsicher ist. Normalerweise werden Einzeltiere nur kleinere Gegner angreifen. Aber auch ein Berglöwe ist in der Lage einen Elch zu erlegen. Verteidige dich mit allem was du hast, wirf Steine zur Distanzverteidigung und nutze Stöcke. Stelle dich aber nie tot. Wildkatzen sind auf den Nackenbiss zum Brechen des Genickes fixiert um ihre Beute zu töten. Schütze Nacken sowie Kehle und vermeide es nachts, speziell alleine, in Puma Gebieten, unterwegs zu sein.

Sicher gibt es noch viele weitere nennenswerte Tiere, bekannte und unbekannte, aber irgendwo muss auch eine Grenze sein.

Das unzuverlässigste und gefährlichste Tier der Welt kann sogar sprechen und tötet aus Spaß!

14. SELBSTVERTEIDIGUNG

Eine körperliche Auseinandersetzung, aus welchem Grunde auch immer, ist, egal wie der oder die Gegner aussehen, immer als Risiko anzusehen. Sie sollte somit das letzte Mittel einer "Begegnung" sein. Lass es durch dein Verhalten nie soweit kommen, denn du verlierst in jedem Fall, entweder den Kampf oder deine Würde. Durch Prävention kannst du jedoch beides für dich verbuchen. Einige wenige Regeln und Maßnahmen helfen dir derartige Situationen zu Umgehen, beziehungsweise die Wahrscheinlichkeit der Konfrontation zu reduzieren. Nutze dein sicherheitsspezifisches Verhalten und übe eine gewisse Zurückhaltung gegenüber allen Fremden.

**Jeder Person muss zuerst immer alles zugetraut werden,
bis das Gegenteil bewiesen ist!**

Zur Vorbereitung einer längeren Reise sollte auch eine Allgemeininformation über die Gesetze des Landes gehören. Wie bestraft man dort einen Räuber, Mörder oder einen Vergewaltiger, und wie ist die Sache mit der Notwehr dort geregelt. Gelten für mich als Ausländer andere Richtlinien, vielleicht sogar ungeschriebene Gesetze?
Diese Informationen werden auch mit in deine Entscheidung der Verhaltensweise bei einer menschlichen Konfrontation einfließen. Somit wird jeder für sich seine speziellen Regeln festlegen die im Falle eines Falles die Richtung angeben. Grundsätzlich sollte man versuchen sich im Rahmen der dort geltenden gesetzlichen Regelung zu bewegen. Dies bedeutet für Deutschland das Notwehr- Nothilferecht. In anderen Ländern wird dies jedoch meist unterschiedlich geregelt, vielleicht sogar mittels eines Blutrechtes. Somit mag es in einigen Gegenden besser sein, bei Kontakt mit dem dortigen Gesetz das Weite, die schützende Heimat oder die dortige Botschaft aufzusuchen. Versuche alles um eine körperliche Auseinandersetzung zu umgehen und mach dies allen Um- Aussenstehenden auch klar. Verinnerliche das "KKK" Schema.

Krisenintervention
Reagiere nicht auf Herausforderungen, baue Aggressionen durch ruhiges Verhalten ab. Drohe niemals und zeige keine feindlichen Absichten. Zeige die offenen Hände, nimm sie beruhigend vor den Körper, gehe einen Schritt zurück und jeder weiß von wem die Aggression ausgeht.

Kontakt
Übernimm, wenn nicht umgehbar, die Leitung in der Auseinandersetzung. Jeder hat das Recht sich zu verteidigen, auch mit den in der Situation angepassten Mitteln.

Kommunikation
Sprich mit deinem auf dem Boden liegenden Gegner. Erkläre ihm die unumgehbare

224

Notwendigkeit der Situation und bedaure seinen Zustand. Leiste Hilfe, und jedem wird klar, dass die Aktion nicht von dir ausging. Suche zu deiner Sicherheit Zeugen im Nahbereich.

Achte auf die Verhältnismässigkeit der Mittel und mache nie den ersten Schlag! Zähle nie auf die Hilfe anderer Leute, du bist deine Lebensversicherung!

Ein Angreifer muss immer damit rechnen mit den gleichen Mitteln bekämpft zu werden mit denen er angreift. Stehen dir höherwertige Mittel zur Verfügung und ihr Einsatz ist rechtmäßig oder nötig, wieso sollten sie nicht angewandt werden?

Nutze deine Möglichkeiten und die Besonderheiten der Umgebung!

Greift jemand zu einer Waffe muss davon ausgegangen werden, dass er diese auch benutzt und somit Verletzungen oder den Tod herbeiführt. Flucht ist keine Schande, und der Verlust von Wertgegenständen wohl geringer zu sehen als der Verlust des Lebens, jedenfalls meistens. Ist jedoch eine Konfrontation unausweichlich, ist dem Täter zu geben was er verdient. Denn mit seinem Angriff hat er seine Rechte verspielt.
Es gibt viele Kampfstile und Kampfsportarten, wobei es jedoch bei den meisten sehr lange dauert, bis Techniken so erlernt sind, dass sie im Notfall auch angewendet werden können. Mehrtägige Lehrgänge über Selbstverteidigung bringen nur kurzfristig Erfolg. Ein ständiges Üben ist notwendig, um in der Praxis zu bleiben. Jede Kampfsportart hat zudem ihre Vor- und Nachteile. Sei es das Boxen, Aikido, Ju Jitsu, Judo, Taekwondo, Karate, Kick Boxen, Kung Fu, ... oder was auch immer.
Grundsätzlich sollte eine Kampfsportart nicht viele Techniken aufweisen die es zu erlernen gibt. Wenige Techniken auf eine Vielzahl von Angriffen, sind leichter zu erlernen als viele Techniken auf viele Angriffe.

Keep it super simple!

Bei einer dieser Kampfsportarten handelt es sich um Wing Tsun. Die Bewegungen sind zwar etwas gewöhnungsbedürftig, jedoch kommt diese Art der Selbstverteidigung mit wenigen Techniken aus. Es wird nur auf Druck unter Ausnutzung der eigenen Gelenke sowie der Kraft des Gegners gearbeitet.
Techniken zu erlernen ist aber nicht alles, Sparring und Psychologie zählen ebenso zur Selbstverteidigung wie das Wissen um das eigene Können. Trainiere hart und real. Sämtliche Aktivitäten sollten reflexartig kommen. In deinem Kopf muss im Extremfalle der Trieb zum Reingehen in den Gegner während des Austellens eingebrannt sein. Auch eine bewusste Steuerung kostet Zeit und ist somit nicht erwünscht. Automatisation ist das Stichwort! Versuche immer soviel Informationen als möglich über deinen Gegner zu bekommen. Werte ihn aus, sein Gehabe, seine Sprache, die Kleidung und seinen Körperbau.

Stelle dich auf deinen Gegner ein, nutze seine Schwächen, seine körperlichen Grenzen, seine Mentalität und umgehe seine Stärken!

Sei deinem Gegenüber immer unberechenbar, er darf nicht wissen was ihn plötzlich zu Boden befördert hat. Kündige deine Aktionen nicht an, sei es durch Sprache oder durch deinen Körper. Nicht durchgeführte Ankündigungen wie beispielsweise das Zucken des Beines, ablenkende Manöver und erschütternde Ausrufe können allerdings auch zur Verwirrung des Aggressors eingesetzt werden. Dieser wird sich sehr wahrscheinlich auf Angekündigtes oder von ihm vermeintlich erkanntes Verhalten bezüglich des Angriffes einstellen. Konzentriere dich immer auf dein Gegenüber und agiere zielgerichtet.

Greife nicht als Erster an, aber blockiere seinen Angriff in der Entstehungsphase!

Was passiert aber bei einer Auseinandersetzung? Jemand versucht einem seinen Willen aufzudrängen. Je nachdem wie gut er ist wird beim "Opfer" der vegetative Teil des Nervensystems, speziell der Sympathikus, aktiviert. Hierdurch verengen sich die Blutgefäße, die Muskulatur spannt sich und der Stoffwechsel steigt. Diese Energie die der Körper in so einer Situation aufbaut muss genutzt werden. Ein sofortiges, starkes, unmissverständliches Auftreten, verhindert meistens ein Ausufern der Situation.

Konfrontation

Körperreaktion

Psychische Aktion

Physische Aktion

Zerstöre ihn psychisch im Vorfeld und die Situation hat sich schon bereinigt!

Energien müssen gebündelt auf den Angreifer gebracht werden. Schlotternde Knie und zittrige Stimmen brauchen wir nicht. Flucht ist auch keine Schande und lässt es sich nicht umgehen, - move in. Du willst durch ihn hindurch, ihn in den Boden stampfen. Kannst du hierzu die befindliche Distanz zwischen dir und ihm minimieren tu dies nach Möglichkeit im Vorfeld. Sprich ruhig auf ihn ein und taste dich näher an ihn heran, damit allein deine erste Aktion einen entsprechenden Erfolg verbuchen kann.

Die Körpersprache, die Haltung und Gestik sowie die Sprachtiefe - Stärke und Sprachwahl sind dir zur Einschüchterung beziehungsweise Verunsicherung deines Gegenübers dienlich. Beachte aber, Drohungen nützen nur, wenn man bereit ist diese auch in die Tat umzusetzen!

Der Zeitraum des Umschaltens muss so schnell als möglich erfolgen, denn nur dann hast du eine Chance gegen deinen Angreifer. Dieser besitzt meist Vorteile in Form von: Überraschung, Waffen, zahlenmäßige Überlegenheit, Umgebungsvorteile, ...

**Handle situativ, schnell und entschlossen - ohne zu zögern!
Nutze die Fehler deines Gegners und sei ihm immer einen Schritt voraus!**

Mehrere Aggressoren sind immer mit Vorsicht zu behandeln. Zu Anfang werden sie dir meist in breiter Front gegenüberstehen, wobei sie dich im weiteren Verlauf einkreisen, um dich an der Flucht zu hindern. In der Gruppe sind sie immer stark, da die Gefahr auf alle Gruppenmitglieder verteilt wird und das Opfer sowieso in der Unterzahl ist. Hier kommt dem psychologischen Krieg eine große Bewertung zu. Dir stehen zwar mehrere potentielle Gegner gegenüber, einer wird sich allerdings immer als Verantwortlicher herausstellen, welcher die Menge führt. Nimm ihnen den Kopf und sie werden planlos. Sei in der Phase des psychologischen Krieges jedoch kulant, und gib deinem Gegenüber auch die Möglichkeit des Rückzuges, ohne vor seinen Freunden oder der Freundin sein Gesicht zu verlieren! Stelle nie jemanden zur Rede oder Beleidige ihn vor Freunden oder Bekannten, er wird nie einen Rückzieher machen und dich auf Teufel komm raus bekämpfen. Appelliere stattdessen an seine Ehre und du hast eine bessere Chance heil davonzukommen. Er stärkt somit seine Stellung in der Gruppe, und du rettest dadurch eventuell dein Leben. Suche dir aber, wenn es unumgänglich ist, den Anführer raus, und arbeite dich zu ihm vor, wobei du die Menge vor dir zerstörst oder dir genau soviel Platz verschaffst wie du zum Entkommen brauchst. Du darfst nie den Gesamtüberblick verlieren, Aktionen gegen Einzelne der Gruppe müssen schnell abgehandelt werden, so dass verzugslos zum Nächsten übergegangen werden kann. Auch wenn daß bedeutet, dass der eine oder andere wieder aufsteht. Du hast sie geschockt, an ihrem Ego gerüttelt, dir Zeit verschafft und deine Psyche gestärkt. Sind eine oder mehrere Waffen im Spiel achte auf ihre Handhabung, die Haltung und den möglichen Einsatzbereich. Interessant ist die Reichweite und Wirkung. Hast du selbst Waffen zur Verfügung setze sie nur ein, wenn du damit umgehen kannst und auch bereit bist, sie bis zum Äußersten einzusetzen.

Von eingesetzten Waffen geht keine Gefahr aus, sondern immer nur von dem Nutzer der Sache. Eine Waffe unter Kontrolle zu bringen ist gut, den Nutzer sofort auszuschalten jedoch besser!

Sehr weit verbreitet sind Handfeuerwaffen wie Revolver und Pistolen. Diese sind klein und leicht. Sie können verdeckt getragen werden und sind meist eine Überraschung für das Gegenüber. Hier unterscheiden wir Pistolen und Revolver wobei der Revolver mit einer Hand am Abzug und der Trommel durch festen Griff blockiert werden kann, was bei der Pistole leider nicht funktioniert. Verkleinere deine Trefferfläche, drehe wichtige Organe immer aus der Hauptwaffenrichtung heraus und versuche diese zu ergattern. Lasse sie dann erst wieder los, oder besser noch behalte sie ein, wenn der Aggressor diese nicht mehr nutzen kann. Aber auch Messer, sowie Schlaggeräte sind im Umlauf. Sie können im Nahkampf noch besser beurteilt und eingeschätzt werden. Messerart, Beschaffenheit, Gewichtsklasse und Grifftechnik des Angreifers verraten dir vieles über den Aggressor und die Art seines Angriffes. Stiefelmesser sind beidseitig scharf und spitz, sie werden als Stich und Schnittmesser eingesetzt. Jagdmesser sind überwiegend robust verbaut und können als Stich, Schlag, Hieb und Schnittmesser eingesetzt werden. Faustdolche dagegen sind deine heimliche

Bedrohung. Klein, leicht und verdeckt in der Hand werden sie erst wahrgenommen wenn sie in deinen Körper schneiden. Ihr Einsatz ist überwiegend im Schnitt und Riss. Gurkhamesser, deren großer Bruder die Machete oder besser noch das Beil, werden als Hiebwaffe eingesetzt. Beachte aber auch die Parierstange und den Knauf. Diese Teile können mindestens genauso gefährlich sein wie die Klinge selbst.

Versuche einer Waffe immer mit einer Waffe zu begegnen, selbst wenn es "nur" ein Stock, ein Gürtel oder ein Kleidungsstück ist und handle aus sicherer Entfernung. Auf der anderen Seite können "Entfernungswaffen", in der Nahdistanz, in ihrer Wirkung unterlaufen werden. Bedenke aber auch, dass eine Nahkampfwaffe wie ein Messer auch geworfen werden kann, so blöd der Angreifer dabei auch sein muss.

Flucht ist keine Schande, sondern überlegtes Handeln!

Lasse dich nie einkreisen, bewege dich wie eine Katze und bist du eingekreist, arbeite dich schnellstmöglich heraus. Stelle dich auch nie mit dem Rücken zu einem festen Gegenstand, somit kannst du dich nur noch bedingt bewegen. Biete deinem Gegner nur eine kleine Trefferfläche und bestürme ihn mit deinen Aktionen. Spare jedoch deine Kräfte, kontrolliere deinen Atem und nutze auch unterschiedliche Distanzen.

1 Distanz	-	Fuß
2 Distanz	-	Hand
3 Distanz	-	Knie, Ellbogen, Kopf
4 Distanz	-	Ringen, Werfen, Bodenkampf

Lasse ihn nur bis zu deiner eigenen Wohlfühlumgebung vordringen, dann solltest du dich ihm spätestens annehmen!

Je früher du deinen Angreifer abservierst, desto besser ist das für dich!

Hast du einen Vorteil auf deiner Seite, nutze ihn um aus der Entfernung zu wirken. Ansonsten versuche, wenn zumutbar, so nah wie möglich heranzukommen und bereite ihm soviel Schmerzen, dass er nicht mehr an Gegenwehr denkt oder dazu nicht mehr fähig ist! Greife jedoch nie mit einer Aktion an. Einen Faustschlag kann fast jeder aufnehmen, abblocken oder umgehen. Greife mehrfach an!

Kurze und schnelle Techniken sind gefragt,
verschwende keine Zeit mit wirkungslosen Maßnahmen!

Hinter deinen Aktivitäten muss das ganze Gewicht stecken, dieses jedoch kontrolliert ausgeführt, dass im Falle eines Vorbeischlagens oder -tretens nicht das Gleichgewicht verloren wird. Aufgrund der Kräfte deines Kontrahenten verbieten sich Blöcke, sie sollten nur als Ableitungen verstanden werden, als Aufnahmen und Weiterleitungen der gegnerischen Kraft. Gehe kleine Wege in einem Kampf, denn dies verzeiht dir Fehler und versuche nicht mit einer Technik alles zu beenden. Deine Treffer müssen nicht alle zerstören, schocke ihn, und dazwischen gib ihm die Energie welche er verdient hat.

Schlag
Die Hand ist dein Arbeitswerkzeug. Sei es als Fauststoß, als Hammerschlag, mit der Handkante, dem Ballen, einem Schwinger oder Stich mit den Knöcheln.

Tritt
Der Fuß besitzt ebenso wie die Faust mehrere Stellen welche als Trefferflächen genutzt werden können. Der Spann, die Innen- oder Aussenkante, die Ferse und der Ballen. Je tiefer du den Tritt ansetzt desto schneller ist er und desto stabiler ist dein Stand. Die Bewegung kommt dabei aus dem Knie und die Kraft aus der Hüfte.

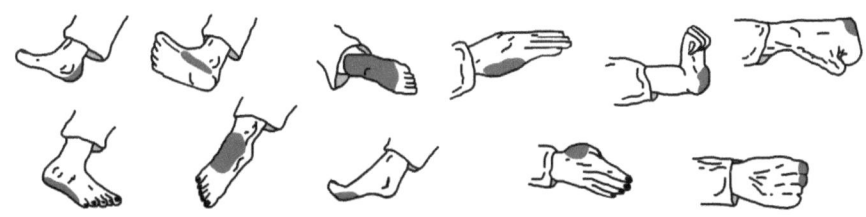

Schlag- Trittflächen abgedunkelt.

Hebel
Eine Hebeltechnik ist das Drücken oder Ziehen eines Gelenkes bis zur passiven Bewegungsgrenze. Wird sie überschritten, entsteht ein Schmerz, dann folgt eine Gelenk- Bänderverletzung. Hiermit besteht die Möglichkeit dem Aggressor seinen Willen aufzudrängen. Gleichzeitig kann damit das Gelenk unbrauchbar gemacht werden, der Gegner ist aber dennoch geistig da. Ein Hebel muss allerdings schnell angesetzt werden um den Abwehrreflex, das Mitgehen des Gegners, zu vermeiden. Setze beim Hebeln immer eine große gegen eine kleine Muskelgruppe ein und verdrehe das Gliedmaß bevor der Hebel angesetzt wird. Hierdurch vergrößert sich der Schmerz und die Kraft im verdrehten Muskel wird verringert. Solltest du selbst einmal in einen Hebel geraten, entwinde dich so schnell es geht. Nutze deine Gelenke und deine Beweglichkeit, halte den Schmerz aus und teile aus.

**Lasse es niemals zu, dass dein Gegner nahe an dich herankommt!
Du bestimmst was passiert!**

Würgetechniken
Sie sind nützlich um Gegner unter Kontrolle zu bringen, allerdings muss dazu in den Nahbereich übergegangen werden und man fixiert sich damit.

Stand- Schritttechniken

Mit schulterbreiten und leicht angewinkelten Beinen stehst du am stabilsten, denn der Schwerpunkt liegt etwas tiefer. Hierbei steht der Körper unter Spannung und Reaktionen sind schneller möglich. Das Gewicht lagert immer mittig um in jede Richtung agieren zu können. Nur bei angreifender, oder verteidigender Aktion ist das vordere Bein lediglich zu 30 Prozent belastet.

Suche dir für alle Aktionen erfolgversprechende Körperstellen heraus und bearbeite sie. In der Abbildung sind hierzu einige wichtige und wirkungsvolle neuralgische Punkte des menschlichen Körpers zu ersehen. Gleichsam muss aber auch gesagt werden, dass ein hoher Schaden und der Tod von einem starken Treffer auf diese Punkte ausgehen kann. Sie sollten deshalb nur in einem Notfall als mögliches Ziel verwandt werden. Speziell der Solar Plexus gilt als eine der idealsten Trefferstellen. Hierbei kommt es zu einer Überreizung des Parasympathikus, einem Teil des vegetativen Nervensystems. Dies führt mindestens zu einem rapiden, kurzzeitigen Blutdruckabfall und auch akuten Atembeschwerden.

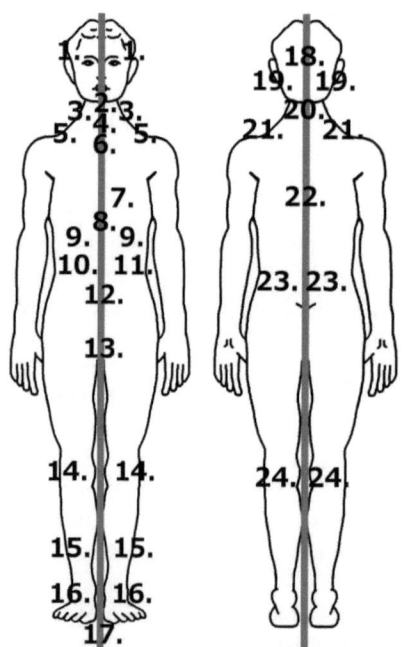

1. Schläfe / 2. Kinn / 3. Halsschlagadern / 4. Kehlkopf / 5. Schlüsselbein / 6. Luftröhre zwischen Brustbein und Kehlkopf / 7. Herz / 8. Solar Plexus / 9. Kurze Rippen / 10. Leber / 11. Magen / 12. Unterleib / 13. Genital / 14. Knie / 15. Schienbein / 16. Fußbrücke / 17. Große Zehe / 18. Hinterkopf / 19. hinter dem Ohr / 20. Genick / 21. Schultermuskeln / 22. Wirbelsäule / 23. Nieren / 24. Kniekehlen

Schütze deine neuralen Punkte und greife gleichzeitig die des Gegners an!

Zu beachten sind im Affekt handelnde, Fanaten ebenso wie unter Drogen stehende Aggressoren. Ihre Schmerzempfindlichkeit ist stark verringert. Vermeide bei diesen die Hebel- sowie Würgetechniken und setze auf Schläge sowie Tritte.

230

Es wurden mit Absicht in diesem Kapitel keine Techniken aufgezeigt, da ein Üben unter Anleitung immer noch das Beste ist. Es empfiehlt sich somit unter der Anleitung eines Trainers Situationen zu üben, um Kraftübertragungen, Haltungen und Kraftdreiecke zu erlernen. Wer will sich schon beim ersten Schlag die Hand brechen!

Selbstverteidigung ist der Wille zur Selbstbehauptung!

15. REISEN UND REISEKASSE

Eine Reise wird meist nie wie geplant ablaufen. Die Reisekosten sollten deshalb, um unliebsamen Erfahrungen und trockenen Kehlen vorzubeugen, korrekt durchgerechnet werden. Deine Geldmittel werden meist, speziell bei längerem Aufenthalt, schon bei der Einreise von den Grenzbeamten geprüft. Hierdurch wird kontrolliert, ob sich der Reisende für die Dauer des Aufenthaltes selbst finanzieren kann oder ob es sich um einen illegalen Arbeiter handelt. Ebenso wird oft ein Nachweis der Aus- Weiterreise zu erbringen sein.

Je länger dein Aufenthalt dauert, desto mehr wird von die gefordert werden!

Höhere Reise- Unterkunft- Verpflegungskosten, Mitbringsel, Sonderausflüge, ... Auf deine Reisekostenkalkulation sollte immer ein Drittel Sicherheitszuschlag aufgerechnet werden, um Ungeplantes abzudecken. Orientiere dich mit deinen Zahlungsmitteln aber grundsätzlich am Reiseland und der dort stabilsten angenommenen Zahlungsart.

Travellerschecks
Sie sind bei fast allen Sparkassen, Banken und Postscheckämtern einlösbar und in vielen Währungen erhältlich. Sie bieten mit der ausgestellten Kaufbescheinigung der Schecks bei Verlust oder Diebstahl eine sichere Art der Zahlung. Jedenfalls wenn der Verlust auch unverzüglicher an eine American Express - Filiale gemeldet wird. Der Nennwert der Schecks sollte allerdings klein gehalten werden, um nicht mit zuviel Wechselgeld herumzulaufen.

Kreditkarten
Eine gültige Kreditkarte bestätigt die Liquidität, jedenfalls normalerweise, und Geldbeträge können somit fast überall abgehoben werden. Die Nachteile liegen hauptsächlich in der Provision, den Überziehungszinsen und der Auswahl zwischen AMEX, Diners Club, Euro- Mastercard und VISA. Sie bieten alle unterschiedliche Zusatzangebote mit an. So kann es sein, dass eine höhergestufte Karte zwar mehr Jahresgrundgebühr kostet, dafür aber einige nützliche Versicherungen sowie keine Provision im Ausland beinhaltet. Achte bei deiner Gegenzeichnung jedoch auf die richtige Landeswährung und gebe deine Karte sowenig wie möglich aus der Hand.

Bargeld
Bares sollte nur in kleinen Mengen, zum Zwangsumtausch oder Überbrückung bis zum nächsten Bankautomat sowie für kleinere Dinge mitgeführt werden. Sollte bei Straßenhändlern im Reiseland gewechselt werden, ist Folgendes zu beachten:

- Kurse vergleichen, je mehr gewechselt wird desto besser ist der Kurs.

- Geldscheine nie in der Öffentlichkeit abzählen.
- Beachte die Währung und Tausche nie allein.
- Erledige Geldgeschäfte nie in dunklen Ecken oder Hinterhofbüros.
- Unrealistisch hohe Kursangebote können eine Falle sein.

Informiere dich besser im Vorfeld über vertrauenswürdige „Wechsler", dann fällt vieles einfacher. Offizielle Wechselstuben geben zwar meist einen schlechteren Kurs, jedoch bist du sicher und im legalen Rahmen.

Sicherheitsspezifisches Verhalten

Menschenmengen sollten grundsätzlich gemieden und Wertgegenstände nicht öffentlich zur Schau getragen werden. Das Gepäck und Ausrüstung eigentlich nie das Blickfeld verlassen sollten, sowie wertvolles und Dokumente nicht ins Handgepäck gehört gilt als selbstverständlich. Ebenso verbietet sich übermäßiger Alkoholgenuss und auch zu hohe Trinkgelder. Fremden gegenüber ist eine gewisse Zurückhaltung immer angebracht.

Geldwerte sollten für einen selbst griffbereit und doch sicher verwahrt sein!

Grundsätzlich kennt jeder Dieb die üblichen auf dem Markt befindlichen Transport-Sicherungsmöglichkeiten. Brustbeutel wären zu unsicher und sind leicht zu entfernen. Ein breiter Geldgürtel mit auf der Innenseite liegendem Reisverschluss zum Verstauen von Dokumenten und Geldbeträgen wäre besser, drückt aber ziemlich wenn er voll ist. Ein Wadenbeutel ist nur sicher, wenn er gut befestigt ist und logischerweise unter langer Kleidung getragen wird. Im Weiteren gibt es Dokumentenbeutel welche über den Gürtel nach innen geklappt werden und auch Schulterhalfter. Wie wäre es mit dem Safe des Hotels, der Jugendherberge, selbstgebasteltem, ... ?

Mache es dem potentiellen Täter so schwer wie möglich!

Je länger dieser sucht, desto mehr Zeit vergeht, in der Hilfe eintreffen könnte. Gute, möglichst sichere Verstecke sind Gold wert und durch eigenes Verhalten, Wahl der Zahlungsmittel, nur geringe Bargeldbeträge sowie splitten der Beträge ist schon viel geregelt. Doch egal für was du dich entscheidest, trage es immer verdeckt. Lasse zudem niemanden sehen wenn du etwas entnimmst und nutze immer mehrere unterschiedliche Arten der Sicherung.

Etwas Kleingeld in die Tasche, der Rest gut gesichert!

Kopien deiner Dokumente sollten nie am gleichen Platz mit den Originalen verstaut werden. Locke zudem durch teure Ausrüstung, auffällige Farben und dein Verhalten niemanden an. Wertgegenstände sind ersetzbar, das Leben aber nicht. Deshalb ist es von Vorteil gerade bei Überfällen dem Täter etwas von geringem Wert zu überlassen, um einer genaueren Überprüfung zu entgehen. Hierdurch wird sich in der Regel auch seine Aggressivität nicht weiter verstärken. Sollte es trotz deiner Vorsicht zu einem Überfall, Diebstahl oder Verlust von Wertgegenständen oder wichtigen Dokumenten gekommen sein, sollte man einige Verhaltensregeln beachten.

Grundsätzlich ist immer die Polizei zu informieren, eine Zweitschrift oder eine Kopie des Protokolls wird später für deine Versicherung benötigt. Bei einem Verlust von Reiseschecks oder der Kreditkarte sind zusätzlich auch die entsprechenden Notdienste schnellstmöglich mit einzubeziehen und bei einem Dokumentenverlust bietet dir deine Botschaft Hilfe. Ein Ansprechpartner für die Übersendung etwaiger Nachweise im Heimatland wäre dabei sehr hilfreich.

Beachte den Verlust von Mobiltelefon, Laptop, ... - Passwörter, Bankdaten, Heimatadresse, ... !

Die Reisekasse kann auch geschont werden, indem bei Käufen und Ausgaben, wenn es angebracht ist, gefeilscht oder auf die Möglichkeit des Tausches zurückgegriffen wird. Ist das nicht gewünscht wird man das schon gesagt bekommen. Trotzdem kommt man ins Gespräch und vielleicht tut sich ein guter Kontakt auf. Andererseits kann auch die Arbeitskraft als Gegenleistung dienen. Allerdings sollte man sich im Vorfeld um eine Arbeitserlaubnis kümmern. Nützliche Adressen sind natürlich die Auslandsabteilungen des Arbeitsamtes, Büchereien und ganz klar, das Internet. Die Reise könnte ja auch vorerst selbst finanziert werden um in der Nachvermarktung das Plus zu machen.

Vielleicht gibt es aber auch einen Sponsor. In diesem Bereich sollten allerdings alle Absprachen schriftlich festgehalten werden, damit sie einen verbindlichen Charakter besitzen. Sonst steht man dumm da, wenn der Geldgeber plötzlich umdisponiert denn du bist nicht der Einzige, der sich in diesem Bereich tummelt. Plant es selbst, finanziert es selbst, so habt ihr auch ständig die Übersicht über die Situation. Als potentielle Abnehmer gelten Werbe- Fotoagenturen, Zeitschriften, Buch- sowie Kalenderverlage oder der Konsument in Form einer Dia Show.

16. REISEANDENKEN UND FOTOGRAFIE

Die unkonventionellsten Erinnerungen sind immer noch Fotos und Filme. Muscheln, ausgestopfte Tiere und unnütze Kleidung aus Tieren oder Pflanzen sind überflüssig. Da sie, wenn wir von der meist ungesetzlichen Situation absehen, auch nicht mit unserem Umweltgedanken vereinbar sind. Wen es aber interessiert, die Bestimmungen für die Einfuhr hat natürlich der Zoll.

Mache viele Fotos!
Gehe dicht an dein Objekt, Unwesentliches interessiert nicht!
Lass dir Zeit und denke daran, du filmst / fotografierst nicht für dich!

Fotos sind persönlicher, und wenn professionell gestaltet, besteht auch die Möglichkeit Bücher zu untermalen oder sie an entsprechende Agenturen zu verkaufen. Hierzu muss man dann aber auch von einer Kleinbildkamera wegkommen. Eine Spiegelreflexkamera sollte schon drin sein. Hierbei ist es vollkommen egal, ob es sich um eine Digitale oder eine konventionelle Kamera handelt. Solltet ihr euch auf die althergebrachte Methode besinnen sind Farb Dia Filme im Kleinbildformat, 24 mal 36 mm, die beste Wahl. Dies sind immer noch die meist Gesuchtesten. Die Filme, vor allem die belichteten, sollten jedoch kühl und trocken gelagert werden.

Wer aber auf Geschwindigkeit der Kamera angewiesen ist oder eine Homepage von unterwegs aktualisieren will, der sollte zu einer Digital Version greifen. Gleichzeitig reduzieren sich die Kosten, da schlechte Bilder sofort aussortiert werden können. Hier sind jedoch Ersatzakkus und das Ladegerät wichtige Bestandteile, da bei der Digitalen Fotografie weitaus mehr Strom verbraucht wird. Für beide Kameraarten gibt es aber eine Vielfalt an zusätzlicher Ausrüstung wie Farbfilter, Stativ, Objektiv, Speicherkarten, Filme, Transportbehälter, Blitzgerät und Fernbedienung. Jedoch sei gesagt, beschränkt euch auf das Notwendigste und nutzt die Möglichkeiten voll aus. Ganz klar ist jedoch, dass sämtliche Witterungseinflüsse auch der Kamera anlasten. Je technischer die Kamera, desto anfälliger ist sie leider auch. Dies betrifft vor allem die Filme, Akkus, Objektiv und das Gehäuse, speziell bei Kälte. Zuerst wird die Energiequelle den Dienst quittieren, Belichtungszeiten stimmen nicht mehr, Filmmaterial wird beschädigt sowie Objektive schwergängig, LCD Anzeigen werden unlesbar und Zoom Objektive frieren ein, um nur einige Punkte zu nennen. Passt die Ausrüstung eurer Tour an! Speziell die Energiequelle sollte, gerade wenn mit höheren Temperaturschwankungen gerechnet werden muss, aus Lithium Akkus bestehen. Diese tolerieren eine Temperaturdifferenz von +70°C bis -40°C. Sucherkameras und eine mechanische Auslösung wären weitere Vorteile in diesem Einsatzgebiet.

Kamera und Filmmaterial muss sich langsam an Temperaturschwankungen
gewöhnen. Vermeide Kondenswasserbildung!

Silicagel, ein wasseranziehendes Kieselgel, ist dein Freund und Helfer um dein Material vor Kondenswasser zu schützen. Ebenso sollten Kameras vor direkter Hitzeeinwirkung geschützt und der Sucher niemals direkt in die Sonne gerichtet werden.

Wartungsmaterial, wie Ersatzbatterien, Reinigungstuch, Pinsel, Blasebalg, Alkohol und Feinmechaniker - Schraubendreher sind von Vorteil. Das ganze Set geschützt in einem stoßunempfindlichen, wasserdichten, gepolsterten Koffer oder Tasche, vielleicht sogar mit Druckausgleich bewahrt dich vor teuren Reparaturen. Meist ist die Kamera aber für schnelle situative Schnappschüsse nicht zur Hand. Wie sieht es in Kombination mit einer leistungsstarken Action Cam aus?

Wer aber nicht mit seinem Material umgehen kann wird keine Freude an seinen Bildern haben. Ein Fotokurs kann nie schaden. Belichtungszeit, Lichtempfindlichkeit, Filter und Motivwahl sowie Licht und Gegenlicht, die Wartung / Technik sind nicht Jedermanns Sache. Beachtet bei der Motivwahl auch eventuelle Einschränkungen welche in dem Reiseland existieren könnten. Vorsicht ist immer bei allen Religionshandlungen und religiösen Gegenständen sowie Militärischen Objekten angeraten. Und denkt daran, es gibt auch so etwas wie ein Urheberrecht!

Fotografieren kann jeder, aber es sollten auch
annehmbare Bilder dabei rauskommen!

17. VERFOLGT - GESUCHT - GEFANGEN

Bisher gab es einen kleinen Einblick in einige Outdoor - Überlebenstechniken, aber was ist mit den Situationen in denen du dich anderen nicht zeigen darfst? Die vorhandenen Möglichkeiten müssen jetzt noch geschickter von dir eingesetzt werden. Meist besitzt dein "Gegner" zusätzlich einen Materialvorteil, besseres Equipment, mehr Manpower, verfügt über Geländevorteile und/oder braucht sich nicht zu verstecken. Du, bist allein. Allein, aber du bist eine "Armee" für sich. Dein kühler Kopf ist Waffe genug. Du bist ungebunden, Entscheidungen triffst du alleine, du bist flexibel. Aber nur du bist für Erfolg oder Nichterfolg zuständig. Alle deine Vorteile musst du nutzen, um unter Umständen dein Leben zu sichern.

Lass es ein Eingeborenenstamm sein, dem du auf die Füße getreten bist, Guerillas die dich als Geisel entdeckt haben, militärische Mächte, welche Internationale Druckmittel benötigen, ... In all diesen Fällen muss das Vorgehen überdacht werden. Die Basics des Überlebens bleiben gleich, jedoch sollten einige zusätzliche Verhaltensregeln in so einer misslichen Lage beachtet werden.

Nutze die Schwächen deiner Gegner, versetze dich in ihre Lage hinein und handle so, wie sie es nicht erwarten!

Gemeinschaftlich auf der Flucht, vielleicht mit Verletzten, Kindern oder Unwilligen zeigt sich erst recht die Belastung des Einzelnen und die Qualitäten des Führers, der ständig für jeden denken muss. Siehe hierzu auch im Kapitel Psychologie. Jede Person sollte sich der Lage und der Verhaltensregeln bewusst sein, sonst zerfällt die Gruppe und einige, oder alle geraten in "Feindeshand". In der Gruppe ist der Einzelne jedoch auch entlastet. In der Bewegung können Erkunder vorausgeschickt werden, welche den besten Weg suchen um Hindernisse zu umgehen. Allerdings ist eine Gruppe leichter aufklärbar. Vielleicht teilt man sich auch in kleine Einheiten auf um flexibler zu sein.

Lager - Ruheplatz
Dieser sollte dich befähigen dein Umfeld in jede Richtung kontrollieren zu können ohne selbst entdeckt zu werden. Mehrere Fluchtwege, um mit deiner griffbereiten und gepackten Ausrüstung das Weite suchen zu können, wären von Vorteil. Dein Schlaf darf kein Schlaf sein, eher ein zermürbendes Ruhen mit geschlossenen Augen aber weit offenen Ohren. Bedenke auch den Bau einer "Alarmanlage" oder Falle zur Absicherung.

Feuer
Der Rauch und der Lichtschein sind weit zu sehen, das Feuer vor allem sehr gut zu riechen. Wenn du die Gefahr der Aufklärung durch ein Feuer eingehst, darf kein grünes Brennmaterial, nichts feuchtes oder harzhaltiges, verwandt werden. Lege dein

Feuer in eine, von rauchproduzierendem Material befreite, Grube und umgrenze sie mit Steinen, um übergroßen Lichtschein zu vermeiden. Denke an dein Regendach und deinen Reflektor. Dies verteilt entstehenden Rauch und richtet die Wärme deines kleinen Feuers aus. Ein angesetzter Luftkanal sorgt zudem, auch bei abgedecktem Feuer, für genug Luftzufuhr beim Kochen. Der Boden muss jedoch später wieder so hergerichtet werden, dass die Lagerstelle auf den ersten Blick nicht erkannt werden kann. Nach verlöschen des Feuers können hierzu die ausgestochenen Rasenziegel wieder eingesetzt werden. Vielleicht verzichtest du auch auf ein Feuer, somit kann auch niemand durch Geruch oder Lichtschein angelockt werden. Somit verzichtest du allerdings auch auf Wärme sowie warme Nahrung und Flüssigkeit. Die Folge ist ein Energieverlust. Kurzfristig ist das kompensierbar, langfristig ist dies jedoch ein Problem.

Abfall - Exkremente
Wenn möglich sollten Fremdstoffe mitgenommen werden. Leider ist dies in den meisten Situationen nicht möglich, deshalb wäre ein Vergraben, am besten gleich mit in die Feuergrube vor dem Abdecken, die beste Möglichkeit.

Gunfire
Kommst du in die Lage unter Beschuss zu geraten, schlage Haken, renne schnell und nutze dabei jede Möglichkeit deinem Körper geeignete Deckung zu bieten. Der normale Schütze ist in der Regel nicht gut darauf trainiert ein sich bewegendes Ziel zu bekämpfen. Bist du selbst nicht direkt unter Beschuss, halte dich so dicht wie möglich am Boden und nutze jede entsprechende Deckung. Beachte auch immer die Splitterwirkung, sie wird gerne genutzt um Ziele hinter Schutzobjekten zu verstören, zu Fehlern zu verleiten, um zu verletzen oder zu töten.
Verfügst du über eine Schusswaffe musst du mit der Munition haushalten und immer daran denken, ein Schuss verrät dich. Er sollte somit das letzte Mittel sein. Dies bedeutet, es ist immer die Nahdistanz, in welcher du sie nutzt. Im Nahbereich wird bei Überraschung jedoch nicht mehr über Kimme - Korn gezielt, sondern zu einem Deutschuss angesetzt.

Bewegung
Im Allgemeinen folgt der Mensch seinem Instinkt sich das Leben einfach zu machen. Er wird also nicht ohne Grund im Unterholz, in steilem Gelände, Geröllfeldern oder Ähnlichem unterwegs sein. Hältst du dich in schwierigem Gelände auf, ist es zwar zeitraubend, jedoch die Gefahr hier auf Menschen zu treffen ist bedeutend geringer als in leichtem Gelände. Denke jedoch auch an die Möglichkeiten deiner Häscher. Das Lager, sowie auch alle Spuren die sich ergeben, werden von deinen Häschern ausgewertet und geben Informationen über dein Verhalten, dein Können, deinen Aufenthaltsort sowie über die Anzahl der Personen. Du musst bestrebt sein, so wenig Spuren als möglich zu hinterlassen, tarne sie, verwische sie, gebe deinem "Jäger"

nicht durch Unachtsamkeit wertvolle Hinweise. Vermeide deshalb Gebiete in denen klare Spuren hinterlassen werden, es kostet dich viel Zeit diese zu verwischen. Du musst unerkannt und meist zügig auf friedliebenden Boden kommen. Eigentlich bist du ständig auf den Beinen. Du wirst es dir in der Regel nicht erlauben können einen längeren Zeitraum Unterzutauchen. Dein Gegner wird dich aussitzen und deine Vorteile werden langsam schwinden. Verstöre ihn, verändere dein Aussehen, Tarne dich und nutze Fake Spuren im Bereich Geruch sowie Optik. Wechsle die Schuhe oder klebe andere "Sohlen" auf um deine Spur zu verändern. Vielleicht gehst du auch rückwärts oder sprühst Geruchsstoffe auf deine Trittspuren und Verschleierst dein Wärmebild. Du darfst für deine Verfolger niemals berechenbar werden.

Eine Strategie ist nutzlos, wenn diese erkannt worden ist!

Bewege dich in der Nacht, vermeide höherliegende Bereiche und umgehe bewohnte Gebiete. Beziehe jedoch vor Morgengrauen eine sichere Unterkunft für den Tag. Gestatte dir allerdings vorher einen Blick auf die kommende Strecke, um in der Dunkelheit oder wenn du tagsüber überrascht wirst, sofort aufbrechen zu können. Lege nichts ab, lasse dein Equipment gepackt, du musst jederzeit aufbrechen können. Ist es unumgänglich tagsüber die Flucht fortzusetzen, nutze zu deiner Bewegung den Schatten und sollte es zu näherem Kontakt mit dem Suchtrupp kommen, die tiefste Gangart. Das ist natürlich sehr ermüdend, deshalb: Nachts sind alle Katzen grau. Andererseits, sei kühn, schlüpfe in die Rolle eines Einwohners. Verändere dich in Gestik, Sprache und Aussehen. Zeige dich. Erkannte Verstohlenheit weckt immer Verdacht. Gibt es jedoch kein Entrinnen mehr kannst du versuchen dich überrollen zu lassen. Schaffe dir ein Versteck und warte. In der Regel vermutet dich niemand hinter der Suchlinie.

Nahrung
Über Nahrung wirst du in der Regel nicht ausreichend verfügen. Rationalisiere sie und versuche von Anfang an dir leichte, kalt verwertbare Nahrung zu verschaffen. Alle Tätigkeiten hierfür müssen so erfolgen, dass deine Jäger nichts davon zur Kenntnis nehmen. Für sie musst du immer der ultrastarke Unbekannte sein, der nie ruht und nie zu essen braucht.

Hunde
Der beste Freund eines anderen kann unter Umständen dein Feind werden, wenn dein Gegenüber ihn zu seinem Nutzen einsetzt. Du hast es aufgrund ihrer Eigenschaften meist mit Rottweilern, Dobermännern, Doggen, Boxern und Labradoren zu tun.
Ein Hund verlässt sich allerdings auf das was er riecht und nur zu einem geringen Prozentsatz auf sein Sehvermögen. In erster Linie wirst du also erschnüffelt sowie erhört, und dann im Nahbereich meist durch deine Bewegung enttarnt. Gerade in der Nacht ist die Sichthöhe des Hundes sein riesengroßer Vorteil, da sich die Silhouette

eines stehenden Menschen sehr gut für ihn abzeichnet und er gezielt mit Nase und Ohr ans Werk gehen kann. Körper- und Bodengeruch muss vermieden werden und dein Aussehen, der Geruch und das Verhalten mit der Umgebung harmonisieren. Sei bestrebt, das Vertrauensverhältnis zwischen Hund und Führer zu zerstören. Trenne dich öfters von der Gruppe, schlage Haken, laufe rückwärts, kreuze Tierwechsel, überquere Bäche oder marschiere darin.

Täusche deine Gegner wo immer du kannst!

Nutze schlechtes Wetter und störe somit das Geruchsverhalten des Hundes. Kommt es trotzdem zu einem "Treffen" mit dem Tier, sollte dieses unter Kontrolle gebracht werden, um starke Geräusche zu vermeiden. Es bietet sich an, diesem ein Ziel zum Verbeißen zu bieten, damit es fixiert und unschädlich gemacht werden kann. Ein gut gepolsterter, vorgehaltener Arm würde diesen Anforderungen genügen. Ein starker Schlag auf den Schädel, den Nacken oder das Durchstoßen des Bauches mit einem Stock wären entsprechende Maßnahmen.

Sie haben dich. Wie auch immer, sie kontrollieren dich. Dies kann einem nicht nur bei militärischen Einsätzen oder in Kriegs- oder Krisengebieten passieren. Überall dort, wo unzufriedene Menschen oder die Kluft zwischen arm und reich unübersehbar geworden ist, besteht eine derartige Gefahr.

Plötzlich einen anderen Willen aufgezwungen zu bekommen, nicht mehr über sich selbst zu bestimmen und in der Bewegungsfähigkeit eingeschränkt zu werden, reißt ein Loch in die Seele. Die dringlichste Aufgabe ist die Bekämpfung der Hoffnungslosigkeit und der Selbstaufgabe.

Kleine Gegenstände überstehen meist deine erste oberflächliche Durchsuchung. Nutze zum Verstecken Körperöffnungen, Behaarung, Kleidung und Schuhe, denn sie werden in der Regel im ersten Moment nicht durchsucht. Suche dir jedoch baldmöglichst ein besseres Versteck an welches du auch immer herankommst. Vermeide Provokation, ein anbiedern aber auch übertriebenes Erwecken von Mitleid und verhalte die unauffällig.

Schwimme in der Masse mit,
sei eine Nummer und habe mehr Überlebenschancen!

Je nachdem aus welchem Grunde du in diese Gefangenschaft geraten bist, sei es als Kriegsgefangener, zum Erpressen von Lösegeld, als Druckmittel auf Behörden, wegen Gesetzesverstoß oder vielleicht als unschuldiges Lamm, wird man anders behandelt. Die innere Gemeinschaft wird durch Spitzel, das säen von Misstrauen und das Setzen von Gerüchten untergraben. Die politische Beeinflussung geschieht durch erzieherische Maßnahmen und psychische Belastung. "Kameraden" versuchen dich zu überzeugen, Geständnisse und Informationen werden aus dir herausgepresst. In einer Gefangenschaft hast du nichts zu erwarten, deshalb ist es umso wichtiger niemals aufzugeben, sich

240

schnell auf andere Situationen einzustellen sowie einen Arbeitsablauf beziehungsweise einen Zeitrhythmus aufzustellen und beizubehalten.

Die Dauer deiner Gefangenschaft ist immer ungewiss!

Innerhalb der Gefangenen muss der Zusammenhalt gefestigt und eine Gemeinschaft aufgebaut werden um die Zeit möglichst ohne Schaden zu überstehen. Diese interne Organisation beinhaltet die medizinische Betreuung, die Verwaltung, wie beispielsweise die Verteilung von übergebenen Mitteln wie Verpflegung, Unterkunft und Heizmitteln, aber auch die Beschäftigungstherapie, wie Sportprogramme oder den religiösen Dienst.

Unterstütze die Gemeinschaft, setze dein Wissen und Können ein!

Mittel zum Zweck sind Gesprächsgruppen, Sport, kulturelles sowie kreislaufstärkende Spiele. Körper und auch die Seele müssen beschäftigt sein. Dies gilt umso mehr bei eingeschränkter Bewegungsfreiheit. Deine Situation beinhaltet aber auch, Vertrauen zu meist unbekannten Personen aufzubauen. Leider gerät man dadurch auch leicht in schlechte Gesellschaft. Gerade hier ist ein gesundes Misstrauen angebracht, so neu die Situation auch für dich sein mag! Andererseits ist Ordnung sowie Disziplin und auch bedingungslose Kameradschaft sehr wirksam um Krisenzeiten zu überstehen. Jedwede Information sollten vor der Weiterleitung mittels eines Codes verschlüsselt werden, und bei Tauschgeschäften mit Wachen sollten nur verschwiegene, interessierte und zuverlässige Einzelpersonen genutzt werden.
Die Gefahren deiner Gefangenschaft kommen jedoch nicht nur von irgendwelchen Spitzeln, sie können aus allen möglichen Richtungen auf dich einstürmen. Sei es durch die Nahrung und das Wasser, durch Krankheiten in den ungenügenden hygienischen Verhältnissen und durch Wachmannschaften welche ihre Macht ausspielen. Aber auch durch verhängte Straf- Einzelmaßnahmen oder Gehirnwäsche. Ebenso gehören meist auch Verhöre und psychische Folter zur Tagesordnung. Unterstützt werden diese sehr oft mit physischen Maßnahmen wie Nahrung- Wasserentzug, Strom, Schlägen, Hitze- Kälte- Wasserbehandlungen, ... und Amputationen. Mache dich keinesfalls interessant, sage so wenig wie möglich, antworte bestimmt und klar, sage nichts über Kameraden oder Bekannte und lasse dich durch Liebenswürdigkeit nicht einlabern. Unterschreibe nichts, markiere nicht den Starken, rolle dich bei Schlägen zu einer Kugel zusammen, Kinn auf die Brust, und schütze mit den Ellbogen die Nieren.
Laut Genfer Konvention (Schutzabkommen speziell für nicht Kriegsteilnehmer) mit der Grundfassung von 1949 bist du gerade in "Kriegsgefangenschaft" nur verpflichtet den Namen, das Geburtsdatum und die Heimatanschrift zu nennen. Leider hat derjenige der sich in einer "Auseinandersetzung" an Regeln hält meist verloren, was bedingt, dass die Genfer Konvention meist nicht eingehalten wird. Die Leidtragenden sind meist Kinder, und Frauen (Vergewaltigung), Männer (Folter, Erniedrigung, ...), aber auch die schon aufgezählten Einschränkungen der Grundrechte werden immer wieder ausgenutzt.

Halte dich aus Kriegs- Krisengebieten heraus und nutze bei bewaffneten Konflikten, wenn erforderlich, den Schutz international anerkannter offizieller Schutzzeichen!

Die bekanntesten sind das Rote Kreuz, der Rote Halbmond oder das Rote Kristall und hoffe dein gegenüber kennt dies und hält sich daran. Der Rote Löwe mit der Roten Sonne wurde eigentlich im Jahre 1980 durch den Roten Halbmond ersetzt, gilt aber immer noch als Schutzzeichen, wenn auch nicht so bekannt.

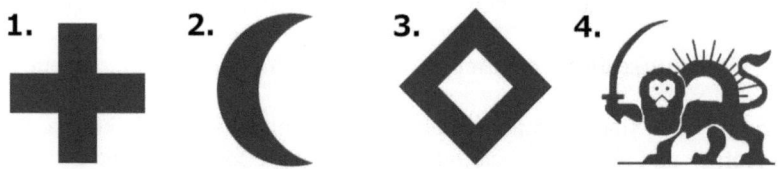

1. Rotes Kreuz / 2. Roter Halbmond / 3. Roter Kristall / 4. Roter Löwe mit Roter Sonne

Sie gelten weltweit als Schutzzeichen des humanitären Völkerrechts für Personen und Material. Sie dürfen jedoch nicht als Deckmantel für kriegerische - aggressive Aktionen genutzt werden. Dann erlischt der Schutz und man gilt als Kriegsverbrecher!

Im Weiteren zählen zu den Schutzeichen:

- Das blaue Dreieck auf orangefarbenem Grund
  (internationales Schutzzeichen des Zivilschutzes).
- Die Buchstaben „PG" oder „PW"
  (Prisonnier de guerre / Prisoner of war)
  zur Kennzeichnung eines Lagers für Kriegsgefangene.
- Die Buchstaben „IC" (Internment camp)
  zur Kennzeichnung eines Zivilinterniertenlagers.
- Ein roter Schrägbalken auf weißem Grund
  zur Kennzeichnung von Sanitäts- und Sicherheitszonen.
- Die weiße Parlamentärsflagge
  zur Kennzeichnung von:
  Unterhändlern / der Kapitulation / Verzicht auf Gegenwehr.
- Das Emblem der Vereinten Nationen.
- Die Buchstaben „UN"
  zur Kennzeichnung von Angehörigen von:
  Friedensmissionen der Vereinten Nationen, ...

18. SPEZIELLES

In den vorhergehenden Kapiteln wurden einige Outdoor Techniken bezüglich Planung, Durchführung sowie Worst Case Situationen besprochen. Im Weiteren folgen ein paar "unwirtlich" wirkende Gebiete und speziellere Maßnahmen in diesen Bereichen auch bezüglich Hindernissen wie Schluchten, Berge, Gewässer, Sümpfe sowie Eis aber auch Schneefelder. Was nicht bedeutet, dass diese sich nicht auch gegenseitig beeinflussen. Somit ist diese Abhandlung auch mit vorherigen Kapiteln abzustimmen.

Seenot
Gute vier Fünftel der Erde sind mit Wasser bedeckt. Somit kann es auch in diesem, für uns ungewohnten Lebensraum, irgendwann einmal eine prekäre Situation geben. Sei es durch Notwasserung, einem Motorschaden, durch ein Abtreiben beim Tauchen, durch ein Kentern mit dem Kajak, … . Zum besseren Verständnis wurde das Ganze nochmals in die trockene und die nasse Seenot unterteilt.

<u>Trockene Seenot</u>
Die trockene Seenot ist gekennzeichnet durch das Fehlen des direkten körperlichen Wasserkontaktes und der meist nicht vorhandenen Möglichkeit der erfolgreichen und gezielten Fortbewegung. Dies ist im Vergleich zur nassen Seenot gar nicht so schlecht, denn grundsätzlich ist die Überlebenschance auf einem schwimmenden Etwas um vier mal höher als im Wasser! Nutze was du hast um den Wasserkontakt zu vermeiden. Versuche vor dem Verlassen noch einen Notruf abzusetzen und blase dein Rettungsmittel unmittelbar vor Verlassen der Wreckage auf. Solltest du das Glück haben in ein Beiboot zu kommen, vergewissere dich, dass genügend Notrationen, Hilfs- sowie Signalmittel vorhanden sind, ansonsten versuche schnell zu organisieren was du zum Überleben benötigst. Bevorzuge hierbei jedoch Flüssigkeitshaltige Lebensmittel.

Die Gegend ist gekennzeichnet durch, naja, Wasser. Den Witterungen bist du meist schutzlos ausgeliefert. Hitze, Kälte, Regen, Schnee und Wind, welcher mit hoher Intensität auch große Wellen hervorruft. Du bist Spielball der Natur mit all ihren guten und „weniger guten" Seiten.

Die Gefahren liegen im Trinkwasser- und Nahrungsmangel, der Feuchtigkeit, den starken Temperaturschwankungen, den psychischen Reaktionen, der Seekrankheit, dem Verblitzen der Augen, den Hautreizungen sowie den Stürmen. Hinzu kommt die Trümmerwirkung deiner Wreckage.

Entferne dich immer so schnell als möglich von Gefahrenquellen und schütze dich vor den Witterungseinflüssen!

Seegang	Wellenhöhe	Seegang	Wellenhöhe	Seegang	Wellenhöhe
1	0-1 m	2	1-2 m	3	2-3 m
4	3-4 m	5	4-5 m	6	5-7 m
7	7-9 m	8	9-12 m	9	12-X m

m = Meter / X = "unbegrenzt"

Das Eingesperrtsein, das sich nicht zielgerichtete Fortbewegen wird einen großen Einfluss auf die Psyche haben. Du bist einem Medium ausgesetzt für welches wir eigentlich nicht vorgesehen sind. Dies meist auch noch zu mehreren auf sehr engem Raum. Kümmere dich um deine Leute, besorge ihnen trockene Kleidung, hilf ihnen sich zu schützen, erhöhe im günstigsten Falle ihre Nahrungs- und Wasserration bei Verletzung und lagere Verletzte sowie Seekranke immer flach und tief im Boot. Vermeide den Wasserkontakt und halte dein „Auftriebsmittel" so gut als möglich wasserfrei, denn Feuchtigkeit schwemmt die Haut auf und Salz reizt sie. Somit gehört auch nasse Kleidung getrocknet, oder zumindest ausgewrungen, auch wenn sie wieder feucht angezogen wird.

Starke Sonneneinstrahlung wirkt in Verbindung mit Meersalz auf der Haut und der Reflexion der Wasseroberfläche wie ein Brennglas!

Ist die Kleidung etwas feucht schützt sie auch vor extremem Flüssigkeitsverlust und Hitzeschäden, beachte jedoch den sogenannten Wind-Chill Faktor (Wind + Wasser = Auskühlung). Schaffe dir einen Wetterschutz und denke auch an die Augen und den Kopf. Nutze, wenn möglich, Fett um ausgetrocknete Hautstellen zu behandeln, ansonsten folgen schmerzhafte Entzündungen. Beachte auch Abschnürungen. Denn alles was eng anliegt oder vorher noch angenehm war, kann durch aufgequollenes Gewebe die Blutzufuhr reduzieren oder sogar unterbinden. Sorge für Bewegung. Isometrische Übungen regen die Blutzirkulation an und nutze jede Möglichkeit dich zu erwärmen. Nimm einen etwaig vorhandenen Notrufsender sofort nachdem die akute Situation bekämpft worden ist in Betrieb und lege dir alle Notsignalmittel zurecht. Sie sollten bei Bedarf sofort in Gebrauch genommen werden können, oder dauernd sichtbar sein. Speziell auf life Rafts befinden sich in den Emergency kits sogenannte Emergency Position Indicating Radio Beacon's (EPIRB), welche nach dem Einschalten ein Notsignal aussenden.

Die Orientierung wird in den meisten Fällen etwas schwer fallen. Aber auch ohne GPS, Sextant, Kompass und Karte ist man nicht ganz verloren. Das Aufkommen von Mantas, Geräuschen, treibende Landpflanzen, schwimmendem Seetang sowie stehenden Kumuluswolken und Gerüchen weist auf Land hin. Ebenso Vögel, wenn sie in Gruppen auftreten. Sie fliegen normalerweise vormittags auf das Meer und abends Richtung Land. Mit dem Wind verhält es sich ebenso. Unter Ausschluss der Monsun- und der Passatwinde bringt er uns in Küstenregionen morgens auf See,

244

während er uns abends zum wärmeren Land trägt. Dunkelgrünes bis dunkelblaues Wasser zeigt dir zudem tiefe Meeresstellen, eine hellere Wasserfärbung verspricht seichtere Gebiete.

Die Fortbewegung sollte so kraftsparend als irgend möglich durchgeführt werden, um Nahrungsmittel und Wasser auf längere Zeit zu sichern. Befindest du dich zum Zeitpunkt des Schadenseintritts auf einer befahrenen Route, oder konnte ein SOS gesendet werden, solltest du versuchen den Standort zwei bis drei Tage zu halten. Sollte dies nicht der Fall sein, müssen alle Kräfte genutzt werden, solange sie noch da sind, um auf eine befahrenere Route oder an Land zu gelangen. Lass hierzu aber niemals die Arme oder die Beine in das Wasser hängen, einige Tiere könnten sich unter Umständen der Mahlzeit erfreuen. Die untrennbare Freundschaft von Wind und Wellen kann Freund oder Feind für dich bedeuten. Ein Treibanker stabilisiert dein Rettungsmittel, unterstützt durch Gewichtsplatzierung in der Mitte am tiefsten Punkt des Rafts, wird es etwas ruhiger und ein improvisiertes Segel bringt dich ohne großen Energieaufwand vorwärts. Fixiere jedoch niemals beide Segelenden am „Raft". Halte wenn möglich eines in der Hand, um im Falle einer ungewollt starken Blähung des Segels ein Kentern durch Lösen der Fixierung zu vermeiden. Besitzt du kein Segel erhöhe einfach den Windfang im Raft und beachte, dass sich die Meeresströmungen in der überwiegenden Zahl der Fälle, auf der nördlichen Halbkugel im Uhrzeigersinn, auf der südlichen entgegen bewegen.
Sollte das "Rettungsboot", aus welchen gründen auch immer, kentern, muss es wieder aufgerichtet werden. Am besten klettern hierzu eine oder mehrere Personen koordiniert auf das Boot und versuchen dieses mittels einer Leine aufzurichten. Diese Zugleine wird hierzu an der anderen Längsseite des Bootes befestigt und unter dem Boot durchgeführt. Kanus und Kajaks, sofern man das Eskimotieren nicht beherrscht, müssen immer angehoben werden um sie zu drehen, ansonsten werden sie mit Wasser gefüllt. Hierzu ist allerdings ein guter Auftrieb oder ein weiteres Boot erforderlich. Ist ein zweites Boot vorhanden wird das gekenterte kieloben einfach der Länge nach über das zweite Boot gezogen und wenn es mittig aufliegt einfach gedreht und ins Wasser gestoßen. Der Einstieg in ein treibendes Kanu oder Kajak geschieht dann über die Spitze, seitlich sollte es nur versucht werden wenn das Boot stabilisiert ist.
Werden in einem Beiboot weitere Personen aus dem Wasser aufgenommen sollten diese nur seitlich zusteigen, da hier die Gefahr des Kenterns am geringsten ist. Lasse sie aber nur in den Nahbereich des Bootes wenn sie sich einigermaßen ruhig verhalten. Wirf ihnen notfalls eine Leine mit Schwimmkörper zu oder lass einen gesicherten Schwimmer hineinspringen um zu helfen. Unterschätze jedoch nie die mögliche Panik und damit entwickelnde Kraft des zu rettenden. Schlägt er um sich und ist nicht zu beruhigen, schieb ihm einen Schwimmkörper zu, schleppe ihn aus der Entfernung ab oder warte bis er entkräftet untergeht damit du ihn gefahrlos aus dem Wasser verbringen kannst. Ein Anschwimmen sollte Geübten vorbehalten

bleiben, und zur eigenen Sicherheit auch nur von hinten erfolgen. Sollte sich die Person in ihrer Panik ständig drehen, untertauche sie einfach, packe sie von hinten und verbringe sie im Rücken Schwimmstil entweder im Achsel- oder Kopfgriff in Richtung Rettungsmittel während du versuchst sie weiter zu beruhigen. Sobald sie merkt, dass sie einen festen Punkt hat wird der Stresspegel sich meist reduzieren. Bis dahin könntest du der Fixpunkt sein. Der Treibende will dir nichts Böses, aber in Panik versucht er jeden schwimmenden Gegenstand so fest und auch so nah als möglich zu ergreifen. Meist äußert sich das in Form eines Klammergriffes, am Körper oder am Hals. Zur Befreiung aus dieser misslichen Lage können folgende Techniken aus dem Bereich der Wasserrettung zum Einsatz kommen.

Halsumklammerung von Hinten / Vorne
Ziehe sofort deine Schultern hoch um den Zugriff zu blockieren. Fasse das obenliegende Handgelenk des Greifers mit einer Hand. Die andere Hand wandert an den gleichen Arm in die Ellenbeuge. Lasse dich unter Wasser drücken, tauche gleichzeitig unter dem gefassten Arm weg und drehe diesen dem Angreifer auf den Rücken. Nun hast du die Person unter Kontrolle und kannst sie im Polizeigriff rückenschwimmend abschleppen.

Körperumklammerung von Vorne
Greife einen Arm des Angreifers im Bereich der Ellenbeuge und wende mit deiner anderen Hand einen Genickhebel an, indem du einfach seinen Kopf am Kinn nach hinten drückst. Hierbei wird sich sein Griff lösen, worauf du mit deiner Ellbogenhand am Arm entlang zur Hand fährst und diese greifst. Nun kannst du wieder untertauchen und in den Polizeigriff übergehen oder mit deiner Kinnhand schnell die Ellenbeuge des gefassten Armes von aussen anwinkeln, was in beiden Fällen das gleich Ergebnis bringt.

1. Halsumklammerung Vorne / 2. Halsumklammerung Hinten /
3. Körperumklammerung Vorne / 4. Körperumklammerung Hinten

Körperumklammerung von Hinten
Fasse die oben liegende Hand des Angreifers so, dass dein Daumen in seiner Daumengrube zu liegen kommt und deine Finger die Handkante fassen. Hebel die Hand durch Drehen der Handkante nach oben weg und tauche mit gefasster

Hand unter dem Arm hindurch. Nun ist es wieder ein Leichtes, in den schon bekannten Polizeigriff überzugehen.

Jede Technik die euren angestrebten Erfolg hervorruft ist die richtige!

Werdet ihr doch einmal gepackt, und nichts hilft, taucht schnellstmöglich ab und zieht den „Greifer" mit. Da dieser bestrebt ist an der Oberfläche zu bleiben wird er in absehbarer Zeit loslassen. Taucht weg, und in sicherer Entfernung zum nächsten Versuch wieder auf.

Beachtet bei der "Zuladung" eures Rettungsmittels aber auch dessen Tragfähigkeit. Lass es nicht zu einer drastischen Überladung kommen. Material kann auch außen angebunden werden! Das Anlanden sollte zur Sicherheit an einer windgeschützten flachen Stelle durchgeführt werden. Ebenso können dir die Gezeiten behilflich sein. Die Flut hilft dir durch den Wasserdruck beim An- und die Ebbe durch den Sog beim Ablanden. Da wir es uns zeitlich und örtlich aber nicht immer aussuchen können, kann es hierbei unter Umständen durch die Gezeiten, aber auch durch Korallenriffe, Felsen, Untiefen und Dunkelheit recht unbequem werden.

Die Unterkunft muss ständig so gut als möglich wasserfrei gehalten werden, und ein Rundumschutz hilft gegen die Witterung. Bei luftgefüllten Rettungsmitteln ist besonders darauf zu achten, dass diese nicht beschädigt werden. Scharfe Kanten, Metallteile, Angelleine, Haken und Messer müssen mit Vorsicht genutzt werden. Dies kann auch soweit gehen, dass sogar die Schuhe im Rettungsmittel ausgezogen werden und eine Isolierung des Bodens zum Schutz der Kälte von unten und Beschädigung von oben hergestellt wird. Beachte auch die Ausdehnung der Luft bei warmen und die Schrumpfung bei kaltem Wetter, unter Umständen muss, wenn möglich, Luft abgelassen oder hinzugepumpt werden. Zusätzlich bietet es sich an, eine Wurfleine mit Befestigung am Boot in ständiger Bereitschaft zu halten, um Schiffbrüchige aus dem Wasser zu retten oder über Bord gespülte einzuholen.

Die Ernährung gestaltet sich etwas schwieriger. Ein Rationieren der vorhandenen Nahrungsmittel vom ersten Tag an sollte Vorschrift sein. Keiner weiß wie lange ausgehalten werden muss. Verhalte dich entsprechend, passe deinen Tagesablauf und deine Aktivität an dein Nahrungs- und Wasserangebot an. Fang den Regen auf, Taue Schnee und Eis, sammle den Tau und denke an ein Destille. Manchmal sind auch sogenannte Entsalzungsanlagen im Notset eines Rettungsbootes vorhanden. Übrigens, gefriert Meerwasser, verfestigt sich immer zuerst das Süßwasser und das Salz konzentriert sich als Schlamm in der Mitte des Süßwasserblocks! Survival kits, welche in life rafts normalerweise vorgehalten werden, verfügen neben einem Peilsender auch über Notrationen und über ein Medical Kit. Neben diesen Emergency Rationen sind auch Fische, Vögel, Seetang- Planktonfeldern eine Möglichkeit den Nahrungs- und Wasserbedarf zu decken. Auch hier gilt allerdings, die Mischung machts. Ein Zuviel an "Grünzeuch" wirkt abführend, was wiederum zu einem Flüssigkeitsverlust führt. Auch der sogenannte "Fischsaft" beinhaltet Gefahr. Er sollte nur aus den Augen und dem Rückgrat entnommen werden. Das Einstampfen oder Pressen des Fisches erzeugt eine stark proteinhaltige Flüssigkeit, welche zur Verdauung nur zusätzlich Wasser benötigt. Mit Glück ist deine Nahrung aber gar nicht so weit weg. Unter dem Boot können durch den Schatten angelockt Fische und Schildkröten vorhanden sein. Ein Netz unter dem Bug durchgezogen könnte das Essen sichern. Zu bedenken ist das Anlocken von Räubern, wenn Essensreste oder Körperausscheidungen über Bord gehen. Jedoch könnten diese hungrigen Gesellen auch als Nahrung dienen. Genussmittel wie Zigaretten und Alkohol sind der Situation nicht förderlich.

Das Leben auf dem Wasser vom Dasein auf dem Land unterscheidet sich in allem. Es gibt nicht die geringste Ähnlichkeit. Auf dem Wasser gibt es keinen 24 Stunden Rhythmus. Kein Tag ist wie der andere, und du weißt nie im voraus, wie er wird. Alles dreht sich ums Überleben: Du schläfst wenn es das Wetter zulässt. Du ernährst dich, weil es notwendig ist.

Ellen McArthur
Extremseglerin

Die Hygiene ist eigentlich kein großes Problem, an Wasser mangelt es ja nicht. Stuhl und Urin müssen abgeführt werden. Die Entsorgung ist einfach. Der Urin könnte aber auch wieder zu gebrauchsfertiger Trinkflüssigkeit aufbereitet werden.

Nasse Seenot
Der direkte Wasserkontakt wird dir um einiges mehr abverlangen und weist auch ein höheres Gefährdungspotential auf. Bei 0° C kaltem Wasser kannst du dich maximal 5 Minuten bewegen, dann erschlafft die Muskulatur und die Unterkühlung tritt ein. Verlasse also das Schiff, oder was es auch immer ist, so spät als möglich und auch nur wenn es nötig ist. Hast du Zeit und die Möglichkeit ein Notsignal abzusetzen, deinen Flüssigkeitshaushalt aufzufüllen und energiereiche Nahrung, ein Auftriebsmittel und entsprechende Kleidung zu organisieren, tu es. Musst du ins Wasser springen bietet es sich an die Beine zu kreuzen und die Arme ebenfalls vor dem Oberkörper zu verschränken. Ins Wasser eingetreten knickt man einfach mit der Hüfte nach hinten, um nicht zu tief unterzutauchen und arbeitet sich dann zur Oberfläche vor.

Vermeide es unter allen Umständen in die "nasse Seenot" zu geraten!

Dieser Zustand kann nicht nur durch eine auf einem Boot ausgelöste Seenot, ein gewassertes Flugzeug oder Heissluftballon, dem Abtreiben beim Tauchen, sondern auch durch ein von der Straße abgekommenes oder im Eis eingebrochenes KFZ entstehen. Speziell in einem Kraftfahrzeug eingeschlossen liegt die einzige Chance im schnellstmöglichen Öffnen des Fensters, um einen Druckausgleich herzustellen. Bedenke aber auch, sobald das Fenster geöffnet wird, entweicht die Luft schneller, der Sinkvorgang wird beschleunigt und die Kälte dringt ein.

Die Gefahren im Bereich der nassen Seenot sind für uns Warmblüter ein vielfaches deutlicher zu spüren. Im Vordergrund steht die Unterkühlung mit der eintretenden Bewegungsunfähigkeit, Atem- Kreislaufreduzierung bis zum Kreislaufstillstand. Schon ein Sprung in „kaltes" Wasser kann zu Panik, Inhalieren von Wasser, einem Stimmritzenkrampf, der Hyperventilation, hohem Blutdruck und Bewusstlosigkeit führen.

Je niedriger die Wassertemperatur desto stärker ist die Körperreaktion!

Versuche somit den Temperaturunterschied langsam herzustellen, versorge dich mit warmer Kleidung, und lege diese auch in wärmerem Wasser nicht ab. Sie wirkt wie ein Wärmepolster, besitzt auch nass noch etwas Auftrieb und verzögert durch Einschränkung der Wasserzirkulation um den Körper die Unterkühlung. Denn die Wärmeleitfähigkeit des Wassers ist fünfmal höher als an der Luft. Somit kühlt eine reglose unbekleidete Person im Wasser sehr viel schneller aus als bei gleicher Lufttemperatur. Bewegt sich die Person zusätzlich steigt dieser Wert nochmals. Somit ist der Handlungszeitraum, die Zeit in welcher zielgerichtete Bewegungen durchgeführt werden können, von vielen unterschiedlichen Faktoren abhängig.

Überlebenszeitraum - treibend im Wasser!		
Wassertemperatur	Zeitraum bis Bewusstlosigkeit	max. Überlebenszeitraum
0 ° C	< 15 min.	< 14-15 min.
0 ° C-10 ° C	15-60 min.	30 min.-3 h
10 ° C-20 ° C	1-7 h	1 h-40 h
20 ° C-25 ° C	3-12 h	3 h-X h

C = Celsius / min. = Minuten / h = Stunden / max. = Maximal / X = "unbegrenzt"

Grob gesehen entspricht die Wassertemperatur dem Handlungszeitraum. Es wäre also eine gute Idee, sich ein Rettungs- Auftriebsmittel zu besorgen. Luftfüllende Rettungsmittel sollten jedoch erst im Wasser oder kurz vor Verlassen der Wreckage aufgeblasen werden. Hierdurch stellst du kein Hindernis für andere dar und die Gefahr dein Rettungsmittel zu beschädigen wird minimiert.

Versuche nach Möglichkeit den Oberkörper aus dem Wasser zu bringen. Über den Kopf, den Hals, die Achseln und auch die Brustseiten, sowie die Leistengegend ist der Wärmeverlust am größten. Die Angriffsfläche der Kälte sollte so klein als möglich sein. Ziehe die Knie an den Körper und umschlinge sie mit den Armen. Vielleicht lässt du dich aber auch kraftsparend einfach nur in Rückenlage treiben.

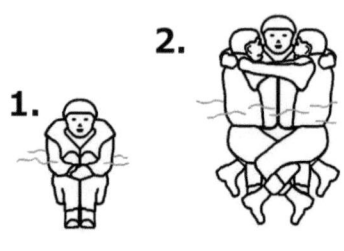

1. Allein treibend / 2. In der Gruppe

Die Ideallösung gibt es natürlich auch hier nicht. Beispielsweise bleibt das Wasser der tropischen Meere Tag und Nacht in seiner Temperatur fast gleich. Regen und Wind können jedoch bitterkalt werden.

Sind mehrere Personen betroffen, sollten diese im Wasser immer dicht beieinanderbleiben. Eine Formierung im Kreis, mit dem Gesicht zueinander und verhakten Beinen wäre von Vorteil. Hierdurch wird auch die Wärme besser gehalten und die gegenseitige Kontrolle ist möglich. Zugleich suggeriert man angriffslustigen Tieren auch eine breite Front. Vergesst hierbei aber auch nicht das Umfeld zu beobachten!

Zum Anlanden sollten Wellentäler bevorzugt werden. Wellen selbst sollten beim Herannahen untertaucht, oder festgekrallt am Grund überwunden werden um ihrer Energie zu entkommen. Brechen sich Wellen an Hindernissen, und die Stelle kann nicht umschwommen werden, sollte sie zum Schutz des Kopfes in Rückenlage mit den Füßen nach vorne und ungefähr 50 Zentimeter tiefer als der Kopf passiert werden. "Pflanzenmeere" hingegen sind flach "anzusteuern" um ein Verheddern zu vermeiden.

Qualle
Sie erreichen bis zu zwei Meter Durchmesser wobei ihre giftigen Nesselfäden eine Länge bis zu 30 Meter aufweisen können. Jedoch sind nicht alle Arten für den Menschen gefährlich. Allerdings auch schon eine Lähmung, wie durch die Portugiesischen Nesselqualle hervorgerufen, kann tödliche Auswirkungen mit sich bringen.

Koralle
Sie können dir gerade beim Anlanden gefährlich werden. Ihre scharfen Kanten und rauen Oberflächen können beträchtliche Wunden zufügen.

Seeschlange
Überwiegend bewegen sie sich als Lungenatmer an der Oberfläche, wobei es jedoch kein Problem für sie darstellt einige Zeit unter Wasser zu bleiben. Alle Arten von Wasserschlangen sind giftig, jedoch durch den kleinen Kopf der sie auszeichnet können sie auch nicht überall ihre Zähne reinhauen und durch den breiten Schwanz sind sie gut zu erkennen. Sie sind sehr farbig und heben sich gut von der Umgebung ab. Betroffene Gebiete sollten gemieden werden und

Bekleidung stellt einen gewissen Schutz dar. Bei ihrem Gift handelt es sich um ein Neurotoxin, welches meist erst nach 20-60 Minuten zu wirken beginnt.

Barrakuda
Meist als Bewohner tropischer Meere, treten sie überwiegend in Schwärmen auf und können bis zu zwei Meter Länge erreichen. Selbst kleine Arten greifen Ziele an, die größer sind als sie selbst. Sie sind sehr schnell und werden durch Blut und reflektierende Gegenstände angelockt. Überwiegend trifft man sie an Riffen in dunklem, trübem Wasser an.

Muräne
Mit bis zu drei Metern länge und oft dicker als ein Oberschenkel verfügen sie über starke Zahnreihen welche große Löcher reisen können. Meistens betrifft dies Taucher die in Löchern herumstochern in denen diese Tiere Leben. Wer jetzt darüber nachdenkt sich dieses Tier übers Feuer zu hängen, der sei darauf hingewiesen, dass dieses Muskelpaket sehr zäh ist. Sie verteidigen sich auf Teufel komm raus wenn sie angegriffen werden, wobei ihr Biss nicht giftig ist, ihr Mundschleim besitzt jedoch toxische Eigenschaften.

Kugelfisch
Seine rundliche, gedrungene Gestalt zeichnen diesen Fisch schon von weitem aus. Sie blasen sich im Falle einer Gefahr auf, wodurch ihre mit Widerhaken versehenen Stacheln nach aussen zeigen. Mit ihrem schnabelartigen Gebiss können sie gut zubeissen und im Körper (Haut, Leber, Eierstöcke) befindet sich ein Neurotoxin.

Steinfische
Ein bis zu 60 Zentimeter langer Fisch mit einer gelb-braunen klumpenartigen Form, einer großen Brustflosse und einem nach oben gerichteten Maul. Er verfügt über giftige Rückenstachel welche ein Neurotoxin absondern und ist meist in tropischen Gewässern zu finden.

Skorpionfische
Ein 30 bis 75 Zentimeter langer, großköpfiger, rötlich gestreifter Fisch welcher mit seinen giftführenden Flossenstrahlen die tropischen Gewässer bewohnt. Sein Neurotoxin wirkt sich auf die Atmung und den Kreislauf aus. Es sind jedoch durch diesen Fisch keine tödlichen Vergiftungen bekannt.

Krötenfisch
Ein bis 57 Zentimeter langer, mattgrüner Fisch mit flachem Kopf und großem Maul. Er gräbt sich in tropischen Gewässern gerne im Sand ein und hält sich oft in tiefen von 10 bis 250 Metern auf. Einige Unterarten sondern über giftige

Rückenstacheln ein Cytotoxin ab und leben in Korallenriffen.

Kegelschnecke
Dieses gemusterte, überwiegend tropische Meeresgeschöpf verfügt über einen giftigen Stachel (Zahn). Dieser kann wie eine Harpune abgeschossen werden und ist mit einem Neurotoxin versehen. Wirklich giftige Arten, welche auch dem Menschen gefährlich werden können, leben aber nicht im Flachwasser.

Stachelrochen
Mit seinem rautenförmigen Körper und einer Spannweite von über 1,5 Metern ist er meist in warmen, flachen Gewässern anzutreffen wo er sich im Sand eingräbt. Sein Schwanz ist mit einem über 30 cm langen Giftstachel versehen. Dieser sondert mit Giftdrüsen ein, auch für den Menschen, gefährliches Neuro-Cytotoxin ab. Wobei allein schon durch die Stachellänge auch tiefliegende Organe in Mitleidenschaft gezogen werden können. Eine andere Rochenart, der Zitterrochen, wehrt sich mit elektrischen Schlägen (60-300 Volt, mit über 30 Ampere) die zu Lähmungen führen können, welche in Bewusstlosigkeit und dem Ertrinkungstod enden.

Krake / Tintenfisch
Ein schwabbeliges Etwas, mit 8-10, mit Saugnäpfen versehenen Fangarmen. Das Tier haust unter Wasser in dunklen Verstecken. Je nach Größe droht nur Gefahr durch den Papageienschnabel der teilweise wie bei den Blauringkraken an der ostaustralischen Küste mit einem Neurotoxin versehen ist.

Haie
Es gibt gute 250 verschiedene Arten Haie, wobei aber nur ungefähr 40 Arten dem Menschen gefährlich werden können. Sie sehen besonders gut, jedoch nur schwarz-weiss. Druckveränderungen können über weite Strecken ausgemacht werden und ihre Haut gleicht einer rauen, wabbeligen Hartgummimasse. Sie kommen besonders häufig in tropischen sowie subtropischen Gebieten vor, greifen in jeder Wassertiefe an und sind überwiegend nachts sowie in der Morgen- und Abenddämmerung auf Nahrungssuche unterwegs.
Ihr Jagdinstinkt wird ausgelöst durch den Geruch, Reflexion und auch ein Zappeln im Wasser kann zu einem Angriff führen. Um zubeißen zu können muss sich der Hai aber entweder auf den Rücken drehen, von unten angreifen oder seitlich anschwimmen. Solange wir also noch die Rückenflosse sehen sind wir vor ihm sicher. Ein heftiges Schlagen auf das Wasser kann ihn auch vertreiben und ein Anschreien, natürlich unter Wasser, lässt ihn vorsichtiger werden. Ein einzelner Hai soll auch durch einen plötzlichen Angriff in die Flucht zu schlagen sein. Wobei Schläge oder Stöße auf die Schnauze die beste Wirkung besitzen. Chemische Haiabwehrmittel wie Ammonium Acetat und

Nigrosin erzeugen eine Wolke abstoßender Chemikalien, dies wirkt jedoch nicht bei jeder Haiart. Harpunengewehre sowie Kohlendioxidinjektoren sind Maßnahmen die Taucher zur Sicherheit einsetzen, nur was bringt uns das? Eine 100% Sicherheit vor einem Hai gibt es nur, wenn du dich nicht im Wasser befindest, ansonsten bleibt einem nur das Töten des Haies übrig. Angriffsziele sind die Kiemen, Augen und die Brust, mit dem Ergebnis der Zeitverzögerung bis andere Haie von dem Blut angelockt werden, welche dann meist in eine Fressraserei fallen. Schwimme gleichmäßig, kein hektisches herumzappeln. Flucht löst den Angriff aus und wo der Übergang von Süß zu Salzwasser unmerklich verläuft, können Haie im Fluss und Krokodile im Meer leben.

Eine weitere Gefahr, die jedoch von Menschen verursacht wird, sind Ölfelder. Sie müssen nicht einmal brennen, die abgehenden Dämpfe können zu Reizung und zur Entzündung der Lunge führen. Derartige Gebiete sollten, wenn es nicht anders geht, in der Rückenlage durchquert werden. Brennen sie, können diese mit nach aussen rotierten Handflächen im Brustschwimmstil bezwungen werden. Oder du wählst den Rückenschwimmstil mit den Füßen voraus. Bist du ruhig, untertauche einfach, schiebe aber immer vor dem Auftauchen und Luft holen die brennende Fläche mit den Händen zur Seite.

Zur "Orientierung" siehe im entsprechenden Kapitel.

Zur Fortbewegung sollte man nur schwimmen, wenn es unbedingt sein muss. Dann aber in der kraftsparenden Rücken- Seit- oder Brustlage mit regelmäßigen Zügen, sonst imitierst du einen verwundeten Fisch. In warmen Gewässern könnte man sich auch, nach einem Atemzug, mit ins Wasser getauchtem Kopf bis zum nächsten Atemzug treiben lassen. Bei Wellengang bietet sich jedoch, um eine Aspiration zu vermeiden, die Rückenlage an.

Die Unterkunft wird deine wärmende Kleidung sein.

Zur "Ernährung" steht dir treibender Seetang oder Krill, welcher mit einem Stück Stoff vom Wasser abgeschöpft werden kann, zur Verfügung. Die Problematik liegt im hohen Salzgehalt. Versuche diesen immer zu verdünnen. So könnte der Regen mit einem so gut als möglich ausgewrungenen Kleidungsstück aufgefangen und direkt durch auswringen getrunken werden.

Die Hygiene? Wenn es kommt, lass es laufen.

Kältere Gefilde
Kälte ist für die meisten wärmeliebenden Zivilisationsmenschen ein Grauen. Doch wer in derartigen Gebieten geboren worden ist, wird sie wohl nicht missen wollen. Unser

Körper kann sich allerdings an vieles gewöhnen, doch dazu braucht es Zeit. Zeit, welche dir unter unseren Aspekten wahrscheinlich nicht zur Verfügung steht.

Die Gegend um welche es sich in diesem Abschnitt handelt bezeichnet nicht nur die Nordpolargebiete wie die Arktis, sondern auch die Antarktis, das Gebiet um den Südpol, die Subarktis sowie alle weiteren Kaltluftgebiete. Hierzu zählen auch die beliebten Rockys, die Alpen, die Gebirgskette im Himalaya, die Anden oder auch nur der Tiefschwarzwald im Winter. Überall herrscht die Kälte, entweder das ganze Jahr über oder nur in Teilen. Tageslicht kann über eine gewisse Zeit eingeschränkt, normal oder überhaupt nicht vorhanden sein. Fehlende Aktivitäten und dauernde Dunkelheit belasten somit zusätzlich das Gemüt.

Die Gefahren der Kälte liegen in der Unterkühlung, den Frostbeulen - Erfrierungen, der Hautirritation sowie der Dehydrierung, der Schneeblindheit aber auch in den Sonnenstrahlen, reflektiert durch Wasser, Eis und Schnee. Speziell das Trio Wind, Feuchtigkeit und tiefe Temperaturen führt zum sogenannten Wind-Chill Faktor. Denn Wind, wie schon angesprochen, erhöht die Auskühlung unseres Körpers um ein vielfaches, speziell wenn Feuchtigkeit hinzukommt. Zudem werden 80% der Sonnenenergie vom Eis zurückgeworfen, nur 20% treffen auf das Wasser auf, welches zu einem hohen Wärmeverlust im Wasser führt. Brichst du ins Eis ein, wälze dich nach Rettung, so schnell als möglich im Schnee, da dieser, speziell wenn es sich um Pulverschnee handelt, in der Lage ist Flüssigkeit zu binden. Klopfe dann die gefrorene Schicht einfach ab. Idealerweise wechselst du Kleidung und Schuhe, wenn dies nicht möglich ist, sollte schnellstens ein Feuer entfacht werden um dich und deine Kleidung wieder trockenzulegen.
Bei allen Arbeiten im Freien müssen somit sämtliche Körperstellen vor der Kälte, dem Wind und dem Wasser geschützt werden. Bei anstrengenden Tätigkeiten kann sich aber auch Schweiß bilden der unter Umständen auch noch gefriert. Es darf einem also auch nicht zu warm werden. Folgst du einigen Grundprinzipien ist die Gefahr einen Kälteschaden zu erleiden zwar auch nicht auf null gesetzt, jedoch drastisch reduziert.

Halte Kleidung sauber.   - Dreckige Kleidung verliert die Loftwirkung!
Vermeide Überhitzung.   - Passe die Kleidung deiner Tätigkeit an!
Nutze das Zwiebelprinzip.- Luftschichten erzeugen mehr Isolation!
Halte Kleidung trocken.   - Nässe ist dein Feind!

Durch eine erhöhte Atemaktivität wird die kalte Umgebungsluft zudem tief in die Lungen gezogen, dies kann auch zu Erfrierungen der Lunge führen. Eine Kapuze mit einem Atemtunnel sowie eine Sturmhaube sind somit unumgänglich. Zudem sollte immer eine Schutzbrille gegen Verblendung und Schneeblindheit sowie ein Kopf- Nackenschutz getragen werden.

Verschwinde sofort von der Oberfläche wenn ein Schneesturm naht, diesen wirst du in der Regel nicht unbeschadet überstehen. Besteht hierzu keinerlei Möglichkeit versuche deinen Wärmeverlust als Einzelperson mit dem Tibetian Tuck oder als Gruppe in einer Art Pinguin-Manier zu minimieren. Hierbei wird in regelmässigen Abständen jeweils der windnahe durchgewechselt.

1. Tibetian Tuck / 2. Pinguin Huddle

Jedoch nicht nur die Kälte, gerade in der Arktis können dir auch entsprechende Stechmücken, wie Moskitos, schwarze Fliegen sowie Rotwildfliegen einen Strich durch die Rechnung machen. Hier treten sie aber vorwiegend bei Tag auf und werden mit zunehmender Kälte träge. Eine Körperbedeckung, Salbe- Transchicht auf der Haut oder rauchende Feuer sind neben Moskitonetzen und entsprechender Tagesplanung ein guter Schutz.
Ebenso sind spezielle Geländegefahren, wie Spalten, Abbrüche und Eisschlag nicht gerade selten. Auf Gletschern sollte man sich deshalb mit einem Mindestabstand von 10 Metern untereinander anseilen und versetzt gehen. Zusätzlich sollte jeder über eine Seilreserve von 10 Meter verfügen. Angeseilt und eventuell schon mit einer bei einem eventuellen Absturz zu nutzenden Prusikschlinge am Seil, kann es dann etwas abgesichert losgehen. Stürzt eine Person in eine Spalte ist jedoch Eile geboten. Das andere Ende des Seiles fixiert, und die Seilreserve hinterhergeworfen kann die abgestürzte Person versuchen, die Seilreserve als Standschlinge zu nutzen um sich mit ihr hochzuarbeiten. Andererseits könnte sie auch vom Retter nach Entlastung immer weiter eingezogen werden.
Wie bei einem Steinschlag können sich auch Eismassen an Gletschern lösen und den Weg ins Tal nehmen. Es ist jedoch nicht nur in der warmen Tageszeit mit solchen Vorfällen zu rechnen. Sicher ist dann die Gefahr höher, aber das bedeutet nicht, nachts sicher zu sein. Begünstigend wirken sich das Geländeprofil, die Geländebeschaffenheit und die Hanglage aus. Beteiligt sind jedoch auch die Schneequalität, Temperaturunterschiede, Tauwetter, die Windgeschwindigkeit und sehr tiefe Temperaturen. Zur Sicherheit sollte das Gelände vor der Begehung mittels eines Stockes auf Tragfähigkeit geprüft werden.
Eine Vorabinformation von zuständigen Behörden wie Seilbahn, Wetter- Pisten Stationen und dem örtlichen Bergführerverband lassen dich deine Tour sicherer Planen. Diese Lawinenlageberichte und Warnstufen befreien dich jedoch nicht von der Beachtung der Wetterlage, welche sich gerade im Gebirge schnell ändern kann.

Europäische Lawinenwarnstufen	
1. Gering	Gut verfestigt und stabil.
2. Mäßig	An einigen Steilhängen >30 ° nur mäßig - schwach verfestigt.
3. Erheblich	An vielen Steilhängen >30 ° nur mäßig - schwach verfestigt.
4. Groß	An den meisten Steilhängen >30 ° nur schwach verfestigt.
5. Sehr Groß	Allgemein schwach verfestigt und instabil.

Bei kleineren Lawinen kann versucht werden sich quer zur Lawinenrichtung aus der Fallschneise zu bewegen, oder sich an größeren Gegenständen wie Felsen oder Bäumen festzuhalten. Bei einer todbringenden Walze führen Schwimmbewegungen dich zum äußeren Lawinenrand oder halten dich an der Oberfläche. Vielleicht hast du auch einen Lawinenrucksack dabei. Dieser hält dich durch ein Luftpolster an der Oberfläche. Wenn nicht, solltest du dich sofort von etwaige behinderndem Material wie Ski und Stöcke trennen, den Körper zu einer Kugel zusammenrollen und die Hände vor das Gesicht nehmen. Dies ist wichtig um einen Atemraum zu schaffen, da nach Stillstand der Lawine diese gefriert und ein Ersticken vorprogrammiert ist. Ein Rufen lohnt nur, wenn in unmittelbarer Nähe Geräusche der Suchmannschaft zu vernehmen sind. Kann man sich nicht darauf verlassen, dass jemand einem zu Hilfe eilt, ist die einzige Rettungsmöglichkeit das Graben. Hier sollten jedoch keine Illusionen entstehen. In 2/3 der Fälle sind Verschüttete nicht in der Lage sich selbst zu helfen und 91% aller Verschütteten überleben nur knappe 18 Minuten, wenn die Lawine im Abgang überstanden worden ist. Orientiere dich nach der Schwerkraft und grabe dich langsam und entspannt voran.

Wer verschüttet wird kämpft gegen die Zeit!

Ursachen des Lawinentodes	
65 Prozent	Akutes Ersticken.
20 Prozent	Sauerstoffunterversorgung, Unterkühlung.
15 Prozent	Verletzungen durch das Mitgerissen werden.

Im Weiteren bietet sich, gerade in einer Gruppe, auch ein Notfallset, eine Sonde, eine Lawinenschaufel sowie sogenannte LVS Geräte (Lawinen - Verschütteten - Suchgeräte) an.

Die Orientierung mit dem Kompass gestaltet sich durch die in diesen Gebieten meist vorliegende magnetische Störung schwierig. Die natürlichen Hilfsmittel sind somit die einzige Möglichkeit, wobei die Gestirne als die beste anzusehen ist.
Zusätzlich begeben sich die meisten Seevögel tagsüber auf das Meer und kehren abends auf das Festland zurück. Wolken zeigen über offenem Wasser eine dunkle Unterseite während gefrorene Schneefelder Wolken mit einer weissen Unterseite aufweisen. Über Meer und frischem Eis zeigen die Wolken eher ins graue gehende Reflexionen.

Die Fortbewegung kann sich in diesen Bereich stark wandeln. Gerade im Winter und in der Tauphase kann sich die Landschaft spektakulär verändern. Nicht nur, dass Bachläufe, Flüsse und sogar ganze Seen vorhanden sind, die auf der Karte nicht vermerkt sind. Ebenso können Richtungsmarkierungen, Wege und markante Punkte, durch ein Einschneien, von einem selbst aber auch möglichen Search and Rescue Teams, nicht erkannt werden. Dies erfordert jetzt mehr Flexibilität und verlängert meist die Marschzeit. Die beste Zeit sich auf den Weg zu machen wäre morgens und abends. Dann ist der Untergrund am stabilsten und der Energieverlust somit am niedrigsten. Bist du nicht alleine sollte jedoch, speziell bei der Begehung fragwürdiger Stellen, nur untereinander angeseilt in entsprechenden Abständen gelaufen werden. Das Anseilen wird umso wichtiger wenn sogenannte Whiteouts auftreten. Hier fließen das Sonnenlicht und das vom Schnee reflektierte Bodenlicht zusammen. Die Umgebungskonturen sind somit kaum noch zu erkennen. Teste das unmittelbar vor dir liegende Gebiet auf Trittsicherheit oder beziehe bestenfalls ein Lager. Zur Verankerung aber auch Sicherung von Mensch und Material können Bohrhaken, Pflöcke oder Spiralen gesetzt werden. Improvisierte Verankerungen, wie ein Stock, das Zelt oder der Rucksack können, wenn sie horizontal tief im Schnee eingegraben werden, als Ersatz dienen.

Die Führungsperson ist bei einem Marsch öfters zu wechseln, da die Suche nach dem Weg sowie das Bahnen einer Schneise im Schnee extrem kräftezehrend ist. Man verschwendet Kraft, Zeit, Flüssigkeit und viel Energie. Bergauf wird die Fußspitze, bergab die Ferse in den Schnee gerammt. Hierbei ist ein Zickzackkurs weniger anstrengend als ein gerader Weg und ein Gehstock recht hilfreich. Gefälle sollten, wenn sie nicht umgangen werden können, beim Abstieg rückwärts mit der bergauf Technik bewältigt werden. Ansonsten tritt man von oben nach Möglichkeit in die Spuren des Vorgängers.

Beim Überspringen von Gletscherspalten, sollte der Absprungplatz stabil sein. Eventuell muss er vorher noch niedergetreten und verfestigt werden. Ebenso sind störende Kleidung oder Equipment abzulegen, hinüberzuwerfen oder später mittels eines Seiles hinüberzuziehen.

Sei immer um einen guten Tritthalt bemüht!

Sollte der Schnee so hoch sein, dass nicht mehr normal getreten werden kann, muss man sich mit den Knien durchwühlen. Die energiesparende Lösung wären aber Schneeschuhe oder Skier. Weitere Hilfsmittel wie ein Eispickel, Steigeisen oder aber Improvisiertes wie ein großes Messer, ein Beil und Schrotteile sind eine große Hilfe bei der Überwindung von vereistem Gefälle. Ohne diese Hilfen ist es fast aussichtslos solche Hindernisse zu queren, es sei denn man schnitzt sich die Fußtritte in das Gelände. Eine kontrollierte Abfahrt vielleicht mit einem Schlitten spart Zeit und Kraft, jedoch sollte die Möglichkeit bestehen die Strecke ganz einzusehen. Bei einem sitzenden Abfahren können die Hände wie die Ausleger eines Katamarans als Stütze verwendet werden.

Je länger du rutscht, desto schneller wirst du!

Stürzt du oder deine Abfahrt wird unkontrolliert sollte mit einer Bauchlage, der Kopf zeigt hangaufwärts, mit Armen und Beinen der Sturz abgebremst werden. Solltest du Kopf voraus fallen, fange an einseitig zu bremsen, dadurch dreht sich der Körper in die sicherere Position damit du dich auf den Bauch drehen kannst. Eisschollen und Eisberge sollten gemieden werden. Sie liegen zu 2/3 unter Wasser. Somit kann es bei deren Begehung zu einem Kentern beziehungsweise Umkippen der Scholle kommen. Zudem sind die Kanten stark abbruchgefährdet, paddel also auch nicht zu nahe um sie herum.

Wasserläufe sollten am frühen Morgen durchquert werden, da sie mittags durch Zunahme der Taufrequenz zu reissenden Flüssen werden können. Vorsicht ist auch beim Betreten einer Eisfläche geboten, da der Uferbereich ebenso wie die Mitte meist nur sehr dünn vereist ist, speziell in den Aussenkurven eines Flusslaufes. Ist das Eis noch dick genug, sind Wasserläufe und Seen die besten und einfachsten Wege um vorwärtszukommen. Beachte jedoch die Tragfähigkeit und belaste die Trittfläche langsam. Ein Anseilen in der Gruppe und auch Schneeschuhe wären von Vorteil. Bricht man in das Eis ein, ist die primäre Gefahr die Kälte, welche lähmt und den Kreislauf sowie die Atmung beeinträchtig. Die dünne, intakte Eisfläche um einen herum sollte in Richtung Ufer eingeschlagen werden, bis ein tragfähiges Stück erreicht wird. Die Arme werden dann auf das Eis gelegt, und man beginnt kräftig mit den Beinen zu schlagen. Langsam schiebt man dann den Oberkörper Stück für Stück auf das Eis, bis man in der Waagerechten darauf liegt. Entweder kriecht man weiter um festen Boden zu erreichen oder rollt sich seitwärts in diese Richtung. Umstehende können einen Stock, ein Seil oder Ähnliches zuwerfen. Man sollte sich nur selbst auf das Eis wagen, wenn man gesichert ist, oder es als letzte Rettungsmöglichkeit ansehen. Dann aber flach liegend auf dem Eis, vielleicht mit einer langen Auflage wie einer Leiter oder einem quergelegten langen Stock unter dem Körper. Kann der Betroffene nicht mithelfen, sollte er mit übergeworfener Leine herausgezogen oder, bis zur eigentlichen Rettung, gesichert werden

Es muss aber nicht immer gleich alles gefroren sein. Und auch wenn der leichteste Weg immer der des Wassers ist, sollte man es sich gut überlegen sich mit einem Floß zu behelfen. Speziell nördlich gelegene Flüsse weisen Strömungen, welche sich in entsprechenden Jahreszeiten verstärken und Hindernisse in Form von Felsen auf. Beachte in diesen Zeiten auch Eisfelder und anderes Treibgut.

Ein Körperkontakt mit dem Eis muss ständig vermieden werden, da es durch die höhere Dichte mehr Wärme entzieht als Schnee!

In polaren Regionen nutzen die Ureinwohner auch Pflanzen als Brennmaterial. Die

"Cassiopeia-Pflanze", eine immergrüne 30 Zentimeter hohe Pflanze mit weißen glockenförmigen Blüten und kleinen Blätter. Sie ist harzhaltig und brennt deshalb auch in frischem Zustand so gut wie deine Tierfettkerze.

Wärme ist essentiell in kalten Gebieten!

Deshalb sollte nicht nur die Unterkunft eine Möglichkeit des Erwärmens bieten, sondern auch die Kleidung nicht einschnürend wirken und ständig trocken gehalten werden. Zum Trocknen kann man sich, wenn du selbst genug Energie hast, sogar der Kälte bedienen. Man bewegt sich in der feuchten Bekleidung außerhalb der Unterkunft, so dass der Körper warm bleibt, und die Kälte Zeit hat die feuchte Schicht zu verfestigen. Diese wird dann abgeklopft und der Vorgang mehrere male wiederholt. Feuchte Unterwäsche wird hierzu einfach über die Oberbekleidung angezogen. Abgelegte, gewechselte Kleidung ist vom Schnee zu reinigen und einschließlich der Schuhe in einem Beutel in der Schlafhülle zu verpacken. Die Innenschuhe sollten herausgenommen werden, damit sie schneller trocknen und vielleicht sogar zum Schlafen genutzt werden. Die Körperwärme wird die feuchten Sachen antrocknen. Schlafe jedoch immer in der trockensten Kleidung die du hast. Material, welches in der Nacht benötigt werden könnte, sollte auch in Reichweite liegen, damit nicht aus der warmen Schlafhülle entschlüpft werden muss, um beispielsweise das Feuer zu schüren, oder an benötigte Ausrüstung zu gelangen.

Die Ernährung ist auch hier nicht unmöglich. Wasser ist in den meisten Fällen vorhanden, jedoch sollte keinesfalls ungeschmolzener Schnee oder Eis gelutscht werden. Er entzieht dem Körper die Wärme, kann eine Dehydrierung, wenn keine Mineralstoffe zugegeben werden, sowie leichte Erfrierungen im Mund verursachen. Indem man sich unter der Oberbekleidung einen Beutel mit Eisstücken um den Hals hängt kann man innerhalb von ein bis zwei Sunden dieses zum Schmelzen bringen und leicht anwärmen. Durch Salzen oder Zuckern kann der Gefrierpunkt heruntergesetzt werden, und geschmolzenes Gefriert nicht so schnell wieder. Auch ein entsprechender Trinkplan sollte aufgestellt werden, damit nicht nachts aus der „Wärme" aufgestanden werden muss um zu urinieren. Altes Eis ist zudem immer salzfrei, man erkennt es an der bläulichen Farbe und den gerundeten Kanten.

Die Nahrungsbeschaffung gestaltet sich etwas schwieriger. Pflanzliches wird, je nachdem wo man sich genau befindet, meist nicht in großer Zahl oder überhaupt nicht vorhanden sein. Mit Glück können jedoch Moose, Flechten, Preiselbeeren, Rottanne, Labradortee, Arktische Weide, Farne und Ähnliches gefunden werden. Tiere der Arktis sind allerdings nicht sesshaft, sie ziehen wie Nomaden, was bei deiner Jagd zu beachten ist. In allen Schnee- und Eisregionen könntest du jedoch neben Lemmingen, Murmeltiere, Füchse, Wölfe, Elche, Rentiere, Schafe, Bären, Eichhörnchen, Enten und Schwäne sowie Robben treffen. Im Weiteren Kraniche,

Seehunde, Pinguine, Walrosse, Moschusochsen, Schneehasen, Muscheln, Seeigel, Schnecken, Fische, sowie Raben, Möwen und bis auf den 50 Breitengrad auch Karibus.

Als spezielle Angelmethode ist das Eislochfischen sehr verbreitet. Hierzu wird über der tiefsten Stelle eines zugefrorenen Gewässers ein Loch ins Eis geschlagen. Durch dieses Loch wird geangelt, sei es einfach mit der Angel in der Hand, oder mithilfe eines Bissanzeigers. Hierzu wird ein Stück Stoff an einen kurzen Ast geknüpft, welcher im rechten Winkel mit einem als Auflage dienenden Ast und der Angelleine verbunden ist. Zieht ein Fisch am Köder stellt sich die Fahne auf. Das Loch wird sich aber durch die Kälte und das Eis langsam wieder schließen, diesem kann man jedoch vorbeugen, indem ein Stück Stoff im Wasser hängt, das von Zeit zu Zeit einige Male hochgezogen wird. Ist man zu zweit kann auch unter dem Eis mithilfe eines Netzes gefischt werden. Hierzu wird eine Stange, an welcher das Netz fixiert ist, an untiefen Stellen unter dem Eis platziert. Die Nahrungslagerung ist durch die Kälte weniger das Problem als das Ausnehmen deiner Beute und das Auftauen. Welches aber durch Wasser gelöst werden kann. Das gefrorene Gut wird einige Minuten mit fließendem Wasser übergossen oder in Wasser gehängt, wobei es, unabhängig von der Wassertemperatur, schneller als mit Feuer auftaut. Zwei, über den Tag verteilte, warme Mahlzeiten gelten als Minimum. Eine davon sollte idealerweise vor dem Schlafen eingenommen werden. Ansonsten versuche einfach ständig etwas zu knabbern um den Energiepegel hochzuhalten.

Die Hygiene sollte wie überall großgeschrieben werden. Ein Abreiben mit Schnee oder Stoff, waschen mit Wasser, ein Ausschütteln der Haare, Hängen der Kleidung in den Wind und die Sonne können hier umgesetzt werden. Nutze ein Piss Bag um nachts nicht in die Kälte zu müssen, und wenn doch, reduziere die freigelegte Hautfläche oder nutze Kleidung mit Öffnungen im entsprechenden Bereich.

Felsiges Gelände
Der Fels, der Berg oder das Gebirge, die Schlucht und Höhlensysteme haben ihre eigene Anziehungskraft, bringen jedoch auch unterschiedliche Gefahren in sich.

Die Gegend ist meist karg und oft auf höhere Gebiete bezogen jedoch gibt es auch Steinwüsten.

Die Gefahren liegen im Gebirge bei den eisigen Winden, den meist plötzlichen Wetterumschwüngen, den steilen Hängen und Schneestürmen. Aber auch in nassem Untergrund, dem Gewitter, eventuell dem Sauerstoffmangel, den Eis- Steinfeldern und Lawinen. Diese werden durch kleinste Auswirkungen wie Akustik, Taueinsatz oder Druck ausgelöst. Bei einem einzelnen Steinblock kann man die Fallrichtung beobachten und ausweichen. Springende Steine verändern allerdings schnell die Richtung und können sich mit hoher Energie zerteilen. Größeren Steinlawinen kann nur mit sofortiger Deckungssuche begegnet werden. Ein Überhang, ein Anpressen an den Fels, Schutz hinter einem Hindernis oder, als letzte Möglichkeit, am Boden als Paket kauernd mit einem Schutz über Kopf und Genick.

Minimiere Gefahren im Vorfeld!

Dies bedeutet, keine Gegenstände, speziell in lawinengefährdeten Gebieten, vor sich herzukicken, laute Geräusche zu vermeiden und Sprünge zu unterlassen. In Höhlen ist meist die Dunkelheit, Enge, Kälte und Feuchtigkeit dein Partner. Die Psyche kämpft gegen dich. Feuchtigkeit gewährt dir keinen sicheren Tritt, giftiges Kleingetier ist dein ständiger Begleiter und Vergiftungen über Kohlenmonoxid sowie Kohlendioxid, sind ebenso möglich.

Die Orientierung lässt im Gebirge keine Fehler zu. Auch kleinste Abweichungen können erhebliche Ausmaße annehmen. Bewohnte Gebiete findest du aber meist im Tal in Wassernähe. In Höhlen hast du hoffentlich deinen Weg gut markiert, oder vielleicht sogar eine Leine gespannt.

Die Fortbewegung an Steigungen und Gefällen sollte günstigstenfalls umgangen werden, indem, wenn möglich, einfach den Höhenlinien gefolgt wird. Ansonsten sollten Höhenunterschiede in Serpentinen, seitlich gekantet bewältig werden. Die Schrittlänge, wenn sie wie in ebenem Gelände beibehalten wird, stellt jedoch ein Gefahrenrisiko dar. Tritte werden unkontrollierter, unsicherer und anstrengender, was wiederum Pausen zur Erholung, eine höhere Kreislaufbelastung und einen erhöhten Wasser- sowie Energieverlust bedeutet. Sie sollten in der Länge dem Gelände angepasst werden um eine höhere Trittsicherheit, auch durch Aufsetzen des ganzen Fußes, zu gewährleisten. Ein Gehstock bietet dir mehr Stabilität und Sicherheit in dem unwegsamen Gelände.

Die Fortbewegung in steilem Gelände basiert auf Abstiegs- , sowie Aufstiegstechniken, wobei immer die leichteste Route zu wählen ist!

Die Auf- Abstiegsgeschwindigkeit muss kontrolliert und unter normalem Tempo durchgeführt werden, um sicher und nicht zu erschöpft anzukommen.
Vielleicht findest du dich aber auch einmal kletternd am Fels wieder. Die Kraft kommt hierbei immer aus den Beinen, nicht aus den Armen. Der Schwerpunkt sollte immer auf den Füßen liegen. Kurze Bewegungen sind somit besser als lange und die Hüfte sollte immer so nah als möglich an der Wand liegen. Dies beugt auch Krämpfen der Unterarme und Hände vor. Die Kletterroute muss vorher exakt begutachtet werden, um nicht auf halber Strecke wegen Griff- beziehungsweise Standmangel umkehren zu müssen und ein langsames und ruhiges Klettern gebietet sich von selbst.

Um sicherer zu sein sollte das Körpergewicht immer auf mindestens drei Punkten am Fels liegen. Man spricht auch von der Drei-Punkt-Klettertechnik wobei Tritte und Griffe vor Belastung auf Festigkeit und Tragfähigkeit zu prüfen sind! Das Gesicht liegt natürlich zur Wand, und einen Blick in die Tiefe sollte man meiden, speziell wenn man selbst nicht höhentauglich ist. Die Arme dürfen nicht weit Auseinander gestreckt werden. Hierdurch würde die Oberkörpermuskulatur zu stark beansprucht und zu schnell ermüden. Und zu zweit ist auch immer ein Anseilen anzuraten. Die vorauskletternde Person bindet sich das Seil entweder um die Hüfte oder bestenfalls in den Klettergurt mit ein. Die sichernde Person nutzt ebenfalls den Klettergurt und einen Karabiner, oder lässt das sichernde Seil wie beim Abseilen im Dülfersitz gestrafft um den Körper gleiten. Der Vorsteigende muss jedoch alle paar Meter das Seil an einem Fixpunkt sichern, um im Falle eines Sturzes nicht am Boden aufzuschlagen. Hierzu können neben Metallkeilen -stiften auch Felspoller, Klemmblöcke und Bäume zum Einsatz kommen. Beachte allerdings immer die Bruchlast eines Seiles und realisiere: Dynamische Seile dehnen sich um einen Sturz abzufangen.

Es gibt eine Vielzahl an Klettergriff- und Standvarianten. Grundlegend sind jedoch der Ober- Untergriff und der Stützgriff, bei welchem das Gewicht durch Aufstützen aufgenommen wird. Des Weiteren der Zuggriff, bei welchem man direkt dran hängt und die Klemmtechnik, bei welcher Körperteile in Hohlräume verkantet werden. Die Kamintechnik zum Aufsteigen von entsprechend breiten Kaminen sowie der Seit- Zangengriff oder der Aufleger. Bei kleinen Griffen oder auch Vorsprüngen kann der Daumen seitlich herumgelegt werden um die Grifffläche zu erhöhen, und die anderen Finger der gleichen Hand greifen daraufhin von oben den Daumen.

Um einer Übersäuerung der Muskulatur vorzubeugen sollte immer unterschiedlich gegriffen werden!

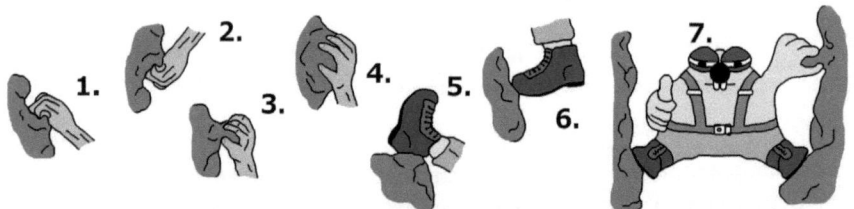

1. Ober- Zuggriff / 2. Unter- Stützgriff / 3. Zangengriff / 4. Aufleger /
5. Heel Hook / 6. Spitztritt / 7. Kamintechnik

Der Fußstellung kommt eine noch wichtigere Bedeutung zu, denn sie gibt dir die Stabilität. Je härter und steifer dein Schuh, desto stabiler bist du und auch kleine Tritte sind nutzbar. Idealerweise fasst die Schuhspitze den Fels. Innen- Aussenrist, aber auch die Hacke und Sohle sind ebenso möglich. Ob als Reibungstritt, bei welchem die komplette Sohle aufliegt, oder als Heel Hook, bei welchem mit der Ferse, mit dem Knie und Ellbogen geht es jedoch auch, hoch eingehakt wird.

Nutze deinen Körper ganz, dafür hast du ihn bekommen!

Zum Abseilen kommt unser Klettergurt oder der Dülfersitz zum Einsatz. Bei beiden Möglichkeiten sollte am Seilende ein Sicherungsschlag aufgesetzt werden, um ein Herausrutschen zu verhindern.

Dülfersitz
Das Seil wird so um den Körper gelegt, dass es von vorne zwischen beiden Beinen, mit dem Gesicht zum Hang, um einen Oberschenkel wieder nach vorn geführt wird. Danach verläuft es quer über die Brust und die Schulter, diagonal über den Rücken zur Bremshand. Das Seil wird unter Spannung gebracht, der Winkel des Körpers zur Wand sollte 45° betragen. Die Füße flach an der Wand anliegen sowie die Beine schulterbreit gespreizt und gestreckt gehalten werden. Streckt man den Seilarm nach außen und lockert den Griff, geht es abwärts. Zum Blockieren wird die Bremshand nach vorne gebracht und greift zusätzlich das gestrafte Seil. Die freie Hand dient zum Stabilisieren. Hier sollte jedoch langsam und kontrolliert abgeseilt werden, da es sonst durch die Reibungshitze zu Gewebsverletzungen kommt.

Zum behelfsmässigen Abseilen kann als einigermaßen sichere Methode auch ein selbstgeknüpfter Sitzgurt herhalten. Hierbei wird in ein fünf Meter langes Seil eine 25 Zentimeter große Schlinge eingeknüpft und die zwei entstandenen freien Enden hindurchgezogen. Die neu entstandenen Schlingen werden von hinten um die Hüfte gelegt. Die herabhängenden Enden führen zwischen den Beinen nach vorne durch die seitwärts ankommenden Schlingen, worauf sie im Hüftbereich mittels eines Spierenstiches verbunden werden. Ausgehend von diesem Knoten führt jedes Seil zurück zur seitengleichen Schlinge und wird dort auch mittels eines Spierenstiches gesichert. Die Seilenden sollten mit einem improvisierten Brustgurt, einer großen acht verbunden werden. Somit liegt der Anseilpunkt höher, was eine zusätzliche Sicherheit bedeutet. Nutzt du nur einen Sitzgurt, sollte keinerlei Gewicht auf dem Rücken getragen werden. Häng es ans Seil, lass es ab oder zieh es später hoch.
Zum Aufstieg an einem Seil oder an einem glatten nicht zu dicken Stamm kommt der Prusikknoten zum Einsatz. Man knüpft jeweils einen dieser Knoten in zwei Schlingen mit der Länge Fuß-Brust sowie Hüfte-Hals und lässt durch diese das "Seil" laufen. Mittels eines Ankerstiches oder einer Schlinge werden Schlaufen am anderen Ende geknüpft. Eine wird mit unserem improvisierten Sitzgut verbunden, während die andere für einen Fuß reserviert ist. Durch ein wechselseitiges Be-Entlasten sowie hochschieben des Prusiks am Führungsseil, kann sicher am Seil aufgestiegen werden. Um den Knoten hochschieben zu können, kann zum Lockern

des Knotens noch eine Handschlaufe beziehungsweise ein Karabiner eingeknüpft werden. Für diejenigen mit Körperspannung können auch zwei lange Fußschlingen genutzt werden, wobei aber das Seilende gut am Boden fixiert sein sollte.

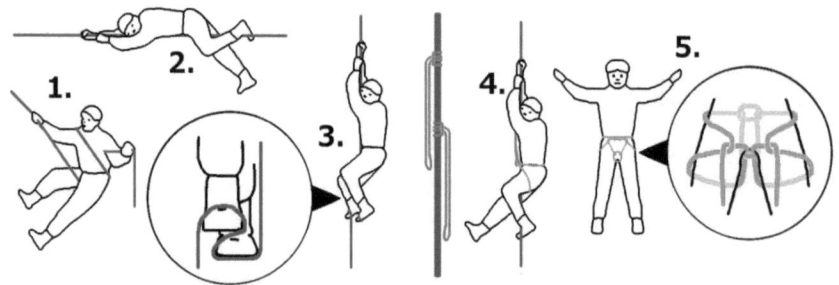

1. Dülfersitz / 2. Ranger Technik / 3. Aufstiegs-Klemmtechnik / 4. Aufstiegstechnik mit Prusik / 5. improvisierter Sitzgurt

Die einfachste und schnellste Art des Aufstieg am freien Seil basiert allerdings auf einer Klemmtechnik. Hierbei muss der Durchmesser des Seiles etwas größer sein, damit es gut gefasst werden kann. Es wird ziemlich hoch ins Seil gegriffen und dieses im Ansprung so zwischen die Füße geklemmt, dass es durch die gekreuzten Füße läuft. Um es einzuklemmen, muss ein Fuß das Seil auf seine Seite ziehen und auf den Rist des anderen Pressen.

Da wir jedoch auf unser Material angewiesen sind, sollte das Handling immer so sein, dass wir unser Seil auch mitnehmen können. Also, keine fest eingebundenen Fixpunkte beim Abseilen, die man von unten oder oben nicht lösen kann und Seilschutz ist angesagt. Als Möglichkeit könnte es als Doppelseil Verwendung finden. Nachher braucht man nur an einem Strang das Seil einholen. Ist das Seil beim Auf- oder Abstieg nicht lang genug, besteht die Möglichkeit sich in mehreren Etappen auf oder abwärts zu bewegen, indem ein Zwischenstand im Fels hergestellt wird. Aktionen mit Klemmknoten, wie das Umlegen von einem Gegenstand, mit unter den Windungen geklemmten Seil, sind mit größter Vorsicht zu genießen. Sie halten nur solange Zug darauf ist, oder wenn zu viele Windungen angelegt wurden, sind sie nicht einfach zu lösen. Eine andere Möglichkeit wäre das Befestigen des Seiles an einem Gegenstand mittels eines Schleifknotens. Am freien Ende wird eine dünne Schnur befestigt, welche auch über die Länge der Abseilstrecke reichen muss. Nun wird sich abgeseilt und unten angekommen, mithilfe der Schnur, der Schleifknoten oben am Fixpunkt gelöst.

Im Gebirge ist die Höhendifferenz entscheiden und nicht die Streckenlänge!

Die Unterkunft kann als Steinhütte, einfacher Windschutz, Höhle oder direkt an der Wand als Plattform ausfallen. Wärme muss jedoch immer zugeführt werden. Ein Hitzereflektor sowie ein Wind- Wetterschutz sind unumgänglich.

Die Ernährung wird in diesen Gegenden hauptsächlich aus tierischen Produkten bestehen. Bergziegen und Schafe sind, neben kleinerem Getier und Vögeln sowie einigen wenigen Pflanzen, meist die einzige Nahrungsquelle. Eine Höhle ist jedoch auch bewohnt. Spinnen, Käfer aller Art, Höhlenwassertiere, Fledermäuse, Kröten, Salamander, ... und auch größeres. Der Weg ins Tal bringt dir allerdings immer eine höhere Nahrungsauswahl und mehr Wasser.

Die "Hygiene" entspricht auch den kälteren Gefilden.

Dschungelgebiete
Im engeren Sinne wird mit diesem Begriff ein dichter feuchtwarmer Wald, speziell der Urwald asiatischer Länder angesprochen.

Die Gegend zeichnet sich meist durch einen undurchdringlichen, dornigen und zähen Bewuchs aus unter dessen Blattwerk nur mit Dämmerlicht gerechnet werden kann. Eine hohe Temperatur und eine drückend schwüle Feuchtigkeit mit starken, oft lange anhaltenden Regenfällen, sind grundlegend für eine Vielzahl Parasiten und Insekten.

Die Gefahren in diesem feuchtwarmen Milieu liegen hauptsächlich begründet in den vorliegenden klimatischen Verhältnissen mit den Unwettern, der Tier- und der Pflanzenwelt. Es drohen Hitzeschäden, Dehydration und Krämpfe. Folgend die Tierwelt mit ihren Reptilien, Parasiten und Insekten die ebenso wie Pflanzen Reiz- und Kontaktgifte in sich tragen. Kleidung und das Equipment sollte regelmäßig, insbesondere nach der Schlafphase, auf unliebsame Untermieter abgesucht werden und Wunden gehören behandelt, um eine Infektion zu vermeiden. Dies bedeutet jedoch nicht, dass durch Prädatoren wie Leoparden, Löwen, Tiger, Krokodile und andere Tierarten keine Gefahr droht.

Die Orientierung gestaltet sich je nach Dichte des Bewuchses etwas schwierig. Mit einem Kompass ist das Einhalten der groben Marschrichtung jedoch möglich, auch wenn man sich den Weg freischlagen muss. Wasser bringt dich jedoch immer zu bewohnten Orten. Ansonsten versuche von einem hohen Standpunkt aus einen Überblick über die Umgebung zu bekommen um eine Übersichtskarte anzulegen.

Die Fortbewegung ist nicht so einfach wie man es sich denkt. Durch das dichte Blattwerk ist es meist auch am Tage sehr schummrig und es geht viel Kraft sowie Flüssigkeit und Zeit verloren wenn man versucht sich seinen Weg durch den Dschungel zu bahnen. Natürlich besteht die Möglichkeit, Telefon- Stromleitungen, oder was wahrscheinlicher ist, Tierpfaden die in die Marschrichtung verlaufen, zu folgen. Marschiere aber nur tags, nutze einen Stock um Vegetation zur Seite zu drücken und zur Verteidigung. Beachte auch von Eingeborenen ausgelegte Fallen. Ein Laufen auf Anhöhen wird dir nicht nur durch den besseren Geländeüberblick leichter fallen, hier existiert meist auch weniger Vegetation und Sumpfgelände, auch ist die Plage etwaiger Insekten geringer. Beachte beim Marschieren aber die vorhandene Vegetation. Messerscharfe Grassorten können dir die Bekleidung und die Haut zerschneiden. Trage geschlossene Kleidung, beachte auch den Übergang Hose-Schuh-Socken.

Die beste Möglichkeit der Fortbewegung ist immer noch das Befahren von Flüssen, denn Wasser bringt einen in diesen Gegenden immer zu Menschen und liefert durch die in ihm lebenden Bewohner auch Nahrung. Ein in der Regel sehr leichtes Vorankommen. Vermeide aber den Wasserkontakt, denn auch hier gibt es Jäger. Es sollte zudem nur am Tage gefahren werden um Stromschnellen und Wasserfällen, welche sich durch ein starkes Rauschen und Zunahme der Fließgeschwindigkeit ankündigen, rechtzeitig erkennen und ausweichen zu können.

Solltest du schwimmen, denke an die vorhandenen Prädatoren wie beispielsweise Krokodile. Sie reagieren auf planschende Bewegung, gleite langsam in das Wasser, bewege dich ebenso langsam oder treibe. Somit wirst du auch nicht angegriffen.

Die Unterkunft sollte nie unter toten oder Früchte tragenden Bäumen, in der Nähe von sumpfigem Gelände oder vielleicht sogar in trockenen Flussbetten angelegt werden. Ein offener, höher gelegener Bereich wäre die beste Lösung, denn wer will schon erschlagen, ausgesaugt oder weggespült werden. Zum Glück steht einem hierzu eine breit gefächerte Auswahl an Baumaterial zur Verfügung. Palmwedel, Blätter und Farne in immenser Größe. Erhitzt man Steine und röstet die Palmwedel darauf erhält man sogar eine Art wasserdichte Schindeln, welche gerade in diesen regenreichen Bereichen von Vorteil sind. Unumgänglich ist aber das Anlegen eines Wasserablaufgrabens um das Lager. Es sollte nie direkt auf dem Boden geschlafen werden, da man sonst mit Schlangen, Blutegeln, Zecken, Ameisen und anderem Getier, welche durch die Körperwärme angezogen werden, sowie der Feuchtigkeit um den Schlafplatz kämpfen muss. Eine erhöhte Schlafposition kann durch ein improvisiertes Bettgestell oder eine Hängematte angestrebt werden. Zum Schutz vor brummenden Stechplagen bietet sich ein Moskitonetz, ein rauchendes Feuer oder eine Schlammschicht an. Durch die schnell hereinbrechende Nacht sollte die Suche nach einem Lagerplatz allerdings vor Sonnenuntergang abgeschlossen sein. Es bietet sich an, das Unterholz im näheren Umkreis zu entfernen, damit Tiere keine Versteckmöglichkeit besitzen, ein Fluchtweg angelegt ist und die Lagerstelle besser erkannt werden kann.

Die Ernährung sollte kein sonderlich großes Problem darstellen. Wasser und auch Nahrung sind in der Regel im Überfluss vorhanden. Leider gibt es starke regionale Unterschiede, was die Giftigkeit von Pflanzen und auch Fischen angeht. Was an einem Ort ungiftig ist, kann ein paar Kilometer weiter giftige Ausmaße besitzen. Die weiße Mangrove führt zu Blindheit, Nesselbäume verbrennen die Haut, die „Pangi" Pflanze enthält Blausäure und Dornäpfel sind hochgiftig um nur einige zu nennen. Jedoch, alles was Affen verzehren ist auch für den Menschen geeignet.

Die Hygiene ist durch massenhaft vorhandenes Wasser ein Einfaches. Koche es jedoch immer vorher ab, um die Parasiten abzutöten und kümmere dich um jede kleine Wunde, den Keime lieben Wärme und Feuchtigkeit.

Wüstenregionen

Sand, Hitze, Kälte, Steine, Salzseen und Trockenheit. Klingt eigentlich nicht gerade sehr lebensfreundlich. Allerdings sind ungefähr ein drittel der Erdoberfläche mit ihr bedeckt. Bei den größten und bekanntesten Wüsten handelt es sich um die Sahara, die Gobi, die australische sowie die arabische Wüste.

Die Gegend ist nicht von Grund auf als tot anzusehen. Der Mensch hat es immer verstanden vorhandene Möglichkeiten zu nutzen. Beduinenstämme beweisen, dass selbst in diesen Gebieten, sei es eine Sand-, Salz- oder Steinwüste, Leben möglich ist. Manchmal trifft man auf etwas Vegetation, ein anderes mal findet man gar nichts. Aber eines ist allen Wüstenarten gleich, eine hohe Temperatur am Tag, eine sehr kalte Nacht sowie ein Mangel an Wasser und an höherwertigen Pflanzen.

Die Gefahren der Hitze liegen in der Verbrennung und allen Hitzeschäden, dem Verblitzen der Augen, der Dehydration und dem Verdursten. Nachts wird es jedoch auch bitterkalt. Hinzu kommen die Parasiten wie Fliegen, Moskitos, Sandflöhe aber auch giftigen Bewohner wie Skorpione, Spinnen, Kaimane, Schlangen und auch größere Prädatoren.

Durchschnittliche Überlebenszeiten						
Temp. / Schatten	0 l	1 l	2 l	4 l	10 l	20 l
49 ° C	2 T	2 T	2 T	2 ½ T	3 T	4 ½ T
43,3 ° C	3 T	3 T	3 ½ T	4 T	5 T	7 T
37,7 ° C	5 T	5 ½ T	6 T	7 T	9 ½ T	13 ½ T
32,2 ° C	7 T	8 T	9 T	10 ½ T	15 T	23 T
26,5 ° C	9 T	10 T	11 T	13 T	19 T	29 T
21 ° C	10 T	11 T	12 T	14 T	20 ½ T	32 T
15 ° C	10 T	11 T	12 T	14 T	21 T	32 T
10 ° C	10 T	11 T	12 T	14 ½ T	21 T	32 T

C = Celsius   Temp. = Temperatur   l = Liter   T = Tag

Sandstürme mit ihren bis zu 120 km/h und Luftspiegelungen erschweren einem das Leben zusätzlich. Primär ist jedoch das Wasser das Wichtigste. Auch in der Wüste kann es zu Regengüssen kommen, die Bereiche kurzfristig aufleben lassen, bevor sie wieder sprichwörtlich zu Staub werden. Trage idealerweise helle, lange, locker sitzende Kleidung. Sie besitzt einen besseren Kühlungseffekt. Gleichzeitig schützt sie unter anderem vor Sonnenbrand und Insekten. Dein Körper und der Kopf müssen ständig bedeckt sein, denn Kleidung verhindert auch die schnelle Verdunstung des Schweisses. Vielleicht ist es dir ja angenehmer ohne Shirt, aber du verlierst mehr Feuchtigkeit und bekommst einen Sonnenbrand. Bewege dich langsam, ohne Hektik in den kühlen Stunden. Ungeniessbare Flüssigkeit kannst du durch befeuchten der Kleidung zum kühlen nutzen. Hierdurch verlierst du weniger Flüssigkeit und Mineralien. Schütze auch deine Augen, krieche nach Möglichkeit nicht auf dem Boden und hebe nichts auf, beziehungsweise greife nicht unter Steine.

Die Orientierung ist durch den meist klaren Sternenhimmel einfach. Zu beachten ist bei Distanzberechnung, dass angepeilte Gegenstände speziell bei hoher Temperatur immer näher erscheinen als sie sind. Multipliziere somit die geschätzte Entfernung mit drei.

Die Fortbewegung sollte nach Möglichkeit zur Flüssigkeitsersparnis aber auch als Gegenmaßnahme zur Kälte, ebenso wie alle Arbeitsmassnahmen, nur in den späten Abend- oder frühen Morgenstunden geschehen. Tagsüber herrscht die Hitze, nutze sie und ruhe im Schatten.

Passe deine Aktivität den Gegebenheiten an!

Laufe langsam, rede nur wenn nötig, atme durch die Nase und mache öfter Pausen. Spare Energie wo es nur geht. Nacken und Kopf, auch die Augen, müssen ständig geschützt sein und, um Kühlung zu gewährleisten, muss die Haut ständig feucht gehalten werden. Trinke, wenn möglich, regelmäßig in kleinen Schlucken, denn eine Dehydrierung macht sich nicht zwangsläufig durch Durst bemerkbar. Nutze den leichtesten Weg, bewege dich zwischen Dünen, oder an deren windabgekehrten Seite. Musst du Sanddünen bewältigen geschieht dies bestenfalls seitwärts gehend, damit die Fußspitze nicht ständig einsinkt. Vermeide jedoch Treib- sowie lockeren Sand und beachte bei Gefälle, dass Gewicht, welches man mit sich trägt, einen bei falscher Technik rasch den Berg hinunterzieht.
Folge, wenn vorhanden, Trampelpfaden, Karawanenwegen, Zivilisationsspuren wie Eisenbahngleisen, Pipelines sowie Bewässerungsgräben, und beachte das Verhalten von Tieren, um Wasser zu finden. Bleibe dann nach Möglichkeit dort und warte auf Hilfe. Flussbetten sollte nur in Küstenregionen in Fließrichtung gefolgt werden, ansonsten gehe immer Richtung Quelle, denn mitten in der Wüste wird ein solcher Wasserlauf versacken, oder in ein nur zeitweilig vorhandenes Seebecken fließen.
Suche bei einem Sandsturm schnellstmöglich Deckung auf. Selbst ein Hinlegen, bäuchlings, mit dem Kopf zur windabgewandten Seite, bietet Schutz. Zudem sollte

das Gesicht, speziell die Augen und Atemorgane, mit Stoff geschützt werden. Wirst du zugeweht, grab dich aus und lege dich wieder obenauf.

Im Treibsand, aber auch in Sumpf oder Moorgebieten, empfiehlt es sich mit einem unterarmdicken Gehstock den Boden abzutasten. Solltest du trotzdem versinken, bewege dich langsam, dies lässt dich Kräfte sparen, welche du benötigst und bringt dich durch die Viskosität des Mediums genauso schnell vorwärts. Versuche immer eine größtmögliche Auflagefläche zu erreichen, denn je kleiner diese ist, je stärker du dich gegen das Medium wehrst, desto schneller versinkst du. Lege dich mit der Hüfte über deinen Gehstock, um das Einsinken zu verhindern. Dann wird langsam ein Bein nach dem anderen herausgezogen, bis man völlig flach auf dem Stock liegt und nimm den kürzesten Weg heraus. Zur Sicherheit sollte in diesen Bereichen, bei größere Gruppen, im Abstand gelaufen und eine Seilsicherung eingesetzt werden. Bei all den Möglichkeiten sollte jedoch nie vergessen werden, das eigene Gewicht zu reduzieren, indem die Ausrüstung auf einer Art Schlitten gezogen und auch die Trittfläche vergrössert wird. Bereiche mit Salzseen sind meist von viele Parasiten bevölkert. Die trockene Luft reizt und zieht dir mit dem Salz viel Flüssigkeit aus dem Körper und deine Ausrüstung wird auch sehr stark beansprucht werden.

Die Unterkunft ist ein Einfaches, ein Eingraben in den Wüstensand reduziert den Schweißverlust und bringt den Körper von der Oberfläche und aus der Sonne. Hast du jedoch Schatten ist die Temperatur über dem Wüstenboden kühler. Schon 15 Zentimeter über dem Wüstenboden bedeutet 10° Celsius kühler. Sorge deshalb für eine leicht erhöhte Position im Schatten an welcher der Wind für Kühlung sorgen kann, denn hier sinkt dein Wasserverbrauch um das Dreifache. Wird das "Dach" doppelt gehalten, sorgt der Zwischenraum ebenfalls für kühlere Temperaturen. Baue jedoch nie in trockenen Flussläufen, sie können sehr schnell zur Todesfalle werden. Meide tagsüber Felsennähe, da diese Hitzespeicher sind, suche sie aber nachts auf, um Wärme zu erlangen. Vielleicht gräbst du dich auch in den Sand ein oder startest ein Feuer mit Holz, Knochen, trockener Vegetation, Kameldung, Benzin oder Tierfett.

Nutze jedwede Wärmequelle ganz aus, um die Nacht zu überstehen!

Die Ernährung gestaltet sich etwas schwierig. Schlangen, Echsen und eventuell Kleingetier muss man sich erstmal in der Hitze verschaffen. In unmittelbarer Nähe von Wasserquellen wird man aber immer auch Nahrung finden. Seien es Affen, Kaninchen, Igel, Stachelschweine, Ratten, Falken, Geier, Fische oder Wölfe. Leider kann das Fleisch durch den ständigen Wärme-Kälte Wechsel nicht besonders lange aufbewahrt werden. Was aber auch nicht schlimm ist, durch die Hitze wird dein Appetit gesenkt sein. Auch junge Triebe, Samen, Feigen, Datteln, der Yams, die Passionsfrucht, der Johannesbrot- und der Affenbrotbaum, die Kokospalme, die Guave oder Meeresfrüchte sind mögliche Nahrungsquellen.

Befindest du dich in der Phase der Dehydration, trinke langsam, Erbrechen droht!

Wasser kann aus dem Fleisch vieler Kakteenarten gewonnen werden, es sollte aber als Grundregel, immer wenn es milchig ist, durch Verdunstung aufbereitet werden. Gleichzeitig kann, in trockenen Bachbetten an der tiefsten Stelle der Biegung, am Hügelfuß oder in Schluchten, nach Wasser gegraben werden. Stößt man auf nassen Sand, einfach warten und das Wasser einsickern lassen. Fliegen über dem Boden deutet in diesen Bereich fast immer auf Wasser hin und Palmen benötigen einen Wasserspiegel in 0,6-0,9 Meter tiefe, Pappeln und Weiden von 3-3,6 Meter.

Beobachte die Tiere und Pflanzen, denn auch sie benötigen Wasser!

Die Hygiene muss hier zwar ebenso groß geschrieben werden wie sonst auch, aber verschwende kein Wasser. Ein Abreiben des Körpers, ein Ausschütteln und Lüften der Kleidung sind besser als gar nichts. Ausscheidungen und Abfälle sollten zudem tiefer eingegraben werden, damit sie nicht durch Stürme wieder freigelegt werden und somit auch Kleingetier anzieht. Doch ist das nicht auch ein Vorteil wenn sich deine Nahrung im "Vorgarten" aufhält?

Gewässer überqueren

Zur Überwindung von Gewässern können verschiedene Methoden angewandt werden. Sie sind abhängig von der Breite, der Tiefe, der Strömung, der Temperatur und auch der Tierwelt. Eine Voraberkundung im entsprechenden Gewässerabschnitt wäre somit als Grundvorraussetzung anzusehen. Zusätzlich sollte der Ein- sowie der Ausstieg gefahrlos möglich sein und nicht vor einer Flussverengung oder einem Wasserfall ein Überqueren versucht werden.

Flüsse, speziell Gletscherflüsse, wechseln im Laufe des Tages den Wasserstand und die Wasserwucht. Was vormittags noch als "Rinnsal" tropfte kann nachmittags schon der reißende Gebirgsbach sein. Speziell im Bereich Wildwasser können Strudel, Löcher, Unterspüllungen und Walzen ein unkalkulierbares Risiko mit sich bringen. Auf der anderen Seite können langsam fließende Gewässer durch Schwemmsand und Schlamm ebenso gefährlich sein. Suche dir somit immer den breitesten und seichtesten Abschnitt sowie die Zeit mit dem geringsten Wasserstand zu einer Überquerung aus. Wate nie barfuß und bereite dich auf einen Sturz im Wasser vor. Nutze einen Stock und taste damit den Gewässergrund ab, um Untiefen und Ausspülungen rechtzeitig zu erkennen. Gleichzeitig bricht man mit ihm im Vorfeld die Wasserwucht. Die Blickrichtung sollte somit Stromaufwärts gerichtet werden, um auch antreibende Hindernisse rechtzeitig zu erkennen. Springe jedoch nie von Stein zu Stein, bewege dich dazwischen, setze einen Fuß nach dem anderen und gerätst du in Schlamm, verhalte dich wie im Sumpf.

Biete der Wasserwucht so wenig Angriffsfläche als möglich!

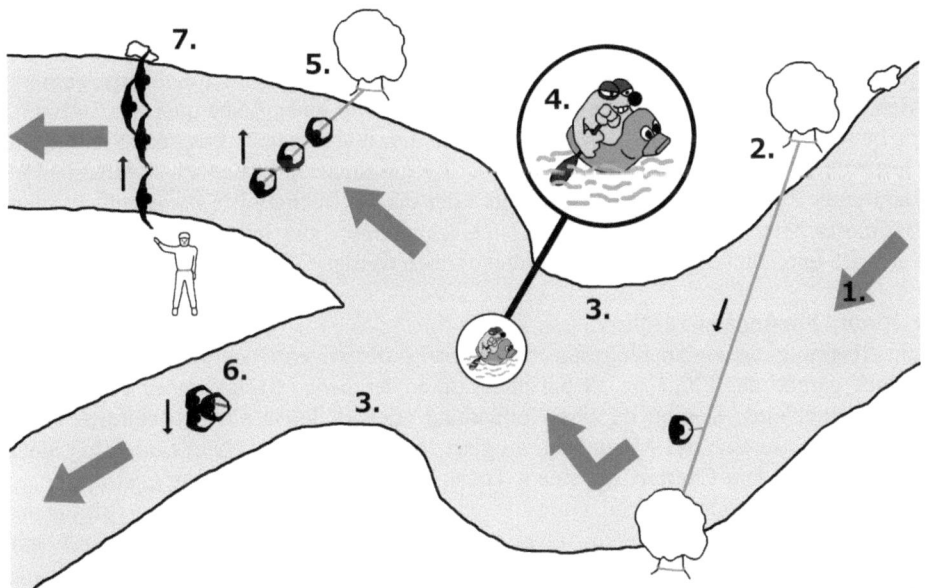

1. Hauptströmung / 2. Seilsicherung / 3. Strömungsreduzierter Bereich / 4. Swift Water Master /
5. Seilpendel / 6. Strömungskeil / 7. Strömungsreihe

Ziehe die Kleidung aus und ziehe sie mitsamt deinem Material auf einem kleinen Floß,
wasserdicht verpackt hinterher. Legst du dich mit dem Oberkörper drauf und paddelst
mit den Beinen erspart dies Kraft, lässt dich jedoch auch weiter abtreiben.
Um diese Abdrift zu berechnen wird die Zeit gestoppt, welche ein schwimmender
Gegenstand für eine bestimmte Strecke benötigt. Bezogen auf die Breite des Flusses
und den eigenen Fitnesszustand hat man die Abdrift. Diese Zahl gibt dir die Entfernung,
welche die Flussaufwärts gelegene Einsatzstelle bezeichnet, um genau an dem jetzt
gegenüberliegenden Ufer anzukommen. Für Rechenfanatiker gibt es auch wieder eine
Formel.

$$A : B \cdot C = \text{Abdrift}$$

A = Strömungsgeschwindigkeit (m/sec)
B = Geschwindigkeit des Schwimmers (m/sec)
C = Flussbreite

Die Durchschnittsgeschwindigkeit eines Schwimmers in Kleidung beträgt ungefähr 0,5
Meter in der Sekunde. Da die Geschwindigkeit der Strömung in den verschiedenen
Flussabschnitten jedoch unterschiedlich ist, gibt diese Berechnung nur eine grobe
Übersicht über die Abdrift.

271

Zum Übersetzen einer Gruppe wäre ein gespanntes Seil ideal. Gesichert passiert der Erste das Hindernis und befestigt das Seil am anderen Ufer. Die Gruppe folgt am Seil gesichert wobei der Letzte sich das Seil umbindet und auch gesichert hinübergelangt. Mehrere Personen können auch versuchen den Fluss in einer Reihe quer zur Strömung zu bewältigen, wobei natürlich die stärksten die Wasserwucht brechen. Sind Breite Gewässerabschnitte zu bewältigen, oder will man einen einfachen Fluss hinabfahren, kann unter Zeiteinsatz ein Floß, ein Boot oder eine Schwimmhilfe hergestellt werden. Bei dieser Möglichkeit können auch Nichtschwimmer oder leicht in Panik geratende Personen unter ständiger Kontrolle mitgenommen werden.

Luftnot / Sprünge aus Höhe
Ein Absprung aus einem Flugzeug mag in einem derartigen Buch absurd vorkommen. Jedoch gerade das Flugzeug ist ein meist unumgängliches Mittel zur Erreichung des Trekkinggebietes. Kommt da eine Notlandung oder vielleicht ein Fallschirmabsprung nicht in den Bereich des Möglichen? Logischerweise nicht bei einem Linienflug, doch wie ist es mit dem Charterflug, einem Transporthelikopter in Richtung Gletscher, … . Vielleicht springt man aber auch nur von einer Klippe in das verwunschene Tal. Ebenso bedingen Sprünge aus geringen Höhen auch nicht immer einen Fallschirm. Somit kann der Landefall auch anderweitig eingesetzt werden.
Notfallschirme sind in der Regel als Automatikschirme, mit der Form einer Rundkappe, ausgelegt. Dies bedeutet, dass sich der Springer vor dem Absprung mit einem Karabiner am Flugfahrzeug einhakt. Dieser löst automatisch die Öffnung des Packsackes aus, worauf sich der Hilfsschirm mittels einer Feder aus der "Verpackung" katapultiert und, durch den Luftwiderstand unterstützt, den Hauptschirm aufspannt. Eine andere Variante sind Fallschirme mit Höhenmesser, die bei Erreichen einer Mindesthöhe den Schirm auslösen, oder man zieht die Reißleine beziehungsweise den Hilfsschirm selbst.

Öffne den Schirm sofort nach Verlassen des Flugfahrzeuges und prüfe die Kappe vier bis fünf Sekunden nach Auslösung auf ihre volle Entfaltung!

Springt der Hauptschirm nicht aus dem Packsack ist unverzüglich der Reserveschirm zu nutzen. Beim Entfalten des Hauptschirmes kann es aber auch zu Fehlentfaltungen kommen. Es können sich einzelne Fangleinen über der Kappe befinden, was als Fahne bezeichnet wird. Dies erhöht die Sinkgeschwindigkeit, was entweder hingenommen werden muss, oder man wirft mit den Schnellöffnungsverschlüssen den Hauptschirm ab und zieht den Reserveschirm. Reist eine Fallschirmbahn ein, sollte umgehend versucht werden, die entsprechende Bahn durch überkreuzen der umseitig liegenden Fangleinen einigermaßen zu schließen. Haben sich die Fangleinen durch falsche Absprungposition verheddert können sie durch Auseinanderziehen der Fangleinenbündel gesetzt werden. Zum Steuern der Rundkappe, auch "Slippen" genannt, werden die Fangleinenbündel herabgezogen. Die sich verändernde Winddrift, verändert auch die Richtung. Um nach vorne zu steuern, sind die beiden vorderen Fangleinenbündel herunterzuziehen. Zieht man die beiden hinteren herunter geht es nach hinten, werden die beiden rechten gezogen geht es nach rechts, und die beiden linken bringen uns natürlich nach links. Es kann aber auch schräg geslippt werden, indem das jeweilig einzelne Fangleinenbündel, welches in der normalen Position auch die Richtung angibt, heruntergezogen wird. Das Slippen erhöht jedoch auch die Sinkgeschwindigkeit und ein ruckartiges Loslassen der Fangleinen führt zu einem unkontrollierten Pendeln. Hindernisse wie Wasser, Bäume und Hochspannungsleitungen erfordern ein spezielleres Verhalten.

Wasserlandungen sind extrem gefährlich, da es meist an Objekten zum Vergleich der Höhe mangelt. Ist sie unumgänglich, sollte der tiefste Bereich (dunkles Wasser) angepeilt und schwere, entbehrliche Gegenstände in der Luft abgeworfen werden. Das Zentralschloss des Schirmes ist zu entsichern und bei Fußkontakt mit dem Wasser auszulösen um aus dem Gurtzeug gegen die Strömung wegtauchen zu können. Ein zu tiefes Eintauchen kann durch Abspreizen der Extremitäten nach dem Wasserkontakt vermieden werden.

Baumlandungen erfordern ein weitaus größeres defensives Verhalten. Tannen- oder Fichtenareale sind wegen ihren herabhängenden Ästen und dem weicheren Holz zu bevorzugen. Bei der Landung formt man mit dem Körper eine "Kugel". Hierzu werden die Knie zur Brust gezogen und mit beiden Armen umfasst. Der Kopf wird geneigt, so dass das Gesicht geschützt ist, wobei durch die leicht geöffneten Beine der Landungsbereich beobachtet wird. Es wird gewartet bis man ruhig im Gurtzeug hängt oder der Landefall vorbereitet werden muss.

Hochspannungsleitungen sollten durch pendelnde Bewegungen passiert werden. Es muss unbedingt vermieden werden zwei Drähte gleichzeitig zu berühren. Hierzu wird der Körper gerade gemacht, man greift hoch in das Gurtzeug und bringt sich in pendelnde Bewegung, um zwischen den Drähten durchzugleiten.

Der Blick sollte immer geradeaus sein um die Höhe mit der Umgebung einschätzen zu können. Beim Landefall sollten dann sämtliche Gelenke aus der Fallrichtung gebracht und die Auftreffenergie in eine Abrollbewegung umgesetzt werden. Hierzu treffen nacheinander der Aussenrist des Landefußes, der entsprechende Unterschenkel, der Oberschenkel, die Gesäßseite sowie die Schulterblattmuskulatur auf dem Boden auf. Idealerweise sollten die Landung deshalb immer seitlich durchgeführt werden. Gleitet man vor- oder rückwärts kann eine seitliche Körperdrehung den Landefall einleiten. Die Ellbogen zeigen dabei nach vorne, der Kopf gehört auf die Brust, die Beine geschlossen und in die Fallrichtung leicht gebeugt.
Bei starkem Wind besteht zusätzlich die Gefahr am Boden mitgeschleift zu werden. Dies kann umgangen werden, indem der Landefall so ausgeführt wird, dass die Energie genutzt wird, um gleich wieder auf die Beine zu kommen. Jetzt noch schnell die Kappe umlaufen und sie fällt zusammen. Eine andere Möglichkeit wäre, zumindest einen der

beiden Schnellauslösehaken der Leinenbündel oder aber das Zentralschloss zu öffnen und sich während der Schleifbewegung aus dem Gurtzeug zu rollen.

1. Slippen nach hinten / 2. Slippen nach vorne / 3. Slippen nach rechts vorne / 4. Slippen nach links vorne / 5. Slippen nach rechts hinten / 6. Slippen nach links hinten / 7. Slippen nach rechts / 8. Slippen nach links / 9. Körperhaltung bei Hochspannungsleitungen / 10. Körperhaltung bei Baumlandung / 11. Landefall immer in Bewegungsrichtung

Bei einem Sprung auf Wasser ohne Schirm sollte die tiefste Stelle angepeilt werden. Springe aber mit überkreuzten, geschlossenen Beinen und den Füßen voran. Die Arme verschränken sich vor dem Brustkorb. Verlässt du ein fahrendes Kfz oder einen Zug wird nach dem Öffnen der Türe ein Absprungwinkel genommen, welcher einen aus der Bahn des Fahrzeuges bringt. Schütze den Kopf, bringe die Knochen sowie die Gelenke aus der Fallrichtung und bedenke: Die Fliehkraft wird dich über den Boden rollen.

Arbeite nie gegen die Fliehkraft, den so verpufft die Energie!

Wähle den Ort des Absprunges gut aus, denn es ist ein kleiner Unterschied zwischen Beton, Holz, Gras und Matsch. Bei geringen Geschwindigkeiten kann auch im Laufen nebenher ausgestiegen werden. Halte dich dazu am Fahrzeug fest und fange in der Luft an zu laufen. Setze einen Fuß nach dem anderen auf und nimm die Geschwindigkeit auf, bis du mit dem Fahrzeug gleichstehst bevor du loslässt. Siehe hierzu auch im Kapitel Katastrophen - Begegnungen.

Bist du in der Lage dir und anderen zu helfen?

Kannst du dich nach den Sternen Orientieren?

Feuer ohne Hilfsmittel starten?

Kennst du essbare Pflanzen?

Wie kommst du an tierische Nahrung oder überstehst die Nacht?

Weisst du wie du Wasser aufbereitest?

Wie stark bist du im Improvisieren?

Und?

Was sagst du, wie oft musstest du gerade Überlegen?

Glaube an die Rettung!
Vertraue auf dich, deine Ausrüstung
und dein Können,
denn Angst ist oft der Anfang der
Selbstvernichtung!
Trainiere in den Bereichen in denen du
unsicher bist und setze dich mit deinen
Ängsten auseinander. Sonst hast du schon
verloren!

Ufniarz, Jean

19. ANHANG

In diesem Bereich sind verschiedene Checklisten aufgeführt, welche in diesem Buch angesprochen wurden. Beginnend mit dem First und Second Line, Planungs- Wirkstoff-Pflanzenliste sowie die Lösungen zu den Übungen im Buch.

First und Second Line
Aus dem militärischen übernommen wird deine Ausrüstung in zwei unterschiedliche Bereiche eingeteilt. Das Second Line betitelt alle Dinge welche nicht unmittelbar zum Überleben notwendig sind. Das First Line bezeichnet die zum Überleben notwendigen Materialien. Deshalb werden diese Set's unabhängig voneinander gepackt. Im Falle des Verlustes der Ausrüstung ist das Notwendigste noch vorhanden. Hierzu muss das First Line aber auch immer an der Person getragen werden.

Jedes Set muss auf den individuellen Bedarf zugeschnitten sein!

Das First Line soll dein Überleben auf die Zeit bis zum erreichen der "Zivilisation" oder Eintreffen des Rettungspersonals sichern, beziehungsweise deine Chancen verbessern. Manche kommen mit mehr, manche mit weniger oder anderem Material besser zurecht. Was in so ein Set hineingehört, ist der Vorliebe des Nutzers überlassen und sollte gut überlegt sein. Jedoch geben die Grundelemente des Überlebens die Richtung vor. Das Gebiet, die Klimatischen Verhältnisse und deine Vorlieben werden in die Entscheidung mit einfallen. Wähle aus, vervollständige, reduziere und packe!

First Line		
Rettungsdecke	Gewebetape	Notsignalgerät-Munition
Taschenlampe mit Batterien	Weltempfänger mit Batterien	Signalpfeife
Hilfsmittel zum Feuer starten	Ersatzbatterien oder Solarladegerät	Kondome
Robuste Nylonschnur	Ersatzkarte mit Kompass	Spiegel
Draht	Lupe	Nähnadeln und Garn
Angelsehne und Haken	Plastiktüten (Zip Loc's)	Notfallshelter/Poncho
Taschensäge	Skalpell (Klinge)	Handy
Bleistift/Papier	Schmerzmedikament	Kleingeld

Ein Wasserbehälter, ein Gebrauchsmesser sowie deine Eiserne Ration vervollständigt diesen Bereich deiner Ausrüstung.

Notnahrung		
Teebeutel	Fleischbrühwürfel, Fertigsuppe	Schokolade
Kaffeepulver	Dehydrierte Nahrung (Hartkekse)	Wasserentkeimungstabletten

Mit diesen „Schlemmereien" überstehst du die schwierige Anfangszeit und kannst dich sammeln. Die eingepackte Notnahrung sollte jedoch kalt sowie warm gegessen werden können.

Einzelne Teile der oben aufgeführten Ausrüstung werden wahrscheinlich sowieso bei deiner Tour dabeisein, diese brauchen natürlich nicht nochmal eingepackt werden, den:

First und Second Line muss sich ergänzen!
Das First Line muss jedoch auch einzeln dein Überleben absichern!

Wenn du nur 10 Dinge in dein First Line packen dürftest. Stelle dir die Frage:

Was würdest du mitnehmen?

Was brauchst du davon wirklich?

Wasserdicht verpackt und in einem entsprechenden Behälter gelagert, welcher eventuell auch als Topf verwendet werden kann, bist du gerüstet. Damit die Teile nicht vor sich hinscheppern, können sie in ihrem Behältnis in Watte gepackt werden, welche zudem auch als Zunder zur Entfachung eines Feuers genutzt werden kann.

Lege Wert auf gute Qualität deiner Ausrüstungsteile, denn diese müssen stark beanspruchbar sein, da sie dem Wetter „ausgeliefert" sind!

Stelle deine Emergency Ausrüstung mit Verstand zusammen, sie stellt unter Umständen das letzte Hilfsmittel zum Überleben dar.
Aber was spricht eigentlich dagegen sich ein solches Notpack auch für den heimischen Bereich zu erstellen? Was wäre mit einem Stromausfall, einer Nahrungsmittelknappheit, das Gas bleibt aus oder einer Fahrzeugpanne im Winter?

PLANUNGSLISTE - REISE		
Zeit	Beruf?	Dauer der Reise?
Finanzen	Geldwert?	Arbeitsaufenthalte?
Gesundheit	Chronische Krankheiten?	Vorsorgeuntersuchungen?
	Sonstige Krankheiten?	Impfungen?
Persönliche Eignung	Krankheiten?	Gelassenheit?
	Medikamente?	Improvisationstalent?
	Kontaktfreudigkeit?	Prestige-Luxusverzicht?
	Optimismus?	Sprache?
Reiseziel	Persönliches Interesse?	Persönliche Eignung?
	Reisemittel?	Körperliche Verfassung?
	Kosten?	Dauermedikation vor Ort?
Reisezeit	Haupt– Nebenreisezeit?	Geldmittel?
	Wetterlage?	
Reisedauer	Offen?	Festgelegt?
Reisemittel	PKW (eigen / fremd)?	Zu Fuß?
	Öffentliche Mittel - Bus , Bahn, ...	Kanu?
	Motorrad (eigen / fremd)?	Karawane?
	Fahrrad (eigen / fremd)?	
Familie	Leidet die Familie drunter?	Kinder mitnehmen?
Haustiere	Einreisebestimmungen?	Landesgewohnheiten?

PLANUNGSLISTE - KOSTEN		
Laufende Kosten	Versicherungen	Miete
(Heimat)	Telefon	Zeitung
	Strom	Wasser
Vorkosten	Dokumente	Ausrüstung
	Impfungen	Versicherungen
	VISA	Gepäckversicherung
	Medikamente	Ärztliche Beratungen
Transportkosten	Flug- Airpass	Zug
	Grenzgebühren	Fähre
	Benzin	Schiff
	Mautgebühren	Motorrad
	Bus	PKW

278

	Mietwagen	
Lebenshaltung	Verpflegung	Unterkunft
Sonderkosten	Eintrittsgelder	Ausrüstungsausgaben
	Medikamente	Reparaturen
	Ärztliche Kosten	
Reservebetrag	Eventuelle Schwierigkeiten	Geschenke
	Polster für Anfang daheim	
GESAMTBETRAG		

PLANUNGSLISTE - DOKUMENTE

	Reisepass		Jugendherbergsausweis
	Internationaler Impfausweis		Flugticket
	Studentenausweis		Kreditkarte
	Travellerschecks		Visum
	Geburtsurkunde, Führungszeugnis		Dokumentenkopien beglaubigt
	Presse, Tauchschein, ...		Notfallnummern bei Dokumentenverlust
	Internationaler Führerschein		

PLANUNGSLISTE - REISEPARTNER

	Alleine		Mit Lebenspartner
	Mit Freund (en)		Gleichgeschlechtlich
	Mit Kind (ern)		Gemischt
	Mit Tier (en)		

PLANUNGSLISTE - EQUIPMENT

Tragemittel		Kleidung		Ausrüstung	
Rucksack		Schuhe		Zelt	
Kofferrucksack		Wollsocken		Schlaf- Biwaksack	
Seesack		Badehose		Isomatte	
Umhängetasche		Unterwäsche		Kocher-Benzin	
Pulka		Shirts		Besteck-Geschirr	
		Pullover		Trinkflasche / Wassersack	
Technisches		Jacke		Wasserfilter	
GPS / Kompass / Karten		Regenschutz		Sonnenbrille	
Kamera / Filme		Hut		Taschenmesser	
Taschenlampe				Fernglas	
Mobiltelefon					
Laptop					
Hygiene		**Sonstiges**			
Waschzeug-Handtuch		Reiseapotheke		Reparaturpack	
Rasierer		Nähzeug		Survival-Pack	

	Toilettenpapier		Notfallpäckchen		Fist Aid-Pack
	Tampons / Binde		Reiseführer		Persönliches Photo
			Wörterbuch		Sonnencreme
			Tagebuch		Insektenschutz
					Schreibzeug

PLANUNGSLISTE - VERPFLEGUNG				
Lebensmittel	**Tag / Person**	**Tage**	**Menge**	**Gewicht**
Brot				
Reis				
Nudeln				
Bohnen				
Mehl				
Trockenhefe				
Trockenobst				
Getreide				
Margarine				
Marmelade				
Honig				
Salz				
Pfeffer				
Zucker				
Knoblauch				
Kaffee				
Tee				
Getränkepulver				
Wasser				
GESAMT				

280

PLANUNGSLISTE - TRANSPORTMITTEL (Beispiel. Kfz)	
Allgemein	**Papiere**
Hauptuntersuchung	Grüne Versicherungskarte
Abgasuntersuchung	EU Unfallformular
Verbandkasten	Führerschein, KFZ Schein
Warndreieck und Warnweste	Straßenkarten (GPS)
	Mitgliedsbescheinigung Automobilclub
	Servicebuch KFZ
	Reisegepäckversicherung

On Board	
Reserverad	Warnblinkleuchte
Bordwerkzeug	Handfeuerlöscher
Abschleppseil	Keilriemen, Zündkerzen, Lampensatz, Sicherungen
Textilisolierband	Motorenöl, Kühlflüssigkeit

CHECKLISTE / VERKEHRSUNFALL
Unfallstelle sichern.
"Erste Hilfe" leisten.
Spuren sichern/Fotos machen.
Daten austauschen.
Personalien (Unfallgegner, Zeugen) festhalten.
Europäischer Unfallbericht erstellen (bei Versicherungen und Automobilclubs erhältlich).
Eventuell Grüne Versicherungskarte des Unfallgegners.
Kopie Polizeibericht.
Anschrift zuständiges Gericht und Aktenzeichen.
Schnellstmögliche Information der KFZ Versicherung.

ROUTENPLANUNG ZUR ERREICHBARKEIT IN DRINGENDEN FÄLLEN/NOTFALLPLAN

Voraussichtliche geplante Fahrtroute beziehungsweise Etappen.

Arzt:		Etappenplan NR.:
Botschaft:		
SAR Team:		

KARTE

Erreichbarkeit

Tag:		von:		bis:		Zeitunterschied:	
Bei:						Koordinaten:	
Name:		Straße:		Ort:		Land:	
Telefon:		Handy:		E-Mail:			

Erreichbarkeit

Tag:		von:		bis:		Zeitunterschied:	
Bei:						Koordinaten:	
Name:		Straße:		Ort:		Land:	
Telefon:		Handy:		E-Mail:			

Weitere Daten wie:
Kennzeichen:
Farbe KFZ oder Transportmittel:
Information über möglichen Reiserückruf:

ÄRZTLICHE BESCHEININGUNG MEDICAL CERTIFICATE	
Verschreibender Arzt Prescribing Doctor	
Patient Patient	
Reisepass Nr.: Passport No.	

Verschriebene Arzneimittel Prescribed Drug (s)	**Handelsbezeichnung** Trade Name	**Int. Wirkstoffbezeichnung** Int. Name of active Substance

☐ Das (Die) aufgeführten Medikamente wurden dem Patienten im Rahmen einer ärztlichen Behandlung verschrieben. Die Beschlagnahmung (Nichteinnahme des / der Medikamente) führt zu lebensbedrohlichen Zuständen.

☐ The medication the patient carries has been prescribed for medical treatment purposes. Confiscating / not taking the medication leads to life – threatening conditions.

☐ Das (Die) aufgeführten Medikamente wurden dem Patienten zum persönlichen Gebrauch im Falle von: Erkrankung, Unfall oder Notfall verschrieben.

☐ The medication the patient supplied with is only for personal use in the event of illnes, accident or emergency.

Arztstempel / Datum / Unterschrift Stamp / Date / Signature of the Physician	

NOTFALL - EINZELDATEN (Guide - Information)		DATUM	
Name:		Veranstalter:	
Vorname:			
Straße:			
Wohnort:		Betreuer:	
Land:			
Tel. Nr. (Vorwahl):		Mobil:	
e-mail:			
Geb.-datum:		Geschlecht	M · W
Vorerkrankungen:			
Blut Gruppe:		Krankenvers.	
Medikamente: (Einnahmezyklus)			
Hausarzt:			

Einverständniserklärung

Ich erkläre mich damit Einverstanden, dass im Falle eines Notgeschehens der Betreuer des oben genannten Unternehmens (Veranstalter) mir die aufgezählten Medikamente nach meiner An- Einweisung verabreichen darf. Ich erkläre weiterhin die Gesundheitlichen Angaben nach bestem Wissen und Gewissen ausgefüllt zu haben und verzichte auf Schadensersatzansprüche aufgrund von Fehlinformationen meinerseits!

_____   _____
Unterschrift Kunde / Erziehungsberechtigter   Unterschrift Hausarzt

Im Notfall zu Informieren I	Im Notfall zu Informieren II

284

Wirkstoffliste

Vitamine

Als Vitamine gelten organische Verbindungen, welche unser Körper für den Ablauf des Stoffwechsels benötigt und nicht selber in ausreichendem Maß herstellen kann. Somit müssen sie von aussen zugeführt werden.

Vitamin A

Hierbei handelt es sich um ein fettlösliches sowie auch lichtempfindliches Vitamin, welches unter anderem in Milchprodukten, Eigelb, Grünkohl, Feldsalat, Paprika und Hagebutte vorkommt. Ebenso sind Mango, Papaya, Melone, Mais, Farne, Algen, Tomaten und auch Avocados Träger dieses Wirkstoffes. Ein Mangel kann unter anderem zu Sehstörungen, Haut- Schleimhautveränderungen und erhöhter Infektionsanfälligkeit führen. Der normale Tagesbedarf beträgt 1mg.

Vitamin B

Diese Gruppe bezeichnet eine vielfältige Ansammlung wasserlöslicher Wirkstoffe, welche unentbehrlich für den Stoffwechsel sind.

B1

Ein Coenzym (Nichtproteinanteil eines Enzyms / Protein) welches mit einem Partner ein vollständiges Enzym bildet. Es ist beteiligt an der Verarbeitung und der Freisetzung von Kohlenhydraten. Aufzufinden in Getreide, Hefe, grünem Gemüse, Kartoffeln, Reis, Nüssen, Melonen- Kürbiskernen, aber auch in Frischfleisch. Als Mangelanzeichen gelten Muskelschwäche und Muskelschwund, Appetitlosigkeit, Gewichtsverlust, Depressionen sowie Angstzustände. Der tägliche Bedarf liegt bei 1,5-2 Milligramm.

B2

Ein Coenzym, welches maßgeblich bei der Zellatmung mitspielt und regulierend auf die Fettverwertung wirkt. Enthalten unter anderem in Milch, Hefe, Gemüse, Getreideprodukten, Leber und Eiern. Ein Mangel führt zu Schleimhautentzündung und Haarausfall. Der Tagesbedarf beträgt 1,8 Milligramm.

B6

Ein Coenzym, welches bei der Bildung von roten Blutkörperchen hilft, und bei der Fettstoff- und Eiweißverdauung mitwirkt. Es ist in Milch, Käse, Eiern, Obst, Getreide, Kartoffeln, Gemüse und Zitrusfrüchten zu finden. Allerdings kann zuviel Vitamin B6 lebensgefährliche Auswirkungen annehmen. Ein Mangel wiederum führt zu Depressionen, Blutarmut, Störungen des Nervensystems und Erkrankungen der Haut. Der Tagesbedarf beträgt 1,8-2 Milligramm.

B12
Es ist sehr empfindlich gegenüber Licht, Hitze und Sauerstoff. Es bildet die für den Sauerstofftransport notwendigen roten Blutkörperchen und fördert das Wachstum. Enthalten in frischer Leber, Muskelfleisch, Milch, Eiern und Sojaöl. Ein Mangel führt zu Appetitlosigkeit, Blutarmut und Konzentrationsstörungen. Der Tagesbedarf beträgt 1-3 Mikrogramm.

Nicotinamid und Nicotinsäure
Als Bestandteil eines Coenzyms gehört es ebenfalls zur B Gruppe. Im Körper kann es in kleinen, jedoch unzureichenden Mengen selbst hergestellt werden. Es senkt den Blutfettspiegel, fördert die Durchblutung und ist bei der Energiegewinnung beteiligt. Aufzufinden in Hefe, Reiskleie, Vollkornbrot, Fleisch und Fisch. Ein Mangel kann zu Pellagra, einer Hautkrankheit welche in Geisteskrankheit endet, führen. Hohe Dosen an Niacin haben sich bei seelischen Störungen bewährt. Die Tagesdosis beträgt 10-25 Milligramm.

Pantothensäure
Ebenfalls ein Angehöriger der B Gruppe. Er fördert die Wundheilung und ist wichtig für den Fett- und Kohlenhydratstoffwechsel. Mangelerscheinungen sind sehr selten, da diese Gruppe in allen Lebensmitteln, vermehrt in Hefe, Innereien, Fleisch, Fisch, Milch und Vollkornerzeugnissen, vorhanden ist. Ein Mangel führt zu Stoffwechselstörungen, Magen- Darmproblemen, Kopfschmerzen sowie Müdigkeit. Der Tagesbedarf wird in der Regel über die Ernährung abgedeckt.

Vitamin C
Dieser Wirkstoffvertreter ist besonders empfindlich gegen Hitze, Luft und Licht. Er besitzt einen positiven Einfluss auf den gesamten Zellstoffwechsel, fördert die Wundheilung, steigert die Vitalität, die körpereigenen Abwehrkräfte und unterstützt beim Knochen- Gewebeaufbau. Enthalten in: Hagebutte, schwarze Johannisbeere, Sanddorn, Zitrusfrüchte, Gemüse, Kartoffeln und Leber. Leichte Ermüdbarkeit, Zahnfleischbluten, Infektionsanfälligkeit und Skorbut gelten als Mangelanzeichen. Der Tagesbedarf beträgt ungefähr 75 Milligramm.

Vitamin D
Ein fettlösliches Vitamin, welches die Knochenbildung reguliert und auch den Mineralstoffhaushalt steuert. Die Vorstufe, das Provitamin, wird durch einwirkende UV Strahlen in der Haut zum aktiven D3 umgewandelt. In sonnenarmer Zeit ist es somit wichtig, sich viel an der frischen Luft aufzuhalten.
Es ist enthalten in tierischem Fettgewebe und in geringem Maße auch in Milch und Butter. Ein Mangel kann zu Störungen des Knochenwachstums führen. Bei einer Überdosierung drohen Abmagerung und Verstopfung aber auch hoher Blutdruck und Nierensteine. Der Tagesbedarf beträgt 5 Mikrogramm.

Vitamin E
Als wasserlösliches Vitamin fördert es die Durchblutung, beugt Arterienverkalkung vor, wirkt stoffwechselfördernd und gilt als Oxidationshemmer. Es treten selten Mangelerscheinungen auf. Weizen, Maiskeim- Sojaöl, Blattgemüse, Milch- und Vollkornprodukte sind Träger. Eine Überdosierung kann zu Mattigkeit führen. Der Tagesbedarf beträgt 20 Milligramm.

Folsäure
Sie gilt als die Vorstufe eines Coenzyms. Dieses spielt eine wichtige Rolle bei den Erbinformationen. Sie sorgt zusätzlich für Zellneubildung und Reifung der roten Blutkörperchen. Aufzufinden in Milch, Getreide, Fisch, Leber, Niere und Gemüse. Der Tagesbedarf beträgt 150-300 Mikrogramm.

Vitamin K
Neben seiner Wasserlöslichkeit ist es notwendig für die Gerinnungsfähigkeit des Blutes. Es ist überwiegend in grünen Pflanzenteilen aber auch in Ei, Milch und Leber zu finden. Bei einer ausgewogenen Ernährung wird das Vitamin von den körpereigenen Darmbakterien selbst produziert. Diese Bakterien können aber durch Antibiotika geschädigt werden und so die Produktion von Vitamin K einstellen, was zu einer Blutungsneigung führt. Joghurt und Meeresalgen sind in der Lage, den physiologischen Zustand wiederherzustellen. Der Tagesbedarf beträgt zirka 60-80 Mikrogramm.

Neben diesen Hauptvitaminen gibt es noch eine Reihe weiterer Vitamine welche ebenso an lebenswichtigen Vorgängen mitbeteiligt sind.

Inositol
Es erfüllt Funktionen in den Gehirnzellen, den Augenlinsen, der Schilddrüse, den Muskeln, der Lunge und der Leber. Träger sind Früchte, Vollgetreide, Hefe, Leber, Muskelfleisch, Milch und Eier. Ein Mangel führt zu Haarausfall, Hauterkrankungen und Wachstumsstörungen. Der Bedarf wird über die tägliche Nahrung gedeckt.

Vitamin H
Wasserlöslich und aktiv beim Stoffwechsel wird es teilweise durch Darmbakterien gebildet. Es ist wichtig für die Energiefreisetzung und Bildung von Antikörpern. Enthalten ist es in Rinderleber, Sojabohnen, Eigelb, Nüssen, grünem Gemüse, Milch, Champignons, Käse, Vollweizen und auch Tomaten. Hauterkrankungen, Müdigkeit und Stimmungsschwankungen könnten auf eine Mangelversorgung hinweisen. Der normale Tagesbedarf beträgt zirka 30-100 Mikrogramm.

Rutin
Wasserlöslich und ebenfalls sauerstoffempfindlich schützt Rutin die Wände der

Kapillaren vor zu großer Durchlässigkeit. Es tritt meist in Verbindung mit Vitamin C auf. Aufzufinden in Zitrusfrüchten, Paprika, Blüten sowie Blättern und Wurzeln zahlreicher Pflanzen. Eine Mangelversorgung kann zu Blutungen, Ödembildung und Venenschwäche führen.

Vitamin Q 10

Ein Coenzym, welches andere Körperenzyme zur Energieumwandlung aktiviert. Es gilt als ein wichtiges Glied im Elektronensystem der Atmungskette und schützt den Körper vor schädlichen freien Radikalen. Die körpereigene Herstellung geschieht hauptsächlich in der Leber. Es ist aber auch in Fisch, Nüssen, Fleisch, Butter und Eiern aufzufinden. Konzentrationsschwäche, Erschöpfung sowie Trägheit gelten als Mangelanzeichen. Der Tagesbedarf liegt bei 30 Milligramm.

Mineralstoffe

Sie sind zuständig für Knochenbau, Zähne, Muskelarbeit und Reizweiterleitung. Sie gehen durch Flüssigkeitsabsonderungen verloren!

Salze

Sind ebenso unentbehrlich zur Aufrechterhaltung der Gesundheit wie Vitamine. Als bekannte Vertreter gelten: Natrium, Kalium, Kalzium, Magnesium sowie Phosphat, Eisen, Cobalt, Kupfer, Mangan, Seelen, Zink und Jodid.

Natrium

Es reguliert den osmotischen Druck außerhalb der Zelle und befindet sich in Form von Natriumchlorid in salzhaltigen Speisen. Eine Überdosierung führt jedoch zu Bluthochdruck, Gefäßveränderungen sowie Durchblutungsstörungen. Der tägliche Bedarf beträgt 3-5 Gramm.

Kalium

In Kombination mit Natriumchlorid ist es für die Muskeltätigkeit verantwortlich, kontrolliert ebenfalls den Wasserhaushalt des Körpers und gilt als Gegenspieler des Natriums. Als Träger gelten vor allem Gemüse, Nüsse, Obst und Pilze. Ein Mangel ruft Erschöpfungszustände, Krämpfe und Blutdruckabfall hervor. Der Tagesbedarf beträgt ungefähr 2-3 Gramm.

Kalzium

In Verbindung mit Phosphor ist es ein wichtiger Bestandteil für den Aufbau von Zähnen und Knochen (99 % des gesamten Calciums befinden sich in den Knochen, welches der Körper bei Kalziummangel dort abzieht). Es spielt eine entscheidende Bedeutung bei der Muskelarbeit und beschleunigt die Wundheilung aber auch die Absorbierung von Eisen. Enthalten in Milchprodukten, Eierschalen, Obst, grünem Gemüse, Kartoffeln, Eigelb sowie Beerenfrüchten. Ein Mangel führt zu Allergien,

Knochenerweichung, Haarausfall und brüchigen Nägeln. Der Tagesbedarf beträgt ungefähr 800 Milligramm. Phosphathaltige Lebensmittel sind jedoch auch Kalzium Räuber. Sie binden diese, worauf es ungenutzt wieder ausgeschieden wird.

Magnesium

Ist ein Bestandteil des Blattfarbstoffes Chlorophyll. Stoffwechselfördernd spielt es bei der Muskelkontraktion und der Erregungsübertragung eine entscheidende Rolle. Aufzufinden in grünem Gemüse, Getreideprodukten, weißen Bohnen, Erdnüssen, Hagebutten, Sojabohnen und Bitterschokolade. Ein Mangel kann zu Nervosität, Konzentrationsschwäche, Depressionen, Herzrhythmus- sowie Magen und Darm Störungen bis zu Muskelkrämpfen führen. Es gilt als natürliches Beruhigungsmittel mit einer Tagesdosis von 200-300 Milligramm.

Phosphor

Es ist in Verbindung mit Kalzium ein wichtiger Baustein der Knochen. Zusätzlich arbeitet er mit an der Freisetzung der Energie aus der Nahrung. Besonders vertreten in Milchprodukten, Wurst, frischem Fleisch, Fisch, Brot, und in geringeren Dosen in fast allen Lebensmitteln. Ein Mangel führt zu Knochenerweichung. Der tägliche Bedarf beträgt 700-800 Milligramm.

Spurenelemente

Sie erfüllen kleine aber wichtige Funktionen im Körper, und kommen besonders in Meeresfrüchten, Fleisch, Eigelb, Innereien und Vollkornprodukten vor.

Chrom

Es beeinflusst den Blutzucker und ist somit für die Insulinwirkung von Bedeutung. Zu finden in Hefe, Vollkornprodukten und auch Fleisch. Der Tagesbedarf beträgt 50-200 Mikrogramm.

Eisen

Mitbeteiligt an der Bildung von Hämoglobin kann es in magerem Fleisch, Austern, Fisch, Leber, Nieren sowie Aprikosen, Vollkornprodukten, Schnittlauch, Rosinen, Gemüse und Hülsenfrüchten aufgefunden werden. Blutarmut, Abgeschlagenheit und Schwindel gelten als Mangelerscheinungen. Speziell bei Magengeschwüren, Krampfadern, Hämorrhoiden und auch der Regelblutung sollte auf eine erhöhte Versorgung geachtet werden, denn mit einem Blutverlust geht auch Eisen verloren. Eine gleichzeitige Einnahme von Vitamin C steigert die Aufnahme. Der tägliche Bedarf beträgt ungefähr 10 Milligramm.

Fluor

Es härtet den Zahnschmelz, beugt Karies sowie Zahnfäule vor und wird auch für das Knochenwachstum benötigt. Aufzufinden ist es in Trinkwasser, schwarzem Tee und Seefischen. Ein Mangel kann somit zu Zahnfäule und auch einem reduziertem Knochenwachstum führen. Der Tagesbedarf beträgt zirka 1,5-4 Milligramm.

Jod

Jod ist für die Steuerfunktion der Schilddrüse und den Zellstoffwechsel zuständig. Enthalten in Milch, Ei, Seefisch, Meeresfrüchten und Innereien. Ein Mangel kann zu Kropfbildung und Schilddrüsenbeeinträchtigung führen. Der tägliche Bedarf liegt bei 0,15 Milligramm.

Kobalt

Dieser Inhaltsstoff des Vitamin B12 bildet rote Blutkörperchen und baut nebenbei Eiweißstoffe auf. In Rettich und Erbsen enthalten, kann er bei Überdosierung zu Organschäden führen. Der Tagesbedarf liegt ungefähr bei 3 Mikrogramm.

Kupfer

Es organisiert-unterstützt die Körperabwehr und ist wichtig für die Bildung von Hämoglobin sowie die Funktion des zentralen Nervensystems. Enthalten ist es in Nüssen, Gemüse, Leber und Getreide. Ein Mangel kann zu Muskelkrämpfen, einer höheren Krankheitsanfälligkeit, Schwindel aber auch zu Blutarmut führen. Der tägliche Bedarf beträgt 2-3 Milligramm.

Mangan

Ein wichtiger Stoff für die Synthese eiweißartiger Stoffe und die Knorpelbildung. Es ist enthalten in Getreide, Sojabohnen, Kaffee, Tee, Nüssen und Hülsenfrüchten. Der Tagesbedarf liegt bei 2-5 Milligramm.

Molybdän

Ist Bestandteil der Atmungsenzyme und besitzt eine Schutzwirkung gegen Karies. Vorhanden in Rüben, Kohl, Citrusschalen, Innereien, Hülsenfrüchten und Getreide. Der Tagesbedarf beträgt 0,075-0,25 Milligramm.

Selen

Es schützt Proteine gegenüber der Oxidation. Enthalten in Fisch, Hafer und Reis, Knoblauch sowie Kürbissamen. Der Tagesbedarf beträgt 0,02-0,10 Milligramm. Eine höhere Dosis wirkt toxisch.

Silicium

Es baut Knochen und Zellen von Haaren, Nägeln sowie Haut auf und stützt - strafft das Bindegewebe. Enthalten in kieselsäurehaltigen Pflanzen wie Brennesel, Klee und Farn sowie in äußeren Getreideschichten und Kartoffeln. Ein fahles Aussehen und brüchige Nägel sind Mangelerscheinungen. Der Tagesbedarf liegt bei 40-100 Milligramm.

Zink
Spielt eine Rolle bei der Wundheilung, dem Immunsystem und beim Wachstum. Enthalten unter anderem in Austern, Fleisch, Nüssen, Käse, Linse und Mais. Ein Mangel führt zu Wachstumsstörungen und Blutarmut. Der tägliche Bedarf beträgt 10-15 Milligramm. Eine höhere Dosis wirkt toxisch.

Alle angegebenen Wirkstoffmengen beziehen sich auf den Erwachsenen, und machen klar, dass wir als Menschen nicht nur gegen Viren und Bakterien ziemlich anfällig sind.

Achte auf genügend Zufuhr von Vitaminen und Mineralien, speziell bei längerem „Aufenthalt", denn der Körper braucht trotz reduziertem Nahrungsangebot eine ausreichende Menge an Vitalstoffen!

Einwirkungen von außen können jedoch auch den Wirkstoffhaushalt beeinträchtigen. Als Beispiel gelten die freien Radikale.

Freie Radikale
Hierbei handelt es sich um chemisch aggressive Moleküle. Diese beeinträchtigen die Stoffwechselvorgänge in lebenden Zellen, wodurch Zellwände brüchig werden. Hervorgerufen durch Zigarettenrauch, ozonhaltige-verschmutzte Luft, radioaktive oder ultraviolette Strahlung oder Stress. Teilweise werden sie sogar vom Körper selbst gebildet. Die Vitamine A,C,E schützen die Zellwände. Sie verbinden sich mit den Radikalen und machen sie somit unschädlich.

Bei ausgewogener Ernährung wird man nie in die Situation kommen den Körper durch eine zusätzliche Einnahme von Vitaminpräparaten stärken zu müssen. Jedoch bei Hochleistungsrauchern, Verletzten, Stillenden, Kranken und Personen im Wachstum, ebenso wie unter Stress und widrigen Wetterbedingungen kann ein erhöhter Bedarf an Wirkstoffen vorliegen.

Pflanzenliste

Die folgende Auflistung bekommt mit ihren Anwendungsmöglichkeiten und Gefahren bestimmt nicht den Stempel der Vollständigkeit aufgedrückt. Sie gilt unterstützend zum entsprechenden Kapitel und soll nur einen kleinen Einblick in die Vielfalt der nutzbaren Pflanzen geben. Hierbei gibt es bezüglich der Verwertbarkeit allerdings auch starke regionale Unterschiede. Somit ist die Einteilung in den folgenden Listen nicht einfach.

Blütenpflanzen
Weltweit gibt es ungefähr 300 000 Blütenpflanzen. Oft werden sie auch Samenpflanzen genannt, da sie über beide Merkmale verfügen. Blüten sowie auch Samen.

Ackerminze
In Eurasien und Nordamerika beheimatet und ergibt einen guten Tee.

Acker Schachtelhalm
Auf der nördlichen Halbkugel ist er weit verbreitet und wird als harntreibender Tee verwendet. Größere Mengen davon können jedoch Lähmungen hervorrufen.

Ackersenf
Ergibt ein saures Gemüse.

Agave
Faserreiche, lanzettförmige Blätter und ein großer, gelber Blütenstand zeichnen diese in Mexico vorkommende Pflanze aus. Ihr „Herz" entwickelt nach dem Garen einen Ananas ähnlichen Geschmack.

Alpen Wachsblume
Aus ihren fleischigen Blättern kann Gemüse und Salat hergestellt werden.

Alpensüßklee
Diese Staudenpflanze mit ihren eiförmig-elliptischen Blättern und den violetten Traubenblüten ist in Alaska und British Kolumbien zu finden. Die Wurzeln und Stängel können roh oder gekocht gegessen werden. Sie kann jedoch leicht mit der Wicke verwechselt werden, bei deren sich viele Arten als giftig erwiesen haben. Ein Unterscheidungsmerkmal ist, dass beim Alpensüßklee vorhandene Endblättchen.

Amarant
Ein stacheliges Gewächs, welches in offenem Gelände in tropischen und warmen Ländern zu finden ist. Die jungen Blätter gelten als Spinatersatz, wobei einige Arten jedoch dazu neigen, Nitrat aufzunehmen.

Ampfer
Diese feuchtigkeitsliebende Pflanze zeichnet sich durch lanzettenähnliche Blätter und Rispen aus. Als Salat oder Spinat steht sie uns in Europa, Westasien und auch in Nordamerika zur Verfügung. Sie enthält jedoch giftige Oxalsäure und sollte nur in kleinen Mengen genutzt werden. Der Sauerampfer mit seinem hohen Vitamin C Gehalt gilt als eine Unterart.

Ährige Teufelskralle
Die krallenartig gebogene Blüte gibt der lang gestreckten Ähre den Namen. Ihre Wurzel eignet sich gut als Wildgemüse.

Arktisches Weidenröschen
Eine vielstängelige Kriechstaude mit einer roten Kapsel als Frucht. Zu finden ist sie in Alaska und Westkanada auf sandigem, steinigem Untergrund. Roh oder gekocht sind die jungen elliptischen Blätter eine Delikatesse.

Arktischer Tragant
Eine in Alaska ansässige Staudenpflanze mit wechselständigen Blättern und kleinen gelblichen Blüten. Sie verfügt über eine schwarze Frucht und eine essbare Wurzel, kann aber mit den hochgiftigen Tragant Arten verwechselt werden.

Arnika
Eine aromatische Staude, mit einzelnen, behaarten Stängeln, ovalen Blättern und großen gelben Blütenköpfen. Zu finden an trockenen, steinigen Standorten. Blüten, Blätter und Wurzeln können zur Teeherstellung genutzt werden. Die Einnahme ruft allerdings auch eine Erhöhung der Körpertemperatur hervor.

Bachnelkenwurz
Die ganze Pflanze kann während der Blütephase und die Wurzelstöcke im Frühjahr verwandt werden. Sie hilft als Tee bei Magen und Darmstörungen, Leber und auch Gallenbeschwerden sowie bei Durchfall.

Bambus
Mit zirka 1500 Arten ist diese Pflanze vorwiegend in Süd-Südöstlichen Gebieten beheimatet und bevorzugt Feuchtgebiete. Ihre nahrhaften Sprossen können roh oder gekocht gegessen werden und in den robusten Wachstumssegmenten steht oft trinkbares Wasser

Barbarakraut
Auch Winterkresse genannt, ist diese Pflanze mit ihrem hohen Vitamin C Gehalt oft in Feuchtgebieten aufzufinden. Die Blätter können roh oder gekocht verwendet werden.

Benediktinerkraut
Die Wurzeln sind als Tee bei Muskelschmerzen, Erbrechen, Durchfall, Kopf- und Zahnschmerzen nutzbar.

Beifuß
Ihre gefiederten Blätter sind an der Unterseite filzig und die braunen Blüten stehen in Rispen. Sie ist in Eurasien sowie Amerika eingebürgert. Die blühenden Triebe können als Gewürz und die Blätter als Tee genutzt werden.

Beinwell
Lange, große Blätter, ein hohler Stängel und weiß-rote Blüten weisen diese Pflanze aus. Sie kann in Eurasien und Amerika an feuchten Standorten gesichtet werden. Die jungen Blätter können als Gemüse und die Sprossen als Spargel oder Salat genutzt werden.

Bistort
Weisse oder rosafarbene Blüten kennzeichnen diese arktische Pflanze. Die Wurzel ist reich an Stärke, sollte aber vor dem Verwerten durch ein mehrstündiges Wässern von den Bitterstoffen befreit werden.

Blutroter Storchschnabel
Der Gerbstoff im Wurzelstock findet als blutstillendes Mittel Verwendung.

Blut Weiderich
Von dieser vielblütigen Sommerpflanze können die jungen Blätter und Triebe als Gemüse genutzt werden. Sie ist vorwiegend in Eurasien und Nordafrika zuhause.

Blutwurz
Diese Pflanze verfügt über vier Blütenblätter und kann getrocknet oder gemahlen unterschiedlichste Verwendung finden.

Bocksbart
Er erinnert mit seiner Blüte stark an den Löwenzahn, ist jedoch farblich violett gestaltet. Die Lanzetten-Blätter und die Knolle sind essbar.

Brennnessel
Diese Stängelpflanze verfügt über herzförmig gezahnte Blätter, eine weiße Blüte und beinhaltet viel Vitamin C und Provitamin A. Blätter und Stängel sind behaart und führen bei Kontakt zu Reizungen der Haut. Diese Wirkung geht jedoch beim Kochen-Zerreiben der Pflanze verloren. Häufig auf Feldern und Wiesen vertreten können die jungen Blätter sowie Triebe als Spinat oder Tee aber auch als Brühe Verwendung finden. Eine Verwechslung mit der giftigen Pferdenessel ist möglich.

Brombeere

Sie gedeiht an Wald- und Wegesrändern in nördlichen, gemäßigten und arktischen Zonen an einem dornigen Busch mit weißen Blüten, gezahnten Blättern und strotzt nur so vor Vitaminen und Mineralstoffen. Die Blätter werden nach Entfernung der unterseitigen Zahnreihe oft als Salat, als Gurgelmittel bei Husten, Tee bei Durchfall und Grippe sowie als Umschlag und Bäder bei Hautentzündungen genutzt. Die Frucht ergibt einen guten Saft, Marmelade oder auch nur eine Geschmacksbeigabe zu reinem Wasser ab. Hierzu können natürlich auch andere Beerenarten wie Erd- Him- Heidel- Preisel- Johannis- und Stachelbeeren sowie Flieder, Hagebutte, und auch Holunder herhalten. Für den Saft wird die Frucht in einem Tuch ausgedreht und um Marmelade zu erhalten wird das Ganze zermatscht und hinterher einfach gekocht bis die entsprechende Konsistenz erreicht ist.

Brunnenkresse

Eine kleine weiße Blüte und wechselständig angeordnete fünf-neunlappige Blätter kennzeichnen diese kleine Wasserpflanze. Sie ist in nördlich gemäßigten Zonen fast das ganze Jahr über zu ernten und verfügt über viel Vitamin C und A. Die Pflanze kann als Wildsalat oder Spinat zubereitet aber auch mit dem bitteren Schaumkraut verwechselt werden. Von dem jedoch außer dem bitteren Geschmack keine Gefahr ausgeht.

Bärentraube

Dieser mattenbildende, bodenständige Strauch verfügt mit seiner braun-roten Rinde, über wechselständig angeordnete Blätter. Aus seinen grünlich-weißen bis rosa Blüten entspringt eine nickende Glocke sowie eine rote mehlige Beere. Zu finden in Alaska und Westkanada an sonnigen Standorten. Roh oder gekocht sind die Beeren eine Delikatesse. Die Blätter, von den Haida auch "Kinnikinnick" genannt, finden immer noch als Tabakersatz Verwendung und können auch zur Herstellung eines Tee's genutzt werden.

Bärlauch

Die ätherischen Öle der Pflanze riechen stark nach Knoblauch, während die breiten, langen Blätter aus einer Zwiebel entspringen. Sie ist in Europa und Asien in Feucht-Waldgebieten zu finden. Die ganze Pflanze kann als Gewürz verwandt werden und ist mit dem Knoblauch vergleichbar. Sie kann jedoch leicht mit dem Maiglöckchen verwechselt werden, welches stark toxisch ist, jedoch auch nicht nach Knoblauch riecht.

Claytonie

Ein Staudengewächs mit gegenständig angeordneten Blättern und einer weißen, zart rosafarbenen Blüte. Beheimatet in British Kolumbien bis hinauf in hohe Lagen können ihre murmelgrossen Knollen roh oder gekocht gegessen werden.

Distel

Der dornige, violette Blütenkopf und die stechenden Blätter kennzeichnen diese Pflanze, welche in Eurasien und Nordamerika zu finden ist. Die jungen Blätter, die Stängel und Wurzeln können gekocht oder roh verzehrt werden. Bei den Blättern sollten allerdings die Randstacheln entfernt und beim Stängel die Haut abgezogen werden. Der Fruchtknoten im Blütenkopf kann roh genutzt werden und schmeckt nussartig, während die Wurzel als Sellerieersatz gilt.

Dorfgänsefuß

Diese Pflanze sollte vor der Verwendung gekocht werden, bevor die Samen als Breizusatz, die ganze Pflanze getrocknet als Mehl, sowie die sprießenden Triebe als ein vitaminreiches Gemüse eingesetzt werden können.

Dornige Hauhechel

Den ganzen Sommer über ist diese Pflanze an Wegen zu finden. Aus ihren Blättern kann ein Salat sowie Tee hergestellt werden.

Dreimasterblume

Lanzetten Blätter und runde Blütenblätter mit einer violetten Blüte lassen uns diese amerikanische Pflanze erkennen. Blätter, Triebe und Blüten sind verwertbar.

Echte Engelwurz

Bevor die Krone sich öffnet, kann der Stängel geschält und verzehrt werden. Er soll nach Apfel schmecken.

Echte Nelkenwurz

Der gemahlene Wurzelstock ist ein Gewürznelkenersatz.

Einblütiges Wintergrün

Eine immergrüne Staude mit runden, eiförmigen Blättern und weißen einzelnen Blüten. Sie ist in Westkanada und Alaska auf feuchten Böden zu finden. Aus den Blättern kann ein schmackhafter Tee zubereitet werden.

Erdbeere

Die Pflanze trägt eine weiße Blüte mit eiförmig, gezahnten Blättern und besitzt einen hohen Vitamin C Gehalt. Während der Blütezeit können die Blätter als Tee gegen Durchfall, Wassersucht oder als beruhigendes Mittel eingesetzt werden. Die Frucht lässt sich roh oder gekocht als Gelee oder Marmelade verwerten.

Feigenkaktus

Dieser kriechende, breite, mit Dornen besetzte Kaktus besitzt fleischige Sprossen und in der Blütezeit eine gelbe Blüte. Er ist in den Wüsten Amerikas zu finden. Die

Blätter und Früchte können nach dem Schälen gebraten oder roh verwertet werden. Aus den Samen kann Mehl gewonnen und das Fruchtfleisch zu einer Art Gelee verarbeitet werden.

Fenchel
Die Dolden sollten vor dem Überbrühen zerquetscht werden und können neben der Wurzel als Salat oder Würze Verwendung finden.

Gegenblättriger Steinbrech
Die bodenständige Staude mit blaugrünen winzigen Blättern und lila bis purpur farbenen Blüten ist in Alaska und Westkanada an feuchten Stellen zu finden. Sie enthält viel Vitamin C und kann roh oder gegart verwandt werden.

Gemeiner Bärenklau
Eine große behaarte Staudenpflanze mit einzelnen, hohlen Stängeln und scharfem Geruch. Sie verfügt über bis zu 40 cm lange dreizähig gefiederte Blätter und weiße kleine Blüten in flachen Dolden. Zu finden in Europa, Alaska, Westkanada und auch in Feuchtgebieten auf Wiesen. Die junge Pflanze ist ungiftig und wird von vielen Ureinwohnern wie Gemüse verwendet. Allerdings ist sie leicht mit dem giftigen Wasserschierling zu verwechseln und wirkt verdauungsfördernd. Ihr Saft ruft bei Hautkontakt und Sonneneinstrahlung Verbrennungen hervor.

Gemeines Bärengras
Diese Staudenpflanze mit einem grasartig, hartem Spross und einer immergrünen Rosette mit kleinen Blüten ist in British Kolumbien auffindbar. Die Wurzel kam bei Ureinwohnern geröstet auf den Tisch.

Gemeiner Schneeball
Dieser aufrecht wachsende Strauch mit seiner rötlich bis grauglatten Rinde und gezahnten, breiten, elliptischen Blättern mit weissrosa Blüten ist in Westkanada und Alaska in feuchten Wäldern auffindbar. Die Beeren spielten eine wichtige Rolle in der Ernährung der amerikanischen Ureinwohner.

Giersch
Ein markhaltiger Stiel, eine weiße Blütendolde und gezahnte Blätter kennzeichnen dieses in Europa und Amerika verbreitete Unkraut, welches an Wald- Wegrändern aufzufinden ist. Die Blätter können als Salat, Spinat oder Gemüse Verwendung finden. Aus den Blattstielen lässt sich ein Mus herstellen, jedoch kann sie mit dem giftigen Schierling verwechselt werden.

Goldrute
Eine behaarte Staudenpflanze mit langen Lanzettenblättern und einem verzweigten

gelben Blütenstand. Zu finden in Alaska und Westkanada von der Tundra bis in Grasgebieten. Die Blätter können als Teeersatz genutzt werden.

Grönländischer Porst
Ein sehr stark verzweigter, immergrüner Strauch mit dicht behaarten Zweigen und lanzetten-eiförmigen Blättern. Die weißen Blüten stehen in kleinen Dolden. Zu finden in Alaska und Westkanada in Moorgebieten. Die überbrühten Blätter geben einen Tee, welcher in hohen Dosen jedoch harnfördernd und abführend wirkt, was Verdauungsstörungen hervorruft.

Guave
In den meisten tropischen Ländern zu finden. Als Strauch oder Baum bis zu acht Meter hoch. Die reife Frucht kann roh oder gekocht gegessen werden. Die Pflanze verfügt auch über antibiotische Eigenschaften.

Gundermann
Dieses Kriechgewächs mit violetten Stängeln und den nierenförmig, gekerbten Blättern ist in Eurasien und Amerika beheimatet. Sie ist eine der Pflanzen, welche das ganze Jahr über verfügbar ist. Aus den Blättern kann Tee gewonnen werden.

Gänseblümchen
Die grundständige Blattrosette beherbergt den Blütenstängel, welcher die weiß-rosa Blätter und den inneren gelben Kern trägt. Sie ist in Eurasien ansässig und kann auf Wiesen gesammelt werden. Die Knospen und Blätter können als Salat oder Gemüse zubereitet werden.

Gänsefingerkraut
Die gelbe Blüte mit ihren gezahnten, unterseits behaarten Blättern ist auf Wiesen in Europa, Asien, Australien, Nordamerika und Neuseeland aufzufinden. Das Kraut kann als Gemüse eingesetzt werden.

Haselwurz
Die nierenförmigen, paarigen Blätter und die behaarte Blüte wachsen an einem kriechenden Wurzelstock. Sie riecht beim Zerreiben nach Pfeffer und enthält ein ätherisches Öl das die Zunge betäubt und Niesreiz erzeugt. In Eurasien beheimatet kann sie getrocknet und zerrieben als Gewürz verwandt werden. In großen Mengen führt sie aber auch zu Erbrechen.

Heckenrose
Diese in Eurasien und Amerika beheimatete Pflanze zeichnet sich durch die orange -roten Früchte, die Hagebutten aus. Sie enthalten Vitamin C und Provitamin A im Fruchtfleisch und den Kernen. Die Früchte können zu Marmelade eingekocht, aber

auch wie die Blätter und die Blüten als Tee genutzt werden.

Hechtkraut
Pfeilförmige Blätter mit einer blauen Ährenblüte kennzeichnen die Wasserpflanze, welche im östlichen Amerika zu finden ist. Die jungen Blätter sind als Spinat oder Salat, die reifen Samen als Mehl verwertbar.

Heidekraut
Eurasien, Westsibirien und Nordamerika beheimaten diese Pflanze. Die Blüten und das Kraut können als Tee genutzt werden.

Heidelbeere / Blaubeere
Dieser Nordamerikanische-Europäische Strauch mit seinen weiß-rosa Blüten trägt Vitamin C haltige Früchte. Die Blätter sowie die reifen Beeren können als Tee verwandt werden.

Himbeere
Ein in der nördlichen gemäßigten Zone vorkommender dorniger Waldbusch. Mit weißen Blüten verfügt er über viel Vitamin C und organische Säuren in den Beeren. Mit seiner entzündungshemmenden Wirkung werden die Blätter als Tee bei Grippe und Durchfall aber auch als Gurgelmittel und Umschlag sowie Bäder genutzt.

Hirtentäschel
Diese Pflanze mit ihren pfeilförmigen Blättern, der grundständigen Blattrosette und der weißen Blüten ist in Eurasien und Afrika ansässig. Die jungen Blätter können als Salat oder Gemüse und die Samen als Pfefferersatz genutzt werden. Sie wirkt gerinnungs- aber auch verdauungsfördernd.

Hopfen
Vertreten auf der Nordhalbkugel ist er geschmacklich etwas bitter, aber wenn man die jungen Triebe schält und aufkocht geht es.

Huflattich
Ein Stängel mit roten Schuppen, einem gelben Blütenkopf und filzigen Blättern. Vorwiegend in Eurasien, Afrika und Amerika auf Lehmböden zu finden. Er enthält viele Schleim und Gerbstoffe. Die jungen Blätter können als Tee, Salat oder zum Einwickeln von Lebensmitteln genutzt werden.

Johannisbeere
Dieser Busch mit seiner Frucht ist in Eurasien und Amerika aufzufinden. Aus den Blättern kann Salat und Tee hergestellt werden. Die Frucht kann zu Marmelade oder Saft verarbeitet werden.

Johanniskraut
Die oberen Krautteile dieser Pflanze können zur Teeherstellung genutzt werden, welcher eine beruhigende Wirkung aber ebenso eine erhöhte Lichtempfindlichkeit hervorruft.

Jojobastrauch
Das Wachs dieser nordamerikanischen Gebirgspflanze, der dunkelbraune Samen, wird schon seit Jahrhunderten als Heilmittel verwandt.

Kalmus
Die ätherischen Öle verleihen ihm, speziell der Wurzel, einen bitteren Geschmack. Durch ein Rösten kann dieser jedoch abgeschwächt werden.

Kamille
Eine schmalblättrige Pflanze mit verzweigten Trieben und weißen "kegelförmigen" hohlen Blüten. Sie ist in Europa und Amerika eingebürgert und verfügt über einen ausgeprägten Duft. Aus den Blüten kann Tee gewonnen werden.

Kamtschatka Schachblume
Als Staudenpflanze mit lanzettenähnlichen Blättern sowie einer bräunlichen und glockenförmigen Blüte ist sie vorwiegend in Alaska sowie British Kolumbien in Feuchtgebieten zu finden. Ihre Blüte riecht nach verwestem Fleisch, die Knolle kann gekocht jedoch bedenkenlos gegessen werden.

Kanadischer Wiesenkopf
Eine kahle Staude mit grundständigen Blättern und grünlich-weissen Ährenblüten. Zu finden in Feuchtgebieten in Alaska und British Kolumbien. Aus den Blättern kann ein Kräutertee hergestellt werden.

Klatschmohn
Die gereiften Samen können als Gewürz Verwendung finden.

Klee
Die getrockneten, nektarreichen Blütenköpfe können als Tee aufgegossen und die Blätter roh als Salat verwertet werden. Sie ist in Mitteleuropa oft an Wegen und Rainen aufzufinden, in verschiedenen Abarten jedoch auch in Asien und Amerika vertreten. Jedoch in hoher Dosierung eingenommen, hemmt der Wiesenklee leider die Blutgerinnung und es treten Verdauungsbeschwerden auf.

Kleblabkraut
Diese vierkantige, schwachstengelige Pflanze verfügt über 6-9 Blättergruppen und weiße Blüten. Die Blätter werden als Salat und die Saat als Kaffeeersatz genutzt.

Klette

Diese starke Pfahlwurzel mit ihren großen Blättern fühlt sich in Eurasien, Afrika und Amerika auf Ödland zuhause. Die jungen Triebe und die Blütenstiele können als Salat oder Spinatersatz herhalten, während die jungen geschälten Wurzeln als Suppenkraut oder als Kartoffelersatz hergenommen werden können.

Knoblauchsrauke

Herzförmige, langstielige Blätter und ein kantiger Stängel mit einer weißen Blüte und einem starken Lauchgeruch zeichnen diese Pflanze aus. Sie ist in Eurasien und Amerika beheimatet. Beim Zerreiben der Blätter entsteht ein Knoblauchgeruch, welcher sich als zwiebelartiges Gewürz gut im Wildsalat wiederfindet.

Knöterich

In Europa und Nordamerika beheimatet, können Blätter und Triebe dieser Ähre mit ihren rosafarbenen Blüten verwendet werden. Eine Abart, der Pfefferknöterich, gilt als schwach giftig.

Kresse

Flache Samen und gespaltene Blätter sind Erkennungszeichen dieser Pflanze, die sich in Europa und Afrika zuhause fühlt. Sie besitzt einen scharfen Geschmack und erinnert geschmacklich an Senf und Rettich. Der Samen kann als Würzmittel und die Blätter können als Salat Verwendung finden.

Krähenbeere

Ein kriechender, immergrüner Strauch mit wechselständig, nadelförmigen Blättern, roten Blüten und einer schwarzen kugeligen Frucht. Beheimatet in Westkanada, Alaska, in Mooren und alpinen Regionen werden die Beeren von den Ureinwohnern verzehrt.

Königskerze

Gelbe Blüten und große behaarte Blätter sind Erkennungszeichen dieser Pflanze, welche Europa, Asien und Amerika ihre Heimat nennt. Aus den Blättern und der Blüte kann ein Tee hergestellt werden.

Kümmel

Der Kümmel erreicht eine Wuchshöhe von 30-80 cm, verfügt über verzweigte Stängel mit länglichen, gefiederten Auswüchsen und einer rübenartigen Wurzel. Die gereiften Samen können als Gewürz Verwendung finden.

Lieschgras

Diese büschelig wachsende Pflanze ist in Eurasien weit verbreitet. Die Knolle kann gebraten verwendet werden.

Lilie
Die Zwiebel dieser auf der Nordhalbkugel ansässige Pflanze ist wie die bekannte Zwiebel verwertbar.

Lotus
Verbreitet im asiatischen Raum sind die gerösteten und pulverisierten Samenkerne ein guter Kaffeeersatz.

Lungenkraut
Abgerundete, herzförmige Grundblätter und die rotvioletten Blüten zeichnen diese Pflanze aus. Sie steht vorwiegend auf Waldböden und ihre Blätter ergeben Tee.

Läusekraut, behaartes
Eine niedrig wachsende arktische Pflanze mit rotfarbenen Blüten. Die gelbliche Wurzel ist roh oder gekocht verwertbar.

Löwenzahn
Weltweit verbreitet verfügt sie über unregelmäßig gebuchtete Blätter aus welchen auch der Stängel der gelben Blüte entspringt. Die Blätter, Stängel und Wurzeln enthalten wichtige Bitter-Gerbstoffe sowie ätherische Öle und die Vitamine A, C und B1. Der Salat aus den jungen Blättern, Tee oder Kaffee aus den Wurzeln und Honigersatz aus den Blüten, lassen sich problemlos herstellen. Zur Herstellung von Kaffee wird die Wurzel gewaschen, gespalten, getrocknet, geröstet und zu Pulver gemahlen. Zudem lässt sich ihr Spross in Backteig frittieren.

Mais
Aus den „Bärten" lässt sich Maistee herstellen und die Körner können als Mehl oder gedämpft als Gemüse zubereitet werden.

Mauerpfeffer
Er zieht sich in den gemäßigten Breiten, wie der Name schon sagt, an Mauern hoch. Die nach Pfeffer schmeckenden Blätter können als Salat zubereitet oder geraspelt auch als Gewürz Verwendung finden.

Maulbeere
Dieser kleine Baum verfügt über wechselseitig angeordnete rundlich, ovale Blätter. Aufgrund ihrer verschiedenen Arten gibt es die Beeren in schwarz, rot und weiß. Unreif entfalten die Blätter und Früchte jedoch eine halluzinogene Wirkung, reif sind sie jedoch unbedenklich zu verwerten.

Meerkohl
Diese Gemüsepflanze ist ansässig an der Atlantikküste in Westeuropa sowie an der

Ostseeküste und am schwarzen Meer. Ihre Triebe sind geschmacklich vergleichbar mit dem Blumenkohl.

Melisse
Eine ausdauernde Pflanze mit krausen Ei- oder herzförmigen Blättern. Sie verfügt über einen Zitronenduft und wird bei Schlafstörungen und Erkältungsbeschwerden als Tee eingesetzt.

Miere
Bei dieser strauchartig verzweigten Pflanze können der Stängel sowie die Blätter roh oder gekocht verwandt werden.

Moosbeere
Ein mattenbildender, kriechender kleiner Strauch mit gelb-grünen bis rot-braunen Zweigen. Die Blätter sind schmal, elliptisch bis eiförmig und verfügen über rosa glockenförmige Blüten. Zu finden in Alaska und Westkanada, in Mooren, Tundra und Heiden. Die süßen Beeren können wie bekannt verwendet werden.

Mormonentulpe
Eine Staudenpflanze mit wechselständigen schmalen Blättern und glockenförmiger weißer bis lilafarbener Blüte. Zu finden in British Kolumbien. Die Knolle ist sehr stärkehaltig und eine der wichtigsten Nahrungsmittelquellen der amerikanischen Ureinwohner. Es ist jedoch Vorsicht geboten, sie kann mit dem giftigen Zigademus verwechselt werden.

Nachtkerze
Die gezahnten lanzettenblätter und die gelben Blüten stehen meist auf Feldern in Europa und Amerika. Die Blätter und die Wurzel können verwertet werden, wobei die Wurzel jedoch vor dem Kochen gehäutet werden sollte.

Pastinak
Dieses hervorragende Wildgemüse enthält in der Wurzel Eiweiß, Stärke, Pektin und sehr viel Vitamin C.

Pfefferminze
Gegenständige Sägezahnblätter und der vierkantige Stiel dieser Pflanze sind oft an feuchten Stellen zu finden. Die Blätter können als Tee oder Gewürz und die Blüten als Salat genutzt werden.

Pfeilkraut
Diese grasartige Pflanze entwickelt sich zu pfeilförmigen Blättern mit einer weißen Blüte. Die verschiedenen Arten sind in Europa, Asien und Nordamerika verbreitet.

Von dieser in Süßwassernähe wachsenden Pflanze kann die stärkehaltige Knolle roh oder gekocht verwertet werden. Sie ähnelt jedoch dem giftigen Aronstab. Ihr wichtigstes Unterscheidungsmerkmal sind die Blattnerven, die beim Pfeilkraut alle gleichen Ursprungs sind, während beim Aronstab die Adern gefiedert sind und sich über die ganze Länge von der Mittelrippe trennen.

Portulak
Eine hauptsächlich im Marschland beheimatete Strandpflanze. Ein bodennahes, kriechendes Gewächs mit dickfleischigen, dunkelgrün-rot-violetten Blättern sowie rosa Blüten. Kalzium, Eisen, Vitamin C und Kochsalz sind in ihr enthalten und die gesamte Pflanze kann Verwendung finden.

Preiselbeere
Ein kleiner kriechender Strauch mit weiß-rosa Blüten und elliptischen Blättern. Zu finden in Nordamerika, Europa, in Mooren, Wäldern und auch an Berghängen. Die gereiften Beeren enthalten Gerbstoff, Provitamin A und Vitamin C. Als Zusätze zu Salaten oder als Tee ideal.

Prärierübe
Die blaue Blütenähre, langstielige Blätter und die dicke Knolle kennzeichnen diese amerikanische Pflanze. Die Knolle kann roh, gekocht oder getrocknet Verwendung finden.

Ried- Schilfgras
Findet sich in tropischen bis gemäßigten Zonen in Feuchtgebieten. Die Schösslinge und Blätter können gekocht wie Spargel zubereitet, die Wurzel geröstet, gekocht oder roh gegessen werden.

Rosenwurz
Ein Staudengewächs mit fleischigem oft rötlichem Stängel und eiförmig-länglich grün bis rosafarbenen Blättern. Die dunkelroten bis gelben Blüten stehen in dichten Dolden und können in Alaska sowie Westkanada gefunden werden. Die Blätter und jungen Triebe können roh oder gekocht verwertet werden.

Ruchgras
Eurasien, Nordafrika bis Amerika und Australien sind die Heimat dieser Pflanze. Sie weist nach dem Trocknen einen Waldmeistergeschmack auf, und kann sehr gut zum Aromatisieren genutzt werden.

Sanddorn
Ein weit verbreiteter Strauch mit Wuchshöhen bis zu 6 Metern und wechselständig angeordneten Laubblättern. Die Beeren sind reich an Vitamin C und A. Aus den

gereiften Früchten kann ein Saft hergestellt werden.

Schafgarbe
Eine behaarte, aromatische Staude, mit wechselständig, fein gefiederten Blättern. Die weiss bis rosa-cremefarbenen Blüten stehen in zahlreichen Dolden ab. Sie ist in Eurasien und Amerika beheimatet, wo sie an Feldrändern und trockenen Wiesen aufgefunden werden kann. Aus ihr kann ein aromatischer Tee gewonnen werden. Sie kann aber auch leicht mit dem giftigen Schierling verwechselt werden, somit ist Vorsicht geboten.

Scharbockskraut
Herzförmige, langstielige, Vitamin C haltige Blätter und gelbe Blüten weisen diese in Europa und Afrika beheimatete Pflanze aus. Die Blätter können roh oder als Spinat und die Knollen gegart Verwendung finden.

Schattenblume
Eine Staudenpflanze mit zweizelligen, elliptischen Blättern, cremefarbenen Blüten und rötlicher Frucht. Zu finden in Alaska bis in mittlere Gebirgslagen. Die Beeren und die gekochte Wurzel wurden von einigen Urstämmen als Sud gegen Rheuma, Nierenproblemen und Rückenschmerzen, als Abführmittel und als breiige Masse zur Heilung bei offenen Wunden eingesetzt.

Schilfrohr
Diese Graspflanze mit ihren langen, lanzettförmigen Blättern und der Federrispe bevorzugt stehende und fließende Gewässer in den nördlichen gemäßigten Zonen. Die Samen können zu Mehl verarbeitet, die Pollen als Teig genutzt und die jungen Schösslinge roh oder gekocht Verwendung finden. Der innere weiße Teil des Wurzelstockes ist sehr stärkereich und kann als Karottenersatz angesehen werden. Die Wurzel und Kolben sollten jedoch vor der Verwendung abgeschabt werden.

Schlangenwurz
Eine rötliche Staudenpflanze mit unverzweigtem Stängel. Mit den weiß-rosa Blüten ist sie in Alaska, Westkanada und in höher liegenden Feuchtgebieten aufzufinden. Die Wurzel und Blätter lassen sich roh oder gekocht verzehren.

Schlehdorn
Dieser in Europa und Nordafrika stehende Dornenstrauch besitzt lanzettenblätter, weiße Blüten und eine dunkelblaue Frucht. Die Frucht kann zu Saft, die Blätter und die Blüten zur Teeherstellung genutzt werden.

Schlüsselblume
Eine goldgelbe, glockige Blüte kennzeichnet diese Pflanze. Die ganze Pflanze kann

zur Herstellung von Tee verwandt werden. Ihre Blätter enthalten viel Vitamin C und eignen sich hervorragend als Wildsalat.

Seifenbeere

Ein Strauchgewächs mit eiförmig, gegenständigen Blättern und einer gelbbraunen Blüte. Aufzufinden in Alaska und Westkanada. Aus den fetthaltigen Beeren wird auch heute noch die Indianer Eiscreme hergestellt.

Stachelbeere

Dieser Dornbusch mit seiner stacheligen Frucht besitzt gezahnte Blätter und gelb-violett oder weiße Blüten. Die Blätter können zu Salat oder Tee, und die Frucht zu Marmelade verarbeitet werden.

Strand Dreizack

Blattlose Stängel mit einer Traube grün-rötlicher Blüten kennzeichnen diese auf der Nordhalbkugel weit verbreitete Salzpflanze. Vor der Blüte geerntet schmecken die grundständigen Blätter recht angenehm. Ihre Samen können geröstet verwandt werden.

Stauden Feuerkraut

Eurasien und Nordamerika sind die Heimat dieser Pflanze. Aus den jungen frischen Blättern kann ein Vitamin C reicher Salat oder Tee hergestellt werden, während die süßen Wurzelstöcke als Gemüse oder Mehl nutzbar sind.

Säuerling

Eine mehrstängelige Staude mit nierenförmig, langstieligen Blättern. Die roten oder grünen Blüten stehen in dichten Ähren. Sie ist in Alaska und Westkanada sowie in feuchten, höherliegenden Gebieten zu finden. Die Blätter können roh oder gekocht verzehrt werden. Durch ihren Gehalt an Oxalsäure ist sie sehr sauer, die Blätter regen jedoch den Speichelfluss an und sind vorübergehend ein Durststiller.

Tag Lilie

Schmale lanzettenblätter und eine gelbe Knollenwurzel mit orangefarbener Blüte zeichnen diese in Europa und Amerika vertretene Pflanze aus. Die Blüten und Knollen können roh oder gekocht verwendet werden. Sie kann ebenfalls mit den giftigen Iris-Schösslingen verwechselt werden und sollte somit nur im Frühjahr gesammelt werden, da die gelbe Knollenfarbe sie dann voneinander unterscheidet.

Taro

Diese Vitamin A und C haltige Pflanze kann im pazifischen Raum in Bachbetten und Tümpeln gefunden werden. Die herzförmigen, geäderten Blätter können bis zu 60 cm groß werden. Die Pflanze muss aber zur Entgiftung gekocht und das Wasser mehrmals abgegossen werden. Die Knolle, Stängel und die Blätter dieser Pflanze sind essbar.

Taubnessel
Diese vitamin- und mineralstoffreiche Pflanze ähnelt sehr dem Gundermann, und ist auf Feldern in Europa und Teilen Amerikas zu finden. Blätter und Blüte können als Salat oder Spinat verwendet werden.

Teichrose
Ihre flach-runden, auf dem Wasser treibenden Blätter und ihre gelbe Blüte machen sie in Europa, Afrika, Europa und Amerika schon von weitem sichtbar. Ihre Wurzel kann gekocht und die Samen zu Mehl verarbeitet werden.

Thymian
Beheimatet in Europa und Amerika ergibt er mit seinem viereckigen Stängel und den kleinen ovalen Blättern einen guten Tee.

Topinambur
Ovale, raue Blätter, gelbe Blütenköpfen und behaarte Stängel entspringen aus dieser Knollenpflanze. In Nordamerika und Asien beheimatet können ihre Knollen roh oder gekocht zubereitet und die Samen wie Linsen behandelt werden.

Wasserlilie
Anzutreffen in stehenden Binnengewässern, können die Blütenstiele roh genutzt und der Wurzelstock wie Karotten zubereitet werden.

Wassernuss
Der harte Samen dieser Wasserpflanze kann roh oder geröstet gegessen werden. Sie wächst in Europa und Asien.

Wegerich
Der Breitwegerich mit seinen, wie der Name schon sagt, breiten, ovalen Blättern und der Spitzwegerich mit den langen Lanzettenblättern und den Blütenähren sind in Eurasien und Nordamerika beheimatet. Aufzufinden sind sie in Trockengebieten. Die Pflanze ist Mineral- und Vitaminreich. Ihre Blätter können als Salat, Spinat, Tee, oder die ganze Pflanze getrocknet und gerieben als Mehlersatz eingesetzt werden.

Wegwarte
Blaue Blüten und Lanzettenblätter mit einem kleinen Stachel am Mittelnerv weisen diese Pflanze aus. Die Blätter finden als Tee, Salat sowie die getrocknete und gemahlene Wurzel als Kaffeeersatz aber auch als Wurzelgemüse Verwendung.

Weidenröschen Wald

Ein Staudengewächs, auch Fireweed genannt, mit Lanzettenblättern, rosa-purpur farbenen Blüten und einer roten Kapsel als Frucht. Zu finden ist sie in Westkanada, Alaska und in teilen Europas an sonnigen Standorten und überwiegend auf sandigen Böden. Die jungen Stängel und Blätter können als Gemüse gekocht oder das weiße „Fruchtfleisch" der Stängel roh gegessen werden. Die Blätter ergeben aufgegossen auch einen Vitamin C haltigen Tee.

Weißdorn

Dieser Dornenstrauch mit den Doldenblüten verfügt über eine rote, mehlige Frucht und ist in Europa, Afrika und auch Amerika ansässig. Die vitaminreichen Früchte können zu Marmelade, die Blätter zu Tee, das getrocknete Fruchtfleisch als Mehl und die gerösteten Kerne wie Kaffee genutzt werden.

Weißer Gänsfuß

Weltweit verbreitet steht diese Pflanze mit Vorliebe auf Feldern. Ihre Triebspitze und auch die jungen Blätter sind ein vitaminreiches Gemüse. Ihre Samen sollten vor Verwendung eine Nacht eingeweicht und gewaschen werden bevor sie wie Hirse zubereitet aber auch als Mehlersatz herhalten können.

Wiesen Bocksbart

Die gelbe Blüte und ihre gebuchteten Blätter erinnern stark an den Löwenzahn. Sie ist in Eurasien und Amerika eingebürgert. Die Wurzel kann gekocht oder gebraten werden, die Blätter ergeben ein gutes Wildgemüse.

Wiesen Kerbel

Diese Pflanze wird durch weiße Blütendolden, ihre zwei bis dreifach gefiederten Blätter und ihren aromatischen Geruch gekennzeichnet. Sie ist in Eurasien, Afrika sowie Amerika eingebürgert und enthält viel Vitamin C, welches sich auch gut als Suppenaufstreu eignet. Sie kann jedoch mit dem giftigen Schierling verwechselt werden.

Wiesen Kümmel

Diese Pflanze mit ihren fein gefiederten Blättern ist vorwiegend in Mitteleuropa zu finden. Ihre Frucht kann als Gewürz und die Wurzel als Gemüse oder Salat zum Einsatz kommen.

Wiesen Schaumkraut

Gekennzeichnet durch den hohlen Stängel mit grundständiger Rosette, unpaarigen Blättern und weiß-rosa Blüten mit gelben Kern ist diese Pflanze in Eurasien und Nordamerika zu finden. Sie besitzt einen hohen Vitamin C Gehalt in den frischen jungen Blättern, welche als Salat genutzt werden können.

Wilde Kartoffel
Kleinwüchsig aber weit verbreitet, ist sie überwiegend in den Tropen zu finden. Sie kann wie die bekannte Kartoffel verwandt werden.

Wilder Kürbis
Diese Früchte sind auch unreif in gekochtem Zustand genießbar. Die Blätter der Pflanze können gekocht, die Samenkörner geröstet sowie die Flüssigkeit der Stiele und Schösslinge ausgelutscht werden.

Wilde Möhre
Tief eingeschnittene Blätter und weiße Doldenblüten zeichnen diese Pflanze aus. Sie enthält viel Vitamin A und sieht dem giftigen Schierling ähnlich. Weist sie also den typischen Möhrengeruch an der Wurzel nicht auf, keinesfalls verwenden!

Wilder Spargel
Von einem grünen Stängel bis zu einer federartigen größeren Pflanze zieht er die Aufmerksamkeit auf sich. Zu finden in Eurasien, Afrika und Amerika. Gekocht einfach eine leicht verdauliche Köstlichkeit.

Wilder Sellerie
Die jungen Stiele können geschält, roh oder die Blätter gekocht verwertet werden.

Wintergrün
Die kriechenden Triebe besitzen ovale, lederne, glänzende Blätter, welche sich als Tee oder Gewürz verwenden lassen. Die roten Beeren können roh oder gekocht als Marmelade genutzt werden.

Yams
In tropischen Gebieten gilt die stärkehaltige Pflanze als Grundnahrungsmittel vieler Völker. Die Wurzel und die Knolle sind essbar. Einige Arten besitzen allerdings einen Giftanteil, welcher durch Kochen ausgeschwemmt werden sollte.

Alle Wasserpflanzen sollten vor der Verwendung immer zuerst getrocknet oder gut gekocht werden, um eventuelle Bakterien abzutöten.

Farnpflanzen
In über 9000 verschiedenen Arten sind sie fast weltweit anzutreffen.

Adlerfarn
Die Farnwedel können bis zu zwei Meter Höhe erreichen. Junge, schneckenartig gerollte Farntriebe besitzen einen hohen Nährwert. Nachdem die braune "Wolle" entfernt worden ist, werden sie einfach eine Stunde gekocht. Eventuell muss das

Wasser wegen der Bitterstoffe mehrere male gewechselt werden. In Japan, Asien, Indien und den USA werden die jungen Triebe oft als "fiddleheads" zu Wildsalat genutzt. Sie steht jedoch im Verdacht Tumorerkrankungen hervorzurufen.

Gemeiner Tüpfelfarn
In einem Großteil Europas beheimatetet, enthalten die Wurzeln der Pflanze den Zucker Mannit. Sie können als Tee Verwendung finden. Man sagt den enthaltenen Bitterstoffen auch eine abtötende Wirkung auf Darmwürmer nach.

Wurmfarn
Im unterirdischen Wurzelstock dieser Farnart, von welchem breite, gesägte, oft untereinander verbundene Fiedern mit braunen, rundlichen Sporenhaufen ausgehen, befinden sich giftige Phloroglucin-Verbindungen. Sie können Eingeweidewürmer abtöten, aber auch leber- und kreislaufschädigend wirken.

Giftige Pflanzen
Giftig bedeutet nicht immer gleich tödlich, sondern eher, eine unerwünschte, negative Eigenschaft hervorrufend. Es kommt immer auf die Dosis, das „Gift" allgemein und den Gesamtzustand der Person an. Denkt dran, selbst ein Durchfall kann lebensbedrohend sein, wenn der Flüssigkeitsverlust nicht ausgeglichen werden kann.
Im Folgenden werden auch einige Pflanzen aufgeführt bei denen nach entsprechender Vorbehandlung einige Teile verwendet werden können. Um auf der sicheren Seite zu sein, sollte man sich jedoch angewöhnen diese nicht zu nutzen, wenn es nicht sein muss.

Bilsenkraut
Erkennbar an den oval gezahnten, klebrigen Blättern mit cremefarbenen Blüten. Sie steht bevorzugt auf kahlen Böden und kann zu Übelkeit, Schwindel, Muskelstarre, Kopfschmerzen, Koma und Atemlähmung führen.

Christophskraut
Eine Waldpflanze mit gezahnten Blättern und einer kleinen, weißen Blüte. Sie verfügt über schwarze oder weiße Beeren und ruft Hautreizungen, Blasenbildung, Übelkeit und Erbrechen hervor.

Eisenhut
Ihre palmenförmig zergliederten und behaarten Blätter besitzen eine helmartige purpur-blaue oder gelbe Blüte. Sie lähmt mit ihrem Gift das Nervensystem und ist in feuchten, schattigen Wäldern zu finden.

Fingerhut
Eine großblättrigen Ähre mit rosa oder gelber, röhrenförmigen Blüte. Sie besitzt giftige Glycoside.

Giftsumach
Dreigeteilte Blätter, grünliche Blüten und weiße Beeren sind die Merkmale dieser in Nordamerika beheimateten Pflanze. Sie verfügt über ein Kontaktgift, welches zu Blasenbildung, Ausschlägen und Infektionen führt.

Maniok
Roh gegessen sind die Knollen tödlich, werden sie jedoch zwei Tage eingeweicht und daraufhin gut durchgekocht, können sie verwandt werden.

Maiapfel
Diese amerikanische Pflanze ist durch schirmartige, eingeschlitzte Blätter und eine weiße Blüte zu erkennen. Durchfall und Erbrechen drohen.

Rittersporn
Purpurne bis blaue Blüten, mit speichenförmig angeordneten Blättern gelten als Markenzeichen dieser Pflanze. Magen- Hautreizung, Durchfall und Auswirkungen auf den Herzmuskel sind möglich.

Rizinusbohne
Die Frucht des gemeinen Wunderbaumes ist eine stachlige, eckige Schote mit gelben Blüten. Vorwiegend im tropischen Busch zu finden, gilt das in der Frucht vorhandene Zytotoxin als biologischer Kampfstoff. Dies führt zu Fieber, Krämpfen, Kreislaufzusammenbruch, Multiorganversagen, Koma und Tod.

Rosskastanie
Handförmige, große Blätter und klebrige Knospen unterscheiden diesen Baum von der Edelkastanie. Die Spitzen an der Fruchtschale stehen weiter auseinander und die Früchte sind wesentlich größer. Übelkeit, Bauchschmerzen und Erbrechen sind mögliche Auswirkungen.

Schierling
Diese vielfach verzweigte, bis zu zwei Meter große Pflanze mit ihrem gepunktetem purpurfarbenem Stiel besitzt grob gezahnte Blätter mit weißen Blüten. Im Grasland auf der ganzen Welt vertreten, führt sie über den Atemstillstand zum Tod.

Schwalbenwurz
Herzförmige Blätter und gelblich-weiße Blüten kennzeichnen ihr Aussehen in den gemäßigten Zonen. Die Wurzeln und Samenschoten führen zum Erbrechen.

Sibirische Schwertlilie
Eine Staude mit langen, ein Zentimeter breiten, schwertähnlichen Blättern. Blaue Blüten mit dunklen Adern machen sie in Süd und Westalaska schon von weitem

sichtbar. Sie steht in Feuchtgebieten und droht mit Durchfall, Entzündungen und Erbrechen.

Stechapfel

Die Pflanze mit ihren ovalen, gezackten Blättern, der großen, trompetenförmigen, weißen Blüte und der stacheligen Frucht wächst in den gemäßigten Regionen sowie in den Tropen. Halluzinationen und Delirium drohen.

Sumpfdotterblume

Diese Sumpfpflanze ist in Eurasien und Nordamerika beheimatet. Sie wird durch ovale Blätter und leuchtend gelbe Blüten gekennzeichnet. Ihr Gift kann auch durch Kontakt aufgenommen werden und führt zu Erbrechen und Krämpfen.

Taro

Die Knolle dieser Tropischen Pflanze mit ihren langstieligen Pfeilblättern und der gelblich-orangenen Blüte kann nach dem Kochen gegessen werden. Roh verwertet reizt sie jedoch die Schleimhäute und wirkt verdauungsstörend.

Tollkirsche

Sie besitzt ovale Blätter, glockenförmige, purpur oder grünliche Blüten und verfügt über glänzend schwarze Beeren. Zu finden in Wald- und Buschgebieten Europas. Hier drohen Atem- sowie Herz-Kreislaufstillstand.

Zigadenus

Grasartige Blätter, mit gelber oder weißer Blüte entspringen aus einer zentralen Zwiebel. Diese Pflanze ist in Europa und Nordamerika eingebürgert. Erbrechen, Schwindel, Kopfschmerzen und Krämpfe drohen.

Seetang / Plankton / Flechten

Alle Arten sind essbar, reich an Vitamin C sowie an Mineralien und können zwischen Flut- Ebbelinie oder auf dem Meer treibend gesammelt werden. Man sollte jedoch nur frische Pflanzen verwenden, denn sie verderben schnell. Durch ihren hohen Gehalt an Vitaminen, Mineralsalzen und Jod verhindern sie manche Krankheit. Jedoch wirken sie, in großen Mengen verzehrt, abführend. Zuviel Salz schadet auch den Nieren und entzieht dem Körper Flüssigkeit. Spüle somit alle dementsprechenden Nahrungsmittel gut mit Süßwasser ab.

Blasentang
Ein grober, dunkelgrüner Tang der im Sommer am Stängelende gallertartige Blasen mit sich führt. Aufzufinden im Atlantischen und Pazifischen Ozean.

Grünalge
Wie der Name schon sagt, eine grüne Pflanze, welche überwiegend im Atlantischen und Pazifischen Ozean vorkommt. Sie stellt als Salat eine nahrhafte Pflanze dar.

Irischer Knorpeltang
Dieser braune Tang lässt sich im Atlantischen und Pazifischen Ozean auffischen. Die ganze Pflanze kann mit ihren purpurfarbenen bis olivgrünen Wedeln verwendet werden. Mit Milch zu einem Brei gekocht ergibt sie einen Pudding.

Moosflechte
Diese breitlappige, olivgrüne Blattflechte ist sehr bitter. Gerade bei ihr sollten vor der Verwendung die Bitterstoffe ausgekocht werden.

Nabelflechte
Im nördlichen Bereich und den arktischen Regionen sollten sie eingeweicht und gut gekocht werden.

Purpurblatt Rotalge
Mit ihrem rot-violetten Aussehen, kann sie im Atlantischen und im Pazifischen Ozean aufgefischt werden. Sie sollte, wie der Riementang, vor der Verwendung weichgekocht werden. Junge Blätter können, getrocknet, als Ersatz für Kaugummi herhalten.

Perltang
Treibend im Atlantischen und Pazifischen Ozean besitzt diese Tangart eine ledrige Konsistenz und sollte deshalb wie auch die Purpurblatt Rotalge vor dem Essen zur besseren Verdauung weichgekocht werden.

Purpurtang

Er weist eine leuchtend rote bis dunkel purpurne Farbe auf. Wer ihn im Atlantik oder dem Mittelmeer auffischt, kann ihn durch mehrstündiges Kochen verwertbar machen. Danach kann sie gebraten, pulverisiert oder als Mehl genutzt werden.

Rentierflechte

Zu finden in arktischen Regionen, sieht sie aus wie ein Rentiergeweih, lässt sich aber im Vergleich, nach dem Einweichen und Kochen, besser verdauen.

Riementang

Zwei bis sechs Meter lang, mit olivgrün-brauner Färbung. Sie verfügt über einen kurzen Stiel und Wedel. Beheimatet im Atlantischen und Pazifischen Ozean.

Speiserotalge

Diese rote Pflanze strotzt nur so vor Protein und kann im Ganzen eingekocht zu einer Suppe verarbeitet werden. Die jungen Blätter können roh verwandt oder, wie die Blätter der Purpurblatt Rotalge, getrocknet als Kaugummi genutzt werden. Sie lässt sich im Atlantischen und Pazifischen Ozean auffischen.

Zuckertang

Olivgrün bis braun badet sie im Atlantischen Ozean. Von der noch jungen Pflanze können die langen, flachen, gelb-braunen Wedel, die Blätter und auch der süßlich schmeckende Stängel roh verwendet werden.

Plankton

Es besteht aus im Meer treibende, mikroskopisch kleinen Pflanzen und Tieren. In Seetang- Planktonfeldern verstecken sich auch gerne kleine Meerestiere. Vor dem Verzehr sollte also geprüft werden was sich alles darin befindet.

Pilzliste

Pilze stehen mit ihrem Nährwert zwischen dem Fleisch und dem Gemüse. Sie enthalten viele Proteine, Mineralstoffe und sind hauptsächlich Mitte Juli bis Mitte Oktober in der Saison. Ob man sie kocht, schmort oder dünstet bleibt dabei jedem selbst überlassen. Grundsätzlich sollten sie nach dem Ernten jedoch rasch verbraucht, nie roh gegessen und nie aufgewärmt werden.

Giftige Pilze können von Ungiftigen Geschmacklich nicht unterschieden werden! Vergiftungserscheinungen treten meist erst nach Stunden auf!

Somit kann auch ein Geschmackstest nicht angewandt werden. Zudem gibt es keine wirklich sicheren Regeln um essbare von giftigen Arten zu unterscheiden. Zur groben Richtungsweisung sollten alle Pilze mit Stielknolle, Stielmanschette (Ringe am Stiel), weißen Lamellen und kelchförmigem Fortsatz an der Stielbasis, sowie auch diejenigen, die wurmstichige oder faule Stellen aufweisen, gemieden werden. Es ist immer besser, und sicherer, eine kleine Anzahl von Pilzen zu kennen und auf den Rest zu verzichten.

Bodenpilze
Sie verbreiten sich über ein weitläufiges Geflecht aus Wurzeln, auch Mycel genannt, und durchsetzen somit belebte Bodenschichten.

Beutelstäubling
Weiß und Rund mit langem, kräftigem Stiel erreicht er einen Durchmesser von 4-10 Zentimeter und eine Höhe von bis zu 15 Zentimeter. Im Laufe der Zeit verändert er seine Farbe ins grau-bräunliche. Solange seine Fruchtmasse weiß ist, kann er wie ein Schnitzel verarbeitet werden. Er bewohnt Felder und Wiesen.

Birkenpilz
Dieser braune Pilz ist in Europa weit verbreitet und wird im Mittel 12 Zentimeter breit, wobei er sich über eine halbkugelige Form abflacht und über einen orangenen Hut verfügt. Oft in Birkennähe zu finden, besitzt weiß-graue Röhren und einen weißgrundig, schwarzschuppigen Stiel.

Butterpilz
Ein bräunlicher Pilz mit bis zu 12 Zentimeter breitem Hut. Er verfügt über butter- bis oliv-gelbe Poren und einen weiß-violett-braunen Stielring. Er findet sich häufig in Kiefernwäldern auf der nördlichen Halbkugel und ist sehr wasserhaltig.

Champignon
Alle Champignonarten sind essbar. Der Wald- Wiesenchampignon verfügt über

einen ungefähr 10 Zentimeter breiten Hut, welcher zuerst halbkugelig, dann flach gewölbt, sich im späteren Stadium in der Mitte vertieft und mit bräunlich, faserigen Schuppen bedeckt ist. Die Lamellen sind erst blass-weiß, dann rötlich, im späteren Verlauf schokoladenfarbig bis schwarz. Der Stiel ist weiß, kann bis 12 Zentimeter lang werden und besitzt im oberen Drittel einen bräunlichen Ring. Schneidet man diesen an, färbt er sich rot. Er kann mit dem giftigen Knollenblätterpilz, welcher jedoch rein weiße Lamellen und eine Scheide an der Stielbasis besitzt, verwechselt werden. Eine weitere Ähnlichkeit besteht mit dem Perlhuhnegerling, welcher sich bei Anschnitt am unteren Stielende leuchtend chromgelb färbt.

Chanterell
Ein goldgelb, bis manchmal orangefarbener Pilz mit trompetenförmigem Aufbau. Er wächst auf humusreichen Böden, oft im Nadelwald und kann mit dem giftigen False Chanterell verwechselt werden.

Fichtenreizker
Ein zuerst niedergedrückter, orangeroter bis trichterförmiger, grünlicher Pilz mit bis zu 12 Zentimeter Durchmesser. Sein hohler Stiel sondert beim Anschnitt eine rote Milch ab und das Fleisch verfärbt sich über rot ins leicht grünliche.

Frost Schneckling
Ein kegeliger, zuerst gewölbter, dann flacher bis trichterförmiger, dunkelbrauner Hut. Er erscheint bis in den Winter hinein. Seine Schleimschicht muss vor dem Zubereiten abgeschabt werden. Er kann mit anderen Arten essbarer Schnecklingen verwechselt werden.

Goldgelbe Koralle
Er gleicht einem verästelten, gelben Korallenstock, wächst überwiegend in Laub-Nadelwäldern, wird bis zu 12 cm hoch und 11 cm breit. Er kann leicht mit giftigen Arten der Dreifarbigen Koralle verwechselt werden.

Großer Gelbfuß
Ein gewölbter bis kreisförmiger Schirm mit dicken, weißlich-grau bis schwarz, zum Fuß hinablaufenden Lamellen. Der Stiel ist von unten her chromgelb verfärbt. Bei diesem, Fichtenwald bevorzugenden Pilz, sollte auch die Schleimschicht vor dem Zubereiten entfernt werden.

Grüngelbes Gallertkäppchen
Dieser kleine Pilz verfügt über ein gallertartiges, punktiertes und unregelmäßig rund geformtes Käppchen. Er liebt die Feuchtigkeit und variiert von hellgelb bis ins dunkelolive. Eine Verwechslung mit dem Kreisling-, Spatel- und Haubenpilz ist möglich. Diese sind jedoch allesamt ebenfalls essbar.

Herbsttrompete
Ein Buchenwald bevorzugender, grau bis dunkelbraun gekräuselter Pilz mit einem trichterförmigen Hut. Er erreicht bis zu 12 cm Durchmesser und 10 cm Höhe.

Krauser Ziegenbart
Er bewohnt Nadelwälder am Fuß von Bäumen, schmeckt nach Walnuss, riecht aber nach Anis.

Pfifferling
Im Nadelwald auffindbar, wird er kaum über fünf Zentimeter breit. Sein Hut hat normalerweise eine dottergelbe Farbe, weißlich und lila ist aber auch möglich. Die Lamellen verlaufen leistenförmig am Stiel hinauf und gehen in den verknitterten Hut über.

Röhrling
Röhrlinge gibt es viele. Der Gold- der Kuh- der Rotfuß- oder der Sandröhrling, mit seinem bis zu 12 Zentimeter breiten, gelb-braunen Hut. Seine oliv-grünen Röhren verströmen vom Flachland bis ins Gebirge einen säuerlichen Geruch.

Saftling Granatrot
Ein kegeliger, spitzer Hut, mit gelb-blutroter Farbe sowie gelben bis orangefarben auseinanderstehenden Lamellen weisen diesen Wiesenbewohner aus.

Semmelstoppelpilz
Oft gesellig gewachsen, besitzt der zylindrisch stämmige Stiel an der Hutunterseite anstelle von Lamellen oder Poren Stacheln.

Schafporling
Ein stämmiger Pilz mit verschiedenartig geformten Hüten. Weiß, mit gelbem oder grauem Stich, bewohnt er höhere Regionen des Nadelwaldes. Er ist verwechselbar mit dem ebenfalls essbaren Semmel-Porling.

Spitzmorchel
Ein hoher, schlanker, spitz zulaufender Hut mit einer hellbraunen bis braun-grauen Färbung. Ein Wald und Wiesenpilz mit netzförmigen, fast parallel verlaufenden Längsrippen. Diese färben sich schwärzlich, wobei der Stiel weiß-cremefarben bleibt, aber innen hohl ist.

Steinpilz
Sein Hut ist kugelig und polsterförmig, anfangs sehr hell und später braun. Die schwammartige Unterseite ist fast weiß, wird allerdings im Alter gelblich und später olivgrün. Der Stiel ist grob und keulig nach unten zulaufend, mit einer grau-

bräunlichen Farbe. Er kann mit dem giftigen Grünblättrigen Schwefelkopf, welcher jedoch über grün-gelbe Lamellen verfügt, verwechselt werden. Alle Arten mit orangenen Röhren und Stielen sind ebenso als giftig anzusehen.

Wiesenellerling

Sein bis zu zehn Zentimeter breiter, orangegelber leicht gebuckelter Hut, die dicken wachsartigen Lamellen und der blasse Stiel sind auf Wiesen - Weiden anzutreffen.

Baumpilze

Alle Baumpilzarten sind gewöhnlich unbedenklich. Ihre Ernährung besteht aus toter organischer Substanz. Sie sind jedoch meistens korkig und holzig.

Brauner Dachpilz

Der bis zu 15 Zentimeter breite, dachförmige, hell bis schwarz-braune Pilz verfügt über bauchige, gegen den Stiel gerichtete Lamellen. Diese gelten als ein Merkmal aller Dachpilze da sie den Stiel nicht berühren.

Gemeiner Leberpilz

Ein rosa bis rötlich, rauh strukturierter, zungenförmiger Pilz mit blutfarbenem Saft.

Goldgelber Zitterling

Dieser gallertartige Pilz besitzt ein korallenförmiges Aussehen.

Hallimasch

Dieser Nadelwald spezialisierte Baumparasit wird im Durchschnitt zehn Zentimeter groß. Er besitzt einen honiggelben bis braunen Kopf, mit zur Mitte hin dunklen Schuppen. Die Lamellen sind zuerst weißlich, später mehr rötlich-gelb. Der rohe Pilz besitzt einen bitteren Geschmack, welcher sich aber beim Kochen verliert.

Lebereischling

Mit seiner blutroten-dunkelbraunen Farbe wächst er an Eichenstämmen. Er besitzt eine weiß-gelbliche Unterseite und sondert eine klebrige-schleimige Substanz ab. Um seinen bitteren Geschmack zu entfernen sollte er eingeweicht und gedünstet werden.

Schwefelporling

Dieser schwefelgelbe-orange-rote Pilz bevorzugt Laubbäume. In Gruppen wächst er meist so eng, dass sich die Hüte dachziegelartig türmen. Der junge Pilz ist essbar, während sie im Alter zäh werden.

Stockschwämmchen

Es besitzt einen bräunlich gelben Hut mit bis zu sechs Zentimeter Größe und einer dunklen Randzone. Der Stiel verfügt über einen Ring. Unterhalb verlaufen dunkel abstehende Schuppen.

Giftige Pilze
Sie drohen im allgemeinen mit Erbrechen, Durchfall, Krämpfen, Rauschzuständen und Koma, aber auch Lähmungen und eventuell dem Tod.

Fliegenpilz
Von einer weißen Hülle umschlossen, zeigt er beim Aufschirmen seine markanten Merkmale. Zunächst ein glockiger, später flach ausgebreiteter leuchtend roter Hut, variierend von braun bis orange-gelb und bis zu 20 Zentimeter Durchmesser. Öfters ist er mit weißen Pusteln bedeckt. Der Hutrand ist gerieft mit weißen Lamellen, während der Stiel mit Manschette in einer Knolle endet.

Karbolegerling
Ein Pilz, der sich beim Berühren an der Basis gelb verfärbt und einen kräftigen Jodgeruch aufweist.

Kartoffelbovist
Das Aussehen und Gewicht entspricht einer Kartoffel. Aufgeschnitten verströmt er einen stechenden Geruch. Er kann mit den teuren, essbaren Trüffeln, welche aber unterirdisch wachsen, verwechselt werden.

Knollenblätterpilz
Es gibt eine Vielzahl Knollenblätterpilze in unterschiedlichen Formen und Farben. Der gelbliche besitzt einen glockig-flachen Hut mit gelblich-weißer Farbe. Die Lamellen reichen nicht bis zum Stiel, welcher schlank in einer glattgerandeten Scheide steckt. Der grüne gleicht als junger Pilz einem weißen Ei, erst wenn diese Hülle platzt zeigt er sein wahres Gesicht. Zuerst glockig geschirmt kann er auf einen Durchmesser von bis zu 15 Zentimeter anwachsen. Er ist klebrig und besitzt eine herabhängende Manschette und Lamellen, welche meist nicht ganz zum Stiel verlaufen. Der kegelhütige besitzt einen unangenehm süßlichen Geruch und ist den essbaren Champignons sehr ähnlich. Der spitzhütige ist weiß mit später gelblichem Stich, einem glockigem Hut und einem süßlichem Geruch. Zudem weist er eine Stielmanschette, einen lappigen Hutrand mit bis 12 Zentimeter Durchmesser und eine Scheidenknolle auf. Der weiße ist bis zehn Zentimeter breit, wobei der Stiel aus einer häutigen Scheide entspringt und bis zu 15 Zentimeter lang wird. Er ist in Laub- sowie Nadelwäldern vertreten und kann mit dem Champignon verwechselt werden.

Pantherpilz
Ein brauner bis zu zehn Zentimeter breiter Hut mit weißen Tupfen, einem Geruch

nach Rettich, weißen Lamellen und zwei bis dreiblättrigen Ringen am Stiel. Er ist verwechselbar mit dem essbaren, grauen Wulstling.

Riesenrötling
Ein gräulich-weißer Pilz, mit einem stark konvexem Hut, gelblich, wachsfarbenen Lamellen und festem, weißem Fleisch. Der rosarote Farbton der Lamellen stellt sich erst sehr spät ein. Er riecht nach Bittermandel und Rettich.

Speitäubling
Dieser, bis zu zehn Zentimeter breite, hellrote Hut mit seinen weißen-gelblichen Lamellen, riecht nach Obst und ist häufig im Tiefland eines Mischwaldes zu finden.

Baumliste

Die innere Rinde, das sogenannte Kambium, und das Holz vieler Bäume kann roh oder gekocht verzehrt werden. Hierzu wird die äußere Borke entfernt, die darunterliegende dünne Gewebsschicht vor dem Kernholz ist essbar. Als Mehl ist sie zum Andicken von Wildgemüsesuppen oder zum Brotbacken nutzbar und in Streifen geschnitten kann es roh oder gekocht gegessen werden. Ebenso sind die Früchte, die Nüsse sowie Wurzeln verwertbar und ansammelndes Harz ist ebenfalls sehr nahrhaft. Speziell von Kakteen, Reben, Agaven, Akazien, Birken, Ahorn, Sago- und auch der Zuckerpalme.

Ahorn
Ein kräftig gewachsener Stamm mit einer mehr in die Länge gezogenen Krone. Als Abarten sind der Bergahorn mit einer hellbraunen, dünnen Borke, der Spitzahorn mit einer schwärzlich, längsrissigen Borke sowie der Feldahorn mit abgerundeten Blattspitzen bekannt. Aus dem "Baumsaft" kann ein Sirup hergestellt werden.

Akazie
Dieser dornige Baum besitzt kleine Blätter mit rosarot-gelben Blüten. Die Samen können geröstet, die jungen Blätter-Triebe gekocht und die wasserhaltige Wurzel ausgepresst werden.

Amerikanischer Erdbeerbaum
Dieser mittelgroße Laubbaum mit gelblich, später rotbrauner Rinde, seinen bis zu 15 cm langen Blättern und den orange-roten Beeren ist in trockenen und sonnigen Gegenden in British Kolumbien zu finden. Ein Volk der Ureinwohner, die "Saanich", nutzten den Rinden- Blättersud um Erkältungskrankheiten und auch Magenprobleme zu kurieren.

Baobabbaum
Er gilt fast als Wahrzeichen Afrikas und kann mit seiner silbergrauen Rinde bis zu 1000 Jahre alt werden. Er besitzt feine Blätter und malvenähnliche Blüten sowie holzige, gurkenähnliche Früchte mit fettreichen Samen. In der Regenzeit kann er mehrere tausend Liter Wasser speichern. Die Blattspitzen lassen sich als Gemüse oder Soße zubereiten, das Fruchtmark kann als Getränk und Bonbon, die Samen zu Öl oder Kaffeepulver verarbeitet werden.

Birke
Dieser kleine bis mittelgrosse Laubbaum verfügt über eine weiße bis kupferbraune, teils schwarze Rinde mit braunen Horizontallinien. Wechselständig angeordnete, gezahnte, zehn Zentimeter lange Blätter und seine Blütenstände machen ihn leicht erkennbar. Oft findet man ihn an feuchten Standorten in Eurasien, Amerika und

Afrika. Von den Ureinwohnern Nordamerikas ist es der meistgenutzte Baum. Die Rinde kann in großen, wasserdichten Bögen abgezogen werden. Körbe und Kanus dürften die bekanntesten Produkte sein. Die durch die ätherischen Öle sehr leicht brennende Rinde gibt einen guten Zunder ab, während der Saft (wirkt entwässernd) zum Trinken mit Wasser gemischt, die Blätter als Notverpflegung und das Harz auch als Kaugummi Ersatz herhalten kann.

Brotfruchtbaum
Als immergrüner Baum ist er im indopazifischen Raum oft zu finden. Die großen bis zu vier Kilogramm schweren Früchte können wie Kartoffeln zubereitet werden. Sie besitzen einen hohen Stärkegehalt und reif einen süßlichen Geschmack. Die Frucht beinhaltet 16-24 Nussfrüchte, welche nach dem Rösten zu Mehl verarbeitet werden können. Die Pflanze führt jedoch einen hautreizenden, milchigen Saft.

Buche
Sie verfügt über ein helles, hartes und fäulnisbeständiges Werkholz. Die Samen, die Bucheckern, enthalten fast 50% Fett und können geröstet sowie gemahlen als Kaffeeersatz herhalten. Roh sollten die Früchte jedoch nicht in zu großen Mengen verzehrt werden, da sie Blausäure enthalten, die beim Rösten allerdings entweicht.

Cashewbaum
Cashewnüsse sind roh giftig. Sie müssen vor dem Verzehr gekocht werden. Aber Achtung, die entstehenden Dämpfe können zur Erblindung führen.

Dattelpalme
Eine breite Krone bedeckt diese schlanke Palme. Früchte und Triebe können roh und der zuckerhaltige Saft des Stammes eingekocht verwendet werden.

Eberesche
Ansässig in Europa und Asien verfügt er über eine glatte Borke, gefiederte Blätter und weiße Blüten, welche sich zu roten Beeren entwickeln. Die Vitamin C reichen Beeren können zu Saft, Marmelade oder Gelee eingekocht werden.

Edelkastanie
Lange, gezahnte Blätter und stachelige Schalen kennzeichnen diesen Baum. Die Frucht ist geschält, geröstet und gemahlen ebenfalls ein guter Mehlersatz. Zum Schälen bietet es sich an diese sogenannten Maronen kreuzweise einzuschneiden und für zehn Minuten zu kochen.

Eiche
Die Frucht dieses Baumes sollte wegen der Bitterstoffe nicht roh genutzt werden. Zum Ausschwemmen sollten sie zwei Stunden gekocht und über mehrere Tage in

kaltem Wasser welches periodisch gewechselt wird, gewässert werden. Zerkleinert und gemahlen können sie als Brei, getrocknet als Kaffeeersatz oder Mehl genutzt werden.

Erle

Als Strauch oder auch Baum besitzt sie ein leichtes, spaltbares Holz mit hohem Gerbsäuregehalt. Somit ist sie widerstandsfähig gegen Fäulnis und bietet ein sehr gutes Material für Gebrauchsgegenstände.

Esche

Ein sehr hochwüchsiger Stamm mit einer tiefliegenden Krone und bräunlicher, glatter Rinde, welche sich im Alter hellgrau färbt. Aus der Rinde und den Blättern lässt sich ein Tee herstellen.

Espe

Der abfließende Saft kann zum Konservieren und in der Sonne getrocknet sowie verrieben als süßliches Mehl genutzt werden.

Lärche

Die büschelig stehenden Nadeln zeichnen diesen Baum aus. Sein Holz eignet sich sehr gut für Schreinerarbeiten.

Fichte

Das Kambium enthält viel Vitamin C sowie Harz. Duftessenzen können aus den Nadeln gewonnen werden.

Granatapfelbaum

Ein sommergrüner Baum der tropischen Gebiete mit dreilappigen Blättern, weiß-violetten Blüten und saftigen, eiförmig, violetten Früchten. Seine Rinde ist giftig, und von einigen der 500 verschiedenen Abarten können die Kerne der Frucht als Dessert, Saft oder Sirup genutzt werden.

Haselnuss

Er wächst in den gemäßigten Regionen oft als Strauch, manchmal aber auch als Baum. Seine Früchte sind reich an Öl und besitzen einen hohen Energiewert. Das Holz ist sehr biegsam und eignet sich gut zum Flechten.

Holunder

Ein Strauch oder kleiner Baum mit gezahnten Blättern und weißer Rispenblüte. In Eurasien, Afrika und Nordamerika ist er an feuchten Standorten aufzufinden. Die Beeren ergeben einen vitaminreichen Saft oder Marmelade und die Blütendolden Tee. Die Dolde des giftigen Schierlings sieht jedoch zum Verwechseln ähnlich aus!

Johannisbrotbaum
Die lederartigen, langen, glänzenden Hülsenfrüchte enthalten ein nahrhaftes und süßes Fruchtfleisch. Es kann roh als Mehl, Saft aber auch als Sirup Verwendung finden.

Kiefer
Aus den jungen Nadeln lässt sich ein schmackhafter Tee zubereiten. Das Holz ist reich an Harz, weich und widerstandsfähig gegen Wasser. Ihre Nadeln verfügen über Pinosolvin, ein bakterientötendes Mittel, und das Kambium strotzt nur so vor Vitamin C. Werden die Zapfen über dem Feuer geröstet fallen die Samen heraus. Diese besitzen, wie auch die Samen der Tanne, einen nussartigen Geschmack und können dementsprechend verwandt werden.

Kirsche
Mit ihrer rötlich, braun glänzenden Rinde ist sie fast auf der gesamten nördlichen Halbkugel beheimatet. Aus den Blättern, Blüten und den Kirschstielen kann Tee hergestellt werden.

Kokospalme
Sie ist vorwiegend bis zum 25 Breitengrad in nördlicher sowie südlicher Richtung, und nur bis zu 300 Meter Höhe zu finden. Das Fruchtfleisch enthält Protein, Fett, Kohlenhydrate, Kalzium, Phosphor, Kalium und Vitamin C. Sie liefert Nahrung, Wasser und der Fruchtkörper ist als Behelfsgefäß recht nützlich.

Küsten Douglasie
Ein bei uns eingebürgerter Baum, welcher jedoch nur knappe 30-40 cm hoch wird. Charakteristisch sind seine langen, flachen Nadeln, die beim Zerreiben nach Zitrone duften und eine guten Tee ergeben.

Linde
Die Winterlinde mit ihren herzförmigen Blättern und der weit ausladenden Krone mit rotem Holz ist vorwiegend in Eurasien an Waldrändern beheimatet. Die Blüten verfügen über ätherische Öle und können als Würzmittel, die Blätter als Gemüse, Spinat oder Salat verwendet werden.

Mesquitebaum
Dieses Gewächs ist in Amerika beheimatet, verfügt über eng stehende, federartige Blätter mit bohnenartigen Saathüllen, die auch genauso verwandt werden können.

Nipapalme
In Feuchtgebieten der tropischen Meere beheimatet verfügt diese Palmart über eine wasserlose Frucht. Ihre Blätter sind widerstandsfähig und ein gutes Flechtwerk.

Papaya
Dieser Baum kann eine Höhe von zwei bis sechs Meter erreichen. Die gelb-grünen Früchte können geschält, roh oder gekocht von Nutzen sein.

Pappel
Die fast kreisrunden, stumpfen Blätter verdunsten viel Feuchtigkeit und die innere Rinde ist sehr schmackhaft.

Pazifische Eibe
Als immergrüner Busch oder kleiner Baum mit papierartiger, schuppiger, rötlicher Rinde und beidseitig angeordneten Nadeln, ist sie in Alaska und British Kolumbien entlang von Bächen und Schluchten zu finden. Das Holz ist widerstandsfähig und wurde von den Ureinwohnern gerne für die Herstellung von Gebrauchsgütern wie Bögen, Pfählen und Schnitzereien verwandt. Der rotfleischige Samen ist aber giftig.

Pecannuss
Ein nordamerikanischer bis zu 30 Meter hoher Baum mit einer ausladenden Krone und gefurchtem, hellbraunem bis grauen Stamm. Die Frucht ist eine fetthaltige, süßlich schmeckende Nuss mit dünner Schale.

Rottanne / Nordamerikanische Schwarzfichte
Mit ihren gelbgrünen Nadeln kann sie bis zu 23 Meter Höhe erreichen. Die Jungen Sprossen können roh gegessen, und die Nadeln als Tee aufgegossen werden.

Sagopalme
Der junge Trieb, sowie das Mark im Stamm, welches sich gut für Pudding eignet, ist essbar.

Sala
Dieser immergrüne Strauch verfügt über einen haarigen Stamm mit wechselständig angeordneten, ledrigen, eiförmigen Blättern und rot-blauen bis dunkellila farbenen Früchten. Er kann im Südosten von Alaska und an der Westküste von British Kolumbien in tiefen bis mittleren Lagen aufgefunden werden. Die süßen, saftigen Beeren sind eine wichtige Nahrungsgrundlage für viele Ureinwohner.

Sassafras
Dieser kleinwüchsige aromatische Baum besitzt ein bis zweimal gebuchtete Blätter und ist in Amerika beheimatet. Aufgüsse der Wurzel ergeben einen guten Tee.

Vogelkirsche
Von dieser Pflanze stammt die uns heute bekannte Süßkirsche ab. Gezahnte ovale Blätter und weiße Blüten zeichnen diesen Baum mit der sauren Frucht aus.

Wacholder

Dieser säulenartig wachsende Strauch verfügt in reifem Zustand über bläuliche Beeren. Diese können als appetitanregendes Gewürz Verwendung finden.

Walnuss

Ein Baum mit unverwechselbar rissiger Rinde. Er wächst in den gemäßigten Zonen. Die Nuss wird von einer grünen Hülle geschützt und bietet, gerade zu Salat, eine willkommene Bereicherung.

Weide

Entweder strauchig aufgebaut oder mit einem dicken Stamm und dichtbelaubter Krone reckt sie sich der Sonne entgegen. Gerade die Alaskaweide rühmt sich ihres vitaminreichen Bastes, den schon die Ureinwohner nutzten. Ihre Sprossen, Blätter, die innere Rinde und die geschälte Wurzel kann verwertet werden. Mit der grauen, glatten Rinde und den fünf-zehn Zentimeter langen elliptischen Blättern und den Blütenkätzchen ist sie in Kanada und Alaska entlang von Flüssen und Bächen zu finden. Aber auch unsere europäische Silberweide lässt sich gut mit ihren Stängeln und Blättern zu einem Tee verarbeiten.

Weißtanne

Das gelbliche Holz und die Nadeln mit ihren an der Unterseite befindlichen weißen Längsstreifen kennzeichnen diesen Baum.

Westliche Rotzeder

Ein immergrüner Baum mit einem Stammdurchmesser von bis zu 500 cm und einer rot-braunen, faserigen Rinde. Zu finden in British Kolumbien in trockenen, felsigen Gebieten. Der Baum zählt zur Wacholderart und die Beeren können zum Kochen Verwendung finden. Das aromatische Holz verfügt über eine antiseptische Wirkung und wird gerne für Schnitzereien verwendet.

Rezepte

Auch unter primitiven Verhältnissen kann Nahrung geschmacklich aufgewertet werden. Salz bekommst du aus reduziertem Meerwasser, Blütenhonig bietet dir Zucker, aber auch Birkensaft und jede andere Würzpflanze ist einsetzbar und macht die Situation erträglicher.

Beerenkompott
Die gewaschenen und gezuckerten Beeren werden mit geriebener Zitronenschale und Zimt weichgekocht. Geriebener Zwieback oder hartes Brot wird untergerührt, quellen lassen und warm servieren.

Brennesselspinat
Die jungen Blätter und Triebe werden gewaschen und kleingehackt, einige Minuten in Salzwasser gekocht oder überbrüht und mit frisch gebackenem Brot serviert.

Brot - Teig
Wildes Getreide, Mais, Gras oder andere Körnerpflanzen werden gesammelt, die Samen ausgeklopft, getrocknet und zerrieben. Salz oder Zucker, Wasser oder Milch sowie Backpulver hinzugegeben und los gehts. Mit Moos- Flechtenmehl erreicht man Abwechslung. Natürlich darf das klassische Waldläuferbrot, das "Bannock" nicht fehlen. Auf eine Tasse Mehl kommt ein Teelöffel Backpulver, eine Tasse Wasser sowie 1/4 Teelöffel Salz.

Birkenspaghetti
Die innere Rinde der Birke wird abgezogen, in Streifen geschnitten und gekocht. Alternativ kann auch die Pappel, Espe, Weide oder Buche genutzt werden.

Eichelkuchen
Durch Abkochen der Eicheln beseitigt man das Tannin, welches als Kaffeeersatz genutzt werden kann. Darauf wird die Masse unter Zugabe von etwas Mehl, wobei auf das Mehl auch verzichtet werden kann, geformt und gebacken.

Eier - Kräuter - Tasche
Die Eier werden aufgeschlagen und mit gesammelten Kräutermischungen versetzt. Unter geringer Hitze wird das Gemisch gestockt, bevor es, je nach belieben gefüllt, serviert wird.

Fettbrühe
Zerschlagene, markhaltige Knochen, werden in kaltem Wasser angesetzt und dann erwärmt, wodurch sie ihr Fett abgeben.

Folienapfel
Zuerst wird das Kernhaus ausgeschnitten und das Loch mit Zucker, Butter und Rosinen gefüllt. Zimt und anderes Gewürz verfeinert die Schlemmerei. In Folie eingewickelt fühlt er sich in der Glut für ungefähr eine Stunde wohl.

Froschschenkel in Buttertunke
Die Schenkel des getöteten Frosches werden gehäutet und ungefähr 30 Minuten in Essigwasser eingelegt. Daraufhin werden sie gebacken oder anderweitig zubereitet.

Gebackene Banane
Die geschälte, halbierte Banane wird in Butter erhitzt und mit Honig oder Sirup bestrichen.

Gänseblümchensuppe - Gemüse
Die Grundlage bildet in Butter angedünstetes Mehl mit Rinderbrühe. In ihr wird die frische, gehackte Pflanze kurz aufgekocht. Für Gemüse werden die Blätter einige Minuten in Salzwasser gekocht und fast komplett abgeseiht. Zwiebeln und Mehl werden angedünstet und die gekochten Blätter mit etwas Sud hinzugeben.

Haferbrei
Haferflocken oder zerstoßene, getrocknete Körner werden mit Wasser vermengt und kurz aufgekocht. Trockenobst, Rosinen, Beeren, aber auch Honig oder Sirup sind geschmacklich eine Steigerung.

Indianer Eiscreme
Seifenbeeren werden eins zu eins mit Wasser in einer Schüssel geschlagen, bis sich daraus eine schaumige Paste entwickelt.

Kartoffelstärke
Man zerdrückt rohe, geschälte Kartoffeln zu einem Brei und wringt diesen dann in einem Tuch aus. Die verbleibende Masse kann über dem Feuer getrocknet und als Mehl für Soßen oder auch Brot Verwendung finden.

Knorpeltangpudding
Den Tang sammeln, auswaschen, trocknen und in Stücke schneiden. Danach wird Wasser oder Milch zugegeben und die Masse durch Kochen eingedickt, wonach die Tangstücke abgeschöpft werden. Der Pudding selbst dickt erst beim Erkalten ein und kann mit Zucker oder Früchten je nach belieben gesüßt werden.

Knoblauchöl
Geschälte und gehackte Knoblauchzehen werden eine Woche in Öl eingelegt. Das gleiche funktioniert mit Paprikapulver, im Verhältnis vier zu eins.

Löwenzahngemüse - Salat - Sirup
Die hellen, jungen Blätter werden gewaschen und zwei bis drei Minuten überbrüht, wodurch sich der bittere Geschmack verliert. Abgegossen werden sie dann noch in Butter angedünstet. Abgerundet wird mit Salz, Pfeffer und Zitronensaft. Für Salat werden die gewaschenen Blätter mit in Knoblauch gebratenen Speckwürfeln oder Ameisencroutons, Essig, Öl und Salz aufgewertet. Um Sirup zu bekommen werden die Blüten in kaltem Wasser angesetzt und zum Sieden gebracht. Nachdem sie kurz aufgekocht und wieder erkaltet sind wird das Wasser abgegossen, und die Blüten ausgepresst. Folgend wird die Flüssigkeit eventuell mit Zucker verfeinert und mit geringer Hitze verdampft bis der Sirup eingedickt.

Mais
Einfach einweichen und kauen oder aber mit etwas Fett und einer Prise Zucker abkochen. Süßen Saft oder Sirup hinzu.

Mehlschwitze
Mehl, etwas Salz und Fett angedünstet gibt Salat eine besondere Note und dickt Suppen und Soßen ein.

Milchreis
Der Reis wird eine halbe Stunde in der gleichen Menge Wasser quellen gelassen, daraufhin aufgekocht und mit Milch versetzt. Zimt, Zucker und Früchte runden ab.

Pemmikan
Die Hauptbestandteile sind Fett und Eiweiss. Er ist so gut wie wasserfrei, kann kühl gelagert mehrere Jahre haltbar sein und besitzt einen hohen Nährwert. Die Masse besteht aus faserig zerriebenem Trockenfleisch, welches in der Pfanne mit Fett und Salz vermengt wird. Je nach belieben können weitere Gewürze und Trockenbeeren zugegeben werden. Das Gemisch wird mit einem Tuch in Form gepresst und kann nach dem Erkalten auch geschnitten werden.

Pizza
Eine Pfanne oder aber das Kochgeschirr wird mit Öl - Fett eingerieben. Der Teig eingedrückt und belegt. Eine übergespannte Alufolie sorgt für den Backofeneffekt.

Quark
Wird unbehandelte Milch an einem warmen Ort gelagert, gerinnt diese und wird zu Dickmilch. Werden daraufhin die festen von den flüssigen Bestandteilen getrennt, gewinnt man Molke und Quark.

Rohrkolbenfladen
Die Pollen der Pflanze werden aus der Blüte ausgeklopft und mit etwas Wasser zu

einem dicken Brei angerührt. Dieser wird zu Fladen geformt und ausgebacken.

Sauerampfersuppe
Der Sauerampfer wird gewaschen, geschnitten und in Fett angedünstet. In Brühe oder Wasser wird gekocht und entweder mit Mehl oder Kartoffelstärke angedickt. Das Gleiche lässt sich natürlich auch mit anderen Bestandteilen wie beispielsweise Moos herstellen.

Sauerteig
Mehl wird mit lauwarmer Milch, Zucker und Hefe zu einem suppigen Teig gerührt und der Wärme ausgesetzt bis die Säuerung eintritt. Dies kann bei ca. 30° C bis zu 2 Tage andauern. Folgend wird bis zur gewünschten Konsistenz Mehl zugegeben. Lässt man etwas vom gesäuerten Ansatz übrig um frisch anzusetzen, dauert es nur einen Tag bis der zweite Teig fertiggestellt ist.

Seehundkopf (Neeyak`ook)
Die Köpfe gehäuteter Seehunde werden in möglichst kleine Teile geschnitten und mit Wasser und Salz gekocht.

Seehundflosse
Die Flossen werden in einem Behälter mit Fett bedeckt und an einen warmen Ort gestellt. Löst sich die Haut an den Flossen sind sie bereit zum Verzehr.

Wüstensirup
Das Mark der grün-gelben, blattlosen Wüstenmelone wird ausgeschabt, gestampft und durchgesiebt um die Kerne zu entfernen, welche wie Nüsse gegessen werden können. Der hierdurch entstandene, nährstoffreiche Brei wird getrocknet oder kann sofort genutzt werden.

Trockenobst
Trockenobst hat im Verhältnis zu Frischobst statt 80% Wasser nur noch 1/5 seines ursprünglichen Gewichtes und kann direkt oder eingeweicht verwandt werden.

Trockenfleisch
Ebenso wie Obst und Gemüse kann Fleisch zu Leichtgewichtsnahrung vorbereitet werden. Zum Herstellen wird das Rohfleisch quer zur Faserrichtung in dünne, ein Zentimeter breite Streifen geschnitten und getrocknet. Wird es auch geräuchert, kann es sehr lange gelagert werden.

Walross Stew
Das Fleisch wird mit Haut und Fett in schmale Streifen geschnitten und alles unter Zugabe von Salz und Wasser zum Kochen gebracht.

Kräftiges - Süßes zwischendurch

Eine Mischung von Rosinen, Maiskörnern und Nüssen ergibt eine kräftige sowie langanhaltende eiweiss und kohlenhydrathaltige Energiedosis für deinen Weg. Es können zusätzlich Bucheckern, Kiefern- und Tannenzapfensamen untergemischt werden. Ebenso können verschiedene Beeren zum Kochen gebracht und durch ein Tuch passiert werden. Der Saft wird mit Zucker und Butter angedickt sowie leicht erhitzt, bis die Masse weich und zäh wird. Beim Abkühlen noch einige Male leicht schlagen und nach dem Erkalten in Stücke schneiden oder brechen. Haferflocken, Nüsse und Rosinen in einer Pfanne erwärmt und mit Schokolade oder auch Honig übergossen, sind ebenso möglich.

Iss, bevor du Hunger hast, trink, bevor du durstig bist!

Als Hilfsmittel zur Maßeinheit steht dir dein markiertes mitgeführtes Kochgeschirr wie Töpfe, Pfannen und Tassen zur Verfügung. Garzeiten von Fleisch, Gemüse oder Brot, können mittels eines dünnen Stockes oder einer Gabel kontrolliert werden. Stich einfach in das Gargut ein, fällt es nicht von selber ab, befinden sich nach herausziehen noch Teigreste daran oder lässt es sich schwer herausziehen, dauert es noch.

Pflanzen - Übersicht

Blütenpflanze	J	F	M	A	M	J	J	A	S	O	N	D
						Blütezeit						
Ackerminze	-	-	-	-	-	X	X	X	X	X	-	-
Ackerschachtelhalm	-	-	-	-	-	X	X	-	-	-	-	-
Ackersenf	-	-	-	-	-	X	X	X	X	-	-	-
Agave	-	-	-	-	-	-	X	X	-	-	-	-
Alpen Wachsblume	-	-	-	-	-	X	X	X	-	-	-	-
Alpen Süßklee	-	-	-	X	X	X	X	X	-	-	-	-
Amarant	-	-	-	-	-	X	X	X	X	X	-	-
Ampfer	-	-	-	-	X	X	X	X	-	-	-	-
Ährige Teufelskralle	-	-	-	-	-	X	X	X	X	-	-	-
Arkt. Weidenröschen	-	-	-	-	-	X	X	X	-	-	-	-
Arkt. Tragant	-	-	-	-	-	X	X	-	-	-	-	-
Arnika	-	-	-	-	X	X	X	X	-	-	-	-
Bachnelkenwurz	-	-	-	X	X	X	X	-	-	-	-	-
Bambus	Unterschiedlich, teils erst nach Jahren.											
Barbarakraut	X	X	X	X	-	-	-	-	-	-	-	X
Benediktinerkraut	-	-	-	-	-	-	X	X	-	-	-	-
Beifuß	-	-	-	-	-	-	X	X	X	-	-	-
Beinwell	-	-	-	-	X	X	X	X	-	-	-	-
Bistort	-	-	-	-	-	-	X	X	X	X	-	-
Blutroter Storchenschnabel	-	-	-	-	-	X	X	X	-	-	-	-
Blutweiderich	-	-	-	-	-	X	X	X	X	-	-	-
Blutwurz	-	-	-	-	-	X	X	X	-	-	-	-
Bocksbart	-	-	-	-	X	X	X	X	-	-	-	-
Brennnessel	-	-	-	X	X	X	X	X	X	-	-	-
Brombeere	-	-	-	-	X	X	X	-	-	-	-	-
Brunnenkresse	-	-	-	-	X	X	X	X	-	-	-	-
Bärentraube	-	-	X	X	X	X	-	-	-	-	-	-
Bärlauch	-	-	-	X	X	X	X	-	-	-	-	-
Claytonie	-	-	-	X	X	X	X	-	-	-	-	-
Distel	-	-	-	-	-	X	X	X	X	-	-	-
Dorfgänsefuß	-	-	-	X	X	X	X	X	X	X	-	-
Dornige Hauhechel	-	-	-	-	X	X	X	X	-	-	-	-
Dreimasterblume	-	-	-	-	-	X	X	X	X	-	-	-
Echte Engelwurz	-	-	-	-	-	X	X	X	-	-	-	-
Echte Nelkenwurz	-	-	-	-	X	X	X	-	-	-	-	-
Einblättriges Wintergrün	-	-	-	-	-	X	X	X	X	-	-	-
Erdbeere	-	-	-	-	X	X	X	X	-	-	-	-
Feigenkaktus	-	-	-	-	-	-	X	-	-	-	-	-
Fenchel	-	-	-	X	X	X	X	X	X	-	-	-
Gegenblättriger Steinbrech	-	-	-	-	-	X	X	X	-	-	-	-
Gemeiner Bärenklau	-	-	-	X	X	X	-	-	-	-	-	-

Blütenpflanze	J	F	M	A	M	J	J	A	S	O	N	D
Gemeines Bärengras	-	-	-	-	X	X	X	X	-	-	-	-
Großer Schneeball	-	-	-	-	-	X	-	-	-	-	-	-
Giersch	-	-	-	X	X	X	-	-	-	-	-	-
Goldrute	-	-	-	-	-	X	X	X	X	-	-	-
Grönländischer Porst	-	-	-	-	-	X	X	X	-	-	-	-
Guave	-	-	-	-	-	-	X	X	X	-	-	-
Gundermann	X	X	X	X	X	X	X	X	X	X	X	X
Gänseblümchen	X	X	X	X	X	X	X	X	X	X	X	X
Gänsefingerkraut	-	-	-	-	X	X	X	X	-	-	-	-
Haselwurz	-	-	-	-	-	X	X	X	-	-	-	-
Heckenrose	-	-	-	-	-	-	-	-	X	X	-	-
Hechtkraut	-	-	-	-	-	-	X	X	-	-	-	-
Heidekraut	-	-	-	-	X	X	X	X	X	X	X	X
Heidelbeere	-	-	-	-	-	-	X	X	X	-	-	-
Himbeere	-	-	-	-	X	X	X	-	-	-	-	-
Hirtentäschel	-	-	-	-	X	X	X	X	X	-	-	-
Hopfen	-	-	-	-	X	X	X	-	-	-	-	-
Huflattich	-	-	-	X	X	X	-	-	-	-	-	-
Johannisbeere	-	-	X	X	X	-	-	-	-	-	-	-
Johanniskraut	-	-	-	-	-	X	X	X	X	-	-	-
Jojobastrauch	-	-	-	-	-	X	X	X	-	-	-	-
Kalmus	-	-	-	-	-	X	X	-	-	-	-	-
Kamille	-	-	-	-	X	X	X	X	X	-	-	-
Kamtschatka Schachblume	-	X	X	X	X	X	-	-	-	-	-	-
Kanadischer Wiesenkopf	-	-	-	-	-	X	X	-	-	-	-	-
Klatschmohn	-	-	-	-	X	X	X	-	-	-	-	-
Klee	-	-	-	X	X	X	X	X	X	-	-	-
Kleblabkraut	-	-	-	-	-	-	X	X	X	-	-	-
Klette	-	-	-	X	X	X	X	-	-	-	-	-
Knoblauchsrauke	X	X	X	X	X	X	X	X	X	X	X	X
Knöterich	-	-	-	-	-	X	X	X	X	X	X	-
Kresse	-	-	X	X	X	X	X	X	X	X	X	X
Krähenbeere	-	-	-	-	X	X	-	-	-	-	-	-
Königskerze	-	-	-	-	-	-	X	X	X	-	-	-
Kümmel	-	-	-	-	-	X	X	X	-	-	-	-
Lieschgras	-	-	-	-	X	X	X	-	-	-	-	-
Lilie	-	-	-	-	-	X	-	-	-	-	-	-
Lotus	-	-	-	-	X	X	X	X	-	-	-	-
Lungenkraut	-	-	X	X	X	-	-	-	-	-	-	-
Läusekraut, behaartes	-	-	-	-	-	X	X	-	-	-	-	-
Löwenzahn	-	-	-	X	X	X	X	X	X	-	-	-
Mais	-	-	-	-	-	-	X	X	X	-	-	-
Mauerpfeffer	-	-	-	-	-	X	X	-	-	-	-	-
Maulbeere	-	-	-	-	-	X	X	-	-	-	-	-
Meerkohl	-	-	-	-	X	X	X	-	-	-	-	-
Melisse	-	-	-	-	-	X	X	X	-	-	-	-

Blütenpflanze	J	F	M	A	M	J	J	A	S	O	N	D
Miere	-	-	-	-	X	X	X	X	X	-	-	-
Moosbeere	-	-	-	-	X	X	-	-	-	-	-	-
Mormonentulpe	-	-	-	-	X	X	X	X	-	-	-	-
Nachtkerze	-	-	-	-	-	X	X	X	X	-	-	-
Pastinak	-	-	-	-	-	-	X	X	-	-	-	-
Pfefferminze	-	-	-	-	-	-	-	X	-	-	-	-
Pfeilkraut	-	-	-	-	-	X	X	-	-	-	-	-
Portulak	-	-	-	-	-	X	X	X	X	-	-	-
Preiselbeere	-	-	-	-	X	X	X	X	X	X	-	-
Prärierrübe	-	-	-	-	X	X	-	-	-	-	-	-
Ried- Schilfgras	-	-	-	-	-	X	X	X	X	-	-	-
Rosenwurz	-	-	-	-	-	X	X	X	-	-	-	-
Ruchgras	-	-	-	X	X	X	-	-	-	-	-	-
Sanddorn	-	-	X	X	X	-	-	-	-	-	-	-
Schafgarbe	-	-	-	-	X	X	X	X	X	-	-	-
Scharbockskraut	-	-	X	X	X	-	-	-	-	-	-	-
Schattenblume	-	-	-	X	X	X	-	-	-	-	-	-
Schilfrohr	-	-	-	-	-	-	X	X	X	-	-	-
Schlangenwurz	-	-	-	-	X	X	-	-	-	-	-	-
Schlehdorn	-	-	-	X	X	-	-	-	-	-	-	-
Schlüsselblume	-	-	-	X	X	X	-	-	-	-	-	-
Seifenbeere	-	-	-	-	X	X	-	-	-	-	-	-
Stachelbeere	-	-	-	X	X	-	-	-	-	-	-	-
Strand Dreizack	-	-	-	-	-	X	-	-	-	-	-	-
Stauden Feuerkraut	-	-	-	-	-	X	X	X	-	-	-	-
Säuerling	-	-	-	-	-	-	X	X	-	-	-	-
Tag Lilie	-	-	-	-	-	-	X	X	X	-	-	-
Taro	-	-	-	-	-	-	X	X	X	-	-	-
Taubnessel	-	-	-	X	X	X	X	X	X	-	-	-
Teichrose	-	-	-	-	-	-	X	X	X	X	-	-
Thymian	-	-	-	-	-	X	X	-	-	-	-	-
Topinambur	-	-	-	-	-	-	-	-	X	X	X	-
Wasserlilie	-	-	-	-	-	X	X	-	-	-	-	-
Wassernuss	-	-	-	-	-	-	X	X	-	-	-	-
Wegerich	-	-	-	-	-	X	X	X	X	X	-	-
Wegwarte	-	-	-	-	-	-	X	X	X	X	-	-
Weidenröschen Wald	-	-	-	X	X	X	X	X	-	-	-	-
Weißdorn	-	-	-	-	X	X	-	-	-	-	-	-
Weisser Gänsefuß	-	-	-	X	X	X	-	-	-	-	-	-
Wiesenbocksbart	-	-	-	-	X	X	X	-	-	-	-	-
Wiesen Kerbel	-	-	-	-	X	X	X	X	-	-	-	-
Wiesen Kümmel	-	-	-	-	X	X	X	-	-	-	-	-
Wiesen Schaumkraut	-	-	-	X	X	-	-	-	-	-	-	-
Wilde Kartoffel	-	-	-	-	-	X	X	X	-	-	-	-
Wilder Kürbis	-	-	-	-	-	X	X	X	X	-	-	-
Wilde Möhre	-	-	-	-	-	X	X	X	-	-	-	-

334

Blütenpflanze	J	F	M	A	M	J	J	A	S	O	N	D
Wilder Spargel	-	-	-	-	-	-	X	X	-	-	-	-
Wilde Sellerie	-	-	-	-	-	-	X	X	X	X	-	-	-
Wintergrün	-	-	-	-	X	X	X	-	-	-	-	-
Yams	-	-	-	-	-	-	-	-	X	X	-	-

	Erntezeit (vor der Sporenzeit)											
Farnpflanze	J	F	M	A	M	J	J	A	S	O	N	D
Adlerfarn	-	-	X	X	X	-	-	-	-	-	-	-
Gemeiner Tüpfelfarn	-	-	-	X	X	X	-	-	-	-	-	-
Wurmfarn	-	-	-	-	-	X	X	X	X	-	-	-

	Blütezeit											
Giftpflanze	J	F	M	A	M	J	J	A	S	O	N	D
Bilsenkraut	-	-	-	-	-	X	X	X	X	-	-	-
Christophskraut	-	-	-	-	X	X	X	-	-	-	-	-
Eisenhut	-	-	-	-	-	X	X	X	X	-	-	-
Fingerhut	-	-	-	-	-	X	X	-	-	-	-	-
Giftsumanach	-	-	-	-	-	X	X	-	-	-	-	-
Maniok	-	-	-	-	-	X	X	X	X	-	-	-
Maiapfel	-	-	-	-	X	-	-	-	-	-	-	-
Rittersporn	-	-	-	-	-	X	X	-	-	-	-	-
Rizinusbohne	-	-	-	-	-	X	X	X	X	-	-	-
Rosskastanie	-	-	-	-	X	X	-	-	-	-	-	-
Schierling	-	-	-	-	-	X	X	X	-	-	-	-
Schwalbenwurz	-	-	-	-	X	X	X	X	-	-	-	-
Sibirische Schwertlilie	-	-	-	-	X	X	-	-	-	-	-	-
Stechapfel	-	-	-	-	-	-	X	X	X	X	-	-
Sumpfdotterblume	-	-	X	X	X	X	-	-	-	-	-	-
Taro	-	-	-	-	-	X	X	X	-	-	-	-
Tollkirsche	-	-	-	-	-	X	X	X	-	-	-	-
Zigadenus	-	-	-	-	-	-	X	X	-	-	-	-

	Erntezeit (vor der Sporenzeit)											
Bodenpilz	J	F	M	A	M	J	J	A	S	O	N	D
Beutelstäubling	-	-	-	-	-	X	X	X	X	X	-	-
Birkenpilz	-	-	-	-	-	X	X	X	X	X	-	-
Butterpilz	-	-	-	-	-	-	-	-	X	X	-	-
Champignon	-	-	-	-	-	-	X	X	X	X	-	-
Chanterell	-	-	-	-	X	X	X	X	X	X	-	-
Fichtenreizker	-	-	-	-	-	X	X	X	-	-	-	-
Frost Schneckling	X	X	X	X	X	X	X	X	X	X	X	X

Baumpilz	Erntezeit (vor der Sporenzeit)											
	J	F	M	A	M	J	J	A	S	O	N	D
Goldgelbe Koralle	-	-	-	-	-	X	X	X	X	-	-	-
Großer Gelbfuss	-	-	-	-	X	X	X	X	X	-	-	-
Grüngelbes Gallertkäppchen	-	-	-	-	-	-	X	X	X	X	X	-
Herbsttrompete	-	-	-	-	-	-	X	X	X	X	X	X
Krauser Ziegenbart	-	-	-	-	-	-	-	X	X	X	-	-
Pfifferling	-	-	-	-	-	-	X	X	X	X	-	-
Röhrling	-	-	-	-	-	X	X	X	X	-	-	-
Saftling Granatrot	-	-	-	-	-	-	-	X	X	X	-	-
Schafporling	-	-	-	-	-	-	X	X	X	X	-	-
Spitzmorchel	-	-	X	X	X	-	-	-	-	-	-	-
Steinpilz	-	-	-	-	X	X	X	X	-	-	-	-
Wiesenellerling	-	-	-	-	-	-	-	-	X	X	X	-
Brauner Dachpilz	-	-	-	-	-	X	X	X	X	X	-	-
Gemeiner Leberpilz	-	-	-	-	-	-	-	X	X	X	-	-
Goldgelber Zitterling	X	X	X	X	X	X	X	X	X	X	X	X
Hallimasch	-	-	-	-	-	-	X	X	X	X	X	X
Lebereischling	-	-	-	-	-	-	-	X	X	X	-	-
Schwefelporling	-	-	-	-	X	X	X	X	X	-	-	-
Stockschwämmchen	-	X	X	X	X	X	X	X	X	X	X	-

Giftiger Pilz	Erntezeit (vor der Sporenzeit)											
	J	F	M	A	M	J	J	A	S	O	N	D
Fliegenpilz	-	-	-	-	-	-	X	X	X	X	-	-
Karbolegerling	-	-	-	-	X	X	X	X	X	X	-	-
Kartoffelbovist	-	-	-	-	-	X	X	X	X	X	-	-
Knollenblätterpilz	-	-	-	-	-	-	X	X	X	X	X	-
Pantherpilz	-	-	-	-	-	-	X	X	X	X	-	-
Riesenrötling	-	-	-	-	X	X	X	X	X	X	X	-
Speitäubling	-	-	-	-	-	-	X	X	X	X	X	-

Baum	Blütezeit											
	J	F	M	A	M	J	J	A	S	O	N	D
Ahorn	-	-	-	X	X	X	-	-	-	-	-	-
Akazie	X	X	X	X	-	-	-	-	-	X	X	X
Amerikanischer Erdbeerbaum	-	-	-	-	-	-	-	-	-	-	X	X
Baobabbaum	-	-	-	-	-	-	X	X	-	-	-	-
Birke	-	-	-	-	X	X	X	X	X	X	-	-
Brotfruchtbaum	-	-	-	-	-	X	X	X	X	-	-	-
Buche	-	-	-	X	X	-	-	-	-	-	-	-
Cashewbaum	-	-	-	-	-	X	X	X	-	-	-	-
Dattelpalme	-	X	X	X	X	X	-	-	-	-	-	-

Baum	J	F	M	A	M	J	J	A	S	O	N	D
Eberesche	-	-	-	-	X	X	-	-	-	-	-	-
Edelkastanie	-	-	-	-	-	-	-	-	X	X	X	-
Eiche	-	-	-	X	X	-	-	-	-	-	-	-
Erle	-	-	X	X	X	-	-	-	-	-	-	-
Esche	-	-	-	X	X	X	-	-	-	-	-	-
Espe	-	-	-	X	X	X	-	-	-	-	-	-
Lärche	-	-	X	X	X	-	-	-	-	-	-	-
Fichte	-	-	-	X	X	X	-	-	-	-	-	--
Granatapfelbaum	-	-	-	-	X	X	X	X	X	-	-	-
Haselnuss	-	-	-	-	-	-	-	-	-	X	-	-
Holunder	-	-	-	X	X	X	X	X	X	-	-	-
Johannisbrotbaum	-	-	-	-	-	-	-	-	X	X	X	-
Kiefer	-	-	-	X	X	X	X	-	-	-	-	-
Kirsche	-	-	-	X	X	-	-	-	-	-	-	-
Kokospalme	Trägt das ganze Jahr.											
Küsten Douglasie	-	-	-	-	X	X	-	-	-	-	-	-
Linde	-	-	-	-	X	X	X	-	-	-	-	-
Mesquitebaum	-	-	X	X	X	X	X	X	X	-	-	-
Nipapalme	Keine Angaben.											
Papaya	-	-	-	-	-	X	X	X	-	-	-	-
Pappel	-	-	-	X	-	-	-	-	-	-	-	-
Pazifische Eibe	-	-	-	X	X	-	-	-	-	-	-	-
Pecannuss	-	-	-	-	-	X	X	-	-	-	-	-
Rottanne	-	-	-	-	X	-	-	-	-	-	-	-
Sagopalme	-	-	-	-	-	X	X	X	X	-	-	-
Sala	-	X	X	X	X	-	-	-	-	-	-	-
Sassafras	-	-	-	-	X	-	-	-	-	-	-	-
Vogelkirsche	-	-	-	X	X	-	-	-	-	-	-	-
Wacholder	-	X	X	X	-	-	-	-	-	-	-	-
Walnuss	-	-	-	X	X	X	-	-	-	-	-	-
Weide	-	-	-	-	X	X	-	-	-	-	-	-
Weiss Tanne	-	-	-	-	X	X	-	-	-	-	-	-
Westliche Rotzeder	Keine Angaben.											

Lösungen zu den Übungen S. 61

• Wozu benötigt der Körper des Menschen Flüssigkeit?

- Für den Stoffwechsel (Transport- Lösungsmittel).
- Regelung der Körpertemperatur.

• Wie hoch liegt der durchschnittliche Wasserumsatz eines Menschen?

- 2,5 l

• Wie lange überlebt ein Mensch im Schnitt ohne Flüssigkeit?

- 3 Tage

• Wie kann der Flüssigkeitsverlust reduziert werden?

- Angepasste Kleidung.   - Angepasstes Verhalten.

• Nenne vier Möglichkeiten zur Aufbereitung von Wasser!

- Abkochen   - Filtern   - Destillieren   - Chemische Hilfsmittel

• Warum sollte Trinkwasser elektrolytreich sein?

- Um die Flüssigkeitsverteilung im Körper zu bestimmen.
- Das Aktions- und Ruhemembranpotential der Zelle zu regeln.

• Wie sollte Trinkwasser gelagert werden?

- Kühl   - Dunkel
- Nach Möglichkeit im luftleeren Behälter.

• Berechne deinen eigenen Körperflüssigkeitsanteil!

100 % = Körpergewicht   1 % = Körpergewicht : 100
65 % - 70 % vom Körpergewicht ist die Körperflüssigkeit

• Wie viel Flüssigkeit darfst du verlieren bevor Lebensgefahr besteht?

- Ein Fünftel der Körperflüssigkeit.

338

Lösungen zu den Übungen S. 105

- Berechne deinen Energieumsatz in Ruhe für 8 Stunden sowie für 16 Stunden laufen bei 8,5 Km/h!

    Ruheumsatz = 1 Kilokalorie / Stunde pro Kilogramm Körpergewicht
    Laufen (8,5 km/h) benötigt den 5 fachen RU

- Wovon ist der Energieumsatz abhängig?

    - Aktivität
    - Alter
    - Geschlecht
    - Körperlicher Zustand
    - Umgebung

- Welche Möglichkeiten gibt es um Nahrungsmittelinfektionen zu vermeiden?

    - Wasser immer abkochen.
    - Nur frische Nahrungsmittel verwenden.
    - Entsprechende Nahrungszubereitung.
      Obst schälen.
      Gemüse säubern und kochen.
      Fleisch / Fisch gut durchbraten.
      Keine Innereien verwenden.
      Ein schärfen der Nahrung.

- Was ist die Ideale Nahrungszusammensetzung?

    - 3/4 Kohlenhydrate, 1/4 Eiweiss und wenig Fett.

- Was ist die letzte Möglichkeit unbekannte Pflanzen auf Ihre Verträglichkeit zu testen?

    - Der Verträglichkeitstest.

- Wann ist die beste Zeit zu jagen und welche Stellen sind erfolgversprechend?

    - Die ersten zwei bis drei Stunden bei Tagesanbruch und die letzten zwei bis drei Stunden vor Dunkelheit.
    - Wasserstellen, Lichtungen, Wildwechsel, Bau, Futterplätze

339

- Welches Verhalten ist bei der Jagd an den Tag zu legen?

  - Geräusch- geruchsarmes Verhalten.
  - Nutzen von Sicht- Geruchs- Geräuschtarnung.
  - Langsame und ruhige Bewegungen.
  - Idealerweise das Verhalten des bejagten Tieres.

- Welcher Grundsatz gilt beim Fallenstellen?

  - Nur das einfachste funktioniert.

- Welche Erfordernisse muss deine Falle erfüllen?

  - Konstruktion und Stabilität muss dem Tier angepasst sein.
  - Sie muss den Witterungseinflüssen trotzen.
  - Sie muss mehrere Tage funktionstüchtig bleiben.

- Was sind Spuren?

  - Veränderungen in der Umgebung.

- Welchem Grundsatz folgen wir bei der Nahrungszubereitung?

  - "Cook it, boil it, peel it, or forget it"!

- Welche Konservierungsmaßnahmen kennst du?

  - Dörren / Trocknen
  - Einfrieren
  - Pökeln
  - Räuchern

- Wie sollte Nahrung grundsätzlich gelagert werden?

  - Kühl
  - Luftig
  - Tiersicher

Lösungen zu den Übungen S. 117

* Was benötigst du um ein Feuer zu starten?

  - Zündquelle
  - Brennbares Material
  - Sauerstoff

* Wie sollte dein Feuerplatz beschaffen sein?

  - Frei von brennbarem Material
  - Trocken
  - Windgeschützt

* Welche Feuerarten kennst du?

  - Kochfeuer
  - Wärmefeuer

* Wie wird ein Feuer aufgebaut?

  - Zunder
  - Nährmaterial
  - Feuerholz

* Welche Holzart ist als Nährmaterial eines Feuers gut geeignet?

  - Weichholz (Harzhaltiges)

* Welche Holzart ist als Feuerholz gut geeignet?

  - Hartholz

* Nenne drei Möglichkeiten einen Funken herzustellen!

  - Schlagen von Steinen.
  - Magnesiumstarter
  - Batterie

Lösung zur Übung S. 130

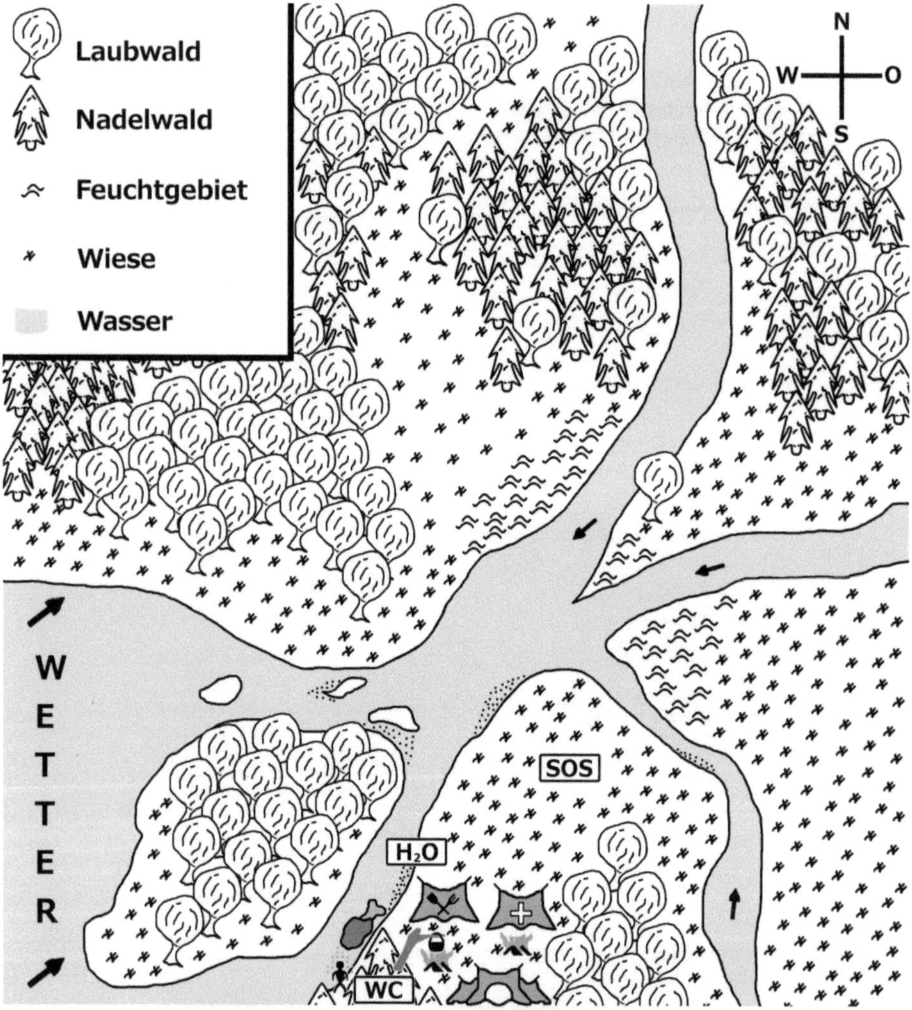

Laubwald

Nadelwald

Feuchtgebiet

Wiese

Wasser

N
W ─┼─ O
S

W
E
T
T
E
R

SOS

H₂O

WC

Ein ideales Lager wird es meist nicht geben!

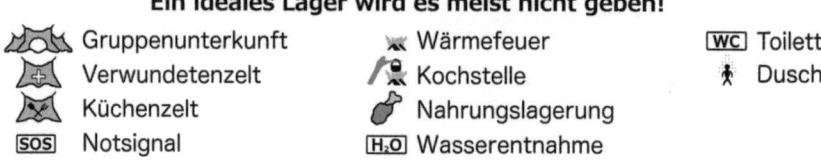

Gruppenunterkunft | Wärmefeuer | WC Toilette
Verwundetenzelt | Kochstelle | Dusche
Küchenzelt | Nahrungslagerung
SOS Notsignal | H₂O Wasserentnahme

342

Warum genau dieser Bereich?

Weil er alles bietet. Genug Platz zwischen den Zelten und Schutz vor der Wetterseite. Weich- sowie Hartholz gibt es im Nahbereich und der Funkenflug geht eher in Richtung Laubwald, somit feuersicher. Gerüche der Küche, Toilette, der Nahrung und auch der Dusche werden nicht zur Gruppenunterkunft geblasen. Ideale Fischgründe befinden sich im strömungsfreien Bereich (durch schwarze Punkte markieret). Ein weiter Platz für die Notsignale, welcher auch als Hubschrauberlandeplatz nutzbar ist. Nahrungslagerung wasserdicht im Fliessgewässer unter Wasser, somit gekühlt und kein weiterer Geruch der ungebetene Gäste anlocken kann.

Lösungen zu den Übungen S. 159

- Benenne folgende Knoten, Laschings, Seilverbindungen sowie Steks und übe sie!

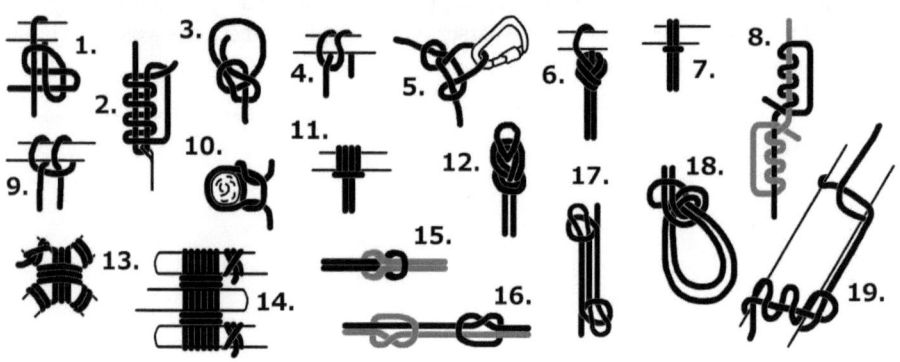

1. Schleifknoten	2. Wirbelknoten
3. Bulinknoten (Palstek)	4. Halbmastwurf
5. Seilspannauge	6. Sackstich
7. Blutknoten	8. Mastwurf
9. Schwanenhals	10. Prusikknoten
11. Achterknoten	12. Ankerstich
13. Kreuzverzurrung	14. Dreibockbund
15. Kreuzknoten	16. Einfacher Spierenstich
17. Seilverkürzung	18. Doppelter Palstek (dop. Bulin)
19. Holzfällerstek mit halbem Schlag.	

Lösungen zu den Übungen S. 170

- Gebe den Inhalt des Notrufgespräches wieder!

  - Wo bin ich?
  - Was ist passiert?
  - Wie viel Personen sind betroffen?
  - Welche Verletzung / Situation liegt vor?
  - Wer meldet?
  - Warten auf Rückfragen!

- Welche Zusatzinformationen wären gerade im Outdoor interessant?

  - Rückrufnummer
  - Altersstufen der Mitbeteiligten
  - Spezielle vorliegende Gefahren
  - Wetter aktuell und erwartet
  - Anfahrtswege
  - Rendezvouspunkte
  - Hubschrauberlandeplatz
  - Mitgeführte Ausrüstung
  - Eigene Ausbildung

- Wie wird das internationale Notsignal SOS übermittelt?

  _X_ Drei kurze, drei lange, drei kurze Zeichen
  ___ Drei lange, drei kurze, drei lange Zeichen

- Benenne folgende Boden- Luftzeichen und die beiden Körpersignale!

International gültige „Boden-Luftzeichen"		
X	Benötige Karte und Kompass. Benötige Medizinische Hilfe. Hier Landen.	
N	Nein	
Y	Ja	(1) Ja - hier Landen - Wir brauchen Hilfe! (2) Nein - nicht Landen - Wir brauchen keine Hilfe!

Lösungen zu den Übungen S. 196

- Vervollständige die Kompassrose mit den amerikanischen Gradeinteilungen und den Uhrzeiten!

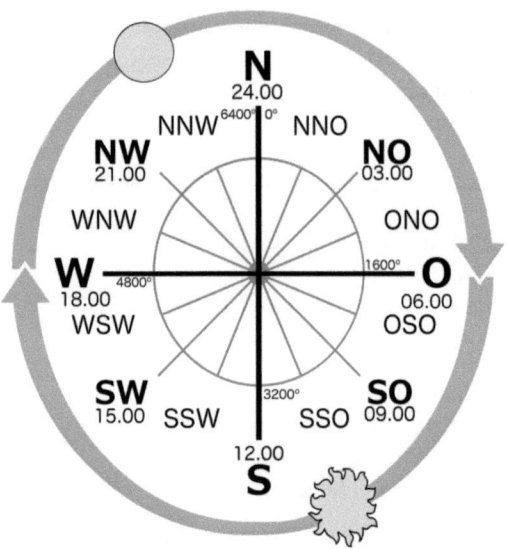

- Erarbeite die MKZ von Punkt 1 über die Zwischenziele zur Blockhütte und berechne zusätzlich die jeweiligen Entfernungen!

    1 - MKZ 168° - Distanz 1250 m
    2 - MKZ 44° - Distanz 1750 m
    3 - MKZ 136° - Distanz 1250 m
    4 - MKZ 228° - Distanz 1850 m
    5 - MKZ 142° - Distanz 1250 m

- Was ist die Gesamtdistanz von Punkt 1 zur Blockhütte?

    - Luftlinie : 3850 Meter   - Geplante Weglinie: 7320 Meter

- Welcher Weg ist einfacher um zur Blockhütte zu kommen?

    - Am See angekommen dem Seeufer zu folgen.

- Was sind die Koordinaten:

Blockhütte	Zelt	Flugzeug
W 159°58'53"1	W 159°58'52"2	W 159°58'55"4
N 64°45'16"4	N 64°45'17"5	N 64°45'16"5

- Erarbeite die MKZ, die Distanz sowie den Umkehrkurs von der Hütte zum Flugzeug!

  - MKZ 270°   - Distanz 3750 Meter   - Umkehrkurs MKZ 90°

- Berechne die Entfernung zu einem Objekt! Die geschätzte Höhe liegt bei 5 Meter mit einem Winkeleinschluss von 20.

  5 X 1000 : 20 = 250 Meter

EPILOG

Vorgehensweisen und Techniken sind leicht aufzuzeigen. Um diese jedoch auch zu verinnerlichen, müssen sie ein Teil deiner eigenen Erfahrung werden. Somit dienen alle Anregungen, Anleitungen sowie Übungen nur als „Wegweiser".
In diesem Buch wurde versucht dem Thema Reise und Survival einige Basics und Möglichkeiten darzulegen auf die du aufbauen kannst um dein Abenteuer sicherer zu gestalten. Lerne sie in unterschiedlichen Situationen umzusetzen, denn dies ist die beste Lebensversicherung die du hast.

Unwissenheit und Unsicherheit sind schlechte Begleiter!

Respektiere die Wilderness Areas so wie die Natur auch dich respektiert und denke daran, nichts verläuft so, wie du es geplant hast. Sei flexibel und einfallsreich, versteife dich nicht in eine Richtung und setze deine Aktivität im Notfall immer in ein Kosten - Nutzen - Verhältnis.

Zum Überleben reicht ein Minimum an Wissen und Fertigkeiten!

Lerne die Grundzüge bevor du dich blind auf die Technik verlässt!

Deine Rückkehr wird dir, je nachdem wie lange und wo du unterwegs warst, eventuell noch viel schwieriger fallen als überhaupt die Abreise. Die Umstellung sich wieder an die Zivilisation zu gewöhnen obwohl man andere Wertvorstellung angenommen hat, die Entfremdung und die anderen Ansichten lassen einen schnell zum Außenseiter werden. Man hat sich verändert und kann sich oft nicht mehr einfügen. Doch diese Veränderung bedeutet Wachstum. Sie zwingt nicht wenige sich schon bald wieder auf den Weg zu machen!
Auch wenn dich nicht jeder verstehen wird und kann. Für einige bist du der Spinner, der Träumer, der Verrückte, der Outlaw, aber insgeheim wünscht sich jeder ins Abenteuer, raus aus der Eintönigkeit. Nur du, du hast es angepackt. Egal ob du nach deiner Tour, der Reise, oder dem Trip heimkommst oder im Vorfeld abbrechen musstest.

Der Weg und die Veränderung sind das Ziel.

Keep on Going!

Ufniarz Jean

349

Jean Ufniarz, Geboren 1970 im schwäbischen Teil Deutschlands. Seit vielen Jahren deutschlandweit als freiberuflicher Referent in der Notfallmedizin und im Outdoor Bereich tätig.

Unterwegs im In- und Ausland, vorwiegend Canada und Alaska.

Es ist kalt und nass,
jeder Muskel schmerzt,
aber das ist das Leben!

(www.xtrems.net)
(www.xploreyourworld.net)

Weitere Veröffentlichungen

Jean Ufniarz

YUKON RIVER

1500 Kilometer auf Nordamerikas
wohl legendärstem Strom.

Titel: Yukon River – 1500 Kilometer auf Nordamerikas wohl legendärstem Strom.
Umfang: Taschenbuchformat
ISBN: 9-783743-178243
Preis: 09.50 Euro
Verlag: BOD - Books on Demand
E Book: 978-3-7448-2496-5
Preis: 06.49 Euro

**Ein bisschen Baumwolle, Holz und Gummi.
20 Jahre alt, aber ein treuer Begleiter.**

Mit dem „Germania" durch die Stromschnellen des Yukon River . Vorbei an Bibern , Weißkopfseeadlern , Elchen , todesmutigen Eichhörnchen und blutsüchtigen Moskitos. Dabei den Bär im Schlepptau und den Hecht in der Pfanne.

Titel: Alaska Highway – In 72 Tagen von Dawson Creek nach Fairbanks / AK.
Umfang: Taschenbuchformat
ISBN: 9-783743-166363
Preis: 09.50 Euro
Verlag: BOD - Books on Demand
E Book: 978-3-7448-2495-8
Preis: 06.49 Euro

Jean Ufniarz

ALASKA HIGHWAY

In 72 Tagen von Dawson Creek nach Fairbanks/AK.

Von Schnee und Kälte, Hitze und Verbrennungen, gebrochenen Knochen, Bären und Leuten.

2450 Kilometer zu Fuß - der Alaska Highway - weltbekannt und sagenumwoben. Eine Spendenaktion für Schulen in Nepal. Niemand dachte, dass wir es tun würden. Die wenigsten glaubten, es wäre zu schaffen.

Titel: Unterwegs – Von Abenteuern, Katastrophen und Amüsantem!
Umfang: Taschenbuchformat
ISBN: 9-783734-737664
Preis: 09.50 Euro
Verlag: BOD - Books on Demand
E Book: 978-3-7448-2492-7
Preis: 06.49 Euro

Ufniarz | Doberitzsch | Weiss

UNTERWEGS

Von Abenteuern, Katastrophen und Amüsantem!

Reisen bildet und bindet. Bindet an sich selbst und sorgt für einen immer wiederkehrenden Drang wieder aufzubrechen. Ein Zwang, die mehr oder weniger bekannte Umgebung hinter sich zu lassen und hoffentlich vorurteilsfrei in neue Abenteuer zu versinken.

Nehmen Sie teil an den Abenteuern unserer Reisenden, ihren Katastrophen, ungeplanten Hindernissen und lehrreichen Erfahrungen aus aller Welt.

Quellenangaben

Bildungsministerium des Inneren: http://www.pflanzenforschung.de / 05.02.2018

Gesetzesübersicht: https://dejure.org / 05.02.2018

Psychologie des Überlebens / Karl Heinz Röder / Pietsch Verlag / 1987

Überlebens Training / W. R. von Rhamm / Pietsch Verlag / 1989

Outdoor Survival Guide / Hugh McManners / Dorling Kindersley / 1994

Bush Basisc / Glen Stedham / Orca Book / 1997

Wilderness Survival / T. Brown u. B. Morgan / Berkley / 1987

Survival Lexikon / Rüdiger Nehberg / Kabel / 2000

Army Survival / Double Dog Studios / App

Vom Zweikampf / K. R. Kernspecht / Wu Shu Verlag / 1987

Gesundheit aus der Apotheke Gottes / M. Treben / Wilhelm Ennsthaler / 1980

www.risikomanagement-bau.de / 5.02.2018

www.gizbonn.de / 05.02.2018

Solar destillation of water from soil and plant materials: a simple desert survival technique. / Jackson RD, Van Bavel CH. / Science. 1965 Sep 17;149(3690):1377-9).